世界海洋强国·海军强国战略译丛

史常勇 陈炎 主编

〔美〕阿尔弗雷德·塞耶·马汉/著

BY Alfred Thayer Mahan

马汉
论海军战略

Mahan on
Naval Strategy

世 界 海 军 战 略 经 典 著 作

史常勇 王晓琴/译

山东城市出版传媒集团·济南出版社

图书在版编目(CIP)数据

马汉论海军战略/(美)阿尔弗雷德·塞耶·马汉著;史常勇,王晓琴译.
—济南:济南出版社,2021.1(2022.3 重印)

(世界海洋强国·海军强国战略译丛/史常勇,陈炎主编)

ISBN 978 - 7 - 5488 - 4257 - 6

Ⅰ.①马… Ⅱ.①阿… ②史… ③王… Ⅲ.①马汉(Mahan,Alfred
Thayer 1840 - 1914)–海军战略–军事思想 Ⅳ.①E097.12②E815

中国版本图书馆 CIP 数据核字(2020)第 268503 号

出 版 人	崔 刚
责任编辑	宋 涛 任肖琳
	姜天一 闫 菲
特约校对	梁曼莉
装帧设计	侯文英

出版发行 济南出版社

地 址 山东省济南市二环南路 1 号(250002)

编辑热线 0531 - 82803191

发行热线 0531 - 86922073 67817923
86131701 86131704

印 刷 山东新华印务有限公司

版 次 2021 年 1 月第 1 版

印 次 2022 年 3 月第 2 次印刷

成品尺寸 170mm × 240mm 16 开

印 张 21.75

字 数 331 千字

定 价 89.00 元

(济南版图书,如有印装错误,请与出版社联系调换。联系电话:0531 - 86131736)

译丛总序

21世纪是海洋的世纪。 海洋在国家安全战略中的地位，从未像今天这样凸显；海洋对于国家的可持续发展，从未像今天这样重要；海洋方向的大国竞争，也从未像今天这样激烈；经略海洋、发展海权、建设强大海军的历史重任，从未像今天这样紧迫。 2012年，党的十八大报告首提"建设海洋强国"，为我国海洋事业发展定准航向。 2017年，党的十九大报告强调"要坚持陆海统筹，加快建设海洋强国"，深化了海洋强国战略目标的重点和方向。 2018年，习近平主席发出了"全面建成世界一流海军"的伟大号召，为人民海军现代化建设确定了目标。

中华民族是最早开发利用海洋的民族之一。 春秋名相管仲在回答齐桓公关于如何治理国家的问题时，提出"唯官山海为可耳"的主张，即国家应统筹开发陆地和海洋资源，才能实现富强。 连通中西方的"海上丝绸之路"延续了上千年，通过海上贸易和文化交流促进了人类社会的共同发展。 明朝初年郑和七下西洋，更是人类航海史上的壮举。 因此，中国不是一个天然的封闭的大陆国家，我们曾经创造过灿烂的海洋文化，曾经驰骋、笑傲于远海大洋。 但我们在明朝中叶海权独步天下之际，主动告别海洋、走向闭关锁国，直至近代饱受列强欺凌，逐步沦为半殖民地半封建国家。 而与此同时，西方世界刚刚走出中世纪的漫长黑暗，就开始扬帆启航，在"谁控制了海洋，谁就控制了世界贸易，谁就控制了世界财富，谁就最终控制了世界本身"的海权理论指导下，不断走向远海、走向强大。 这段历史令无数志士扼腕叹息！

为什么拥有强大海上力量的大明帝国，却没有像葡萄牙、荷兰和英国那样走上海洋强国的道路？ 为什么在郑和之后不足百年，嘉靖帝却为东南沿海的一小撮倭寇伤透了脑筋？ 为什么在第一次鸦片战争中，面对万里迢迢而来的数千英军，清政府举全国之力迎战却一败再败？ 为什么位居世界前列、亚洲第一的北洋海军，成军仅仅六年就在"一夜之间"烟消云散？ 为什么国力远不如中、俄的日本，能够先在黄海打败中国、再在对马战胜俄国？

这数百年的历史进程反复向我们昭示：大国的发展与海洋息息相关。 一个国家在从海洋大国迈向海洋强国的过程中，离不开科学的理论支撑。 欲建成海洋强国和一流海军，就必须挺立于时代潮头，善于借鉴全世界的先进理论成果，加速构建起具有中国特色的海权理论和海军理论，用科学的理论武装头脑、指导实践。

在汲取百家之长、学习外国先进思想理论时，读者一般会遇到两大难题：一是不清楚哪些书值得看，以致浪费了许多宝贵时间；二是阅读原著时存在一定的语言障碍。 作为理论研究人员，我们对此感触颇深。 早在十年之前，我们就曾计划翻译一批此类著作，无奈因种种条件限制而未能实现。 万幸的是，几经周折，在济南出版社的大力支持下，我们搁置已久的计划得以启动。

我们精心挑选了五本具有广泛代表性的海权、海军和海战方面的经典著作，进行翻译，编成这套丛书，以飨广大读者。 这些著作具有很高的学术价值，其理论观点经受住了历史的检验，也被众多关心海洋事务的人士所认可。 这些著作的作者，既有阿尔弗雷德·塞耶·马汉、赫伯特·里奇蒙德等古典大家，也有杰弗里·蒂尔、米兰·维戈等现代学者；有的来自美、英等老牌海洋强国，有的来自印度等发展中国家；有的是职业军人出身，有的则是纯粹的学者。 阅读这些不同时代、不同国家和不同流派的著作，对于我们完整把握海权、海军和海战理论的发展脉络，深入理解和思考当代中国面临的海上问题，具有很好的参考、借鉴作用。

为了把经典著作原汁原味地呈现给大家，我们在翻译过程中未做删改，但这并不代表我们认同作者的所有观点，也希望大家在阅读时，能够辩证地看待一些观点，在批判的基础上加以吸收、借鉴。 由于我们的水平有限，书稿难免存在一些不准确、不传神之处，敬请大家批评指正。

史常勇于南京半山园

2020 年 8 月 19 日

翻译说明

    1840 年 9 月 27 日，阿尔弗雷德·塞耶·马汉（Alfred Thayer Mahan）出生在纽约州的西点军校，其父丹尼斯·哈特·马汉，是西点军校著名的土木和军事工程学教授。 但马汉并没有子承父业，而是在 1856 年进入安纳波利斯海军军官学校就读，1859 年以第二名的优异成绩毕业后到海上服役。 1862—1863 年马汉回到母校任职，得到了上司斯蒂芬·B. 卢斯（Stephen B. Luce）中校的认可，之后负责指挥海军候补军官训练舰"马其顿"号。 美国南北战争结束之后，马汉先后在"易洛魁"号、"黄蜂"号和"瓦楚塞特"号上担任舰长。 实际上马汉并不适合作为一名舰艇军官，因为他不仅晕船，而且性格内向，很难与其他军官融洽相处，海上生活对他来说毫无乐趣，甚至是一种折磨。 因此，在 1885 年卢斯上校创建海军战争学院并邀请马汉前来讲授海军史时，他欣然接受邀请，并为之倾尽余生心血。 1886—1889 年和 1892—1893 年，马汉两度担任海军战争学院院长。1895 年马汉以上校军衔从海军退役，全身心地投入著述生涯之中。 在美西战争期间的 1898 年，马汉被任命为海军作战委员成员，1908—1912 年期间在海军战争学院担任特别职务。 1906 年 6 月，为褒奖曾经在美国内战期间服役的军官，海军部授予马汉海军少将的荣誉军衔。 1914 年 12 月 1 日，马汉病逝于华盛顿。

    虽然马汉并非海权学派的创建者，但毫无疑问，他是海权学派的集大成者，为海权理论的形成、发展和运用做出了极大贡献。 1890 年，马汉把授课内容整理成书，以《海权对历史的影响 1660—1783》为名出版。 该书在欧洲立即引起了巨大的轰动，迅速成为指导大国海上竞争的圭臬。 此后马汉的学术创作一发而不可收，先后完成专著 20 部、合著 22 部、选集 5 卷，各类文章 270 篇，译文 27 篇，小册子 13 本等，可谓著述等身。 其中 1911 年出版的《海军战略》，是马汉后期的另一个重要成果，也是世界上首部系统论述海军战略的理论著作，被各国视为海军建设与海军运用的经典指南。 事实上，与马汉同时代的多位学者，比如英国人科洛姆、科贝特和稍晚一点的里奇蒙德，以及法国人卡斯泰等都有相关论著问世，但均被马汉的光芒所遮掩，不太为国人所知。 20世纪40年代的德国人罗辛斯基、70年代的英国人肯·布思和苏联海军元帅戈尔什科夫，以及英国人杰弗里·蒂尔、艾里克·格罗夫等当代学者，均在不同时期为海权理论的进一步发展成熟做出了重要贡献。

马汉在其一系列著作中运用历史实证主义的研究方法，深刻揭示了海权发展和海军战略的基本规律，这种研究方法对于我们思考当代海权和海军问题，依然非常有效。 在这些规律之中，有些经受了历史实践的检验，比如海权的地位作用、中央位置、攻势作战、存在舰队等，至今仍是研究海权和海军问题必须遵循的指南；而有些已被证实不再适用，比如制海权的绝对性，特别是马汉倍加推崇的通过决战夺取制海权的观点，在一战中已被证明难以实现，二战史再次证明，在当代显然更加不切实际。 因此，1992年美国海军战争学院专门就此问题召开了一次国际研讨会，主题就是"马汉是不够的：科贝特和里奇蒙德研讨会"，这标志着冷战之后美国海军开始注重以科贝特等学者的理论观点作为海军转型的指南。 进入21世纪，随着海洋战略价值的日益突显，海洋权益观念更加深入人心，国家间的海上竞争日趋激烈，海权理论也进入了一个新的空前繁荣时期。

马汉海权理论是最早在中国传播的西方海权理论，影响最为广泛、最为深刻，马汉几乎成为西方海权理论的代名词。 1900年，日本人在上海开办的汉语月刊《亚东时报》开始连载《海权对历史的影响 1660—1783》一书的第一章，另名为《海上权力要素论》。 可惜仅连载两期便停刊了，仅译至影响海权的六个因素之中的第一个因素——"地理位置"。 由于该译本依据的是《海权对历史的影响 1660—1783》的日语版，因而在转译过程中谬误较多，但它却为国人了解西方海权理论打开了一扇小窗。 1928年，民国海军官方学术刊物《海军期刊》，连续八期刊载了唐宝镐翻译的《海上权力之要素》，首次完整地把《海权对历史的影响 1660—1783》的第一章翻译出来。 此事可被视为海权理论在中国深入传播的一个标志。 而全书的中译本直至70年后，即1998年，才由安常容等人完成出版。 此后，关于马汉系列著作的中译本、重译本、摘译本如雨后春笋般涌现，掀起了延续至今的研究海权理论的高潮。

　　相较于《海权对历史的影响 1660—1783》中译本的曲折多艰，《海军战略》中译本的出现则更为顺利一些。 1941 年在蔡鸿幹先生主编的《海军整建月刊》上，刊发了海军编译处王师复翻译的《海军战略》第一章"绪论"，题名为《海军战略论》。 之后不久王师复离开海军，翻译工作就此中断。 所幸蔡鸿幹不曾放弃，经不懈努力，终于 1945 年春出版了《海军战略》的完整中译本。 在新中国成立之后的很长一段时间里，马汉作为帝国主义侵略理论的代表为我们广泛批判，海权理论也被彻底打入冷宫而无人提及。 直至改革开放之后，随着海洋在国民经济中的地位不断上升，中国的海权意识得以觉醒，海权问题迅速成为学术界的研究前沿和网络热门话题，并逐步泛化。 然而，囿于语言障碍，加上原文晦涩难懂，造成许多中国学者对马汉理论知之不多、知之不深，甚至有不少错误理解被以讹传讹。 比如，马汉在《海权对历史的影响 1660—1783》第一章中明确提出海权由三个要素构成：生产、航运和殖民地。 可笑的是，就在同一页面，在这段论述的下一段，马汉总结了影响海权的六个因素（地理位置、自然结构、领土范围、人口数量、民族性格和政府特征）[①]，竟被许多专家误解为海权的六个构成要素并广泛流传。 由此可见，要避免此类常识性错误的出现，阅读原文是根本的解决之道。

　　因此，我们全文翻译了美国海军战争学院教授约翰·B.海滕多夫（John B. Hattnedorf）编辑的这本《马汉论海军战略》，内容为马汉在各个时期发表的关于海权和海军战略的论著、论文，对于读者系统理解马汉的海权思想很有帮助。 全书共 12 章，其中第一、二章为《海权对历史的影响 1660—1783》的绪论与第一章；第三至七章为《海军战略》的第六至十章；第八、九章为 1902 年 7 月和 9 月发表于《国防评论》上的论文；第十章为 1912 年 7 月发表于《北美评论》上的论文；第十一章为 1910 年 7 月 4 日发表于《每日邮报》上的论文；第十二章为 1914 年 9 月发表于《北美评论》上的论文。

　　同时，也应当看到，由于受到时代背景、军事文化等因素的影响，马汉的观点并非完全正确，需要读者在阅读时加以批判和吸收。 为尽可能把原著原汁原味

　　[①] 马汉的原文是"The principal conditions affecting the sea power of nations may be enumerated as follows"（*The Influence of Sea Power Upon History*（*1660—1783*），Boston：Little，Brown and Company，第 28 页，1918 年第 12 版），稍懂点英语的人都不会理解为海权的构成要素。

地呈现出来，我们全文翻译未做删节。 当然，这并不代表我们赞同作者的所有观点。

原文中列举的事件、战例、人名、地名，大多不为国内读者所熟悉。 为便于理解，我们查阅相关资料后增补了 300 多条注释，以"译者注"的形式标记于页下，仅供参考。 全书由史常勇负责翻译第一、四章和七至十二章，以及几乎所有的译者注；王晓琴负责翻译第二、三、五、六章，海军指挥学院梁曼莉教授负责校对。 此外，黄燕女士对文中的法语内容给予了宝贵指导，在此表示衷心感谢！

在有关章节的翻译过程中，学习借鉴了学术界广泛认可的两部著作，安常容等翻译的《海权对历史的影响》（解放军出版社，2006）和蔡鸿幹、田常吉翻译的《海军战略》（商务印书馆，2018），从中受益良多。 在此向上述译者致敬！当然，我们也对其中部分内容进行了勘正，希望有助于广大读者更加准确地理解马汉理论的精髓。

鉴于我们的能力和水平有限，译文之中尚有诸多不准确、不传神之处，敬请大家谅解、指正！

史常勇于南京半山园

2020 年 6 月 10 日

目录

第一章

绪论

海权的历史，尽管不完全是，但主要是记述国家与国家之间的竞争、相互间的敌意，以及频繁在战争中达到的暴力顶点。海上贸易对于各国财富和实力的深远影响，早在指导海上贸易发展和繁荣的真正原则（the true princi-ples）① 被发现之前，就已经被人们清楚地认识到了。一个国家为了确保本国人民能够获得超额的海上贸易利润，或是采用平时立法实施垄断，或是制定一些禁令来限制外国的贸易，或是当这些办法都失败时，就直接采取暴力行动来尽力排除外国人的贸易。这种互不相让的攫取欲望，即使不能占有全部，至少也要占有大部分的贸易利益，并占领那些尚未明确势力范围的远方贸易区域，这些利益冲突所激起的愤怒情绪往往会导致战争。另一方面，由其他原因引起的战争，其实施方法和结局在很大程度上也要受到是否控制了海洋的制约。因此，海权的历史，从其广义来说，涉及有益于一个民族依靠海洋或利用海洋强大起来的所有事情。但是，海权的历史主要是一部军事史。因此在接下来的内容里，虽然不是全部，但主要论述的是这方面情况。

那些伟大的军队统帅反复要求，我们应该认真研究军事历史，这种研究对于校正我们的思想、丰富我们打赢战争的技能，必不可少。拿破仑是一位很有抱负的军事家，他列举了亚历山大（Alexander）②、汉尼拔（Hannibal）③和恺撒（Caesar）④ 指挥的经典会战，鼓励军官们进行研究，当然，这些古代

---

① 译者说明：所有正文括号内的注释，均为马汉所加。译者所加注释都在脚注之中，且明确标以"译者注"的字样。

② 译者注：亚历山大（公元前356—前323年），马其顿国王，世界古代史上著名的军事家和政治家，欧洲历史上最伟大的四大军事天才之首。曾师从古希腊著名学者亚里士多德，以雄才大略在13年内先统一希腊，进而横扫中东，占领埃及、波斯，直到印度河流域。这些行动促进了东西方的经济文化交流，对人类社会发展产生了重大影响。

③ 译者注：汉尼拔（公元前247—前183年），古代地中海强国迦太基的著名军事统帅，欧洲历史上最伟大的四大军事天才之一。在第二次布匿战争中，汉尼拔由于没有地中海的制海权，于公元前218年率军从西班牙出发翻越阿尔卑斯山，从意大利北部进攻罗马，连战连捷，尤其是公元前216年的坎尼会战，以少胜多，成为古代战史的经典战例。公元前204年，罗马渡海进攻北非的迦太基首都，汉尼拔被迫回援，在公元前202年扎马会战中失败，迦太基被迫接受非常屈辱的和约。因此，有了汉尼拔"赢得了每一场战斗，却输掉了整场战争"之说。战后，汉尼拔开始从政，但罗马显然不能容忍这个心腹大患的存在。公元前183年，汉尼拔被迫在异国服毒自杀。

④ 译者注：恺撒（公元前100—前44年），古罗马共和国末期著名的军事统帅、政治家，罗马帝国的奠基者，史称恺撒大帝，欧洲历史上最伟大的四大军事天才之一。恺撒出身贵族，公元前60年出任高卢总督，用8年时间征服高卢全境。公元前49年率军占领罗马，打败庞培，实行独裁统治。公元前44年，在元老院被暗杀。恺撒死后，其养子屋大维打败安东尼，开创罗马帝国。

统帅们还不知道黑火药是什么；职业作家似乎达成了一项重要的默契，即虽然从一个世纪到另一个世纪随着武器的发展，战争的许多条件都发生了变化，但在历史学派中无疑有一些内容保持了稳定，现在仍然存在，因而普遍适用，并且升华为基本原则（General Principles）。同样道理，尽管在过去半个世纪里，由于科学的进步和蒸汽动力的应用引发了海军武器装备的巨大变化，但我们坚持认为，研究过去的海战历史，通过它们来阐述海上战争（Maritime War）的基本原则，仍然大有裨益。

批判性地研究帆船时代的海战史和海战经验，具有双重必要：一方面，因为这种研究能够为我们提供关于当代运用和当代价值的指导；另一方面，到目前为止，蒸汽舰队的历史还比较短，尚未能够形成明确的经验教训。对于帆船，我们已经具有了丰富的实践经验；而对于蒸汽舰船，事实上我们还没有任何实际经验可谈。因此，关于未来海战的理论几乎全部是推断而来；尽管我们曾试图通过详细研究蒸汽舰队与历史悠久、闻名遐迩的桨船舰队之间的相似点，使这些理论具有比较坚实、可靠的基础；但是在未来海战还没有完全经过验证之前，海战理论一定不能过多地依赖于蒸汽战舰与桨船战舰之间的这种相似点，尽管这种相似绝不只是表面的。蒸汽战舰和桨船战舰的共同特点是，它们都具有不依靠风力向任何方向航行的能力。可是蒸汽动力又使得各类蒸汽战舰与风帆战舰存在着根本区别；风帆战舰，在有风时只能向有限的几个方向航行，无风时必然寸步难行。但是人们既要懂得观察事物的相似点，同时也应善于观察事物的不同方面。因为当人们的思考热衷于发现相似点时——这是精神追求中最令人愉悦的——很容易对新发现的相似点中出现的不同之处失去耐心，由此可能忽略或拒绝承认这种差别。桨船战舰和蒸汽战舰虽然得到了不同的发展，并且都具有上面已经提到的那些性能，但是它们至少还有两点不同；因此我们要从桨船战舰的历史中给蒸汽战舰提供相关教训时，必须牢记它们之间的相似与不同之处，否则就会做出错误的判断。桨船战舰的动力，在运用时一定会迅速衰减，因为人的体力不可能长时间维持这种消耗。后果是，虽然桨船战舰可以进行战术机动，但是进行战术机动的时间非常有限①。其次，桨船战舰时期的武器攻击距离短，在实战中几乎全部都是短兵相接。桨船战舰的这两个条件必然导致交战双方进行短距离的快速突击。当然，并不排除双方在进行短兵相接之前，企图巧妙地对敌舰实施包抄或迂回。根据这种短促突击和混战（mêlées）的战法，当代海军中出现了一种很流行的、比较一致的甚至很出名的观点，认为现代海军武器发展的必然结果——必将是进行大规模混战，在这种混战中，正如历史所表明的那样，将很难分辨敌友。不管怎样证明这种观点是有价值的，但是，绝不能单凭桨船战舰和蒸汽舰船在船艏都装有撞角，以及都可以随时直接驶向敌人的事实，作为支持这种观点的历史根据，而不顾桨船战舰和蒸汽战舰之间的区别。因为到目前为止，这种观点还只是一种推断，所以最好经过实战检验，待这种战法的优劣进一步明朗化之后，再做出最后的判断。即或这种战法获得肯定的判断，人们也会提出不同的见解——两支实力不相上下的舰队之间实施混战，战术和技术就是无足轻重的了。在现代，海军装备有复杂的、威力巨大的武器，实施混战不是最佳的选择。如果一位舰队司令具有坚强的自信，舰队战术运用得当，手下舰长们也都非常出色，他必然不愿意与同等兵力的敌人展开一场混战。因为在这种混战中，无法充分利用上述那些有利条件，而运气将成为最关键的因素，参与这种混战，相当于把他的舰队变成了一群从未经过合训的舰船凑成的乌合之众。② 至于什么时候混战适宜，什么时候不适宜，历史上已有了很多教训。

　　当时的桨船战舰只有一点非常类似于现在的蒸汽战舰；而在其他方面却有许多不同之处；但是因为这些不同之处并非显而易见，所以很少受到重视。相反，就帆船而言，其显著特点正好是它与现代蒸汽舰船的不同之处；所以帆船和蒸汽舰船的相同点，尽管也容易看到，但却不是那么一目了然，因此

---

　　① 叙拉古的赫摩克拉底号召大家，勇敢地迎击进攻叙拉古的雅典远征军（公元前 413 年），坚守在敌人进攻路线的侧翼。他说："因为他们前进的速度一定很慢，所以我们有无数次机会去攻击他们；如果他们的战船倾巢而出，一起向我们疾速杀来，他们就必须拼命地划桨，当他们精疲力竭时，我们可以进攻他们。"

　　② 作者用词一定要谨慎，以避免因倡导复杂战术运动的可能而造成毫无意义的争论。他坚信一支舰队为取得决定性的战斗必须要逼近敌人，但不能等取得了某些有利条件之后再去交战。这种有利条件一般通过机动获得，所以训练有素和管理规范的舰队能够取得这些有利条件。事实上，没有结果的战斗大多源于仓促的短兵相接和毫无信心的战术盲动。

不大能够引起人们的注意。与蒸汽舰船相比，由于意识到帆船依赖于有风才能航行的重大弱点，这加深了人们对二者之间差异的印象。除去这一点，帆船与帆船作战时，战术运用方面的经验教训还是很值得借鉴的。鉴于桨船战舰不会因为无风而丧失战斗能力，因此在我们这个时代，桨船的战术运用应该比帆船更受到人们的青睐；然而，事实是帆船取代了桨船，且在蒸汽舰船出现之前，始终是最好的舰船。帆船具有从很远的地方发起攻击的能力，而且这种机动不管需要多长时间，都无须耗费人员精力去操纵桨橹，不会让人精疲力竭，因此可以使得大部分船员都去操纵武器投入进攻。这些，正是帆船和蒸汽舰船的相同点。如果从战术角度考虑，这些能力至少与桨船战舰在无风或顶风运动时的能力一样重要。

人们在寻找相同点时，不仅存在一种容易忽视不同点的倾向，而且还容易根据自己的想象把相同点进行夸大。可以这样去考虑，在我们指出帆船有穿透力较强、射程较远的舰炮和射程较近但破坏力很大的臼炮时，也指出了现代蒸汽舰船具有远程舰炮和鱼雷，后者仅在一定距离内有效，通过爆炸造成杀伤，而前者与过去一样，目的在于击穿敌舰。虽然这些问题只是从战术角度去思考，但它们无疑会影响舰队司令和舰长们的作战计划；这种类推是真实的，而非勉强的。帆船和蒸汽舰船都希望与敌人进行面对面的直接交战，帆船通过强行登船战斗以俘获敌舰，蒸汽舰船通过撞角将敌舰撞沉；然而，对于帆船和蒸汽舰船来说要完成这类任务困难很大，因为要有效地完成任务，必须把舰船航行到战场的某个特定位置，而投射武器却无须如此，可以从广阔战场的多个点实施射击。

依据风向确定两艘帆船或者两支舰队的相对位置，是最重要的战术问题，并且可能是那个时代海军将领们最关心的问题。从表面上看，在当代条件下风向似乎对于蒸汽舰船无关紧要，因此，这方面的历史教训也就没有了价值。如果能够认真地思考相对的下风位置（lee - gage）和上风位置（weather - gage）① 的显著特点，抓住它们的主要特征而不去考虑其他的枝节，就会发现这种观点是错误的。舰船占据上风位置的显著优点，是能够随意发起战斗和

① 所谓的一艘船拥有风向优势，或者能够利用"风的有利条件"，或者占据了上风位置，意味着风允许这艘船驶向对手，却不允许对手直接驶向自己。极端情况是风笔直地从一方吹向另一方；但是，在这条线的两边仍然有很大的范围适用"上风"这个词。如果把处于下风的船作为圆的中心，那么对手仍然拥有将近八分之三的区域能够保持或多或少的上风优势。下风与上风是相对的。

撤出战斗，之后又能在选择攻击方法时形成有利的进攻态势。但是这种优势也会带来某些弊端。比如，往往会打乱战斗队形，会暴露于敌人的纵射炮火之下，造成己方的部分舰炮或全部舰炮失去作用。这些都是在向敌人逼近时常出现的情况。占据下风的舰船或者舰队无法进攻，如果不想撤退的话，战斗只能局限于防御，并且只能按照敌人的意图进行战斗。但是如能镇定自若，那就能比较容易地保持战斗队形，而且可在敌舰无法还击的时候持续对其实施舰炮攻击，这样便能弥补上述的不利条件。从历史的角度来看，这些有利的和不利的特点，在各个时代的进攻和防御作战之中都极为相似。进攻者为接近和消灭敌人，要承担一些风险和遭到一些损失；但是防御者，一直是这样，不愿意冒险前进，严格保持良好的战斗队形，并且还可以利用攻击者自我暴露的时机。透过一些细节可以清楚地看出上风和下风之间的这些根本区别。英国人常常喜欢占领上风位置，因为英国人的一贯政策是攻击、消灭敌人；而法国人通常习惯于占领下风位置，因为这样可以在敌人逼近时削弱敌人的一部分战斗力，并且可以避免决定性的遭遇战，从而保存舰队的实力。法国人几乎是一以贯之地把海军作战服从于其他军事考虑，他们不愿意把钱花在海军身上，并且力求节省海军开支，后果是海军只能保持防御态势，作用也仅限于击退敌人的攻击。为了贯彻这个政策，只要敌人是为了显示勇气而不是要进行战斗，法国人就会欣然采用这种运用娴熟的下风战法。但是，当英国海军罗德尼（Rodney）[①] 将军不但要进攻，而且要利用上风在对方战列线的某一部分大量集中兵力时，他的谨慎的对手——法军舰队司令德·基申（De Guichen）[②] 便改变了战术。罗德尼与德·基申进行过三次交战，在第

[①] 译者注：应为乔治·布里奇斯·罗德尼（1719—1792），英国海军上将，英法七年战争（1756—1763）和美国独立战争（1775—1783）中英国著名海军将领。其最大成就是，在 1780 年圣文森特角海战中，打破了英国传统的战列式战术，以多路分割战术大胜西班牙舰队，而且没有受到皇家海军的惩处。1782 年，在加勒比海的桑特海峡海战中（多米尼加和瓜德罗普岛之间的海峡），罗德尼再次以相同的战法大胜法国舰队，取得了七年战争之后英国海军最辉煌的胜利。

[②] 译者注：德·基申伯爵（1712—1790），法国海军将领。1730 年加入法国海军，进步很慢，直至 1746 年才晋升上尉，1748 年受封为圣路易斯骑士，1756 年晋升上校，1776 年晋升少将。法国参与美国独立战争之后，任法国海峡舰队司令，1778 年 7 月指挥舰队参加了第一次乌桑特海战（First Battle of Ushant），多次击退英国舰队的进攻。1779 年晋升中将。1780 年率法国舰队在西印度群岛与罗德尼率领的英国舰队对阵，双方交战三次，但均未取得明显战果。1781 年，指挥法国舰队在比斯湾的行动，也未取得实质性战果。他比同时期的英军将领更有知识，更绅士，但缺乏他们昂扬的斗志。在安常容版《海权对历史的影响》中，德·基申被译为了戴尚吉。

一次交战中，法军占领了下风位置；但是当德·基申意识到罗德尼的目的是战斗之后，便抢占有利风向（advantage of the wind）撤退，而不是发起进攻，除非他愿意作战。现在发起进攻或者选择避战的动力不再取决于海风，而是取决于舰队是否具有更快的速度。在一支舰队里，这种速度不仅仅取决于每艘舰艇的速度，还取决于他们战术行动的统一程度。从今以后，速度更快的舰艇将占据有利位置。

因此，我们从桨帆战舰的历史中寻找有用的经验，并非如许多人想象的那样，是一种徒劳的奢望。帆船和桨船，两者与现代舰船有相似的地方；但也存在本质的差异，正是这些差距使得我们不能引用它们的经验或模式作为效仿的战术范例（tactical precedents）。但是，一个范例不等同于一条原则，其价值也远小于一条原则。前者可能一开始就是错误的，或者难以适用于已变化的环境；后者根植于事物的本质规律，尽管随着条件的变化有着各种各样的运用，但它们仍然是赢得胜利必须遵循的行动准则。在战争中的确存在这些原则；它们诞生于历史经验教训的研究之中，一代一代传承不变。条件和武器都在改变；为了有效地应对变化或者成功地运用它们，无论是战场上的战术行动，或者是归于战略范畴的战争中更大范围的作战行动，都必须遵循那些永恒的历史教义（teachings of history）。

然而，在涉及整体战场的这些大范围作战行动之中，在可能涵盖了大半个地球的海上竞争之中，历史的教义具有更加明确而持久的价值，因为有许多条件长期不变。在不同的战争中，战区或大或小，困难或显或隐，敌军或强或弱，必要的机动或难或易，但是所有这些都只是规模和程度的不同，而非本质的区别。随着野蛮被文明取代，随着通信手段更加丰富、道路更加畅通，河上的桥梁和食物的来源不断增加，作战活动变得更加容易、迅速和广泛；但是作战行动必须遵循的原则没有任何变化。当用汽车运送部队代替徒步行军时，当用火车代替汽车时，机动的距离增加了，或者也可以说缩短了作战时间；但是诸如部队应当集中的地点、机动的方向、要进攻敌阵地的哪一部分，以及如何保护交通线等，在决策这些问题时应当遵循的原则并没有变。在海上也是如此，从提心吊胆地由一个港口缓慢航行到另一个港口的桨船战舰，发展到可以大胆地航行到天涯海角的帆船，再到我们今天的蒸汽舰船，海军的作战范围扩大了，舰艇航速也增加了，但是指导海军作战的原则却无需改变。因此，在前面曾引用过的2300年前赫摩克拉底（Hermocrates）①讲话之中包含着一个正确的战略计划，那里面的一些原则符合当时的情况，现在也仍然适用。在交战双方的陆军或舰队接触之前（contact，用接触这个词可能比其他的词更好，它标示了战术和战略之间的界限），有许多问题需要指挥官做出决策，这些问题涵盖整个战场的全部作战计划。这些决策包括海军在战争中的正确职能；海军的真正目标；海军应当集中的某个或某些地点；建立燃煤和各种补给的仓库；保持这些仓库与本土基地之间的交通畅通；贸易破坏作为一种决定性的或仅次于决定性的作战行动的军事价值；以及最有效地破坏贸易的系统方法，是采用分散的巡航作战，还是布重兵于商船必经的一些海上咽喉要道之上。所有这些都属于战略问题，历史上有许多关于这些问题的案例。最近在英国海军内部展开了很有意义的讨论，主要是关于两位著名的英国海军将领——豪勋爵（Lord Howe）②和圣文森特勋爵（Lord St. Vincent），在与法国作战时采取的兵力部署的优劣比较。这个问题完全属于战略问题，而不仅仅是对历史的兴趣；这也是当前极为重要的问题，当时做出决策所依据的那些原则，与现在完全一样。圣文森特的兵力部署挽救了英国免遭入侵，而纳尔逊和他的兄弟们亲手把入侵行动直接挡在了特拉法尔加。

特别是在海军战略领域，那些过去具有重要价值的学说，其价值在今天没有丝毫减弱。它们的作用不仅可以用来阐释原则，而且在条件未发生相对变化时还可以作为范例。如果从战略上考虑需要舰队在某一地点投入战斗，从战术角度来看却未必正确。人类在不断进步，武器也在不断变化；随着武器的变化，必然引起作战方式的不断变化，即在战场上控制和部署兵力或舰

---

① 译者注：赫摩克拉底，伯罗奔尼撒战争时期叙拉古（也叫锡拉库萨，是意大利西西里岛东岸的一个城市，北纬37°05′，东经15°17′）的一名将军。修昔底德在《伯罗奔尼撒战争史》中记载，公元前424年，赫摩克拉底在一次会议上发表演讲，号召西西里人团结一致抵抗雅典。此后，作为斯巴达军队的重要顾问，多次提出很有见地的建议。公元前412年，因指挥海战失利被放逐。公元前408年回到西西里，第二年死于一次失败的政变。

② 译者注：理查德·豪（Richard Howe，1726—1799），英国伯爵，海军上将，因皮肤黝黑，外号"黑迪克"。14岁进入皇家海军服役，1770年晋升为少将，1775年晋升中将，1776年任北美舰队司令，1782年任海峡舰队司令，解除了直布罗陀之围。1794年在"光荣的六月一日海战"中，豪打破了自第一次英荷战争就开始运用的战列线战术，大胆采取近距离快速穿插的新战法，大胜法国护航舰队，但却没有能够阻止法国的运粮船队。豪因此获得了伯爵的头衔，他退役后致力于革新海军战术和信号传递系统。

船的方式的变化。于是，在与海上事件紧密联系的部门之中出现了一种倾向，认为研究过去的经验不会获得什么教益，是在浪费时间。出现这种观点虽然也很自然，但是他们不仅完全无视那些高瞻远瞩的战略思考，甚至对战术的认识也是狭隘和片面的，正是这些战略思考引导了国家把舰队部署于何处，直接确定了舰队的作战范围，已经改变且将继续改变世界的历史发展。过去一些战斗的成功或失败，取决于这些战斗是否能贯彻那些作战原则。因此海军若仔细地研究这些战斗成败的原因，不仅能够发现且逐渐领会这些原则，还能不断学会把这些原则运用到他那个时代的舰船和武器的战术中去。他还会看到战术的变化不仅发生于武器变化之后，而且武器的变化必然会引起战术的改变。人们还会发现，武器和战术两次变化的间隔时间相当长。这一现象产生的主要原因是，武器的改进是一两个人努力的结果，而战术原则的变化必须要战胜保守势力的惰性；但是这种惰性非常顽固。只有真正承认每一种变化，认真研究新式战舰或者新式武器的威力和局限性，继而采用适应其特点的方法——这将形成新的战术，才能够纠正这种惰性。历史已经证明，希望军人们普遍地努力做到这些，只是一个美好的幻想；但是如果确有人能够做到，对于作战将大有裨益——因为这件事本身就很有价值。

因此，我们现在或许可以接受一位法国战术家莫罗古斯（Morogues）① 的观点，他在 125 年前这样写道："海军战术建立在各种条件基础之上，引起这些条件变化的主要原因是武器的可能变化；武器的变化反过来必然引起舰船结构的变化、操纵方法的变化，最后引发舰队部署和舰队指挥的变化。"莫罗古斯的进一步阐述"海军战术不是一门以亘古不变的原则为基础的科学"，受到了更多的批评。更确切地说，原则的运用要依据武器的变化而变化。毫无疑问，原则在战略上的运用也应不断地发生变化，但是这种变化很小；因此承认这些基本原则相对容易。上面的阐述对于我们从历史事件中找到一些关于这个主题的论据而言，非常重要。

---

① 译者注：莫罗古斯（1706—1781），法国海军上将，海军战术家，在 1763 年出版《海军战术》一书，引领了世界海军战术的发展。

在 1798 年的尼罗河海战（Battle of the Nile）① 中，英国舰队不仅彻底打败了法国舰队，而且对摧毁法国本土与拿破仑驻埃及部队之间的海上交通线起到了决定性作用。在这次战斗中，英国舰队指挥官纳尔逊树立了最为辉煌的大战术典范，也就是此前我们定义的，"把战前准备和战斗过程完美结合的艺术"。当时进行的特定战术配合取决于一个现在已不存在的条件，即一支锚泊舰队处于上风位置的舰船在被摧毁之前，下风的舰船根本无法前去支援；这些原则构成了战术的基础，即选择敌舰队形中最难以支援的那部分兵力，并用优势兵力去攻击它，这些战术并没有过时。英国舰队司令杰维斯在圣文森特角海战②中，用 15 艘战舰打败了 27 艘西班牙战舰，尽管这次敌人不是锚泊状态而是航行状态，但他也是依据上述原则进行的指挥。然而，人们有时对各种瞬时条件的记忆，似乎比应对这些条件时所运用的永恒原则的记忆更加深刻。相反，对于在战争进程中发挥了战略作用的纳尔逊胜利所包含的一些原则，人们不仅易于接受，而且也认识到这些原则适用于当代。法国在埃及冒险行动的成败，取决于法国海军能否保持埃及与法国本土之间海上交通线的畅通。英国在尼罗河海战的胜利摧毁了唯一能够保障海上交通安全的法国舰队，由此也决定了法国最终失败的命运；人们不仅立即注意到这种攻击行动是按照攻击敌交通线的原则进行的，而且还会看到这个原则现在依然正确，并且不论是在桨船时代，还是在帆船时代或者蒸汽舰船时代，都同样适用。

然而，现在出现了一种轻视历史教训的倾向，认为那些都是陈旧过时的东西，加之人们与生俱来的惰性，甚至对潜伏于海军历史表象之下的那些永久性战略教训也视而不见。比如，有多少人不是把特拉法尔加海战，把纳尔

---

① 译者注：尼罗河海战，也叫阿布基尔湾海战，是世界海战史上的经典海战之一，发生在 1798 年 8 月 1 日—2 日。纳尔逊率领英国舰队在埃及亚历山大港东北方 10 海里的阿布基尔湾内全歼了法国舰队，将拿破仑的军队困在了埃及。在海战中英国海军上下同心、打破常规、随机应变，充分展现了纳尔逊天才的战术才能。此战最重要的成果还在于，直接促成了第三次反法同盟的形成。

② 译者注：1797 年 2 月 14 日，西班牙科尔多瓦中将指挥 27 艘战列舰，由地中海驶往布雷斯特（位于比斯湾的北端，法国境内），以期与法国大西洋舰队会合。在圣文森特角附近海域，与约翰·杰维斯上将率领的由 15 艘战列舰组成的英国舰队遭遇，此战因此被称为圣文森特角海战。激战中，纳尔逊准将指挥位于编队最后的 3 艘战舰，冲出战列线队形，截击西班牙舰队。战斗结果，西班牙 4 艘战列舰被俘，10 艘重创，损失 5000 人，而英舰仅 5 艘重创，损失 300 人。此战为英国重返地中海铺平了道路。杰维斯也因此被封为杰维斯侯爵。

逊的辉煌和他的天才决策，看作为一件极其伟大的孤立事件呢？有多少人会自问这个战略问题，"战舰怎样才能恰好到处地占领阵位呢"？又有多少人认识到，特拉法尔加海战是持续一年或更多时间的伟大战略交响曲的最后乐章呢？在这首交响曲中，有两位历史上前所未有的最伟大的指挥——拿破仑和纳尔逊在相互较量。特拉法尔加海战的真正失败者，不是法国舰队司令维尔纳夫，而是拿破仑；胜利者也不是纳尔逊，而是被拯救的英国；为什么呢？因为拿破仑的联合作战计划失败了，而纳尔逊用直觉和活力保证了英国舰队能够连续地追踪敌人，并在关键时刻到达了战场[①]。特拉法尔加海战的战术，尽管还有许多细节尚待讨论，但其主要特点符合作战原则，而且当时的紧迫形势和战斗结果已经证明了英国人的冒险行动完全正确；但是在备战效率、执行过程的行动力和活力，以及战前几个月英国指挥官的思维和洞察力等方面的一些重大教训，都是战略性教训，至今仍然值得我们汲取。

尼罗河海战和特拉法尔加海战都取得了自然而然的、决定性的战果。现在可以引用第三个战例，在这个战例中，因为没有取得那两次战斗的明确战果，所以更易于对应该做些什么展开讨论。在美国独立战争中，法国和西班牙于1799年组成联盟共同对抗英国。法西联合舰队三次出现在英吉利海峡，其中一次战列舰的总数竟然多达66艘[②]，英国舰队处于明显的数量劣势，不得不躲在港内避战。当时西班牙的主要目的是收复直布罗陀（Gibraltar）[③] 和牙买加（Jamaica）[④]；为了攻占近乎固若金汤的直布罗陀要塞，法国和西班牙从海上和陆上投入了巨大的力量。可是这些攻击都未取得效果，因此可以提出这样的一个问题——纯属海军战略问题——法国和西班牙如果把进攻直布罗陀的兵力用于控制英吉利海峡、攻击英国的舰队，甚至是靠泊在港内的舰

[①] 参见本章结尾部分，第24—26页。

[②] 译者注：即1779年6月16日西班牙对英国宣战之后，法国、西班牙联合舰队在英吉利海峡中的战列舰数量，约为英国海峡舰队的2倍。然而，两国却没有充分利用这个优势争取更大战果，因为西班牙参战的主要目的，就是为了夺回直布罗陀。

[③] 译者注：直布罗陀，欧洲伊比利亚半岛最南端的港口城市，位于直布罗陀海峡的北岸，隔海峡与西班牙的北非属地休达市相望，战略地位十分重要。该地自1704年被英国占领至今。海峡长90千米，宽12~43千米，是大西洋与地中海之间唯一的海上通道。

[④] 译者注：牙买加，加勒比海岛国。1494年哥伦布首次抵达该岛，1509年沦为西班牙殖民地，1655年被英国占领，1962年独立，成为英联邦成员国之一。该岛东西长234千米，南北宽82千米，面积约1万平方千米。东隔牙买加海峡与海地相望，北距古巴145千米，为加勒比第三大岛。

队，运用破坏贸易和进攻本土来威胁英国，是不是比耗费更多精力去直接攻击远离大英帝国的坚固的前哨基地更有把握呢？长期未曾面临入侵的英国人对外敌进攻恐惧万分，如果能够突然动摇英国人对于舰队的充分信任，就会相应削弱他们抵抗的勇气。不管最后怎样决定，这个问题成为一个战略问题合乎情理；然而当时一位法国军官提议了另一种策略，他认为应直接攻占西印度群岛中的一个岛屿，用其与英国交换直布罗陀。但是英国不可能放弃这把地中海的钥匙，用它来交换任何一个海外领地，除非是为了挽救本土的家园和首都。拿破仑曾经宣称他要重新夺回维斯瓦河（Vistula）① 畔的本地治理（Pondicherry）。如果拿破仑能够控制英吉利海峡，像法西联合舰队于 1779 年曾经短暂控制的那样，还有人怀疑他能否在英国海岸占领像直布罗陀那样的地方吗？

为了更好地记住历史能够为我们提供的战略研究素材，并能够通过史实来阐述作战原则的真相，这里再举两个战例，其发生的时间比本书所涉及的起始时间更早。在东方强国与西方强国在地中海进行的两次大决战期间，其中一次使得闻名于世的帝国陷入岌岌可危之中。人们可能会问，在这两次大决战中双方舰队为什么恰巧都在相距如此之近的亚克兴（Actium）② 和勒班陀（Lepanto）③ 相遇呢？这纯粹是一种巧合，还是因为条件会重复出现且可能再

---

① 译者注：维斯瓦河，又译为维斯杜拉河，波兰境内最长的河流，流域面积 19 万平方千米，占波兰国土面积的三分之二，最后注入波罗的海。

② 译者注：亚克兴，古罗马地名，位于今日希腊西岸阿卡纳尼亚西北部的一个海角。公元前 31 年为争夺罗马最高统治权，屋大维与安东尼在此处海面上展开激战，即著名的亚克兴海战。屋大维取胜后，建立罗马帝国。

③ 译者注：勒班陀，位于希腊西北部帕特雷湾内，即今希腊西希腊区的纳夫帕克托斯（Navpaktos），西南濒临帕特雷湾东北侧，隔湾与帕特雷港相望。北纬 38°24′，东经 21°49′。1571 年，奥斯曼土耳其帝国向欧洲扩张，由西班牙、罗马教廷和威尼斯组成的神圣同盟舰队，在勒班陀与奥斯曼舰队发生一场大海战，最终联军获胜。此战标志着桨船时代的结束，风帆时代的来临，火炮开始成为海战的主要武器。在欧洲，勒班陀海战被称为没有下文的胜利，神圣同盟虽然赢得了战斗却输掉了战争。1573 年，威尼斯与奥斯曼单独签订丧权辱国的和约，导致同盟瓦解。

次出现？^① 如果是后者，对其中原因展开研究非常有意义；因为如果再次出现一个像安东尼^②治下的埃及或者土耳其那样的东方海上强国，它们的战略问题也将是类似的。目前看来，海权的中心确实主要集中于英国和法国，并且以压倒之势存在于西方。但是如果出现某种机会，俄国除了现在已经控制的黑海低地之外，还占领了地中海的入口，那么，目前影响海权的战略条件可能会完全改变。现在，如果西方团结一致反对东方，英国和法国会立刻停止对抗，像 1854 年那样，他们一起到黎凡特（Levant）^③ 地区去，或像英国在 1878 年单独前去一样；一旦出现这种变化，东方就会像从前那两次一样，在半路上与西方对抗。

在世界历史一段非常引人注目、非常重要的时期里，人们还没有认识到海权在战略上所具有的重要性和影响力。现在我们还找不到充足的材料用以详尽地研究海权对第二次布匿战争结局的影响；但从那些目前可以看到的遗迹中，有充分理由可以断言，海权在布匿战争（Punic War）中是一种决定性因素。关于这一点，不能仅仅依据流传已久的清楚的战史来做出精确的判断，因为通常来说，海军的相关记录总是会被轻率地忽视；为了从有限的资料中，根据对一些著名历史时期的可能了解，得出一些正确的推断，需要熟悉海军整体历史的详细情况。控制海洋（control of the sea）不管实施得多么有效，都不意味着敌人的单舰或者小型分舰队无法溜出港口，不能时不时地横渡海洋，不能骚扰、袭击一条漫长海岸线上的未设防要点，不能进入被封锁的港

---

① 1827 年土耳其和西方强国之间的纳瓦里诺（Navarino）海战也发生在附近——作者原注释。以下均为译者加注：纳瓦里诺海战是发生在希腊独立战争期间的一次著名海战。1821 年，希腊人民为了反抗奥斯曼土耳其的压迫爆发起义，1825 年初，埃及应土耳其之命出兵镇压。两国的残暴政策激起了欧洲国家的反对，英国、法国和俄罗斯出面干预。1827 年 10 月 20 日，在土耳其拒绝英法俄的斡旋之后，三国联合舰队冲入纳瓦里诺湾（在伯罗奔尼撒半岛西南岸），攻占停泊在港内的土耳其—埃及联合舰队。1 个多小时的近战之后，土埃联合舰队战败，此战是木制战舰的最后一次海战。希腊由此获得独立，土耳其进一步衰落，俄罗斯统治了黑海。

② 译者注：马克·安东尼（公元前 83 年—前 30 年），古罗马著名政治家和军事家。早期是恺撒的重要助手，在恺撒死后，安东尼、屋大维和雷必达三人组成后三头联盟，掌握罗马最高统治权。公元前 33 年三头同盟分裂，罗马再次爆发内战，实质是屋大维代表的古罗马西方文明与安东尼代表的古埃及东方文明之间的对决。公元前 31 年 9 月 2 日，安东尼在亚克兴海战中败于屋大维，次年 8 月，安东尼自杀，数日后埃及女王克利奥帕特拉七世也绝望自杀。

③ 译者注：黎凡特，古地名，源于拉丁语 Levare，"升起"，指日出之地。指中东托罗斯山脉以南、地中海东部沿岸诸国家及其岛屿，包括叙利亚、黎巴嫩等在内的自希腊至埃及的地区。

口。恰恰相反，历史已经表明，不管双方海军实力相差多么悬殊，弱势一方总是可以在一定程度上逃避这种封锁和控制。因此，这与罗马舰队全面控制海洋或者控制某些关键海域并不矛盾，迦太基（Carthage）[①] 海军将领波米尔卡（Admiral Bomilcar）正是在战争的第四年，在取得坎尼会战的辉煌胜利之后，成功地把 4000 名士兵和一群大象输送到意大利南部登陆。在战争的第七年，波米尔卡又突然躲开了位于叙拉古（Syracuse）[②] 外海的罗马舰队，再一次出现在当时由汉尼拔控制的塔兰托（Tarentum）[③]。而汉尼拔也多次向迦太基本土派遣传递公文的舰船。甚至最后，汉尼拔与他的残余部队也是从海上安全地撤到了非洲。但是所有这一切都不能证明迦太基可能给予了汉尼拔不断的支援。实际上，汉尼拔根本没有得到这种支援，然而，上述这些事实自然会造成迦太基已经支援了汉尼拔的印象。所以还有必要仔细考察已经确定的事实，从而更好地证实罗马的海上优势对于战争进程所产生的决定性影响。只有这样，才能正确地评估海权影响的类型和程度。

蒙森[④]认为，在战争开始时罗马人就控制了海洋。不管哪一种原因或者哪几种原因综合作用的结果，原本并非海洋强国的罗马，在第一次布匿战争中就已经建立了相对于靠海而生的迦太基的海上优势，并继续保持了这种优势。在第二次布匿战争中，没有发生重要的海战，这种情况本身和其他已经查明的与之相关的许多事实，都可以证实罗马拥有了类似于其他时期所知的、具有相同特性的这种海上优势。

---

① 译者注：迦太基，公元前 8 世纪至公元前 146 年，由腓尼基人在地中海南岸建立的一个海权国家，首都迦太基城位于今天的突尼斯北部。鼎盛时控制了北非西部沿海、西班牙南部、西西里岛大部和撒丁岛、科西嘉岛和巴利阿里群岛，垄断了西地中海的海上贸易。罗马在对外扩张时，与迦太基正面相撞，两国自公元前264—前146年先后爆发了三次战争，史称布匿战争。公元前146年，罗马攻陷并彻底焚毁了迦太基城，迦太基不复存在，该民族也完全消失在历史长河之中。

② 译者注：叙拉古，即今天意大利西西里岛东岸的锡拉库萨。公元前734年由希腊城邦科林斯移民建立，公元前5至公元前4世纪成为西西里东部霸主。公元前212年为罗马所灭。

③ 译者注：塔兰托，意大利东南部城市，普利亚大区塔兰托省省会。濒临爱奥尼亚海，处于塔兰托湾北部，是意大利最重要的港口之一。1940年11月11日，英国海军运用航母舰载机突袭了塔兰托的海军基地，取得重大胜利。这是航母问世以来首次大规模的实战运用，展示了舰载航空兵的巨大威力。

④ 译者注：特奥多尔·蒙森（1817—1903），德国古典学者、法学家、历史学家、政治家、考古学家和作家。他用30多年（1854—1885）写作五卷本《罗马史》，尽管第五卷没有最终完成，但"既有完整而广泛的学术价值，又有生动有力的文学风格……沟通了史学家与诗人之间的鸿沟"，因而获得1902年诺贝尔文学奖。该书亦极大启发了马汉关于海权理论的研究。

　　因为汉尼拔没有留下回忆录之类的记载，所以没有人清楚他为什么要经过高卢、翻越阿尔卑斯山，进行一场危险的、几乎是毁灭性的远征。不过有一点可以肯定，汉尼拔在西班牙沿岸的舰队没有足够的力量对抗罗马舰队。如果汉尼拔的舰队足够强大，但是由于种种原因的限制，他可能仍然会沿着他所选定的路线前进；然而，如果由海路远征的话，就不会发生在出征的 6 万名老兵当中损失 3.3 万人的悲剧了。

　　当汉尼拔进行这次危险的远征时，罗马派出一支分舰队，输送由西庇阿（Scipio）家族两名长辈①率领的一个执政官军团（a consular army）②前往西班牙。此次航行没有遭到多大损失，登陆部队安全地驻扎在埃布罗河（Ebro）以北地区，正好位于汉尼拔的交通线之上。③ 与此同时，另一名执政官率领分舰队前往西西里岛。两支分舰队总共有 220 艘舰船。每一支罗马分舰队都在各自战场遭遇了迦太基分舰队，并轻而易举地击败了对手，这些都可以从少量的战斗记录中推断出来，并且足以说明罗马舰队拥有真正的海上优势。

　　布匿战争第二年之后的战况如下：汉尼拔已经从北部进入意大利，在接连获胜之后，绕过罗马城向南进军，部队驻扎在意大利南部地区，就地征收给养——这引发了军队与当地民众的矛盾，特别是当汉尼拔利用罗马在当地

----

　　① 译者注：根据欧康奈尔所著的《坎尼的幽灵》中记载，此二人应为普布利乌斯·科尔内利乌斯·西庇阿（时任罗马执政官，被称为老西庇阿，是大西庇阿的父亲），及弟弟格涅乌斯·科尔内利乌斯·西庇阿（公元前 222 年任罗马执政官）。公元前 211 年，两人先后在西班牙与汉尼拔两个弟弟的战斗中阵亡。大西庇阿（公元前 235—前 183 年）与父亲完全同名（简直让人无法理解），因在北非的扎马会战中战胜了汉尼拔，取得了第二次布匿战争的胜利，因此被尊为"阿非利加努斯"，即"非洲的征服者"。小西庇阿的母亲是大西庇阿的女儿，他同时又被大西庇阿的儿子收养，因此，小西庇阿（公元前 185 年—前 129 年）既是大西庇阿的外孙，也是他的孙子，他在第三次布匿战争中攻陷并焚毁了迦太基城。因此，整个布匿战争，就是巴卡家族（哈米尔卡、女婿哈斯德鲁巴和汉尼拔兄弟）与西庇阿家族的斗争史。
　　② 译者注：罗马军队最常见的战斗序列就是"执政官军团"，包括两个军团约 2 万多人。显然，《海权对历史的影响 1660—1783》安常容等译本（解放军出版社，1998 年）中第 19 页，关于"罗马舰队在两名年龄较大的西庇阿率领下，运送一支由执政官指挥的陆军"的译述并不准确。
　　③ 译者注：此处马汉所述似乎有误。此行动发生在公元前 218 年 6 月底。当时老西庇阿为罗马第二执政官，率 2.2 万步兵和 2000 骑兵，原本奉命前往埃布罗河阻止汉尼拔，但由于行动迟缓，在公元前 218 年 6 月底到达马赛利亚（即今之马赛）时，得知汉尼拔不但早已渡过埃布罗河，而且已经越过比利牛斯山，于是决定暂时放弃远征西班牙的计划，改为在罗讷河阻击汉尼拔。当时距离汉尼拔所在的阿维尼翁仅有四天路程，在罗马军队仓促赶到此地时，汉尼拔却早在三天前就已经渡过了罗讷河，继续向阿尔卑斯山开进。参见蒙森所著《罗马史》第二册，商务印书馆，2017 年版，第 98 页。埃布罗河，位于西班牙东北部，是西班牙最长、流量最大、流域面积最广的河流，发源于坎塔布里亚山脉，向东南方向流动，在巴塞罗那和巴伦西亚之间形成河口并注入地中海，长 950 千米。

建立的强大政治和军事控制系统征收给养时，矛盾更加激化。因此汉尼拔的当务之急，是与某个可靠的能够源源不断地提供补给和增援的基地建立联系，即现代军事术语中的"建立交通线"。有三个友好地区，可以把其中一个或全部作为基地——迦太基本土、马其顿（Macedonia）和西班牙。然而，汉尼拔与前两个基地之间的交通，只能经由海路。西班牙可为汉尼拔大军提供最稳定的支持，如果罗马没有封锁的话，陆路和海路均可通达；但是海路更近，也更轻松。

在战争最初几年里，罗马人凭借海权，完全控制了意大利、西西里与西班牙之间的第勒尼安海和撒丁海（Tyrrhenian and Sardinian Seas）①。从埃布罗河至台伯河（Tiber）②沿岸的居民几乎对罗马人都很友好。但是坎尼会战之后的第四年，叙拉古放弃了与罗马联盟，反叛行为蔓延至整个西西里；并且马其顿也与汉尼拔订立了攻守同盟。这些变化必然要求罗马舰队扩大行动范围，从而加重了他们的力量消耗。这将导致怎样的部署？这种部署随后将怎样影响这场战争呢？

有清楚的迹象表明，罗马人从未放松对第勒尼安海的控制，这可以从罗马舰队能够不受干扰地在意大利与西班牙之间往返得以证实。而在西班牙沿海地区罗马人一直享有充分的海上控制权，直到小西庇阿（younger Scipio）决定暂停使用舰队。罗马在亚得里亚海的布林迪西（Brindisi）③建立了一个海军基地，并部署一支分舰队以控制马其顿；罗马士兵们忠于职守，从未让马其顿方阵中的任何一个士兵踏入意大利。蒙森指出："由于缺少一支作战舰队，腓力（Philip）④所有的兵力调动都难以进行。"此时，海权的作用显然不再只是一种推测，而是明确的事实。

---

① 译者注：西班牙沿岸为巴利阿里海。亚平宁半岛、西西里岛和撒丁岛之间为第勒尼安海，似乎没有撒丁海一说。

② 译者注：台伯河，又称特韦雷河，是仅次于波河和阿迪杰河的意大利第三大河。源于亚平宁山脉富默奥洛山西坡，向南流经罗马后，在奥斯蒂亚附近注入地中海的第勒尼安海。全长405千米。

③ 译者注：布林迪西，意大利东南部港口城市，位于普利亚大区，布林迪西省首府，临亚得里亚海的奥特朗托海峡。

④ 译者注：腓力五世（公元前239—前179年），马其顿国王。在位期间为建立马其顿的霸权而长期卷入东地中海的战争。坎尼会战后，与汉尼拔结盟。公元前215—前205年，腓力多次与罗马作战，并取得了胜利，迫使罗马从伊利里亚撤军。在公元前197年在库诺斯克法莱会战中惨败于罗马，被迫放弃历次胜利所得领土。在其子统治期间，马其顿被罗马彻底消灭。

在西西里岛，斗争是以叙拉古为中心。迦太基和罗马的舰队在西西里岛周边海域交战，但优势显然属于罗马人，因为尽管迦太基曾经几次成功地向叙拉古城内运送补给，可是他们避免与罗马舰队作战。罗马舰队由于控制了利利巴厄姆（Lilybaeum，即现在的马尔萨拉）、巴勒莫（Palermo）和墨西拿（Messina）①，从而能够在西西里岛北岸建立起牢固的基地。西西里岛南部通道对于迦太基人是畅通的，因此他们还能坚持抵抗。

综观这些事实，下列推断合情合理，且以全部历史进程为依据，即当时罗马舰队控制了北部从西班牙的塔拉戈纳（Tarragona）到西西里西端的利利巴厄姆，绕过该岛北端经墨西拿海峡，向南到叙拉古，再到亚得里亚海的布林迪西的广大海域。在整个战争期间这种海上控制从未被动摇，一直持续。诚如前面所述，这种控制不能完全阻止迦太基发动或大或小规模的海上袭击；但是这种控制确实阻断了汉尼拔急需的那种持续可靠的交通线。

另一方面似乎同样清楚，在战争最初的 10 年里，罗马舰队既没有足够的力量在西西里和迦太基之间的海域进行长期作战，事实上也无法到战线南侧更远的地方开展行动。汉尼拔自起程远征之时，就派出一些战船保护西班牙与非洲之间的海上交通线；但当时的罗马并不打算袭扰这些交通线。

因此，罗马海权在整个战争期间完全顾及不到马其顿。罗马舰队也没能阻止迦太基在西西里多次发起有效的骚扰性牵制行动；但是这支舰队确实阻止了迦太基向当时正在意大利作战的汉尼拔输送他所最急需的援军。西班牙当时的情况又是如何呢？

汉尼拔的父亲和他本人都把西班牙地区作为进攻意大利的基地。在此次战争开始的 18 年前，他们就已经占领了这个地方，并且非常有远见地扩大和巩固了他们在当地的政治和军事实力。父子俩召集一支庞大的军队，经过当地战争的锻炼，这支军队成长为当时一支富于实战经验的劲旅。汉尼拔开始远征之时，把政权交给了忠心耿耿的弟弟哈司德鲁巴（Hasdrubal），但在当时迦太基本土充满了该死的派系斗争之中，汉尼拔不可能从那里得到这种忠诚。

---

① 译者注：利利巴厄姆，位于西西里岛西岸，东北距巴勒莫 89 千米。巴勒莫，西西里首府，位于岛西北海岸。墨西拿，位于岛屿东北端，隔墨西拿海峡与意大利本土相望。

随着汉尼拔大军的开进，迦太基在西班牙的影响力覆盖了从加的斯（Cadiz）到埃布罗河。虽然在埃布罗河与比利牛斯山（Pyrenees）① 之间的一些部落对罗马人很友好，但当罗马大军不在的时候，他们无法抵抗汉尼拔。汉尼拔镇压了当地抵抗之后，留下 1.1 万名士兵由汉诺（Hanno）指挥，继续占领这个地区，防止罗马军队侵入并袭扰汉尼拔与基地之间的交通线。

但是，同一年格涅乌斯·西庇阿（Gnaeus Scipio）率领 2 万名罗马士兵从海上登陆并打败了汉诺，占领了沿海地带和埃布罗河以北地区。如此一来，罗马人完全切断了汉尼拔与哈司德鲁巴之间的相互支援，并且可以由此出发攻击迦太基在西班牙的部队；而强大的罗马舰队可以保护格涅乌斯与意大利之间的海上交通安全。罗马人在塔拉戈纳（Tarragona）② 建立基地，对抗在卡塔赫纳（Cartagena）③ 的哈司德鲁巴，而后进攻迦太基领地。经验丰富的老西庇阿兄弟俩负责指挥在西班牙的作战行动，这似乎是一个无关紧要的战场，战斗持续了七年，双方各有胜负；到战争结束时，哈司德鲁巴给予老西庇阿兄弟以致命打击，两人先后阵亡，迦太基人也差一点成功突围，经比利牛斯山前去增援汉尼拔。然而，这个企图暂时被阻止了④；在哈司德鲁巴试图再次突围之前，成功攻陷了卡普亚（Capua）的 1.2 万名罗马老兵，在才能出众的克劳狄乌斯·尼禄（Claudius Nero）⑤ 率领下进军西班牙⑥，这是第二次布匿战争期间罗马将军们做出的最有决定意义的一次军事调动。这种来自海上的

① 译者注：比利牛斯山，位于欧洲西南部，山脉东起地中海，西止于大西洋，分隔欧洲大陆与伊比利亚半岛，也是法国与西班牙的天然分界线。长 435 千米，宽 80～140 千米，一般海拔在 2000 米以上。最高峰阿内托峰海拔 3404 米。

② 译者注：塔拉戈纳，西班牙东北部城市，濒临地中海，在弗兰科利河口。公元前 218 年罗马人在此筑城，建立港口。

③ 译者注：卡塔赫纳，是西班牙位于地中海沿岸穆尔西亚自治区的一座具有悠久历史的古城，最早可追溯到公元前 227 年，当时腓尼基人称之为新迦太基，现为西班牙海军的一处重要基地。

④ 译者注：公元前 212 年，在老西庇阿兄弟阵亡后，残余的罗马军队在盖乌斯·马尔奇乌斯的率领下，艰难地守住了埃布罗河北岸。

⑤ 译者注：盖乌斯·克劳狄乌斯·尼禄（公元前 237—前 199 年），在第二次布匿战争期间担任西班牙和意大利战争的罗马指挥官。公元前 207 年，当选罗马执政官。他在当年对梅陶罗河出其不意的进攻，决定了哈司德鲁巴军队覆灭的命运。

⑥ 译者注：卡普亚，位于意大利中部坎帕尼亚卡塞塔省的一个城市，在西海岸城市那不勒斯以北 25 千米，公元前 73 年斯巴达克斯起义亦在此发难。坎尼会战之后，卡普亚反叛罗马，公元前 212 年被罗马围攻，汉尼拔两次救援未成，只得引兵退去。公元前 211 年该城向罗马投降。当年，尼禄率领围城大军转战西班牙，一举扭转了罗马军队的劣势。

及时增援，再次确保了罗马对哈司德鲁巴进军路线的有效控制——对于迦太基人来说，这条最快最方便的通道已被罗马舰队彻底切断。

两年之后，后来获得阿非利加（Africanus）称号的普布利乌斯·西庇阿①接任在西班牙军队的指挥官，以陆海联合进攻的方式占领了卡塔赫纳；但此后他却不可思议地解散了舰队，并把水手调至岸上充当陆军。大西庇阿并不满足于作为一支牵制兵力（the "containing" force）②，通过封锁比利牛斯山脉的隘口来对抗哈司德鲁巴，他向前推进深入西班牙南部，在瓜达尔基维尔河（Guadalquivir）③畔进行了一次激烈的非决定性会战；战后，哈司德鲁巴悄悄溜走，匆忙北上，经比利牛斯山的最西端向意大利进军。那时汉尼拔在意大利的处境日趋困难，部队的正常减员无法得到补充。

哈司德鲁巴在途中仅付出了轻微损失就进入意大利北部，此时战争已经持续了整整10年。假如哈司德鲁巴的部队能够安全地与汉尼拔汇合，那么战争将会发生决定性转折，因为罗马自身已经筋疲力尽；维系罗马与殖民地和盟邦之间的牢固纽带已经被拉伸到了极限，而且有些早就断裂了。然而，汉尼拔兄弟二人所处的战场位置也极其危险。一个在梅陶罗（Metaurus）河畔，另一个在阿普利亚（Apulia）④，相距200英里，分别面对一支占据优势的罗马大军，而罗马的两支大军都位于被分隔的对手之间。这种不利局面的形成，以及哈司德鲁巴的姗姗来迟，皆因罗马人控制了海洋。在整个战争期间，由于罗马人控制了海洋，汉尼拔和哈司德鲁巴兄弟俩的相互支援被限制在绕经高卢的这条陆路通道之上。正当哈司德鲁巴经陆路进行远距离的危险绕行时，大西庇阿已从西班牙派出了1.1万名士兵经海路前去增援对阵哈司德鲁巴的罗马军队。而哈司德鲁巴向汉尼拔送信的传令兵却不得不穿越广阔的罗马控

①译者注：即大西庇阿，"非洲征服者"。
②牵制兵力，是在协同作战中担负阻止或迟滞敌方部分前置兵力任务的一支力量，而主力则部署于其他战场之上。
③译者注：瓜达尔基维尔河，西班牙第五大河，发源于哈恩省境内的卡索拉山脉，向西流经科尔多瓦和塞维利亚两大城市，在桑卢卡尔—德巴拉梅达附近注入加的斯湾，全长657千米。该河是西班牙境内唯一可以通航的大河。
④译者注：阿普利亚，古称，即今天意大利南部的一个普得亚大区，东邻亚得里亚海，东南临爱奥尼亚海，南面邻近奥特朗托海峡和塔兰托湾。首府巴里，包括布林迪西、福贾、塔兰托和莱切等省。面积1.9万平方千米。

制区，结果不幸被指挥南部罗马军队的尼禄俘获，他由此得知了哈司德鲁巴的计划行进路线。尼禄对当时的战场形势做出了准确判断，他避开汉尼拔的控制地区，率领 8000 名最精锐士兵快速前进与北方部队会师。这次有效汇合，使得罗马两位执政官能够以绝对优势兵力进攻哈司德鲁巴，并全歼了这支迦太基军队；哈司德鲁巴亦在此战中阵亡。汉尼拔关于这场灾难得到的第一条消息，是被抛进营地里的弟弟的脑袋。据说他曾仰天长叹：罗马终将成为当今世界的霸主。因此，梅陶罗河会战①通常被认为是布匿战争的转折点。

最终导致了梅陶罗河会战和罗马赢得胜利的战争态势，可总结如下：为了推翻罗马的统治，迦太基必须进攻罗马在意大利的力量中心，并破坏以罗马为首的牢固联盟。这就是战争目的。为了实现这一目的，迦太基需要一个稳固的行动基地和一条安全可靠的交通线。前者已由天才的巴卡家族在西班牙建立起来；而后者对于迦太基人来说却从未拥有过。迦太基有两条可选的交通线，一条是海上的直线交通，另一条是陆上经高卢的绕行交通。海上交通线被罗马舰队封锁了；陆上交通危险重重，最终因罗马陆军占领了西班牙北部而被切断。之所以能够占领西班牙北部，是因为罗马人控制了海洋，而迦太基舰队从未对其构成过威胁。因此对于汉尼拔和他的基地来说，罗马人占领了两个中央位置（central position）：罗马本土和西班牙北部，两者靠一条便捷的内部交通线——海洋连接起来，利用这条交通线不断地相互支援。

假如地中海是一片平坦的沙漠，在这片沙漠里，罗马人占据了强大的科西嘉和撒丁岛山脉，在塔拉戈纳、利利巴厄姆和墨西拿等地建立了坚固的哨所，占据了热那亚附近的意大利海岸，并与马赛和其他要塞据点实施联防；假如罗马还拥有一支能够随意穿越沙漠的特种部队，而对手在这里处于劣势，为了集中兵力不得不绕一个大圈，此时战场形势的优劣立现，这支特种部队的价值和作用也就无须赘述了。此外还应注意到，尽管敌方军队在数量上处于劣势，但也会有所行动，或突袭罗马占领的城镇，烧毁一个村庄或毁坏几英里范围的边境地区，甚至可能会数次切断护航船队的航行，但是从军事观

①　译者注：梅陶罗河会战发生在公元前 206 年，被认为是第二次布匿战争的转折点，从此迦太基再无胜算。梅陶罗河，意大利中部河流，源于伊特鲁里亚亚平宁山脉，向东北注入亚得里亚海，入海口在佩萨罗和安科纳之间的法诺附近。全长 109 千米。会战发生在该河下游。

点来看，并没有对交通线构成任何实质威胁。古往今来，海上实力较弱的一方都曾进行过这种劫掠性作战，但绝不能由此而得出与众所周知的事实相矛盾的结论，即"因为罗马舰队有时在非洲沿海巡航，而迦太基舰队也以同样方式出现在意大利外海，所以说既不是罗马，也不是迦太基，完全控制了海洋"。在这种情况下，海军在这片假定的沙漠地带发挥了特种部队的部分作用，但是绝大多数学者对这支部队的作用不甚了解，因为这支部队的成员从远古以来就是一批奇异之人，他们没有自己的宣传家，他们既不宣传自己，也不宣传他们的使命，所以这支部队对于当时历史所产生的巨大的决定性影响，以及随后对于世界历史的影响都被忽视了。如果上述论点正确，在导致这一结果的众多主要因素中删去海权，那么这种剖析就不够全面；如果把海权断言为唯一的影响因素，显然也很荒谬。

上述所有实例发生的年代相隔甚远，有的在本书涉及的历史时期之前，有的在此之后①，但是均可用来论证本篇的主题和历史经验教训的内在价值。正如前文所述，这些实例大多数属于战略范畴，而非战术范畴；它们适用于指导实施会战，而非实施战斗，因此具有更长久的适用价值。关于这个问题可引用伟大的理论家约米尼（Jomini）②的一段论述："1851年底，我在巴黎很偶然、很荣幸地得到一位著名人士的垂询：关于火器最新改进是否会引发作战方式发生重大变化的个人观点。我的回答是：火器的改进也许会对战术的某些细节问题产生影响，但是在大规模的战略会战和联合作战之中，要想取得胜利，仍然要一如既往地运用那些为各个时代的伟大将领们带来胜利的原则；如亚历山大、恺撒、腓特烈和拿破仑。"对海军而言，现在进行这种研究，比以往任何时候都更加重要，因为现代蒸汽舰船具有强劲的、可靠的航行能力。在桨船时代和帆船时代，指挥官设定的最佳作战方案，有时会因恶

① 译者注：马汉在这里探讨海权对于历史影响所限定的时间为1660—1783年，故有此一说。

② 译者注：约米尼（1779—1869），著名军事理论家。出生于瑞士，1796年到巴黎当股票经纪人。而后加入法军，因突出的军事才能受到拿破仑的赏识，在拿破仑远征俄罗斯期间任斯摩棱斯克总督，他建议的法军撤退路线被拿破仑采纳，保存了法军的部分实力。由于遭到法军参谋长的妒忌，1813年约米尼愤然出走，加入俄军。沙皇亚历山大一世对他极为赏识，俄土战争期间（1828—1829）任命他为俄军总参谋长，大获全胜。1855年又回到法国，把后半生投入到著书立说之中，在战争本质、战略战术等方面均有精辟论述。最具影响的代表作是1838年出版的《战争艺术概论》。

劣天气的影响而失败；但现在这个困难几乎不复存在。从历史中总结而来的那些原则，对于所有时代的大规模海上联合作战都具有直接的指导作用；但是舰船应用蒸汽动力之后，基本不再考虑气象条件的影响却是最近的成果。

通常给予"战略"一词的定义，会限定在联合作战行动所包含的一个或几个战场范围之内，这些战场或完全独立或相互依赖，但始终与真实的战场或即将打响的战场相关。然而，这可能说的是陆上战略，最近一位法国学者非常准确地指出，这个定义对于海军战略来说过于狭隘。他指出："海军战略与陆军战略（military strategy）的区别在于，不论是和平时期还是战争时期，海军战略都非常必要。实际上，平时可以通过购买或者条约的形式，在一个国家里占据那些最具价值的要点，从而获得决定性胜利，而这个胜利可能难以通过战争手段取得。海军战略将指导我们利用各种机会，在海岸上一些精心选择的地方建立立足点，开始只是暂时性控制，尔后形成事实上的占领。"有一代人会欣然接受这位学者的观点，他们已经看到英国在 10 年之内，以一些貌似暂时的限制性条款相继占领了塞浦路斯（Cyprus）① 和埃及（Egypt），但是这些条款至今也没有导致英国放弃那些已经占领的地方；事实上，现在所有海上强国都在默默地坚持，把本国的民众和舰船渗透到各个海洋中去，寻找那些名气与价值远不及塞浦路斯和埃及的一个个战略要地，这就足以证明这个观点的正确性。"无论平时还是战时，海军战略的目标，就是为了建立、支持和加强国家的海权。"因此，研究海军战略对于一个自由国家的全体民众来说，是一件有意义、有价值的事情，对于那些负责国家外交和军事的人们来说，尤为如此。

我们将仔细研究一个依赖于海洋强大起来的国家所具备的基本条件，或是必要条件，或是重要影响因素；之后，我们将对 17 世纪中叶欧洲几个海洋国家的情况进行更多的专门研究，这些国家是历史性研究的起点，这种方法将有益于迅速阐明本书的主题，并给出准确结论。

---

① 译者注：塞浦路斯，位于欧洲和亚洲交界处的一个岛国，在地中海东部。虽然在地理上属于亚洲，但在文化和政治上属于欧洲。

评论：纳尔逊的名字如此耀眼，的确会让同时代所有人的名字黯然失色。英国人绝对信服纳尔逊，并且把他看作能够拯救英国于拿破仑阴谋计划的唯一之人；当然也不应该掩盖纳尔逊只是或者只能活动于整个战场的某一局部的事实。在以特拉法尔加海战为终结的那次海上会战中，拿破仑的既定目标，是让法国的布雷斯特分舰队、土伦①分舰队和罗什福尔（Rochefort）②分舰队，与庞大的西班牙舰队在西印度群岛汇合，组成一支他所需要的绝对优势兵力；尔后一起返回英吉利海峡，掩护法国陆军横渡海峡。拿破仑当然期望，利益遍布世界各地的英国将因为不掌握法国各舰队的确切目的而造成慌乱和精力分散，进而导致英国舰队离开他要攻击的目标——英吉利海峡。纳尔逊的战场在地中海，任务是监视法国在土伦的大军火库，以及通往东方与大西洋的海上交通线。这个任务并不轻松，而且在纳尔逊的心目中，坚信拿破仑会再次实施此前已经尝试过的进攻埃及作战计划，这更加重了他的压力。在这种执念的影响下，纳尔逊第一步棋就走错了，他没有能够及时追击维尔纳夫（Villeneuve）③指挥的法国土伦舰队；土伦舰队得以利用了很长一段时间的顺风航行，而英国舰队不得不在逆风中航行。尽管所有这些都是实际情况；尽管拿破仑联合行动的失败必然归因于英国对布雷斯特外海的严密封锁，归因于纳尔逊充满激情地追击向西印度群岛逃窜并仓促返回欧洲的土伦舰队，但是历史还是给予了土伦舰队应有的荣誉，本文也维护了这一荣誉。纳尔逊的确没有识破拿破仑的意图。正如某些人所说，这可能是因为纳尔逊缺乏洞察力；但是，也可以更简单地归因于防御方的通常劣势，在敌军发动攻击之前很难搞准他们的攻击目标。能够把兵力集中在战场的关键点，这需要足够的

---

① 译者注：土伦，法国瓦尔省省会，位于地中海北岸，马赛以东 65 千米，在土伦湾内，面积 42 平方千米，是法国最大的军港，也是法国唯一的航母"戴高乐"号的母港。

② 译者注：罗什福尔，法国西部城市。位于滨海的夏朗德省夏朗德河右岸，比斯开湾右岸中部。1666 年设军港，现为法国重要的空军基地。

③ 译者注：维尔纳夫（1763—1806），法国贵族出身，1796 年晋升海军少将。1798 年拿破仑远征埃及时，法国舰队在尼罗河海战中被纳尔逊歼灭，仅有 2 艘战列舰和 2 艘快速帆船逃脱，维尔纳夫就是其中 1 艘战列舰的舰长。拿破仑认为他运气好，可他本人却可能因此患上了纳尔逊恐惧症。1804 年维尔纳夫接任土伦舰队司令，并晋升中将。他在执行拿破仑的调虎离山之计时，完全辜负了拿破仑的信任，屡屡出现低级错误，致使兵力占优的法西联合舰队最终在特拉法尔加海战中被纳尔逊全歼，拿破仑被迫彻底放弃了登陆英国的作战计划。维尔纳夫在这场血战中竟然毫发无损，他投降后于 1806 年 4 月获释，当月 22 日在巴黎自杀。

远见卓识；纳尔逊准确地抓住了决定战局的关键，是法国舰队而不是军港。①所以他的作战行动成为一个引人注目的范例，即应当怎样顽强地追随自己的目标，怎样在行动中保持无限活力，才能弥补最初的过失，才能最终挫败敌人的企图。纳尔逊在地中海承担着许多任务，并且有许多问题需要兼顾；但是，他清楚地意识到消灭法国土伦舰队是压倒一切的任务，土伦舰队也是拿破仑进行海上联合作战的重要组成部分。因此，纳尔逊的注意力坚定地聚焦于这支舰队；他甚至把这支法国舰队称为"我的舰队"，这个称呼让敏感的法国评论家大为恼火。对于战场形势简单而准确的分析坚定了纳尔逊的决心，他冒着巨大风险果断地放弃了对土伦港的封锁，就是为了跟踪"我的舰队"。他之所以极为明智地进行坚决追击，应该归功于伟大的决心。尽管由于情报错误和敌军动向不明，曾一度造成了不可避免的行动延误，但是纳尔逊激情满满地连续追击，以至于当他返抵加的斯时，竟然比维尔纳夫进入费罗尔还早了一个星期。同样的激情，使他能够及时地把舰队从加的斯带到了布雷斯特，即使维尔纳夫坚持原定计划驶抵布雷斯特附近，那里的英国舰队实力仍然优于维尔纳夫舰队。虽然英国舰队在战舰数量上少于法西联合舰队，但由于及时增加了 8 艘久经沙场的战舰，英国取得了战略上可能的最佳位置，后面我们在讨论美国独立战争时还会遇到类似的情况。英国海军在比斯开湾组成了一支庞大的舰队，位于布雷斯特和费罗尔两支法国分舰队中间，这支舰队在数量上超过了任何一支法国分舰队，有足够实力在另一支分舰队赶到之前，打败当面这支分舰队。胜利要归功于英国海军部各方面能人的共同努力；但其中最关键的因素，还是纳尔逊一心一意地追击"我的舰队"。

一系列很有意思的战略机动于 8 月 14 日结束，当时维尔纳夫绝望地到达布雷斯特附近，尔后不得不调转船头驶向加的斯，于 20 日进入港内抛锚。拿

---

① 译者注：马汉的这一观点失之偏颇。拿破仑的目标是登陆英国然后彻底征服英国，法国舰队的目标当然是英吉利海峡的制海权。所以，海峡制海权是战局的关键，而不是法国舰队。因此，当法西联合舰队驶往西印度群岛实施调虎离山之计的时候，纳尔逊果然上当，一路狂追。在得知法西舰队已经返航欧洲时，依然固执地认为拿破仑的目标是埃及，因此径直驶回了直布罗陀。如果不是英国人的运气够好，如果维尔纳夫不是足够愚蠢，法国舰队很可能在英吉利海峡形成优势兵力，从而夺取制海权，登陆计划将获得成功，那么整个拿破仑战争的历史恐怕就要彻底改写了。因此，从这个角度可以认为，纳尔逊只是一个优秀的战术家，拿破仑才是伟大的战略家。

破仑得知这一消息后痛骂维尔纳夫，被迫放弃了进攻英国的作战计划，并立刻开始调整部署，这才有了接下来的乌尔姆（Ulm）会战①和奥斯特利茨（Austerlitz）会战②。尽管从大范围的海上追击到10月21日的特拉法尔加海战之间间隔了两个月时间，但这场海战仍然是追击行动的结果。抛开这些不谈，单论时间因素，它仍然是纳尔逊指挥天赋的巅峰之作，并在他不久之前的追击行动中得以充分体现。尽管当时拿破仑已经放弃了进攻英国的计划，但是英国的确被拯救于特拉法尔加；这里还应当特别强调，法西联合舰队的覆灭标志着英国取得了战略胜利，并在无声无息之中挫败了拿破仑的宏伟计划。

---

① 译者注：乌尔姆，位于德国巴登－符腾堡州的一个城市，西北距斯图加特100千米，东南距奥格斯堡约70千米，距慕尼黑约180千米。1805年8月9日，英、俄、奥三国为了阻止法国主宰欧洲组成第三次反法同盟。到8月23日，拿破仑彻底放弃登陆英国的原定计划，决心在俄军赶到之前集中优势兵力首先歼灭多瑙河上游的奥军，而后直取维也纳。8月底，拿破仑命令17.6万大军立即行动，于9月26日赶到多瑙河一线。这比正常速度快了几乎一倍，但法国人的确做到了，而且几乎没有减员。9月中旬，麦克率领5.6万奥军进入乌尔姆，沿伊勒河从容构筑工事，完全没有料到拿破仑进军如此神速。10月6日，法军在多瑙沃尔特附近突破奥军防线后，如潮水一般向南和西南方向挺进，彻底包围了乌尔姆。10月16日开始炮击，17日奥军投降。此役奥军损失5万余人，而法军仅伤亡1500余人。
② 译者注：奥斯特利茨会战，发生在第三次反法同盟战争期间的1805年12月2日，地点位于今捷克境内的奥斯特利茨镇，因参战双方为法兰西帝国皇帝拿破仑、俄罗斯沙皇亚历山大和奥地利皇帝弗朗茨，所以又称为"三皇之战"。7.3万法军（实际参战6.5万）对阵8.6万俄奥联军，法军仅损失2000余，取得了决定性胜利，联军损失达3.6万人。此战是拿破仑军事天才的典范。此后不久，俄奥与法国签订和约，第三次反法同盟瓦解，拿破仑成为欧洲的霸主。

第二章

论海权的构成要素

从政治和社会的角度来看，海洋最引人注目的地方在于其本身是一条康庄大道，或者更准确地说，海洋是人们得以通往四面八方的广阔公域，但在这片公域内，由于受各种条件的制约，人们通常只选择其中的某些作为航线，这些航线被称为贸易航线。而选择这些航线的原因是什么？就要从世界历史中去寻找答案。

尽管海上存在着种种已知或未知的危险，但无论从旅行还是从运输来看，海路总是比陆路更方便、更经济。荷兰商业发达不仅仅是因为发达的海运，还因为它拥有众多安全可靠的内河水道，这些水道使荷兰人可以方便地进入本国和德国内陆，并且花费也较少。在 200 年前，陆上通道的数量少、条件差，且战事频仍，社会动荡不安，水路运输较之陆地运输的优越性更为明显。彼时的海上运输虽然面临被劫掠的危险，但仍然比陆路安全、迅捷。当时有一位荷兰作家预料到本国可能会与英国发生战争，他特别注意到英国的内河水道不畅，无法通达内陆各地；由于内部通道不良，所以必须经由海路把货物从国内的一个地方运往另一个地方，而在海上运输途中又会面临海盗的劫掠。就纯粹的国内贸易而言，这种危险已不复存在。目前在大多数文明国家，尽管水路运输比较便宜，但沿海贸易被破坏或消失也仅仅带来一些不便而已。不过，直到法兰西共和国①和法兰西第一帝国战争②时期，尽管当时海上有成群结队的英国巡航舰，法国内陆又有良好通道，但熟悉这段历史的人们和围绕这段历史创作的海军通俗文学，都会经常提及沿着法国海岸从一个地方偷偷航渡到另一个地方的护航船队。

然而在现代条件下，国内贸易只是一个沿海国家全部商业活动的一部分。来自外国的生活必需品或奢侈品必须用本国或外国船只运输至港口，这些船只在返航时又会运载这一地区的产品进行交换，交换产品要么是大自然的产物，要么是人类的劳动成果；且每个国家都希望由本国船只来运输这些产品。

---

① 译者注：法兰西共和国战争（1792—1802），也称反法同盟战争，是法国资产阶级革命取得胜利后建立的法兰西第一共和国，与欧洲各主要封建君主国奥地利、普鲁士、西班牙、荷兰和英国等组成反法同盟，以及法国大资产阶级君主立宪派之间的战争。

② 译者注：法兰西帝国战争（1804—1815），也称拿破仑战争，是拿破仑称帝期间对欧洲许多国家和反法同盟所进行的一系列战争；是法国大革命战争的延续，促进了欧洲军事和火炮的重大变革。

这些往来船只必须有安全的港口可供返航，并且在整个航行期间尽可能地得到本国庇护。

在战时，只有武装舰船能够提供这种保护。因此从狭义上来说，海军的必然性是因平时海运的存在而产生，并随着海运的消失而消失。除非一个国家有侵略意图时，它才会把海军作为军事组织的一部分保留下来。由于美国目前没有侵略意图，也不再为商船提供护航服务，所以武装舰队的减少以及人们普遍对武装舰队不感兴趣是符合逻辑的必然结果。但无论出于何种原因，当美国再次发现海上贸易的作用以及海运带来的巨大利益时，它才会迫切需要重新恢复海军。有一种可能情况，当穿越中美洲地峡的运河①即将建成时，强烈的扩张欲望也可能会促使美国重建海军。但这一点还值得怀疑，因为一个爱好和平、追求幸福的国家是缺乏远见的，而在我们这个时代要做好充分的军事准备，必须要有远见卓识。

作为一个国家，从民船和军舰离开本国海岸的那一刻起，就会立即感受到需要一些据点供船只从事平时贸易、避难和补给。目前，在世界各地都可以找到一些友好港口作为这样的据点。这些友好港口通常都分布在海外，在和平时期，它们可以作为庇护所。尽管美国长期以来一直享有和平，但过去的情况并不总是这样，并且和平也不会长期存在。早些时候，商船船员们为了在陌生的和未开发的地区从事贸易，常常冒着失去生命和自由的危险，从怀疑或敌视的国家那里获取利益，而他们在搜集到足够的合适货物之前，往往需要停留很长时间。所以商船船员们凭直觉感到，需要在贸易航线的远处寻找一个或多个据点，通常凭借武力或者巧施恩惠得到这些地方，然后他们自己或其代理人可以在这里安全逗留，船只也可以在这里安全停泊，这样，他们就可以不断在陆地上搜集可供买卖的货物，等待本国船队到来后把货物运回去。早期的这些航行既获利丰厚，也面临着巨大的风险，所以这种据点的数量自然成倍增长，直到发展成为殖民地。在所有这些地方取得的发展和成功都取决于殖民地宗主国的智慧和政策，它们共同构成了一部极其重要的

---

① 译者注：指巴拿马运河，位于中美洲国家巴拿马，横穿巴拿马地峡，连接太平洋和大西洋，由美国建造完成，1914 年开始通航。现由巴拿马共和国拥有和管理。

世界历史，一部独特的世界海洋历史。但并非所有殖民地都如上面所述，简单自然地产生和成长。在殖民地的构想和创建过程中，有许多行为更为正式，具有纯粹的政治性。属于统治者的行为，而不是个人行为。而扩大贸易站则纯粹是冒险家们的逐利行为，在道理和本质上与精心组织和建立殖民地的工作是一样的。这两种情况都是为了使本国在外国土地上获取立足之地，都是为了给本国商品寻找新的销路，为了给本国船只拓展新的活动空间，也是为了给本国人民谋取更多的就业机会，使国家更加繁荣富强。

　　然而，航线终点的安全虽然得到了保证，商业的需要却没有得到全部满足。海上航行耗费时日且危险重重，船只在海上常常会遭到敌人围追堵截。在殖民时代最活跃的时期，海上毫无法纪可言，现在人们对这种现象的记忆几乎已经荡然无存。海洋国家之间维护持久的和平极为罕见。因此，沿途需要一些像好望角（the Cape of Good Hope）、圣赫勒拿岛（St. Helena）①、毛里求斯（Mauritius）② 那样的海军站，这些海军站的主要目的不是为贸易，而是为了防御和战争。海洋国家要占领像直布罗陀、马耳他（Malta）和位于圣劳伦斯湾（the Gulf of St. Lawrence）③ 出口处的路易斯堡（Louisburg）④ 那样的港口，这些港口的价值主要体现为战略价值，但情况也不尽然。殖民地和殖民地化的港口有商业性的，也有军事性的，像纽约这样集商业和军事价值为一身的港口是一个例外。

----

　　① 译者注：圣赫勒拿岛距非洲西海岸约2000千米，由于位置偏僻，直到16世纪才被一位葡萄牙航海家发现。1588年英国航海家加文迪希（Thomas Cavendish）在环球航行返回英国时到达该岛。不久该岛便成为欧洲与东印度群岛海上航线的停靠港。约在1645—1651年，荷兰人占领过圣赫勒拿岛，但未殖民。1659年，该岛归英国东印度公司所有。1673年，荷兰人又暂时占领该岛，但不久又属东印度公司。1815—1821年，拿破仑一世曾被放逐并死于此。1834年起为英国直辖殖民地。

　　② 译者注：毛里求斯，非洲东部岛国。位于印度洋西南方，在马达加斯加正东约800千米处，与非洲大陆相距2200千米。曾先后被荷兰、法国和英国殖民统治，1968年独立，是非洲少有的富有国家。首都路易港三面环山，地处南大西洋和印度洋之间的航道要冲，在苏伊士运河开通之前，是环绕好望角航行的必经之地。

　　③ 译者注：圣劳伦斯湾位于加拿大东南部的大西洋海湾。在圣劳伦斯河口东南，是一个宽广且几乎被陆地包围的水域，仅东圣劳伦斯湾端由贝尔岛海峡和卡博特海峡与大西洋相通。

　　④ 译者注：路易斯堡，位于加拿大东南部的新斯科舍省东部的布雷顿角岛，该岛面积约1万平方千米，与大陆之间是狭窄的坎索海峡。路易斯堡要塞始建于1713年，完工于1745年，以国王路易十四（Louis XIV）的名字命名，是法国在北美洲的一个重要据点。港口位于皇家岛东岸，建成后很快成为继波士顿和费城之后北美第三个最繁忙的海港。历史上这里曾经发生过两次围攻战，尤其是1758年的会战成为英法争霸战的转折点。

从这三项因素当中——生产，产品交换所必需；航运，产品交换得以开展的主要手段；殖民地，促进和扩大海上运输活动，并通过不断增加的安全据点来保护海上运输——我们将会发现决定濒海国家历史和政策的关键因素。政策随着时代的精神和统治者的性格、见识的不同而变化。但是，与其说濒海国家的历史是由政府的远见卓识所决定，不如说是由它的位置、范围、自然结构、人口和民族性格——即自然条件所决定。不过必须承认，并且我们也会看到：在一定时期内，某些个人的明智行为或愚蠢举动必将从很多方面对海权的发展产生重大影响，不仅包括控制海洋或部分海域的海上军事力量的发展，还包括和平时期的贸易和海上航运，这是舰队自然产生和健康成长的根基。

影响各国海权的主要因素如下：1. 地理位置；2. 自然结构，包括与此有关的大自然的产物和气候；3. 领土范围；4. 人口数量；5. 民族性格；6. 政府特征，包括其中的国家机构。

1. 地理位置（geographical position）。首先要指出，如果一个国家所处的位置，既不是被迫依赖陆地防卫自己，也不需要从陆路出发去扩大疆域，所追求的目标完全指向海洋，那么这个国家就比一个大陆国家具有优势。英国作为一个海权国家，比法国和荷兰更具优势。后两者由于必须长期保持一支规模巨大的陆军，为了维护国家独立不得不持续进行耗资巨大的战争，因此国力被早早消耗殆尽。法国的政策有时明智，有时愚蠢，但总体趋势是从海洋转向大陆实施扩张。进行大陆扩张的军事行动消耗了大量财富；然而，如果法国能够更加明智、始终如一地坚持利用其地理位置的话，也许可以弥补国力的不足。

地理位置本身可以有助于集中或分散海军力量。在这方面，大不列颠比法国有优势。法国濒临地中海和大西洋，虽然具有两洋优势，但是总的来看，这也是造成其海上力量薄弱的根源。分散在东部和西部的法国舰队，只能在通过直布罗陀海峡（Strait of Gibraltar）之后才能集中起来，这时常常面临巨大的风险，有时还要蒙受惨重损失。美国濒临两个大洋，如果在两边海岸都有大量的海上贸易，这种地理位置要么是导致重大弱点的根源，要么是造成巨大损失的原因。

　　因为庞大的殖民帝国的缘由，英国已经牺牲了围绕海岸集中力量的优势；但这种牺牲是明智的，因为事实证明，得大于失。随着英国殖民体系的发展，它的舰队不断壮大，但是它的商船队和财富增长得更快。然而，到了美国独立战争、法兰西共和国战争和法兰西帝国战争时期，用一位法国学者的话说，"尽管英国海军的发展卓有成效，属于海军强国之列，但似乎经常陷入兵力捉襟见肘的窘境"。英国有足够力量保护自己的心脏和其他重要部位的安全；但是，同样拥有广大殖民地的西班牙帝国，却用弱势的海上力量，屡屡给英国的众多地方带来羞辱和伤害。

　　一个国家的地理位置不仅能够有利于军队的集中，还可以提供中央位置和优良的基地，进一步加强针对可能敌人的战略优势。英国就是其中的典型；英国一面对着荷兰和北欧强国，另一面又对着法国和大西洋。当英国面对法国和北海、波罗的海海上强国联盟的威胁时，位于唐斯（Downs）① 和英吉利海峡的英国舰队，甚至位于布雷斯特（Brest）② 外海的英国舰队都占据着内线位置，使得英国舰队能够迅速反击试图通过英吉利海峡与盟国会合的敌人。除此之外，大自然还为英国舰队在海峡两边安排了一些良港和一条可以近岸航行的安全海岸。在过去，这是通过英吉利海峡的一个极其重要的因素。后来随着蒸汽舰船的出现和海峡港口条件的不断改善，一度困扰法国人的不利因素大大减少了。风帆时代的英国舰队，以托贝港（Torbay）③ 和普利茅斯港（Plymouth）④ 为基地，对抗布雷斯特港内的法国舰队。英国的计划很简单：在刮东风或天气温和时，封锁舰队坚守阵位没有太大困难；但当刮起西风且风力太大时，封锁舰队不得不驶回本国港口，英国人很清楚，在风向改变之前法国舰队根本无法出海，大风同样会迫使法国舰队返回港内。

---

　　① 译者注：唐斯，多佛海峡北面的一片海域，夹在肯特郡海岸和古德温沙洲之间，南北长约 20 千米，东西最宽处 8 千米，几百年来一直是英国海军的重要锚地，也是穿越英吉利海峡的商船避风的首选之地。1639 年 10 月 21 日，荷兰海军曾在此拦截西班牙海军，迫使其放弃了征服荷兰的企图，标志着世界海军力量的转折。唐斯海战发生在英国海域，公然破坏了英国的中立立场，是对英国海军的一大羞辱。
　　② 译者注：布雷斯特，位于法国布列塔尼亚半岛西端，布雷斯特湾的北岸，是法国西部最大的海军基地。瑟堡位于法国科唐坦半岛北端，毗邻英吉利海峡，是法国西北部重要的商港和军港。
　　③ 译者注：托贝，位于英国苏格兰西南部德文郡，东临英吉利海峡，大约在德文郡郡治埃克塞特和普利茅斯的中点，是英国著名的海滨度假胜地。
　　④ 译者注：普利茅斯，位于英国苏格兰西南部德文郡，在伦敦西南 310 千米处。在普利茅斯湾的中心、普利姆河与泰马河之间，临英吉利海峡。1690 年在此建立海军造船厂，是英国重要的海军基地。

在地理上接近敌人或接近攻击目标的位置优势，比在不久前被称为贸易破坏战的战争样式中体现得更加明显，法国人把这种战争称为劫掠战（guerre de course）。因为这种作战通常针对的是没有防御能力的商船，所以实施攻击的舰船只要小型军事力量即可。这种舰船，由于本身防御能力差，需要在战场附近有避难所或支援点。这种避难所或支援点要么在本国战舰控制的海域，要么在友好港口。位于友好港口里的避难所和支援点可以提供强有力的支援，原因是这些港口的位置通常固定不变，武装私掠船比敌人更熟悉到港口的航道。法国距离英国很近，这为发动针对英国的劫掠战提供了极大便利。法国在北海、英吉利海峡和大西洋都有港口，便于巡航舰从靠近英国贸易枢纽的港口出发实施劫掠。尽管这些港口间的距离不适合常规的联合军事行动，却很适合这种非常规的次要战行动；因为常规作战的本质要求集中，而破坏贸易的劫掠战所遵循的原则是分散。私掠船只有分散才能发现和捕获更多的商船。这一点可从法国私掠船的历史中得以证明。私掠船的基地和活动范围主要集中在英吉利海峡和北海，或者在相距较远的其他殖民地，如瓜德罗普岛（Guadaloupe）① 和马提尼克岛 （Martinique）② 都能提供较好的庇护所。由于现在的巡航舰需要不断补充燃料，所以他们比过去的舰船更加依赖港口。美国的公众舆论对直接攻击敌商船的战争抱有极大信心。但是必须切记，美国在国外的大型贸易中心附近没有港口。所以美国的地理位置非常不适宜进行劫掠战，除非能够在盟国的港口中找到合适的基地。

除了有利于进攻之外，如果一个国家的地理位置还便于进入公海，同时控制着一条重要的全球性海上交通线，毫无疑问，这种地理位置具有重要的战略价值。英国在很大程度上占据着这样的有利位置。荷兰、瑞典、俄国、丹麦的贸易以及经各大河流进入德意志内地的贸易，都必须经过英国眼皮底下的英吉利海峡，往来船只需要沿英国海岸航行。此外，这种北方贸易对海上力量还会产生特殊影响；因为通常所说的海军补给，主要来自波罗的海国家。

---

① 译者注：瓜德罗普（法国的海外省），位于加勒比海小安的列斯群岛中部。东濒大西洋，西临加勒比海，西北为瓜德罗普海峡，南是多米尼加海峡。1493 年哥伦布到达该岛，16 世纪由西班牙统治。1635 年法国殖民者占领该岛，后几度被英国夺得，1815 年又重新处于法国的统治之下。

② 译者注：法国的海外大区，位于小安的列斯群岛的向风群岛最北部。

如果没有失去直布罗陀，西班牙的地理位置就和英国极其相似。从前西班牙对大西洋和地中海实施监视非常方便，因为一边有加的斯（Cadiz）①，另一边有卡塔赫纳（Cartagena）②，前往黎凡特地区的贸易航线必须经过西班牙控制的海区，就是绕道好望角进行贸易，距离它的门户也不远。但是，由于西班牙失去了直布罗陀，不仅丧失了对于海峡的控制权，而且也给两支分舰队的顺利汇合设置了一道障碍。

当前，如果只看意大利的地理位置，而不考虑影响海权的其他条件，那么，漫长海岸线和一些良港似乎使其处于优越的地理位置之上，能够对到黎凡特地区和经苏伊士地峡（Isthmus of Suez）的航线产生决定性影响。从某种意义上来说，的确如此。如果意大利现在能保持住原本属于意大利的所有岛屿，情况将会更好。但是，由于马耳他被英国占领，而科西嘉岛（Corsica）③在法国人手中，这样一来，意大利地理位置的优势在很大程度上被抵消了。从种族关系和位置来看，马耳他和科西嘉理应属于意大利，就像西班牙人理应得到直布罗陀一样。如果亚得里亚海（Adriatic）④是一条重要的贸易交通线，意大利的位置将更具影响力。综观意大利的地理位置可以发现其中的不足，加之其他不利于海上力量充分发展的因素，使意大利在一段时间内能否跻身海洋国家前列成为问题。

由于本书的目的不在于详细阐述，而只是打算通过举例说明的方式，略述地理位置对于海权发展的重要影响，因此这个问题可以暂时搁置；我们有更多的实例来进一步说明它的重要性，这些实例在历史论述中将会被反复提及。不过这里有两句话非常恰当。

第一，地中海的周边环境使其在世界历史中发挥了相当重要的作用，无

---

① 译者注：加的斯，位于西班牙西南沿海加的斯湾的东南侧，是西班牙南部主要海港之一。临大西洋，在狭长半岛顶端，三面十余千米为海洋环绕，仅一方与陆地相连。

② 译者注：卡塔赫纳，西班牙穆尔西亚自治区的一座城市，位于地中海北岸，城市历史最早可追溯自腓尼基人建立的新迦太基城。一直以来都是重要的军事港口，目前仍是西班牙海军的主要基地之一。

③ 译者注：科西嘉岛，距离法国大陆170千米，是法国最大、地中海第四大岛屿，面积8680平方千米，是一代战神拿破仑的故乡。该岛前期为罗马、阿拉伯、热那亚等多个民族所占据，直至1769年（拿破仑出生之年）被法国强行并入，成为一个行省至今。

④ 译者注：亚得里亚海，是地中海中间北部的一个属海，在意大利与巴尔干半岛之间，通过南端的奥特朗托海峡与爱奥尼亚海相通。呈狭长的南北走向，长约800千米，平均宽160千米，平均水深444米，面积13.1万平方千米。

论从贸易还是从军事角度来看，它所发挥的作用比同等面积的其他任何海域都要大。所以试图控制地中海的国家此起彼伏，而且这种竞争现在仍在继续。因此，研究地中海海域一直以来的优势条件，以及地中海沿岸的相对军事价值，将比在其他地方花费同样精力收效更大。此外，从目前情况来看，地中海在许多方面与加勒比海相似，如果巴拿马运河（Panama Canal）通航，情况将更加接近。加勒比海的历史相对来说比较短暂，但对地中海战略条件的研究已经充分表明，这将成为研究加勒比海的一个良好开端。

第二，关于美国相对于中美洲运河的地理位置。一旦运河建成，实现了建设者的全部希望，加勒比海将从一个局部交通的终点站，或者像现在这样至多是一条断续的、不完美的交通线，变成一条重要的世界性的快速路（highway）。沿着这条快速路可以发展贸易，并且可以把其他一些大国的利益，即欧洲国家的利益以前所未有的方式紧紧地吸引到我们的海岸上来，这是前所未有过的。这样一来，加勒比海就很难再像以前那样能够轻而易举地将自己置身事外了。美国对于这条航线的态度，将会类似于英国对于英吉利海峡的态度，或地中海国家对苏伊士运河的态度。至于对运河的影响和控制，根据地理位置的不同而定，很显然，美国的国家权力中心，永久性基地（the permanent base）[1]，比其他大国离运河要近得多。其他大国现在或以后在岛屿或大陆上占据的位置，无论多么坚固，也只不过是具有一定实力的前哨而已；就为军事力量提供物质保障而言，没有哪个国家可以媲美美国。然而，众所周知，美国的不足之处在于对战争毫无准备；美国的地理位置虽然靠近斗争的焦点，但受到墨西哥湾特殊地形的限制而丧失了部分价值，因为那里缺少不受敌人干扰和便于修理一级战列舰的港口，而没有一级战列舰的国家不能奢求控制任何一片海域。一旦在加勒比海出现制海权斗争，从密西西比河南部水道的深度，新奥尔良附近的情况以及密西西比河流域水上运输的有利条件来看，显然美国的主要力量必须集中在这一地区，也必须在这里寻找永久性的作战基地。但是，保卫密西西比河的入海口是一件异常困难的任务，尽

---

[1] 对"永久性基地"一词来说，显然是指一个国家所有的财力和物力的来源地，是水路和陆路的交通枢纽，是军火库和武装哨所的所在地。

管有两个可与之媲美的港口——基韦斯特（Key West）① 和彭萨科拉（Pensacola）②，但港内水又太浅，就国家资源而言，它们所处的位置也极其不利。为了充分利用这里有利的地理位置，必须克服上述这些不足。此外，美国与巴拿马地峡之间的距离，虽然相对较近，但仍然有一段较长的距离，所以美国不得不在加勒比海占据某些地方，用作应急或辅助性作战基地；利用天然优势、易于防守和靠近中央战略位置的条件，美国舰队能像其他任何对手那样尽可能地靠近事发地。随着密西西比河河口得到充分保护，美国掌握了这样的前哨基地，这些基地与本国基地之间的交通就有了可靠保障。简而言之，通过适当的军事准备——因为它具备一切必要的手段，那么美国从地理位置和实力来看，确实在这个战场上取得了毋庸置疑的优势。

2. 自然结构（physical conformation）。我们刚才所提到的墨西哥湾海岸的特定地形，应当归类为一个国家的自然结构，这是影响海权发展的第二个条件。

一个国家的海岸线是其边境线的一部分，这条边境线越容易通向远方，即海洋，那么这个国家的人民越有可能通过这条边境线与世界其他地区交往。设想如果一个国家有一条漫长的海岸线，但完全没有港口，那么这个国家就不可能拥有自己的海上贸易，不可能拥有海上运输，也不可能拥有海军。当比利时还是西班牙和奥地利的一个省份时，情况就是如此。1648 年，作为战争胜利③的一项和平条件，荷兰人要求禁止通过斯海尔德河（Schelde）④ 进行海上贸易。这样就关闭了安特卫普港（Antwerp）⑤，并且迫使比利时把海上贸

---

① 译者注：基韦斯特岛，也称为西礁岛。位于美国最南端，地处佛罗里达海峡西口北侧。距迈阿密以南280 千米，隔佛罗里达海峡与古巴相望；也是美国著名作家海明威的故乡。

② 译者注：彭萨科拉，美国佛罗里达州西北部城市，位于墨西哥湾北岸中间偏东的位置。1559 年起沦为西班牙殖民地，1821 年为美国所有，成为重要的海军基地和海军航空基地。该城保留了浓厚的西班牙时代的风俗文化。

③ 译者注：指荷兰独立战争（1568—1648），又称八十年战争。尼德兰联邦为反抗西班牙帝国的统治，前所未有地团结在威廉·奥兰治领导之下，经过多次海战，屡胜西班牙海军，双方于1648 年签订和约，尼德兰联邦正式从西班牙独立出来，成立荷兰共和国。这场战争对于后来的英国内战和美国独立战争，都产生了重要影响；既是一场资产阶级战胜封建势力的民主革命，又是一次反抗殖民统治、争取民族独立的民族解放战争。

④ 译者注：斯海尔德河，亦有译作斯凯尔特河、施凯尔特河、些耳德河。欧洲西部河流，发源于法国北部圣康坦以北，在法国境内叫埃斯考河，横穿比利时，在荷兰注入北海。

⑤ 译者注：安特卫普，是比利时第二大城市、第一大港口（欧洲第二、世界第四），位于比利时西北部斯海尔德河畔，世界最大的钻石加工和贸易中心。港口位于安特卫普市北侧，西距入海口约90 千米，航道平均水深 14 米，至加来港 127 海里，至鹿特丹 117 海里。

易转移到了荷兰。西属尼德兰（Spanish Netherlands）① 也就不再是一个海上强国了。

　　许多深水港都是力量和财富的源泉，如果这些港口位于通航河流的出海口，便于集中一个国家的国内贸易，则它们的价值将成倍增长。但是，由于通过这些港口很容易进入这个国家，如果防御不当的话，一旦发生战争，它们将成为战争弱点的根源。1667 年，荷兰人毫不费力地溯泰晤士河而上，在伦敦附近烧毁了英国海军的大部分舰船。几年之后，当英法联合舰队企图在荷兰登陆时，却因海岸阻碍和荷兰舰队的勇猛抵抗而未能得逞。1778 年，如果不是因为法国舰队司令的优柔寡断，有可能让处于不利地位的英国失去纽约港和哈得孙河（Hudson River）。控制了纽约港和哈得孙河，新英格兰（New England）② 就能恢复与纽约、新泽西和宾夕法尼亚地区紧密而安全的联系；英国如果在前一年伯戈因（Burgoyne）③ 大败之后，又紧接着丢失纽约的话，很可能会被迫提前议和。密西西比河对美国来说是财富和力量的主要来源；但是密西西比河河口防御薄弱，加之密西西比河支流遍布全国，使之成为南部邦联的一个薄弱环节，并成为其战败的原因之一。最后，1814 年切萨皮克湾（Chesapeake）④ 被英军占领和华盛顿遭到破坏，给我们留下深刻的教训，即，在一个华丽水道的入口处如果没有坚固设防的话，也会带来危险。虽然这件事距今时间不长，人们很容易回忆起来，但是从目前海岸防御的现状来看，它似乎很容易被人遗忘。不应该认为条件已经改变了。现在和过去

---

　　① 译者注：西属尼德兰，是约 1579—1713 年间西班牙帝国霸占的低地国家南部省份，大致范围相当于今天的比利时和卢森堡。

　　② 译者注：新英格兰，位于美国东北角，濒临大西洋，毗邻加拿大的区域。包括美国的 6 个州，北向南依次为缅因州、佛蒙特州、新罕布什尔州、马萨诸塞州、罗得岛州和康涅狄格州。其中马萨诸塞州首府波士顿是该地区最大的城市和经济文化中心。

　　③ 译者注：约翰·伯戈因（1722—1792），英国陆军上将、剧作家。1740 年入伍，1761 年任轻骑兵团团长，1763 年因为在七年战争中的优异表现，被选为下议院议员。美国独立战争爆发后参战。1777 年 7 月，指挥英军从加拿大出发向南攻击，计划与另外两路英军合围新英格兰地区。但英军配合不力，一路失利，另一路根本没有按计划北上，而是南下进攻费城，导致伯戈因孤军冒进，最终在 9 月被围困于萨拉托加的斯普林斯北部。10 月 17 日，弹尽粮绝的伯戈因投降。萨拉托加大捷成为美国独立战争的转折点，法国开始全力支持美国。1778 年获释返回英国。1783 年退出公职，成为颇有成就的剧作家。

　　④ 译者注：切萨皮克湾，名称源自印第安语，意为"大贝壳湾"，位于美国东海岸中部，是大西洋由南向北切入美洲大陆的海湾。全长 311 千米，宽 5～40 千米，是美国面积最大的海湾。海湾的北端毗邻华盛顿，南端有诺福克（美军重要的海军基地）、纽波特纽斯等港口城市。湾口宽 19 千米，北侧为查尔斯角，南侧是亨利角。

一样，尽管进攻与防御的环境和细节跟以前相比有些变化，但主要条件仍然保持不变。

在拿破仑战争之前和战争期间，法国在布雷斯特以东没有可供战列舰使用的港口。而英国在这一地区却占据优势，除了一些避风港和补给港之外，在普利茅斯和朴次茅斯（Portsmouth）① 还有两个大型军火库。后来，法国在瑟堡（Cherbourg）② 修建了要塞，弥补了这一弱项。

除了海岸线的轮廓，包括通向大海的便利通道，还有其他一些自然条件会促使一个国家走向海洋或者离开海洋。虽然法国在英吉利海峡缺少军港，但它在大西洋以及地中海都有极好的海港，它们位于各大河流的入海口，有利于促进国内交通。但是在黎塞留（Richelieu）③ 结束内战之后，法国人对待海洋并不像英国人和荷兰人那样热情，也不像他们那样富有成效。这大概是自然条件所致。法国作为农耕的理想之地，气候温和，粮食产量超过民众所需。与之相反，大自然对于英国的馈赠却很吝啬，而且在英国制造业得到发展之前，几乎没有什么东西可供出口。人民有大量需求，加之天生的不安分和其他有利于海上事业的各种条件，促使英国人到海外谋生；在海外的确找到了比英国更舒适、更富饶的地方。民众的需要和天赋，使其成为商人和殖民者，而后成为制造商和生产者；在产品和殖民地之间航运是必然的联系；因此，英国的海权得以发展。如果说英国人是被吸引到海上去的，那么，荷兰人到海上去却是迫不得已；失去海洋，英国将会衰弱，而荷兰则会灭亡。在荷兰的鼎盛时期，当其作为欧洲政治的一个主要因素时，荷兰当局估计，本国土地最多只能供养本国人口的八分之一。当时，荷兰的制造业数量众多，地位也很重要，但是制造业的发展远远落后于航运业。贫瘠的土地和毫无遮拦的海岸，促使荷兰人首先从事捕鱼。后来发现了腌制鱼的方法，才有了可供出口的货物和国内消费的物资，从而奠定了他们的财富基础。由于土耳其

---

① 译者注：朴次茅斯，位于英国苏格兰东南部汉普郡，南临索伦特海峡，对岸是怀特岛，在伦敦西南103千米处，是英国几百年来的重要军港。

② 译者注：瑟堡，位于法国科唐坦半岛北端，毗邻英吉利海峡，是法国西北部重要的商港和军港。

③ 译者注：黎塞留（1585—1642），路易十三时期任首相（1624—1642），波旁王朝的第一任黎塞留公爵。他是法国专制制度的奠基人，为日后路易十四时代的兴盛打下了基础。同时，他也是将法国改造成为现代国家的伟大改革家，更是现代实用唯利主义外交的开创者，与德国铁血宰相俾斯麦齐名。

势力的压制和好望角航线的开辟，在意大利共和体制开始走下坡路时，荷兰人已经转变为商人，接替了意大利人在黎凡特地区的主要贸易。此外，由于地处波罗的海、法国和地中海之间，又位于德国河流的入海口，荷兰的地理位置更加优越，因而很快吸收了欧洲几乎所有的海上货运贸易。两百多年前，波罗的海出产的小麦和海军军需、西班牙与其美洲殖民地的贸易、法国的葡萄酒及其沿海贸易，都由荷兰商船承担，甚至连英国的大部分转口贸易也是由荷兰商船承担。这并不是表示，所有的繁荣都源于荷兰自然资源的匮乏。万事皆有因果。真实情况是，因为贫困，荷兰人民只能被迫到海上谋生。在美洲大陆和好望角航线被发现之后，得益于商业的突然扩张和丰富的探险精神，荷兰人处在极为有利的地位，他们控制了航运生意，建立了大规模的船队。当然，荷兰的崛起还有其他原因，但其全部繁荣都是建立在贫穷所导致的海权的基础之上。荷兰的食品、服装和制造业原料，用来建造和装配船只的木料和大麻（他们建造的船只几乎和整个欧洲一样多）都是进口的。1653—1654 年，当荷兰与英国的灾难性战争持续了 18 个月，他们的航运业务全部被迫停止时，据说"维持国家富足的税收来源，如渔业和商业，几近枯竭。作坊关闭，工厂停业，须德海（Zuider Zee）① 内变成了一片船桅的森林，国内到处是乞丐；街道上杂草丛生，首都阿姆斯特丹（Amsterdam）有 1500 栋房屋无人租住"。荷兰只有接受屈辱的和议才免于灭亡。

这个悲惨的结果表明，一个完全依赖外部资源支撑国际地位的国家，存在着致命弱点。少数情况差异在此无须赘述，但荷兰的大多数情况与今天的英国都很相似；荷兰人是正确的预言者，虽然在国内似乎很少受到重视，但是他们警示了一个国家：国家繁荣主要依赖于海外力量的保持。人们可能对缺少政治特权感到不满；但如果他们缺少面包，就会更加心神不安。美国人更感兴趣的是法国，一个领土辽阔、气候宜人、土地肥沃的海上强国，它的结局已经开始在美国重现。起初，英国的先辈们在海上占据了一小块狭长的陆地，这些地方尽管不很发达，但是土地肥沃，港口众多，并且靠近资源丰

---

① 译者注：须德海，原本是北海的一个海湾，在荷兰西北。13 世纪时海水冲进内地，与原有湖沼汇合而成。20 世纪 20 年代起，荷兰开始须德海工程，1932 年 5 月建成长 29 千米、宽 90 米、高出海面 7 米的拦海大坝，连接须德海北口两岸，使 4000 平方千米的海洋变成了内湖，称为"艾瑟尔湖"。

富的渔场。这些自然条件，加上血脉中一直跳动着的热爱海洋的天性，因此英国人始终保持着对海洋的迷恋和追求，而这些正是一支健全的海上力量赖以存在的基础。最初，几乎每一块殖民地都在海上或是在它的一个较大属国内，所有的进出口贸易都集中在一个海岸上。人们对海洋的关注，以及对海洋在公共福利方面作用的积极评价，迅速而广泛地传播开来；相比关注公众利益的动机，关注海洋的动机更为积极。由于造船材料充裕，比其他投资更少的资金需求，这些使得海运成为有利可图的私人行业。众所周知，现在情况发生了很大变化。力量的中心不再局限于沿海地区。许多书刊和报纸竞相描述内陆地区的惊人发展和尚待开发的财富。资本在那里找到了最好的投资地，劳动者找到了更多的就业机会，但是国家的边境地区被忽略了，在政治上变得比较脆弱；实际上，墨西哥湾和太平洋沿岸，还有大西洋沿岸相对于中部的密西西比河谷地区，都确实如此。当人们发现航运事业再次有利可图时，当人们发现国家的三处海疆不仅军事力量薄弱，而且商业航运更为衰弱时，他们的共同努力可能有助于重新奠定我们海权的基础。直到此时，那些明白了法国由于缺乏海权而发展受限的美国人可能会感到悲哀，因为他们的祖国也正在因国内资源过于丰富，而同样忽视了这个重要工具。

在影响海权的诸多自然条件之中，应当注意像意大利那样的情况——一个狭长的半岛，中部的山脉将国土分为两条狭长地带，连接不同港口的道路只能沿着这两条狭长地带延伸。意大利只有绝对控制了海洋，才能确保自身的交通安全，因为他们无法得知视野以外的敌人会从什么地方发起突然袭击。但是，如果意大利能够在中间部署足够的海军兵力，那么在遭受严重破坏之前，仍然有很大希望去攻击敌人的舰队，因为舰队也是敌人的基地和交通线。佛罗里达半岛（Florida Peninsula）地势狭长，基韦斯特位于半岛顶端，虽然半岛地势平坦，人口稀少，但是看上去很像意大利。这种相似也许只是表面上的；但如果一场海上战争的主要战场在墨西哥湾，那么到半岛顶端的陆上交通线将成为一个关键所在，且极易遭到攻击。

当海洋不仅是一个国家的边境或者外围，而且还把国家分割成两个或两个以上部分时，控制海洋就不仅仅只是一种需要，而是国家存亡之道了。这种自然条件或者赋予海权以生命和力量，或者使得国家虚弱无力。这就是现在意大利王国，包括撒丁岛（Sardinia）① 和西西里岛（Sicily）②；意大利王国成立之初，在财政收入还不充裕时，就开始殚精竭虑地建设海军。甚至有人主张，有了一支明显优于敌人的海军之后，意大利把力量集中于岛屿比集中在本土更好；正如前面所述，半岛上没有安全的交通线，如果入侵之敌既陷入人民的包围之中，又面临海上的威胁，必将走投无路而失败。

把不列颠群岛分开的爱尔兰海（the Irish Sea）③，与其说是真正的分界线，不如说类似于一条河流的入海口；但历史已经证明了它给英国带来的危险。在路易十四（Louis XIV）时期，当法国海军力量几乎相当于英国和荷兰舰队之和的时候，爱尔兰岛面临着最严峻的形势，它几乎完全被当地人和法国人控制。不管怎样，爱尔兰海对英国来说更是一种威胁——英国交通线上的一个弱点——而对法国来说却是一个优势。由于法国不愿让战列舰冒险进入爱尔兰海的狭窄水域，因此把远征军的登陆地点选在了英国南部和西部的大洋港口。在最紧要的时刻，一支强大的法国舰队到达英国南部海岸，在那里决定性地击败了英荷联军，同时派出 25 艘巡航舰到圣乔治海峡打击英国的海上交通。④ 在爱尔兰的英国军队陷入敌对民众的包围之中，处境十分危险，但是博因河之战（Battle of the Boyne）和詹姆斯二世（James II）⑤ 的逃跑挽救了他们。这种针对交通线的机动绝对具有战略意义，现在这样做，与 1690年一样，将对英国构成巨大威胁。

---

① 译者注：撒丁岛，地中海仅次于西西里岛的意大利第二大岛，面积 2.4 万平方千米。北距法国科西嘉岛 12 千米，南距非洲海岸 200 千米；东距为亚平宁半岛 200 千米；首府为卡利亚里亚。

② 译者注：西西里岛，位于意大利南部的地中海中部，东北隔宽 3 千米的墨西拿海峡与亚平宁半岛相望。该岛处在地中海重要的商业航线之上，长期以来具有重要的战略价值。

③ 译者注：爱尔兰海，是北大西洋的属海，位于不列颠岛与爱尔兰岛之间，南端隔圣乔治海峡与威尔士相望，北端的北海峡位于爱尔兰与苏格兰之间。马恩岛位于爱尔兰海的中间，南北长 210 千米，东西宽 240千米，面积 10 万平方千米，平均水深 61 米。

④ 译者注：与博因河之战几乎同时，在 1690 年 7 月 10 日，法国舰队与英荷联合舰队在英吉利海峡中苏格兰东南部的比奇角附近海域展开决战。兵力占据明显优势的法国舰队大胜，夺取了海峡制海权。然而，法国人没有利用这个机会登陆英国，此战实际上没有任何战略意义。具体内容，可参见本书第六章中的相关注释。

⑤ 译者注：因为光荣革命而被迫逊位的詹姆斯二世为夺回皇位，在苏格兰、苏格兰、爱尔兰和法国詹姆斯党人的支持下，于 1690 年发动叛乱。当年 7 月，詹姆斯二世在博因河南岸集结了 2.1 万人，英王威廉三世率 3.5 万大军前去镇压。7 月 11 日，威廉从正面发起进攻，并分出部分兵力从上游数公里处渡过河流，攻击詹姆斯的侧翼。詹姆斯担心被围，弃阵而逃。然而其军队却顽强抵抗，并有序撤退。双方伤亡均不严重。此后，每年 7 月 12 日，基督教徒都会举行活动，纪念此役。

同样在 17 世纪，西班牙由于缺少强大的海权把各个领地紧密联系起来，分散导致了国家的虚弱，这为我们提供了深刻的教训。作为昔日残存的荣耀，当时西班牙仍然占领着尼德兰（即现在的比利时）、西西里和一些意大利的地区，更不用说在美洲大陆还有众多的殖民地。然而西班牙的海权已经大为衰落，以至于当时一位消息灵通、头脑清醒的荷兰人宣称："在整个西班牙海岸，只有几艘荷兰船只在航行；而且自 1648 年和约①以来，西班牙的船只和海员所剩无几，不得不公开雇佣我们的船只前往西印度群岛，而以前他们非常谨慎，根本不允许任何外国人进入那里……很显然，作为西班牙心腹之地的西印度群岛（因为西班牙的所有收入几乎都来自那里），必须通过一支海上力量与它的头部——本土相连接；那不勒斯和尼德兰像西班牙的两只手臂，与本土相距甚远，若不通过航运，它们既无法向西班牙输送力量，也无法从西班牙接收力量——虽然我们的航运在和平时期可以轻松完成这一切，但在战争时期航运必定受到阻碍。"半个世纪前，亨利四世的重臣苏利（Sully）②曾将西班牙描绘成"一个四肢强健有力，但心脏却无比虚弱无力的国家"。自苏利时代起，西班牙海军遭到的不仅是惨重损失，而且是灭顶之灾；不仅是羞辱，而且是堕落。其后果是航运被摧毁，制造业也随之消亡。西班牙政府没有把财政的根基放在能够从多次惨重打击中幸存下来、分布广泛的良好的贸易和手工业之上，而是放在了那些从美洲满载白银的运宝船所带来的涓涓细流之上。而这些运宝船常常遭到敌人巡航舰的拦截，不止一次因为损失了 6 艘大船，导致运宝船的活动瘫痪了一年。在西荷战争期间，荷兰手握制海权，迫使西班牙陆军无法经由海路进军，而不得不从陆路长途跋涉，并付出了巨大代价；由于同样原因，西班牙的军需供应非常紧缺，双方甚至达成了一个现在看来非常搞笑的协议，由荷兰商船为西班牙运输军需物资，如此一来荷

---

　　① 译者注：1648 年，西班牙国王菲利普四世在德国签署《明斯特和约》，正式承认荷兰为主权王国。该条约被认为是《威斯特伐利亚和约》的一部分，是三十战争和八十年战争结束的标志。

　　② 译者注：苏利公爵（1560—1641），原名贝休恩，对宗教战争后法国社会的恢复做出了重大贡献。1572 年随亨利到巴黎。1594 年亨利加冕为法国国王，开启了波旁王朝。1596 年，苏利任国王的财政委员会主任，1600 年促成了亨利四世与美第奇的婚姻，1606 年晋封公爵。1610 年亨利四世遇刺身亡后，他的政治地位随即丧失，于 1611 年 1 月引退。

兰船只为本国的敌人服务，但作为回报，航运股票得到了阿姆斯特丹交易所的青睐。在美洲，西班牙人无法得到本国支援，只能尽量躲在要塞后面保护自己；而在地中海，由于荷兰人对地中海不感兴趣，法国和英国还没开始在那里争夺霸权，所以西班牙人能够侥幸免受侮辱和伤害。在历史发展进程中，由于西班牙帝国没有自己的船队，像尼德兰、那不勒斯、西西里岛、梅诺卡岛（Minorca）①、哈瓦那、马尼拉和牙买加等原来的属地被相继夺走。简而言之，西班牙在海洋方面的无能也许是其全面衰退的一个主要症状，这也成为西班牙堕入深渊的一个重要因素，到目前为止，西班牙还没有完全摆脱这种困境。

除了阿拉斯加，美国在本土以外没有其他属地——没有一块土地无法由陆路到达。美国的地理轮廓使其几乎没有因位置突出而特别薄弱的地方，并且所有的重要边界地区都可以轻松抵达——走水路更便宜，走铁路更快。即便是最薄弱的太平洋沿岸，也远离最危险的潜在敌人。美国的国内资源与当前需求相比，取之不尽；正如一位法国军人对学者们所说，我们可以在"我们的小角落"里依靠自己永远生存下去。但是，一旦这个小角落被一条通过地峡的新贸易航线侵犯，那些曾放弃了地球人与生俱来的公有地——海洋——的美国人才会猛然觉醒。

3. 领土范围（extent of territory）。影响一个国家成为海权强国的最后一个自然条件是领土范围。这里所说的领土范围只涉及国土本身，不涉及居住在那里的人民。这里只需寥寥几句就能解释清楚。

关于海权发展，需要关注的不是一个国家拥有的总面积，而是其海岸线的长度和港口的特点。关于这个问题，应该说在地理条件和物质条件相同的情况下，海岸线长度为国家带来的是优势还是劣势，取决于人口的多少。一个国家就像一座要塞，守备兵力必须与要塞的规模相匹配。最近一个为人熟知的例子就是美国的南北战争。如果南方具备好战精神的民众足够多，并且

---

① 译者注：梅诺卡岛，地中海西部巴利阿里群岛的第二大岛，位于群岛最东边，属于西班牙巴利阿里省，面积668平方千米，首府是马翁，也是天然良港。

拥有一支与海权资源相称的海军的话，那么南方漫长的海岸线和众多的港口将会成为强大力量的构成要素。北方人民和当时的北方政府，理当为封锁整个南方海岸的成效感到自豪。这是一场伟大的胜利，非常伟大的胜利；但如果南方人口更多，而且是一个海上民族，那么就根本不可能取得这个胜利。然而事实表明，问题不像前面所说的封锁如何维持下去，而是面临着民众不习惯海上生活且人数不足的情况，因此实施封锁完全可行。那些还记得如何在战争大部分时间里保持封锁以及执行封锁需要哪些类型舰船的人们，都深知在当时情况下这个计划完全正确。但是在一支强大的海军面前，这个计划无法实现。北方的军舰分散在南方的海岸线上，以单舰或小型分舰队的方式保持自己的阵位，要面对的是便于南军秘密集结的一大片内河交通网。在内河交通线的第一道防线后面是长长的河口和遍布各地的坚固要塞，南方的舰船总是能够退入任何一个港湾和要塞以躲避追击或接受掩护。如果有一支南方舰队能够利用上述这些优势，或者利用北方舰船分散部署的时机的话，后者就不敢再如此部署了；北方舰船为了相互支援就不得不集中起来，这样南方就可以通过许多小的但可利用的通道开展对外贸易。南方拥有漫长的海岸线和众多的港湾，本应成为力量的源泉，但也正是这些特点，南方也可能由此遭到严重损害。打通密西西比河至关重要，这是战争要在整个南方地区持续进行下去的最有力证明。北方战舰可从海岸线上每一个河流的入海口进入。曾经有利于南方货物运输和支持南方脱离美利坚的贸易渠道，转而变成了不利因素，这些河流把敌人引入了内陆的心脏地区。南方各地由此而惊惶不安，局势陷于失控，这些地区的领导人如果足够乐观坚强，也许可以在一场消耗巨大的战争之后仍然保持活力。北美大陆是只有一个大国还是有几个敌对国家来左右世界历史进程，在这场决定性竞争中海权的作用从来没有像现在这样重要，这样具有决定性。美国人虽然对曾经取得的荣誉感到自豪，并且承认这些伟大成就归功于海军的优势，但是那些了解事实真相的美国人，绝不应忘记提醒那些过度自信的同胞们，北方联邦之所以获胜，是因为南方不仅没有海军，而且不是海上民族，而且它的人口与它必须防御的海岸线长度也极不相称。

4. 人口数量（number of population）。在考虑了一个国家的自然条件之后，紧接着应该考察人口特点对于海权发展的影响。首先要考察的是，人口与领土范围的关系，也就是刚才讨论过的，与居住在其中的人口数量的关系。有人说，在面积方面，不仅要考察平方英里的人口数量，还要考察与海权相关的海岸线的长度和特点；因此就人口而言，不仅要计算人口总数，还要计算与海洋相关的人口数量，或者至少要计算现在的海运就业人数和从事海军物资生产的人数。

在法国大革命前后的几场战争中，法国的人口数量都远远超过了英国；但就总体的海上力量、平时贸易和军事效率而言，法国却远不如英国。在军事效率方面更加明显，因为在几次战争爆发前的军事准备中，法国还是具备一定的优势；但却没能保持住这个优势。1778 年战争爆发时，根据已经注册的海员人数，法国一次就能配齐 50 艘战列舰的人员。英国则相反，由于其海权所依赖的海运遍布世界各地，在国内一次征集 40 艘战列舰的人手都很困难。但是到了 1782 年，英国现役的或者即将入役的战列舰达到 120 艘，而法国却从未超过 71 艘。1840 年，当英法两国在黎凡特地区再次处于战争边缘时，一位非常干练的法国值更官，在高度称赞了法国舰队的高效和舰队司令的杰出才干的同时，也表达了法国舰队对打败势均力敌的敌人充满信心。但他也说：“在我们能够集中 21 艘战列舰组成分舰队之后，就没有预备队了，没有一艘战列舰能在 6 个月内服役。”这不仅仅是缺乏船只和适当装备的问题，尽管两者都非常必需。他还说：“我们所做的一切（为 21 艘战列舰配备人手）已经耗尽了所有的注册海员，在各地建立的常设征募机构无法为我们提供人员，以替换那些已经在海上服役超过 3 年的水手。”

这种对比表明，所谓的持久力或后备力量的差距甚至比表面上看起来的要更大；因为除了水手之外，要保持大规模舰队在海上活动，还必须雇佣大量手工业者来制造和修理海军器材，或从事其他多多少少与海洋或舰船有关的行业。从事这类职业的人，无疑从一开始就需要具备适应海洋的能力。我们可以从一件逸闻趣事中看出英国杰出的海军将领爱德华·佩洛（Edward Pellew）① 爵士对此问题的独到见解。1793 年战争爆发时，英国也面临海员匮乏的问题。佩洛爵士急于出海，除了补充一些从未出过海的人员之外别无他法，于是他命令部属去寻找科尼什（Cornish）矿工充当水手。从这些矿工的生活环境和职业危险性中，他推断这些人能够迅速适应海上生活的需要。事实证明，他的做法非常明智，因为这样不仅避免了几乎注定要出现的延误，而且还幸运地在一次独立巡航中就俘获了一艘法国巡航舰。特别值得称道的是，此时这些新招募的矿工才仅仅服役了几个星期，而他们的对手已经服役了一年多的时间。即便如此，双方的损失却几乎相当。

可能有人认为，强调后备力量的重要性已经失去了曾经的意义，因为建造现代舰船和武器耗时很长，而且现代国家发展本国的整体武装力量的目的，是为了在战争爆发时，在敌人组织起一支实力相当的力量之前，能够迅速地给予敌人致命性打击。通俗来讲，就是让一个国家的防御体系来不及发挥作用；要首先打击已经动员起来的舰队，如果舰队投降了，体系的其他部分也就没什么作用了。这句话在某种程度上是正确的；但是另一方面，尽管以前的正确程度不比现在高，但这个观点始终成立。我们假设，实际上代表了两个国家当前全部力量的两支舰队相遇，如果其中一支舰队被摧毁，而另一支舰队仍然能够战斗，那么，被摧毁一方现在想通过恢复海军再打赢战争的可能性比过去更加渺茫；结果将是灾难性的，失败的程度完全与国家对海权的依赖程度成正比。如果在特拉法尔加海战中失败的是英国，那么英国受到的打击一定比法国致命得多，因为当时的英国舰队代表着国家力量的主体。在这种情况下，特拉法尔加海战之于英国，如同奥斯特利茨会战之于奥地利，

---

① 译者注：爱德华·佩洛（1757—1833），第一代埃克斯茅斯子爵。参加过美国独立战争、法国大革命战争和拿破仑战争的诸多海战。1770 年加入海军，1778 年晋升上尉。1793 年 2 月，他被任命为"仙女号"（Nymphe）巡航舰舰长，舰员由 80 名矿工和 12 名军舰或商船的老水手组成。当年 6 月 19 日，佩洛经过血战，以伤 27、亡 23 人的代价俘获了一艘法国巡航舰，被封为子爵。此后佩洛率领巡航舰多次以劣胜优俘获法舰，名噪一时。1804 年晋升少将，任东印度舰队司令；1808 年晋升中将，1811 年任地中海舰队司令。1814年 5 月退休，6 月晋升上将。1815 年成为参议员。

耶拿（Jena）会战①之于普鲁士一样；一个帝国的军队被摧毁或瓦解，就意味着被征服，据说这正是拿破仑最喜欢的目标。

但是，这里仅考虑过去那些不同寻常的灾难，是否有理由根据适合征募的公民数量，而低估后备力量的价值呢？刚才提到的这些战例，均由天才将领率领训练有素、团结一心、威名远扬之师完成。此外，对手因意识到自己的劣势和此前的失败，士气多少都有些低落。奥斯特利茨会战紧接着乌尔姆会战之后进行，3万奥地利士兵在乌尔姆一枪未发就放下了武器；之前的历史是一部大量记载奥地利失败和法国胜利的历史。特拉法尔加海战，发生在几乎是连续失败的巡航战之后，确切地说是一次会战之后。再往前算，但间隔并不远，可追溯到对联合舰队中西班牙人的圣文森特海战和法国人的尼罗河海战。除了耶拿会战之外，这些决定性的打击不仅仅意味着单次的失败，而是彻底的失败；在耶拿会战中，双方在数量、装备和整体战备水平上都存在较大差距，因此，耶拿会战不适合作为一个范例来研究一次胜利将会产生何种结果。

英国是目前世界上最强大的海洋国家，在蒸汽动力和装甲防护方面，继续保持着木质帆船时代的优势。法国和英国是两个拥有最强大海军的国家；但是，至今悬而未决的问题是，究竟谁更强大？可以认为，双方进行海上战争的物质力量在实际上旗鼓相当。一旦发生冲突，我们能够设想由于人员或战备的不同，一次战斗或者一次会战将导致力量对比发生决定性变化吗？如果不能，那么后备力量将开始发挥作用。首先是有组织的后备力量，然后是航海人口的储备、机械技工的储备和资金的储备。人们似乎忘记了英国在机械技术方面的领先地位，它有一支机械工人组成的后备大军，这些人能够很快熟悉现代的装甲战舰；当英国的工商业感受到战争压力时，多余的海员和

---

① 译者注：耶拿，德国图林根州第三大城市，著名的光学之城，在柏林东南方向约188千米，西距魏玛约20千米。奥斯特利茨会战之后，拿破仑的扩张政策引起了普鲁士的强烈不满，战争不可避免。1806年10月初，拿破仑率15万大军，开始攻击驻守在耶拿和魏玛的10万普鲁士军队。14日，双方在耶拿和奥厄施泰特同时爆发激战。训练有素、指挥高效的法军大胜，普鲁士濒临全军覆没，主力很快于10月28日和11月7日投降。此战促进了普鲁士的军事改革和社会改革，开始向现代国家转型。

机械工人将流向海军。

后备力量，无论这种力量是否已经得到发展，其价值问题等同于以下问题：即在现代战争条件下是否存在这种可能，两个势均力敌的对手，有一方在一场会战中被击败，很快就会导致决定性的结果吗？从海战中找不到这样的答案。普鲁士对奥地利的决定性胜利，德国对法国的决定性胜利，似乎都是强者对弱者的决定性胜利，不管弱势是自然原因，还是政府无能所造成的。比如普列文（Plevna）会战①，如果土耳其有可用的国家后备力量，将对战争结局产生怎样的影响？

众所周知，时间是战争的一个非常重要的因素，如果真是这样，那么对于一个国家来说，尽管它的精英阶层不是军人出身，民众与所有国家的自由民众一样，反对花大钱建立庞大的军队，但至少应设法维持足够的军事力量，这样就能够在战争爆发时赢得必要的时间，把民众的精神和能力转化到战争所需的新的活动中去。如果现有陆上力量或海上力量已经足够强大，即使处于不利地位，这个国家也可以依靠全部可利用的自然资源和力量——包括人口数量、财富和各类技能，在所有值得的领域发挥作用。另一方面，如果这个国家的军队很快就被打败或者被消灭，即使拥有最好的自然力量，也无法避免国家落入屈辱之境，或保证能够很快东山再起；如果敌人比较聪明，会想方设法把这种复仇拖延至遥遥无期。在小范围战争（the smaller fields of war）中经常听到这样的说法："如果某某能够再坚持一段时间，这里便能得救了，或者那里就可完成任务了。"正如人在生病期间常听说："只要病人能够再坚持长一点时间，他的自身抵抗力就能帮他挺过去。"

在某种程度上现在的英国就是上面所说的国家。荷兰过去也曾是这样的国家；它不愿意为国防买单，即使躲过了灾难，也不过是侥幸而已。荷兰伟

① 译者注：1877年7月的普列文会战，是罗马尼亚历史上最重要的战役之一。由俄国和罗马尼亚、保加利亚联军对抗土耳其奥斯曼帝国。联军投入了近14万兵力，土耳其投入了6.7万人，土耳其把俄国向南挺进保加利亚的主力部队阻击了五个月，最终，俄国和罗马尼亚军队的优势迫使土军投降。这场战役对俄、罗、土三国均有重大影响：俄国因兵力损耗过重，一时难以再战；罗马尼亚参战获胜，对促使欧洲列强承认其独立地位起到了关键作用；土耳其虽然失败，但土军持久的抵抗使帝国免遭立刻的灭顶之灾。

大的政治家德·威特（De Witt）① 写道："在和平时期，因担心由此给国家带来的分裂风险，所以荷兰人永远不会下定决心在事前做出金钱上的牺牲。荷兰人的特点是，除非危险迫在眉睫，否则他们不会心甘情愿地为国防花钱，我不得不和这样的人打交道，他们在应该节约的地方慷慨大方，而在应该花钱的地方却十分悭吝。"

在这个问题上，我们的国家也应受到这样的指责，这是一个不争的事实。美国没有足够的防御能力，可为本国争取发展后备力量的足够时间。能够充分满足美国可能需要的航海人口又在哪里？这种与海岸线和人口相称的资源，只能从一个国家的商业航运及其相关工业中去寻找，而美国目前几乎没有这些资源。无论这些船员是土生土长的美国人还是在国外出生的美国人，这根本无关紧要，只要他们团结在星条旗下，一旦爆发战争，美国的海上影响力足以让他们中的大多数人返回美国。当允许成千上万的外来人口参加选举时，那么允许他们上战舰服役也就是分分钟的事了。

虽然对这个问题的讨论有些跑题，但应当承认，一如既往，从事海洋相关工作的大量人口是海权的一个重要组成部分。美国在这方面存在不足；因此，美国应当把海权的基础建立在悬挂美国国旗的大批商船之上。

5. 民族性格（character of the people）。民族性格和民族天赋（aptitudes）对海权发展的影响是接下来的研究重点。

如果海权真的建立在一种广泛的平时贸易基础之上，那么从事商业活动的天赋必然是依靠海洋强大起来的民族的显著特征。历史几乎无一例外地证实了这一结论。除了罗马人之外，再没有明显的反例了。

所有的人都努力获得金钱，都或多或少地热爱金钱；但是，追求金钱的方式将对一个国家的商业命运和本国民众的历史产生显著影响。

如果历史可信，西班牙人和他们的同族葡萄牙人追求金钱的方式，不仅

---

① 译者注：约翰·德·威特（1625—1672），17 世纪中期荷兰共和国著名的政治家。27 岁成为大议长主导荷兰政治，一上任就结束了第一次英荷战争，通过一系列卓有成效的措施，缔造了 20 年的荷兰黄金时期。打赢了第二次英荷战争（1665—1667），取得了查塔姆大捷。1668 年，德·威特促成了反法的荷兰—英国—瑞典三国同盟，迫使路易十四让步。然而，这也最终导致 1672 年英法联军大举入侵荷兰。荷兰无力抵抗，德·威特被迫下台，1672 年 8 月 20 日，他兄弟二人被暴民用私刑处死。

有损于民族性格，而且对健康的商业发展也造成了致命打击；对商业赖以生存的工业也是致命打击，最终对通过错误途径获得的国家财富也是如此。他们对金钱的渴望，上升为强烈的贪婪；新发现的美洲大陆促进了欧洲国家贸易和航运的发展，但在这个新世界里他们不是寻找新的工业场地，也不是进行有益的探险，而是在寻找黄金和白银。西班牙人有许多伟大的品质，他们勇敢、进取、克己，能够忍受疾苦，热情，并且具有强烈的民族感情。除此之外，他们还占据地理优势和有利港口。事实上，西班牙人最先占领了美洲大部分的富饶土地，并且长期没有一个竞争对手，在发现新大陆的 100 年里西班牙一直领先欧洲其他国家，它原本可以在海权强国中独占鳌头。但众所周知，结果恰恰相反。自 1571 年勒班陀海战以来，虽然西班牙经历了多次战争，但没有一场具有重大意义的胜利能够载入西班牙的海战历史之中。商业的衰败，充分阐释了西班牙军舰在战争中让人难以理解甚至荒唐的表现。可以肯定的是，这样的结果不能简单地归咎于一个原因。毫无疑问，西班牙政府在许多方面束缚甚至摧残了私营企业的自由健康发展；但是，一个伟大民族的性格会打破或者塑造政府的特性，如果民众偏爱商业贸易，政府也会被卷入贸易的潮流中去。西班牙广阔的殖民地远离那个破坏了这个古老国家发展的专制政府。事实上，大量的西班牙工人和上层阶级离开了西班牙；他们在国外从事的职业只给国内输送了很少的财富，或者是仅需较少运输量的小宗商品。西班牙本土除了羊毛、水果和铁以外几乎没有其他产品；工厂倒闭；工业亏损；人口不断减少。西班牙及其殖民地几乎完全依赖于荷兰人提供的大量生活必需品，他们为数不多的工业产品根本不够换取这些生活必需品。当时有人这样写道："结果是，荷兰商人带着钱到世界各地去购买商品，但唯独从一个欧洲国家——西班牙那里只能带回金钱，因为他们要为购买的商品向荷兰人付款。"因此，西班牙人狂热追求的财富象征——金钱，很快又从他们手上溜走了。我们已经在前面指出，从军事角度看，西班牙由于航运的衰落而变得十分脆弱。西班牙在为数不多的商船货舱内装载的财富，基本上都沿着常规航线航行，很容易被敌人截获，致使军备陷入瘫痪。然而，英国和荷兰的财富分散在世界各地的无数舰船之中，尽管在多次消耗战争中遭受了沉重的打击，但并未停止增长，这种增长虽然也历经苦痛，但却保持了稳定。

在西班牙历史的关键时期，同气连枝的葡萄牙也步入了同样的衰落之路；尽管最初在通过海洋谋求发展的竞争中走在了前列，但现在葡萄牙已经完全落伍了。"与墨西哥和秘鲁的矿藏造成了西班牙的衰落一样，巴西的矿藏也毁掉了葡萄牙。一切制造业都受到了极端蔑视，不久之后英国人不仅向葡萄牙提供服装，而且提供所有的商品，甚至是腌鱼和粮食。葡萄牙在失去了黄金之后，还放弃了自己的土地；波尔图（Oporto）的葡萄园最终被英国用巴西出产的黄金买下，这些黄金通过葡萄牙人之手流通到英国各地。"我们确信在 50 年里，葡萄牙人"从巴西金矿中开采了价值 5 亿美元的黄金，而到葡萄牙时代结束时，就只剩下 2500 万美元了"，这是一个体现了真实财富和虚假财富之间差异的典型例子。

英国人和荷兰人对金钱的渴望并不亚于西班牙和葡萄牙等南欧人民。英国和荷兰先后被称为"店长之国"（a nation of shopkeepers），但这种揶揄是公正的评价，是对他们智慧和正直的赞扬。与西班牙人一样，英国人和荷兰人同样无畏、有进取心、有耐心。的确，他们更有耐心，因为他们是通过劳动而不是刀剑来追求财富，其实这就是那个绰号的含义；他们就是这样走过了最长的致富之路，而不是捷径。这两国原本属于同一种族的民众，还有其他优秀的品格，重要性丝毫不比刚才提及的那些品质少，这些品格与环境相融合，有利于海洋事业的发展。他们是天生的生意人、贸易商、生产者和谈判家。所以，无论是在国内还是在国外，无论是在文明国家的港口，还是在东方统治者的港口，或是在自己的殖民地，他们在所有地方努力发掘各种资源，并开发和增长这些资源。这些天生的商人具有敏锐的本能，你也可以称他们为店长，他们不断寻求新的货物进行交换；这种寻求，再加之几代人辛苦劳作养成的勤奋品格，使得他们成为必然的生产者。在国内他们成为伟大的制造商；在国外，他们控制的地区逐渐富裕起来，产品成倍增长，国内和殖民地之间必要的商品交流需要更多的船只。因此，他们的航运业随着贸易需求的增长而不断扩展，而那些缺乏海洋品格的国家，甚至强大的法国也需要他们的产品和他们的海运服务。因此，英国和荷兰想方设法发展海上力量。这种合乎自然规律的发展趋势，因为某些时候会遭到其他国家的干扰，确实造成了严重影响。这些国家妒忌英荷两国的繁荣，其国民只有依靠人为支持才能干扰这种繁荣——这种人为支持，将在"影响海权发展的政府行为"专题中讨论。

发展海权所必需的、最重要的民族性格是热爱贸易，包括必须生产某些用来交换的产品。假如有这样一个民族，并拥有一条优良的海岸，海上的危险或者任何对海洋的反感，都不可能阻止这个民族通过海上贸易去寻求财富。通过其他手段，也可能获得财富；但未必会导致海权的发展。以法国为例，法国是个美丽的国家，有勤劳的人民，有令人敬佩的国际地位。法国海军曾经有过一段辉煌的时期，在海军最低谷时也从未玷污过国家所珍视的军事声誉。作为一个海洋国家，法国的根基牢牢地建立在广泛的海上贸易基础之上。然而，与历史上的其他海洋国家相比，除了令人尊敬的地位之外法国一无所获。就民族性格而言，造成这种结局的主要原因，源于追求财富的方式。当西班牙人和葡萄牙人通过开采金矿发财时，法国人的性格使得他们通过节俭和积蓄来增长财富。据说守财要比发财难得多，这很有可能。但是，这种风险性格，为收获更多财富敢于冒险的性格，与为贸易而征服世界的冒险精神有着很多共同之处。爱节省爱储蓄，胆子不够大，只敢在小范围内承担风险，也许可以实现小富即安，但绝不敢冒险发展对外贸易和航运事业。举例说明——这个事例不管真假，姑且听之———一名法国军官在与我谈到巴拿马运河时说："我有两手巴拿马运河的股票。在法国我们不会像你们那样，你们少数人每人都拥有大量股票，而我们是一群人才会拥有一手或几手股票。当拿着两手股票到市场上时我妻子会对我说：'这两手股票，一手是你的，一手是我的。'"就个人财产安全而言，这种谨慎无疑是明智的；但是当过度谨慎或经济的谨小慎微成为民族性格时，必然会阻碍贸易和国家航运的发展。在钱财方面的谨慎反应在另一种社会生活当中，表现为生育受到了抑制，导致法国的人口增长近乎停止。

从中世纪起，欧洲的贵族阶级就继承了对和平贸易的傲慢与蔑视，这种态度依据不同国家的民族性格，对和平贸易的发展产生不同影响。西班牙人的傲慢很容易导致对于贸易的蔑视，加上他们不愿劳动，坐等财富，因此他们不愿从事贸易活动。在法国，甚至法国人自己都承认虚荣是他们的民族性格，也导致了同样的结果。法国有大量身份显赫的贵族，他们所享有的尊崇，给他们所鄙视的职业贴上了低人一等的标签。一些富有的商人和工厂主渴望获得贵族的头衔，一旦他们得到了这种荣誉，就会放弃经商的职业。因此，虽然勤劳的民族和肥沃的土地使得商业不至于彻底衰败，但经商总是一种带有耻辱性的职业，这种耻辱性促使一些优秀的经理人只要有机会就会尽快摆脱这个职业。路易十四在科尔伯特（Colbert）① 的影响下，颁布了一项法令："朕明谕天下，所有愿意从事航运、生产和贸易的贵族，其行为无损于高贵的身份，前提是不准从事零售活动。"采取这一措施的理由是，"商业能为国家进口所需物资，满足臣民的生活需求，颁布这一法令是为了消除民众中流传已久的观念，认为海上贸易配不上高贵的身份"。但是，这项法令并没有消除这种自觉的、占据主流的偏见，特别是当虚荣成为一种明显的民族性格时，要消除这种偏见十分困难；许多年之后，孟德斯鸠（Montesquieu）② 仍然倡导贵族阶层经商违背了君主制度的精神实质。

荷兰也有贵族阶层，但是这个国家名义上是共和体制，允许个人享有相当大的自由进行创业，国家的权力中心在大城市。国家强大的基础是金钱——或者是财富。在荷兰，财富是区分公民社会地位的一种标准，谁的财富多，谁在政府的权力就大；有了权力就有了社会地位，并受人尊敬。在英国同样也是如此。英国的贵族阶层虽然很傲慢，但是在代议制政府之中，财富的力量既不能被压倒，也无法掩盖。财富是所有人眼中的焦点，受到所有人的膜拜。英国与荷兰一样，创造财富的职业与财富本身都享有同样的荣誉。因此，在上述这些国家里，由民族性格产生的社会情绪会明显影响这个民族对待贸易的态度。

从另一个方面来说，民族的天赋能够在最广泛的意义上影响海权的发展；

---

① 译者注：让·巴普蒂斯特·科尔伯特（1619—1683），法国政治家，在路易十四时期长期担任法国的财政大臣和海军国务大臣，在他的天才努力之下，法国财政基本保持平衡，为路易十四的霸业奠定了坚实的物质基础。他努力重新构建法国的经济结构以增加财政收入和使国家自给自足。开始他采取了相当激烈的手段来整顿财政机构，包括起诉腐败的官僚和拒绝向银行偿付公债。他按照重商主义的经济理论，鼓励发展本国工商业，并且提高关税来予以保护，重商主义因此也被称为"科尔伯特主义"。他在任法兰西学院院士时，于1666年创办了法国科学院。

② 译者注：查理·路易·孟德斯鸠（1689—1755），法国伟大的启蒙思想家、法学家。著述虽然不多，但影响广泛，特别是《论法的精神》这部政治学巨著，明确提出"三权分立"的思想，为资产阶级的国家概念和法律理论的形成做出卓越贡献，奠定了近代西方政治的发展基础，在很大程度上影响了欧洲人对于东方政治、法律的认识。

也就是说，这个民族是否有能力建立健康的殖民地。殖民地的成长与其他事物的发展道理相同，越合乎自然规律，成长就越健康。因此，全体人民出于内在需求和自发动力（natural impulses）而创建的殖民地，具有最坚实的基础。当这些殖民地极少受宗主国约束，人民又具有自治能力时，尔后的发展将毫无疑问。过去三百多年来，人们敏锐地感觉到了殖民地作为国内产品的销售地，作为贸易和航运发展的发祥地所具有的价值；但是致力于开拓殖民地的动因不尽相同，制度差异导致的结果也各不相同。不管政治家们有多么深谋远虑和小心谨慎，他们的努力都无法弥补缺乏强烈的自发动力所带来的不足；当能够从民族性格中发现自我发展的苗头时，那么来自本土的各种详细规定，还不如让殖民地任其自然的效果好。政府在管理殖民地过程中表现出来的才能，通常不如在谋求殖民地时的表现更好；也许会更差。如果有完善的制度和管理，有谨慎选择的实现目标的手段，有精心的呵护，殖民地将走向繁荣。虽然英国人的组织才能不如法国人，但事实却是，英国成为世界主要的殖民开拓者，而不是法国。成功地开拓殖民地，继而对贸易和海权的发展产生影响，这一切主要取决于民族性格。因为当贸易和海权得到发展时，殖民地自然也会得到发展。是殖民者的性格而非国内政府的关心，决定着殖民地的未来发展。

现在这个道理愈发显现，因为各国政府对待殖民地的总体态度是完全自私的。不管通过什么方法建立殖民地，一旦本国政府认识到殖民地的重要性，殖民地就成为被挤牛奶的那头奶牛。当然这头奶牛也会受到照料；主要原因在于它会给宗主国带来相应的回报，因此适当的照顾还是值得的。立法的目的是为了垄断对外贸易；殖民地的政府部门为来自宗主国的人们提供了有价值的职位；殖民地被认为是国内难以管教和无用之人的宜居地，就是海洋通常被认为的那样。然而，只要它仍然是一块殖民地，国内政府的管理就必然具有一定的军事特色。

作为一个伟大的殖民国家，英国独一无二的辉煌成就有目共睹，毋庸赘述。究其原因，似乎主要源自不列颠民族的两个明显特点。首先，英国殖民者愿意在新开辟的地方定居，将自己的利益与之相连，虽然对故乡满怀思念，但他们并不急于返回祖国。其次，英国人会本能地迅速从各方面开发新地区的资源。尤其是第一个特点，英国人与法国人明显不同，法国人总是渴望回到那片充满了欢乐的美丽故土。关于第二个特点，英国人又不同于西班牙人，西班牙人的兴趣和志向过于狭隘，影响了他们全面建设一个新国家的能力。

荷兰人的性格和对资源的需求，驱动他们去开创殖民地，到 1650 年已经在东印度群岛、非洲和美洲建立了大片殖民地，——列举这些殖民地名称会相当枯燥。当时荷兰占领的殖民地远远超过英国。尽管建立殖民地是一个自然而然的过程，纯粹出于商业目的，但荷兰人似乎缺乏一个国家的发展原则。"他们在建立殖民地的过程中，从未曾想过扩展帝国的范围，而只是为了商业和贸易。只有受形势所迫，他们才会试图征服殖民地。通常来说，荷兰人满足于在国家主权的保护下开展贸易。"这种只关心赚钱而没有政治雄心的温和心态，就像法国和西班牙的专制统治那样，使得殖民地与宗主国之间仅仅只是商业依附关系，从而扼杀了殖民地发展的自然法则。

在结束这个专题的讨论之前，有人可能会提出疑问，如果其他条件都非常有利，美国的民族性格在多大程度上适合发展成为一个伟大的海权强国呢？

只需梳理一下最近的情况就能形成清晰的认知。如果取消立法障碍，且有更多的人进入各个有利可图的商业领域，那么美国用不了多久就能建立起海权。美国人有经商的天赋，有追求利益的进取精神，以及寻找成功之路的敏锐嗅觉；如果未来任何地方需要殖民化，毫无疑问，美国人会把他们在自治和独立发展方面继承的全部才能，都带到这些地方去。

6. 政府特点（Character of the Government）。在讨论一个国家的政府及其制度对于海权发展的影响时，必须避免过度的抽象化倾向，要把注意力放在明显的和直接的原因，以及产生的后果上，没有必要超出上述范围太多去探讨各种间接的、最终的影响。

然而，必须指出的是，特定政府及其相应制度，以及不同时期每个统治者的性格，已经对海权的发展产生了极为显著的作用。前面探讨的国家及民族性格相当于自然条件，一个国家正如一个人，利用这些自然条件开创生活；而一个政府的作用相当于聪明才智的运用。如果这个政府很英明，充满活力而且坚忍不拔，这个人的一生或者这个国家的事业必将获得成功，反之则是失败。

　　如果一个政府完全按照人民的天生喜好来做事，那么很可能在各个方面都会获得发展；就海权而言，一个国家如果是在一个对人民充满了感情，能够充分理解人民普遍偏好的政府领导之下，那么这个国家一定会取得最辉煌的成就。当政府在很大程度上贯彻了人民的意愿，或者民意代表的意愿时，这个政府的执政基础将稳如磐石；但是这类民主政府有时会力不从心，相比它们的缓慢进展，专制政府却可以依靠连贯的判断，在某些时候用更直接的方式创建出一支庞大的贸易船队和一支优秀的海军。但这种方式的困难在于，要确保在这个君主死后既有政策仍然能够延续下去。

　　无疑，英国已经超越了所有的现代国家，成为最强大的海权强国，所以英国政府的所作所为最吸引人们的眼球。总的来说，尽管有许多不尽如人意的地方，但整体方向保持了连贯。英国政府长期以来的目标，就是控制海洋。英国政府的傲慢自大，最早可追溯至詹姆斯一世（James I）① 时期，当时的英国除了本岛之外几乎一无所有，在弗吉尼亚和马萨诸塞还没有建立殖民地。下面是黎塞留（Richelieu）的一段话：

　　　　苏利公爵是亨利四世（Henry IV，有史以来最具侠士风范的君主之一）② 的大臣，他在加来登上了一艘主桅上高悬法国国旗的军舰。这艘军舰刚进入英吉利海峡不久，就遇到了一艘迎候在此的英国通信艇，艇长命令法舰降低法国旗帜。苏利公爵认为他有资格免于这种羞辱，就断然拒绝了这一要求；然而，随之而来的竟然是 3 发炮弹，炮弹不仅打穿了他的军舰，也打穿了所有善良的法国人的心。强权迫使苏利公爵屈服，这本是正义所禁止之事，尽管后来他多次提出抗议，但英国艇的回答不外乎是："正如他的职责是有义务向法国使者致敬一样，他也有义务要求

---

　　① 译者注：詹姆斯一世（1566—1652），全名为詹姆斯·斯图亚特。早期是斯图亚特王朝的第九位苏格兰国王（1567—1625），1603 年苏格兰女王伊丽莎白一世死后，王位传给了詹姆斯，成为苏格兰及爱尔兰国王，称为詹姆斯一世。在位期间鼓吹君权神授，与议会矛盾逐渐激化，也引起了国民的不满，间接引发了 1649 年斯图亚特王朝被推翻和 1688 年的光荣革命。他统治期间奉行和平政策，基本保持了国内稳定和对外和平。他下令编纂了英文版《圣经》，为英语成为世界通用语言奠定了基础，这一贡献可与莎士比亚的戏剧比肩。
　　② 译者注：亨利四世（1553—1610），法兰西波旁王朝首位国王。1589 年继承王位，采取了一系列措施缓和宗教矛盾，1598 年颁布"南特敕令"，体现了那个时代难得的宗教宽容，结束了法国持续 30 多年的内战。其间重用苏利整顿财政，国力开始蒸蒸日上。1610 年，亨利被一名狂热的天主教徒刺杀，其子路易十三继位。亨利被认为是法国历史上难得的人格和政绩都很完美的国王。

法国使者向海洋之王——英国的国旗致敬。"如果詹姆斯国王本人的言谈更文雅一些的话，这除了促使苏利公爵更加理性行事之外没有别的效果，表面上强颜欢笑，但内心却伤痕累累，充满了痛苦和愤懑。虽然亨利大帝（Henry the Great）在这种情况下不得不克制自己；但他已暗下决心，要另寻时机用武力来维护王权的威仪，随着时间的推移，他应当有能力在海上大显身手。

按照现在的观点来看，英国这种不可原谅的傲慢行为与当时各国的民族精神是一致的。这是最引人注目的，同时也是最早的迹象之一，表明英国决心不惜一切代价维护其海上地位。但是，苏利公爵受到的侮辱恰恰发生在英国一位最胆小怕事的国王当政期间，而且是发生在法国最勇敢最能干君主的使节身上。英国这种体现在国旗上的虚荣心，除了向外界表明政府意图之外毫无实际意义，但这种做法在克伦威尔（Cromwell）① 时期和之后的历任国王执政期间被严格遵守。1654 年荷兰惨败后被迫接受的议和条件之一，就是要向英国旗帜致敬。克伦威尔是一个名副其实的暴君，他对所有关乎英国荣誉和力量的事情都十分敏感，会为了宣扬英国的荣誉和力量，在毫无意义的致敬礼仪问题上没完没了地纠缠。那时英国海军还没有真正掌握制海权，但在克伦威尔的严刑峻法之下，海军迅速焕发出勃勃生机、充满活力。遍布世界各地的英国舰队在波罗的海、地中海、巴巴里王国（the Barbary States）② 和西印度群岛为国家争权夺利，或者就国家遭受的损失要求赔偿。在克伦威尔统治之下，英国开始征服牙买加，通过武力扩张并一直延续到今天。与此同时，他也没有忘记采取一些强有力的和平措施来发展英国的贸易和航运。克

---

① 译者注：奥利弗·克伦威尔（1599—1658），英国政治家、军事家和宗教领袖，英国资产阶级革命中资产阶级新贵族的代表。1642 年英国内战爆发后，加入议会派参战，1645 年受命改革军队，组建"新模范军"，打败了王党军队。1649 年 1 月 30 日，在人民压力下处死了英王查理一世，5 月宣布建立英吉利共和国，成为实际的独裁者。1653 年解散议会，出任首位"护国主"，但国内矛盾日趋尖锐。1658 年，克伦威尔因病去世。其子继位，但很快被人民推翻。1660 年查理二世复辟成功。
② 译者注：巴巴里王国，位于北非海岸，并非真正意义上的王国。尽管它的领导者以"苏丹"自居，但是其内部的权力划分、法律制度、行政制度等却和王国有很大的不同。他们主要的经济来源是抢劫地中海地区的天主教商船，因此又被称为巴巴里海盗。16 至 19 世纪，他们俘虏了大约 80 万～125 万欧洲沿海居民，转卖为奴隶。17 世纪末，欧洲海军开始崛起，19 世纪初，先后爆发了两次巴巴里战争，欧洲各国开始联手打击巴巴里海盗。1830 年，随着法国占领阿尔及利亚，巴巴里海盗失去了最后的根据地，终被彻底剿灭。

伦威尔颁布了著名的"航海法案"（*Navigation Act*）①，规定进口到英国或英国殖民地的商品，只能由英国船只负责运输，或者由商品生产国或制造国的船只运输。这个法案专门针对荷兰制定，因为荷兰是欧洲海上贸易的主要航运商，这引起了整个商业界的不满；但是在那个民族冲突和相互仇恨的年代，这项法案显然对英国非常有利，并且在君主制度下持续了很长时间。125 年后，在纳尔逊的军事才能崭露之前，通过他在西印度群岛针对美国商船实施同样的法案，可以看出他对维护英国的航运利益充满了热情。克伦威尔死后，查理二世继承了他父亲的王位，他虽然背离了英国的民意，却一直忠实于英国伟大、传统的海洋政策。他私下与路易十四秘密通信，想借助法国的力量摆脱英国议会和人民的束缚，在致路易十四的信中写道："建立两国之间完美的联合关系，目前存在两个障碍。英国目前的主要担心，是法国正在积极发展贸易，并努力成为一个颇具影响的海上强国。这是我们充满疑虑的重要原因之一，只有英国的贸易和英国的海上力量才能占据这样的重要地位。因此法国在这方面采取的每一个步骤，都将使两国之间的猜疑长期存在。"在英法准备联合进攻荷兰之前的谈判中，两位国王就联合舰队由谁统率的问题发生了激烈争论。查理二世在这个问题上非常固执。他说："控制海洋，是英国的传统，"因此，他坦率地告诉法国驻英大使，即使他同意由法国将领统率联合舰队，英国臣民也不会服从。在瓜分七省联盟（United Provinces）② 时，查理二世夺得了控制斯海尔德河和默兹河（Meuse）③ 河口的有利位置，维护了英国的海上利益。查理二世领导下的英国海军，在一段时期内保持了克伦威尔

---

① 译者注：1651 年 10 月，英吉利共和国通过了第一个"航海法案"，目的在于保护英国航海贸易垄断地位，保障本土产业发展，是重商主义的产物。此后该法案不断被修订完善，并引发了英荷战争。该法案对殖民地经济造成了极大限制，引发了殖民地人民特别是北美人民的反对，成为美国独立战争的原因之一。工业革命后，英国开始实行自由贸易政策，因此在 1854 年该法案被彻底废除。

② 译者注：1579 年，在西班牙控制的北海沿岸低地地区中有七个省成立了乌德勒支联盟，共同反抗西班牙。1581 年，来自各个起义城市的代表在海牙宣布：废除西班牙国王对荷兰各省的统治，成立尼德兰联省共和国，其中荷兰省最发达，因此也被称为荷兰共和国。战争时断时续，直至 1648 年西班牙签订《明斯特条约》，正式承认尼德兰独立。这七个省分别是荷兰、西兰、盖尔德兰、苏特芬、乌德勒支、弗里斯兰和格罗宁根，联省共和国实际上是早期的代议制国家。

③ 译者注：默兹河发源于法国朗格勒（Langres）高原的普伊（Pouilly）地区。大致向北流，经比利时和荷兰注入北海，全长 950 千米（其中法国境内有 500 千米，比利时有 192 千米，荷兰有 258 千米）。上游叫默兹河，流经阿登高地，在比利时境内，左岸有桑布尔河，右岸有莱斯河、乌尔特河等流入。

铁腕统治所赋予的精神和纪律；但后来海军的士气全面衰退，这也标志着这个邪恶君主的王权衰落。1666 年，蒙克（Monk）① 由于战略上的重大失误，仅派出了四分之一的舰队兵力，结果遇上了一支强大的荷兰舰队。蒙克不顾兵力悬殊，毫不犹豫地发起攻击，在最初的三天里英国舰队尽管遭受了一些损失，但赢得了战斗的荣誉。这种行动虽然不是战争的最好选择，但蒙克的眼中只有英国海军的荣誉，并决定为荣誉而战，这种做法对于英国人民和英国政府来说司空见惯，在经历了几个世纪的多次失误之后，最终胜利的秘密就隐藏在这种传统之中。②

查理二世的继任者——詹姆斯二世曾是一名海军军官，并曾指挥过两次较大规模的海战。威廉三世即位时，英国和荷兰都在他的掌控之下，两国联合起来对抗路易十四，战争持续了 25 年之久，直到 1713 年缔结《乌德勒支和约》（Peace of Utrecht）③。英国政府越来越稳定，并且有目的地扩张海上疆域，培育海权的发展。英国公开与法国为敌时经常在海上袭击法国，而作为一个狡诈的朋友却在不断削弱荷兰的海权，至少很多人相信这一点。两国签署的条约规定，荷兰和英国在联合舰队中的占比分别为 3/8 和 5/8，换句话说，英国的兵力几乎是荷兰的两倍。除此以外条约还规定，荷兰应保持一支 10.2 万人规模的陆军，而英国只需保持 4 万人的陆军，这些条款意味着陆战将完全依靠荷兰，而海战将完全依靠英国。这种倾向无论是否有意为之，都

---

① 译者注：乔治·蒙克（1608—1670），英国内战（1642—1651）时在爱尔兰和苏格兰作战的议会派将领，屡立战功。在第一英荷战争中，作为排序第四的舰队司令，参与打赢了 1652 年 12 月和 1653 年 2 月、6 月的海战，在 1653 年 10 月的决战中，彻底打败荷兰海军，迫使尼德兰联省共和国承认"航海法案"。1658 年克伦威尔去世后，在大权独握时没有成为独裁者，而选择为全国和解促成查理二世复辟，被封为阿尔比马尔公爵。第二次英荷战争爆发时，重返海军。在 1666 年 6 月 11 日—14 日的"四日海战"中，由于情报错误，蒙克率领 56 艘战舰的英国舰队，遭遇了德·勒伊特率领的 84 艘战舰的荷兰舰队，尽管寡不敌众，英军仍然发动攻击。蒙克用他的英勇无畏激励英军奋勇作战，经过四天激战，在损失了 23 艘战舰后撤出战场。荷兰损失 4 艘战舰，这是皇家海军历史上少有的惨败。尽管在随后 7 月和 8 月的行动中，蒙克重新夺取了制海权。但 1667 年 6 月德·勒伊特突袭泰晤士河，造成了蒙克的声誉大损。此后不久退役，1670 年因病在伦敦去世。

② 译者注：包括此段在内的往后的四个自然段，在马汉原文中本是一个段落，因为实在是太长，故而进行了切分。特此说明。

③ 译者注：在 1700 年爆发的西班牙王位继承战争中，反法同盟国由于内部分歧不断，以及法国在西班牙的地位不断稳固，各国不得不妥协。英国和法国于 1713 年 4 月在荷兰的乌德勒支签订和约。英国从中受益最大，获得了西班牙的直布罗陀和梅诺卡岛，确立了海上优势。法国霸权不再，尽管保住了大陆强国的地位，但海上实力被大大削弱。和约中首次正式引入了"均势"的概念，欧洲大陆均势得到维护并更加稳固。

显而易见。在和平时期，荷兰获得了领土的补偿，而英国除了在法国、西班牙和西属西印度群岛获得商业特权外，还得到了地中海的直布罗陀和马翁港（Port Mahon）①，北美的纽芬兰（Newfoundland）②、新斯科舍（Nova Scotia）③和哈得孙湾（Hudson's Bay）④。法国和西班牙的海军已经不复存在；荷兰的海军也在持续衰弱。因此，英国在美洲、西印度群岛和地中海都取得了立足之地，此后便可沿着这条大道稳步地从大英王国向大英帝国迈进。

《乌德勒支和约》签订之后的 25 年里，主导英法两个海洋强国政策的大臣们的主要目标，是维护和平；即使是在欧洲大陆政治最动荡不安的年代，尽管各种小规模战争和不靠谱的条约层出不穷，但英国人的目光始终牢牢盯在保持海权之上。在波罗的海，英国舰队阻止了彼得大帝（Peter the Great）⑤对于瑞典的非分之想，保持了这片海域的力量均势；英国在这里不仅获得了大量的贸易，而且还有大部分的军需补给。而沙皇却一心想把波罗的海变成俄罗斯的内湖。丹麦试图在外国资本的帮助下建立东印度公司（East India Company）；然而，英国和荷兰不仅不允许本国民众加入东印度公司，而且还向丹麦政府施压，从而阻止了一项他们认为有损于本国海上利益的计划。按

---

① 译者注：马翁，是西班牙在地中海西岸的梅诺卡岛（巴利阿里群岛的第二大岛）的主要城镇和天然良港。

② 译者注：纽芬兰，北美大陆东海岸的大西洋岛屿，隶属加拿大。西控圣劳伦斯湾，北隔贝尔岛海峡与拉布拉多半岛相望，西南与布雷顿角岛之间隔着卡伯特海峡，南有法属圣皮埃尔和密克隆群岛。该岛大致呈三角形，面积 11.27 万平方千米。

③ 译者注：新斯科舍，拉丁语为"新英格兰"之意，是加拿大东南部一个半岛，呈狭长状，西北至东南走向。东北与布雷顿角岛隔着狭窄的坎索海峡相望，北面与爱德华王子岛之间隔着诺森伯兰海峡。

④ 译者注：哈得孙湾，是北冰洋的边缘海伸入北美大陆的形成海湾，位于加拿大东北部，东北经哈得孙海峡与大西洋相通，北与福克斯湾相连。南北长约 1375 千米，东西宽约 960 千米，面积 81.9 万平方千米，平均深度 100 米，最大深度 274 米。

⑤ 译者注：彼得一世（1672—1725），后世尊称为彼得大帝。俄罗斯罗曼诺夫王朝第五位沙皇，俄罗斯帝国首位沙皇。他在位期间积极向西欧学习，大力推进国家改革，创建海军，促进了俄罗斯的快速崛起。为夺得波罗的海的出海口，他对瑞典发动了北方战争（1700—1721），最终在 1721 年 9 月迫使瑞典签订《尼斯塔特和约》，夺取了波罗的海东岸、芬兰湾和里加湾的大片土地，获得了梦寐以求的出海口。10 月改国号为俄罗斯帝国。1722—1723 年，发动对波斯的战争，夺取了里海西岸和南岸的部分地区，同时向远东扩张，侵占了堪察加半岛和千岛群岛。1724 年秋在芬兰湾，彼得为救一只搁浅船只上的士兵而跳入冰冷的海水，因此得了风寒，翌年 2 月 8 日病重去世。

照《乌德勒支和约》的规定，尼德兰转属奥地利①后，在奥地利皇帝的恩准下成立了一个类似于东印度公司的贸易公司，以奥斯坦德（Ostend）②为港口。对于低地国家（low countries）③来说，这一举措意味着可通过斯海尔德河的天然出海口恢复以往的海上贸易，但此举遭到了英国和荷兰的强烈反对；他们对于贸易垄断的贪婪还得到了法国的支持，于是，经过几年的斗争之后这个公司最终夭折④。在地中海地区，《乌德勒支和约》的落实遭到了奥地利皇帝的阻挠，当时奥地利是英国的天然盟国。在英国支持下，已经占领了那不勒斯的奥地利宣称，要用西西里岛去交换撒丁岛。西班牙对此坚决反对；在充满活力的阿尔贝罗尼（Alberoni）⑤领导下，1718年在帕萨罗角海战（Cape Passaro）⑥中，刚有起色的西班牙海军被英国舰队全歼。第二年，一支法国陆军在英国授意下穿过比利牛斯山脉，摧毁了西班牙的船坞。这样，英国人不但掌握了直布罗陀与马翁港，帮助盟友奥地利占领了那不勒斯与西西里，还彻底击垮了昔日的敌人。在西班牙的美洲属地，英国人对西班牙人的生活必需品享有贸易特权，而且这个特权被一个庞大的、赤裸裸的走私集团

---

① 译者注：根据1713年签订的《乌德勒支和约》，各国瓜分了原西班牙的欧洲属地神圣罗马帝国，取得了尼德兰、那不勒斯等地。神圣罗马帝国（962—1806）是地跨西欧和中欧的封建君主制帝国，1356年查理四世颁布诏书，确定皇帝须由七大选帝侯推选。但自1438年开始，奥地利公国的哈布斯堡王朝通过联姻和贿赂等手段，长期垄断罗马帝国皇位将近400年。1806年，在拿破仑的勒令下，弗朗茨二世在8月6日放弃了神圣罗马帝国的尊号，仅保留奥地利皇帝称号。因此才有文中马汉所云，尼德兰归属奥地利。

② 译者注：奥斯坦德，比利时西北部城市，属西佛兰德省管辖，位于北海海岸中部，西南距英国敦刻尔克约48千米。

③ 译者注：低地国家，是对欧洲西北部北海沿岸地区的荷兰、比利时和卢森堡三国的统称。Netherlands，在荷兰语中，即为低地的意思，指莱茵河、马斯河、斯海尔德河下游及北海沿岸一带地势低洼的地区。历史上这三个国家多次统一为一个国家。

④ 译者注：1722年奥地利在南尼德兰的奥斯坦德开设了贸易公司，专门与东印度地区进行贸易，为奥地利带来了丰厚的利润。同时，与英国和荷兰的贸易矛盾也随之激化，1731年在两国压力之下，公司被迫关闭。

⑤ 译者注：朱利奥·阿尔贝罗尼，出生于意大利，1698年任帕尔马大教堂神父，1713年任帕尔马驻西班牙官方代表。后任西班牙御前会议成员，马加拉主教，到1715年已行使首相之权，1717年成为枢机主教。他对内推行财政改革，鼓励工业发展；对外坚持把奥地利赶出意大利，保护西班牙与美洲的贸易。1717年7月，西班牙远征撒丁岛和西西里岛，导致与四国同盟（起初是英、法、奥三国同盟，荷兰于1719年8月加入）的战争。经过一系列的陆海作战，西班牙难以对抗四国的全面优势，1719年12月5日阿尔贝罗尼被西班牙国王解除所有职务，并限三周内离境。1720年2月，四国同盟迫使西班牙接受《海牙条约》，结束了战争。

⑥ 译者注：1718年8月11日，西班牙舰队（11艘战列舰、13艘巡航舰和13艘其他船只）与英国舰队（22艘战列舰、7艘其他船只），在西西里岛南端的帕萨罗角海域遭遇。经过激战，除4艘军舰逃脱外，其他西班牙军舰或沉或俘，全军覆没。

滥用；西班牙人被激怒了，他们采取军事行动予以镇压。英国大臣们分为主和派和主战派两派，就战争对英国海权和国家荣誉的影响展开激烈辩论。尽管英国把通过海洋实现国家的稳步扩张和发展壮大作为国策，但欧洲其他国家似乎对英国海上扩张所带来的危险视而不见。人们似乎忘记了以前西班牙因过于自信的权力而引发的致命打击；也忘记了因路易十四的野心和无限权力欲所引发的血腥的、代价高昂的战争。在欧洲政治家们看来，第三种明显势不可挡的力量正在稳步建立，这种力量注定是用于自私和侵略的目的，虽然它没有那么残酷，但比之前的任何一种力量都更为成功。这个力量就是海权，其作用很少受到人们的关注，因为海权斗争比其他武力斗争更安静一些，尽管这种斗争在海上已经显现无遗。不可否认，在我们讨论的这段历史时期内英国已经确立了海上的霸权地位，这无疑是决定最终结果的主要军事因素。①

　　但迄今为止，特别是签订《乌德勒支和约》之后，这种影响是可以预见的。法国在 12 年的时间里出于统治者的个人需要，支持英国共同对抗西班牙；自 1726 年弗勒里（Fleuri）② 当权之后，法国的对外政策虽然有所改变，但海军仍没有得到应有重视。英国受到的唯一打击，是 1736 年西班牙波旁王朝的一名亲王（Bourbon prince）③ 成为两西西里王国（the Two Sicilies）④ 的国王，而波旁王朝正是英国的天然死敌。当 1739 年与西班牙爆发战争时，英国舰队的战舰数量已经超过了西班牙和法国联合舰队的总和。在其后将近 25 年的连绵战争中，这种数量上的差距不断扩大。在战争期间，英国起初是出

---

　　① 在若米尼《法国革命战争史》一书的开篇章节里，我们可以看到这位伟大的军事家关于英国海军重要作用的一个很有意思的佐证。作为欧洲政策的一个基本原则，若米尼认为，绝不允许海军无限制地对一个无法经陆路进入的国家实施远征——这一论断仅仅适用于英国。

　　② 译者注：安德烈·埃居尔·德·弗勒里（1653—1743），法国枢机主教（天主教教皇治理普世教会的职务上最得力的助手和顾问），路易十五时代的首席大臣。1726 年被路易十五任命为大臣，实际上的首相。他用铁腕推行财政改革，使法国从路易十四时期留下的巨额战争欠账中恢复过来。自 1731 年后，极力破坏英国在欧洲大陆的影响，促成了法奥言归于好，以及与西班牙的和解。

　　③ 译者注：是指卡洛斯三世，也叫查理三世（1716—1788）。在即位波旁王朝的西班牙国王（1759—1788）之前，封号帕尔马公爵，在 1735 年波兰王位继承战争结束之后，得以成为那不勒斯王国和西西里王国的国王。

　　④ 译者注：两西西里王国，是意大利地区在统一之前最大的王国，占据整个意大利南部，由历史上的那不勒斯王国和西西里王国组成。1815 年两西西里王国正式成立。

于本能，后来成为政府的自觉行为，这个政府意识到强大的海权将给国家带来无限的机会与可能，以殖民地开拔者性格和舰队实力为坚实基础，迅速建立起了强大的殖民帝国。严格来说，在欧洲的各种事务之中，英国源于海权的滚滚财富，使之成为这一时期最亮眼的国家。英国的对外财政援助政策，始于半个世纪前马尔伯勒（Marlborough）① 公爵指挥的战争，在50年后的拿破仑战争中得到了最充分的发展，它对于维护盟国关系至关重要。如果没有这个政策的话，那些盟国一定是非死即残。我们谁又能否认，英国政府能够一只手拿着续命的金钱，帮助那些被打得晕头转向的盟友，另一只手还能够把敌人逐出海洋，逐出他们的殖民地，比如加拿大、马提尼克、瓜德罗普岛、哈瓦那和马尼拉等，所以说英国在欧洲政治中扮演着最重要的角色；谁又能看不到这个幅员狭小、资源匮乏的国家，它的崛起完全依靠的是海洋呢？英国政府在战争中奉行的政策体现在皮特（Pitt）② 的一次演说之中，尽管他在战争结束之前就辞职了，但这并不妨碍他成为整场战争的精神领袖。他强烈谴责政治对手在1763年缔结的合约，指出："法国作为海洋强国和贸易强国，即便不是我们唯一的对手，也是一个令人生畏的劲敌。在这方面我们应该怎样做才最有意义呢？最重要的是，通过破坏法国的海上贸易从源头上打击它们。然而，我们却给了法国重振海军的机会。"然而，英国的收益极其丰厚，在印度巩固了自己的统治地位，并取得了密西西比河以东的整个北美地区。这些都表明，英国政府在推行这一系列政策时继承了武力运用的传统，并一以贯之。

诚然，从海权的角度来看，英国在美国独立战争中确实犯了一个严重错

---

① 译者注：马尔伯勒，是指约翰·丘吉尔（1650—1722），第一代马尔伯勒公爵，英国军事家、政治家。在西班牙王位继承战争中，与奥地利欧根亲王双剑合璧，成为法国路易十四的两大克星，推动英国成为一流强国。二战中著名的英国首相温斯顿·丘吉尔就是其后裔。

② 译者注：威廉·皮特（1708—1778），英国辉格党政治家、首相，第一代查塔姆伯爵。27岁成为议员，1746年担任主计大臣，以雄辩的口才和尖锐地批判政府而闻名。1756年任国务大臣，是七年战争中英国的实际领导人，1761年皮特主张对西班牙的运宝船发动先发制人式打击，但内阁不敢如此冒险，于是辞职。1766年出任首相，1768年因病重而辞职。他重视维护商业利益，主张运用强大的海军打击敌人，为英国日后的霸权做出了卓越贡献。他也被称为"老皮特"（Old Pitt），以与其子"小皮特"相区别。小皮特（1759—1806），24岁出任英国首相，直到1801年辞职，但1804年再次出任首相，直至3年后病故。与父亲张扬的性格相反，小皮特非常沉稳。作为一个出色的政治家，全力推进国内改革，发展经济，改善了自美国独立战争后英国每况愈下的财政状况，开启了英国的新时代。

误；但在这一系列自然而然的错误诱导下，英国被卷入了这场战争。抛开政治和法律问题不讲，仅把独立战争看作纯粹的军事或海军问题，情况是这样的：北美殖民地远离英国，是一个规模庞大、快速发展的社会。只要这些地区的人民仍旧认可英国，仍旧热爱祖国，他们就可以成为该地区英国海权的坚实基础。这些殖民地土地辽阔，人口众多，再加上与英国本土相距甚远，如果有某个强大国家愿意帮助他们的话，英国根本无法用武力控制他们。然而，这个"如果"意味着人尽皆知的较大可能；因为法国和西班牙都曾经遭受英国的凌辱，它们无时无刻不在寻机报复。众所周知，法国正在谨慎而迅速地建设海军。如果美洲的殖民地是13个岛屿的话，凭借英国海权足以很快解决问题；然而各殖民地之间的相互猜忌只是地理障碍所致，一旦面对共同敌人，它们能够完全克服这种猜忌。英国主动参与这场冲突，企图以武力占领如此广阔却有众多敌对人口的土地，而那里距离英国本土又是如此遥远，这注定要重演当年与法国和西班牙的七年战争（Seven Years' War）①，所不同的是，美洲人在这场战争中不再支持英国，而是反抗英国。七年战争的负担如此沉重，一个明智的政府应当清楚国家已经不堪重负，并且应该看到安抚殖民地民众的必要性。但当时英国政府并没有想象中那么明智，结果致使英国海权丧失了很大一部分基础；当然，这是决策错误，而非有意为之；是傲慢自大的后果，而非自身软弱所致。

对于连续几届英国政府来说，国家所处状况了然如此，要保持总体政策稳定并不困难。目标的专一，在某种程度上是强制形成的。坚定地维持英国的海权，让世界感觉到这个骄傲的决定，保持军事力量战备的明智之举，这是由英国的政治制度特点决定的，在这一时期政府实际上掌握在地主贵族阶层手中。这个阶层，不管在其他方面具有何种缺点，却能够欣然继承和发扬良好的政治传统，天然地为国家的荣耀而感到自豪；但他们对于维护荣耀的

---

① 译者注：七年战争（1756—1763），欧洲列强为了争夺海外殖民地而爆发的一场"世界大战"，影响范围覆盖欧洲、北美、中美洲、西非海岸和菲律宾。主要对手是英国、普鲁士、葡萄牙与法国、西班牙、奥地利。老皮特用钱收买普鲁士牵制法国，避免卷入大陆战争，从而集中海军优势攻击法国殖民地，此战略后来成为英国的长期国策。战争的最大赢家是英国，得到了整个法属加拿大、密西西比河东岸和印度，开始迈向日不落帝国。

民众所饱受的疾苦却相对无动于衷。为了准备和承受战争，贵族们可以轻率地加重民众的税赋。对于地主贵族而言，这种税赋显然微不足道，他们不从事商业贸易，所以他们的财富来源没有受到直接威胁，因此他们也不会像那些财产和生意受到威胁的人们那样在政治上表现出胆小怯懦——资产阶级的众所周知的胆怯。然而在英国，贵族阶层却对影响贸易发展的事情非常敏感。国会两院在贸易扩张和保护问题的关注度上竞争激烈，一位海军历史学家将英国在管理海军方面不断提升的执行效率，归功于议会对海军的经常性质询。这样的领导阶层很自然地吸取和保持着军人的荣誉感，在无法提供可以替代所谓团队精神（esprit－de－corps）的精神因素的年代，这种荣誉感在军事制度中最为重要。尽管能够感受到在海军内部和其他机构内，到处都充斥着阶级感情和阶级偏见，但统治阶级的实用主义却为那些出身卑微的人敞开了通向最高荣誉的道路；所以在每一个时代，我们都能找到一些从社会底层涌现出来的海军将领。在这方面，英国的上层阶级与法国的明显不同。直至1789年法国大革命爆发，法国海军编制表中仍然设有一个军官岗位，其职责是审核那些申请海军学校的人员是否是贵族出身。

自1815年以来，特别是现在，英国政府的权力已经慢慢转移到了广大民众的手中，英国的海权是否会因此而受损，还有待观察。但是，英国海权广泛根植于庞大的贸易、机械工业和扩张性的殖民体系。一个民主政府是否具备远见卓识，是否对国家的地位和荣誉足够敏感，是否愿意在和平时期投入大量资金以确保国家繁荣，这些都是军事准备必须考虑的问题，也仍是一个未决的问题。广受民众欢迎的政府一般都不喜欢为军事投资，除非十分必要，就此而言英国已有了落后的迹象。

我们已经看到，荷兰共和国从海洋获得了繁荣和幸福生活，英国更是有过之而无不及。但荷兰政府的特点和政策非常不利于持续地支持海权。该国由7个省组成，在政治上被称为七省联盟（United Provinces）。对美国来说，荷兰各省的实际权力大致相当于各州权力的扩大版本，每个沿海省份都有自己的舰队和海军部，随之而来的是相互嫉妒。这种混乱趋势在一定程度上被荷兰省（Province of Holland）的巨大优势抵消了，仅荷兰省就贡献了5/6的舰队和58%的税收，因此它在制定国家政策时也占有相当的影响力。尽管荷兰人具有强烈的爱国主义精神，愿意为自由做出最大的牺牲，民众的商业精神渗透到政府的方方面面，这些人可被称为商业贵族，但他们厌恶战争，反对为必要的战备工作拨款。正如前面所说，直到危险迫在眉睫时那些政府官员们才会不情愿地为国防建设买单。共和政府执政期间对海军投入的资金最少；直到1672年约翰·德·维特（John De Witt）去世，以及1674年荷兰与英国缔结和约之前，荷兰海军从装备和数量上都无法与英法联合舰队抗衡。这一时期荷兰政府的高效无疑挽救了国家，免于被英法联手击垮。随着德·维特的去世，共和国也走到了尽头，随后是奥兰治的威廉（William of Orange）① 领导的实质上的君主制政府。尽管威廉亲王在位只有18年，但他始终坚持反抗路易十四和法国的权力扩张。这种对抗具体体现在陆上而非在海上。英国退出战争更加助长了这种趋势。早在1676年，德·勒伊特上将（Admiral De Ruyter）② 就意识到荷兰的兵力不足以单独对抗法国。由于荷兰政府只关注陆上边境局势，导致海军迅速衰落。1688年，当奥兰治的威廉需要舰队护送他前往英国时，阿姆斯特丹的官员们表示反对，他们认为不仅海军的兵力已经大大削弱，而且还失去了一批最得力的指挥官。在威廉成为英国国王时仍然保留了在荷兰执政的职位，并继续推行他的总体欧洲政策。他在英国找到了他所需要的海权，并利用荷兰的资源发动陆上战争。这位荷兰亲王同意，在联合舰队的作战会议上，荷兰海军少将的地位低于英国的初级

---

　　① 译者注：此处的奥兰治的威廉，指的是威廉·亨德里克·范·奥兰治，即威廉三世（William Hendrick van Orange，1650—1702），而非荷兰共和国首任执政、被称为荷兰"国父"的奥兰治的威廉（William van Orange，1533—1584）。威廉三世，17世纪著名的政治家、军事家，终身的奥兰治亲王，自1672任尼德兰执政，1689年成为苏格兰国王。作为荷兰执政，他维持了荷兰的独立和强盛；在英国接受了《权利法案》，使英国跨入了君主立宪时代。

　　② 译者注：米歇尔·阿德里安松·德·勒伊特（1607—1676），荷兰历史上著名的优秀海军将领，上将军衔。他28岁成为商船船长，后加入荷兰海军。性格勇猛、用兵凶悍、足智多谋，在三次英荷战争中多次打败英法舰队。1667年，他率舰队杀入泰晤士河，并炮轰伦敦，直接结束了第二次英荷战争。1672年第三次英荷战争爆发时，以65岁高龄再次出任海军司令，先发制人在索尔湾攻击英国舰队，在关键时刻挽救了国家。此后又取得了几次重大胜利，促使1674年双方签订和约，最终结束了战争。1676年4月，在地中海支援西班牙抗击法国的海战中，中弹殉国。此后，荷兰海军迅速衰败。据说，英国海军界把他和邓尼茨并称为英国历史上最危险的敌人。

上校；为了满足英国的需要，可以像轻易地牺牲荷兰人的骄傲那样牺牲荷兰的海上利益。威廉死后，继承者仍然沿用了他的政策，完全把军事目标聚焦在大陆上，直到《乌德勒支和约》的签订结束了一系列持续40多年的战争。荷兰没有建立自己的海权主张，因此在海洋资源、殖民扩张及贸易利益方面一无所获。

一位英国历史学家在谈到这些战争中的最后一场时，说："荷兰的经济严重损害了它的声誉和贸易。他们在地中海的军舰总是缺少补给，他们的护航舰队不但缺乏战斗力，装备也非常落后，我们与荷兰的战损比竟然达到了1∶5，这形成一种普遍共识，认为我们的运输船队更安全，这肯定产生了良好的效果。因此，我们的贸易在这场战争中非但没有减少，反而增长了。"

从那时起，荷兰不再拥有强大的海权，并迅速失去了依靠海权确立起来的领导地位。只能说，在路易十四持续的敌视之下，无论意志怎样坚定，都没有办法能够挽救这个小国。法国相对来说比较友善，这也确保了荷兰陆地边界的和平，这使得它至少能有更长的时间与英国争夺制海权；如果法国真的与荷兰结盟，这两个欧洲大陆国家的军事实力完全有可能遏制英国海权的扩张。英国与荷兰之间的海上和平，只有在一方被征服时才可能出现，因为两者追求的目标完全一致。法国和荷兰之间则不然。荷兰衰落的原因不是因为领土范围和人口的不足，而是由于两个政府的错误政策所导致。当然，哪个政府应对此负主要责任，不在我们讨论范围之内。

法国在地理位置上具备拥有海权的优越条件，亨利四世（Henry IV）与黎塞留，这两位伟大的统治者已经给出了明确指南。法国从陆上向东扩张领土的主要目标，是抵抗当时统治着奥地利和西班牙的哈布斯堡家族（House of Habsburg），同样，在海上的目标主要是对抗英国。为实现这个目标，同时也出于其他考虑，法国急需拉拢荷兰作为盟友。因此，应大力发展作为海权基础的商业和渔业，并建立一支海军。黎塞留在他所谓的政治遗嘱中指出：基于法国的地理位置和资源，法国完全有机会实现海上霸权；因此法国学者认为，黎塞留实际上是法国海军的奠基人，这不仅因为他下令建造舰船，还因为他提出了许多前瞻性的观点和举措，确保了海军的制度健全和增长稳定。

黎塞留死后，马萨林（Mazarin）①继承了他的遗愿和基本方针，但马萨林并不具备黎塞留的尚武精神和高尚品质，因此在他统治期间这支刚刚建立的海军就土崩瓦解了。1661年，当路易十四开始执掌朝政时，法国只有30艘战列舰，其中只有3艘装备了60门火炮。此后的造舰进度让人瞠目结舌，只有健全高效的专制政府才能实现这种进度。法国的贸易、制造、航运和殖民地事务由一名经世干才负责，这人就是曾在黎塞留手下任职的柯尔伯特，他完全继承了黎塞留的思想和政策。柯尔伯特以法国人特有的精神去追求自己的目标。每一件事都在严格的组织下进行，每一件事都在他的控制范围之内。"把手工业者和商人组织成一支强大的军队，在积极、正确的政策指引下，通过有序的共同努力确保法国在工业上赢取胜利，并鞭策所有工人按照最佳的工艺流程创造最好的产品……要把海员和远方贸易纳入制造业和国内贸易的庞大体系之中，并为法国的商业实力提供一支基础牢固、规模空前的海军。"这就是柯尔伯特的目标，它涉及海权三个关键环节中的两个②。第三个环节是航线尽头的殖民地，显然也是在同样的政府指导和组织之下有目的地开展行动；因为法国政府已经从各方手中赎回了加拿大、纽芬兰、新斯科舍半岛，以及法属西印度群岛。从这些举动我们可以看出，法国人集聚这些纯粹的、绝对的、不受控制的权力来指导国家的发展，直接目标就是让法国成为一个伟大的海权强国。

在此无须详细探讨柯尔伯特的行动细节，因为这超出了本书的写作目的，我们只是希望人们注意到政府在国家海上力量建设中发挥的主要作用，并且知道这位伟人在当政期间极具远见卓识，能够考虑到方方面面。农业方面，农产品不断增加；在制造业领域，工业产品成倍增长；国内贸易路线和规章制度愈加完善，有利于国内外产品交换；航运业和关税也有利于法国从事运输贸易，从而促进了法国航运业的不断发展，使本国和殖民地之间的产品得

---

　　①译者注：朱里欧·莱蒙多·马萨里诺（1602—1661），简称儒勒·马萨林。法国政治家、外交家，路易十四时期的枢机主教（1642—1661）。1629年，受教皇委托前往法国解决西班牙继承战争的问题。1636年开始辅助黎塞留，1641年被提拔为红衣主教。1642年黎塞留去世，他接任枢机主教之职，他将救国政策与君主并驾齐驱，受到太后安娜的认可，成为法国实际的统治者。在1653年战胜投石党叛乱之后，开始大肆敛财。病逝后，遗产被路易十四没收。

　　②译者注：即生产和航运。

以流通。通过对殖民地的有效管理和开发，使海外市场在不断成长的同时还被国内贸易垄断；法国还与其他国家签订了对法国贸易有利的条约；向外国船只和产品加征关税以破坏其竞争对手的海上贸易。上述种种措施包含着无数细节，都被用来为法国建立产品、航运、殖民地和市场——一言概之，即海权。这项工作如果由一个人按照一定的逻辑过程来研究，比在一个复杂的政治体系中因各种利益冲突而慢慢推进，要简单得多、容易得多。在柯尔伯特执政期间，法国的海权理论通过中央集权的方式系统地付诸实践；而在英国和荷兰的历史中对海权理论的阐述已经传承了几代人。法国海权的发展是一个被动的过程，取决于绝对权力对海权的兴趣能够维持多久；柯尔伯特不是国王，一旦失去国王的支持，他的政策将寸步难行。然而，最有意思的是了解一下柯尔伯特的政府行为在正确领域里付出——在海军建设领域所取得的成果。据说1661年柯尔伯特上任初期，法国只有30艘战舰，其中只有3艘装备了60门以上的大炮；到1666年，法兰西已有70艘战舰，其中50艘是战列舰，20艘是火攻船；到1671年，这个数字增加到了196艘；到1683年，除众多的小型舰船以外，装备24～120门大炮的战舰共有107艘，其中12艘载有76门大炮。在新的制度和法令下法国修船厂的效率要比英国高得多。当柯尔伯特的影响在他儿子手中仍然发挥作用时，一位被法国俘虏的英国舰长写道：

当我第一次被俘时，为了养伤我在布雷斯特的医院里住了4个月。在这段时间里，法国编配人员和建造战舰的速度让我无比震惊。在此之前，我一直认为除了英国没有哪个国家能够如此神速地完成这项工作。英国拥有的舰船数量是法国的10倍，当然水手也是他们的10倍。尽管在法国我只看到了20艘大帆船，每艘配有60门火炮，但法国人在20天内就可以完成出航准备；舰船入坞之后水手就地解散；一旦接到巴黎的命令，这些船只就被倾斜或翻转进行修理，装配索具帆桁，补充给养，配备人员，在规定时间内从容不迫地驶出船坞。我还看到法国人能够在4—5个小时内把100门炮战列舰的所有火炮拆除；这是英国人用24小时都无法完成的工作，他们却游刃有余而且安全可靠。这些都是我从医院的窗户里亲眼所见。

一位法国海军历史学家曾经举过一个不可思议的例子：法国人在 4 点钟时开始安放一艘划艇（galley）的龙骨，到 9 点钟时，这艘划艇已经全副武装地开出了港口。过去的事例加上那位英国军官的正式陈述，都证明了法国高效的造船体系和完备的工程设施。

然而，这种由政府推动的增长奇迹并没有持续太久，在失去政府支持之后，海权如昙花一现般迅速萎缩。由于时间短暂，所以海权不可能深深地扎根于国民的生活之中。柯尔伯特的做法遵循了黎塞留的政策，人们一度认为这种政策会延续下去，让法国能够在海上与在陆地上一样所向披靡。由于一些无须赘述的原因，路易十四对荷兰抱有强烈的敌意，加上英国国王查理二世也有同感，因此两位国王下定决心要消灭七省联盟。1672 年战争爆发，尽管从英国的角度看这场战争与民族的自然情感相矛盾，但英国所犯的政治错误要比法国更少，特别是在海权方面。在这场战争中，法兰西正在帮助英国消灭一个自己的可能盟友，一个肯定不可或缺的盟友；英国正在协助法国瓦解自己在海上的最强劲对手，因为当时荷兰在海上贸易中依然占有明显优势。当路易十四登基时，法国债台高筑，财政空虚。1672 年，由柯尔伯特领导的改革取得可喜成效时，法国人此时才看清了自己的前途。然而接下持续 6 年的战争将柯尔伯特的全部努力毁于一旦。农业、制造业、商业和殖民地都遭受严重打击。柯尔伯特建立的体制失去了往日活力，财政制度被彻底废除。路易十四的独断专行破坏了法国海权的根基，与最好的海上盟国反目成仇。虽然法国的领土得以扩张，军事实力有所增长，但商业贸易和海上航运却在这一时期开始枯竭；虽然法国海军在最初几年里保持了辉煌和高效，但很快就开始萎缩，到了路易十四执政末期，法国海军实际上已经荡然无存。在海洋政策上犯的同样错误，成为路易十四执政 54 年里最明显的标志。除了那些战舰，路易十四始终背离了法国的海上利益，或许是他认识不到，或许是他不想知道，如果和平时期支撑战舰的航运和工业都衰落了，战舰也将毫无用处且生死难料。路易十四的政策是通过陆上力量和领土扩张来谋求欧洲霸权，这促成了英国与荷兰的结盟，结果直接把法国赶出了海洋，而这一方式又间接削弱了荷兰的海上力量。柯尔伯特的海军被彻底击垮，在路易十四生命的最后 10 年，虽然战争连绵不断，但再也没有像样的法国舰队出海作战。这种君主专制下简单粗暴的政策充分表明，政府对于海权兴衰具有多么重大的影响。

在路易十四执政晚期，随着军事基础、商业贸易，以及贸易带来的财富的削弱，法国的海权不断衰落。继任的法国专制政府出于既定目的，同时也是在英国要求之下，断然放弃了保持一支强大海军的所有努力。其中原因，一方面是新国王尚在幼年；另一方面是摄政王与西班牙国王之间有着深仇大恨①，为了打败西班牙人并巩固自己的地位，他毅然决定与英国结为盟友。于是，法国帮助自己的世敌——奥地利获得那不勒斯与西西里岛，以此来打击西班牙，并与英国联手摧毁了西班牙的海军及其造船厂。从这里我们可以再次看到，某个法国统治者无视国家的海上利益，亲手毁掉了一位天然盟友，直接帮助了一个海上霸主的崛起，就像路易十四曾经间接或者无意识的帮助一样。直到 1726 年法国摄政王去世，这一短暂的政策宣告结束。但从那时起到 1760 年，法国人一直没有关心过自己的海上利益。据说，由于法国对此前实施的财政法规进行了卓有成效的改革，特别是在自由贸易方面（这应归功于劳②的努力，一位出生在苏格兰的大臣），法国与东、西印度群岛之间的贸易量出现惊人增长，瓜德罗普岛和马提尼克岛也变得非常富裕和繁荣；但因为法国海军衰落了，所以在战争爆发时，法国的商品贸易和殖民地只能任由英国宰割。到 1756 年情况不再恶化时，法国只剩下 45 艘战列舰，而英国大约有 130 艘战列舰；在为仅有的 45 艘战列舰配备武器和设备时，法国人发现他们既没有原料、绳索、补给品，也没有足够的火炮。简直是一无所有。

---

① 译者注：1715 年 8 月，路易十四死后，其曾孙、年方五岁的路易十五（1710—1774）即位。奥尔良公爵腓力二世（1674—1723）担任摄政王，他在 1719 年联络英国、奥地利和荷兰组成四国同盟，对西班牙开战。次年迫使西班牙国王腓力五世放弃法国王位的继承权。1723 年 2 月，路易十五成年，腓力二世结束摄政并于同年 8 月出任首相，但 4 个月后病死。因此，下文中马汉所写"摄政王在 1726 年去世"，显然是错误的。

② 译者注：约翰·劳（John Law，1671—1729），苏格兰人，银行家，首创银行信用，开启了现代金融体制。他的数学天赋极高，是赌场的常胜将军，对经济也有独到见解，强调增加货币对于国家的重要性，提出纸币比银币更适于充当货币。但苏格兰没有采纳他的意见。路易十四死后，留给法国的是一个濒临破产的烂摊子。摄政王腓力二世着手改革，与他交情不浅的劳在此时出现了。1716 年腓力二世授权劳成立法国第一家私人银行，开始发行纸币，之后开始改造密西西比公司股票。起初这个政策的确发挥了明显作用，商业复苏，政府债务下降，股票价格不断上涨。人们疯狂地想方设法地抢购股票，导致对纸币的需求不断提高，纸币不断增发。1720 年初，股市泡沫破裂，纸币直线下跌；10 月，摄政王下令禁止纸币流通。劳灰溜溜地离开了法国。这个过程极大地损害了法国的经济。

一位法国学者写道：

政府体系的缺失不仅导致了责任心的缺乏，还打开了混乱和目无法纪的大门。此前从未有过如此频繁的不公平晋升，也从未见过如此普遍的不满情绪。金钱和阴谋大过一切，拥有它们就拥有了无上权力。那些贵族和暴发户们凭借自己在首都的影响力，横行霸道。政府的财政收入和造船厂的收益被大量挥霍。荣誉和谦虚变成了被嘲笑的对象。仿佛这些罪恶还不够严重似的，内阁还在煞费苦心地想要抹除我们一直延续至今的光荣传统和英雄精神。根据宫廷的命令，要确保伟大君主的斗志昂扬的战斗取得胜利，必须遵循"谨慎行事"的原则。为了保留几艘毫无用处的军舰，却大大增加了敌人的可乘之机。在这个错误原则的指导下，我们不得不被束缚于防御作战，这种作战只有利于敌人而不利于我们。在敌人面前谨慎小心是上级命令所致，从长远来看违背了法国人民的性格；这一体制的泛滥还导致了许多目无法纪和临阵投敌的行为，这种情况在上个世纪完全闻所未闻。

法国奉行的大陆扩张政策不但耗费了大量的国家财富，还造成了双重伤害。因为对商业和殖民地完全不设防，国家的主要财富来源完全暴露，被敌人轻易切断，这已经成为不争的事实。海上的小型分舰队被拥有巨大优势的敌人迅速摧毁，商船被洗劫一空。加拿大、马提尼克、瓜德罗普岛和印度，这些殖民地落入英国之手。如果不会占用太多篇幅的话，我们还可以引用一些有趣的摘录来简要描述一下法国所处的悲惨境地。法国放弃了海洋，英国却在法国的各种牺牲和努力中增长财富。一位当代英国学者就法国的当时政策表达了自己的观点：

法国全身心地投入到对德国的战争之中，大大削弱了对海军和海军带来的收益的关注，这使得英国有能力给予法国海军致命一击，使其永无翻身之日。与此同时，对德战争还让法国无暇顾及自己的殖民地，借此机会我们征服了法国的一些重要殖民地。此时法国已经无力保护海外贸易，因此贸易也被彻底摧毁，而此时英国的贸易空前繁荣，即便在最好的和平时期也从未达到如此程度。正因为对德战争的影响，法国在与英国直接交锋时已经毫无还手之力了。

在七年战争中，法国损失了 37 艘战列舰和 56 艘巡航舰——这是帆船时代美国海军战舰总数的 3 倍。一位法国历史学家谈论这场战争时指出："这是英国自中世纪以来，第一次在没有盟国帮助的情况下战胜了有强大盟国支援的法国。这次胜利完全得益于政府的优势。"的确如此，这主要是因为英国政府能够有效地运用海权的巨大威力——这是对英国坚持不懈瞄准一个目标并实施一贯政策的回报。

法国在 1760—1763 年之间蒙受了极大耻辱，并于 1763 年缔结了和约。对于商业和海军都处在衰落期的美国而言，前者的教训不无裨益。我们避免了像法国那样遭到羞辱，现在我们所希望的是能够学习法国此后的做法。正是在 1760—1763 年期间，法国人民开始觉醒，到 1793 年宣布要组建一支海军，"政府巧妙地激发了广大民众的情绪，让每个人都开始呼吁'海军必须重建'，城镇、公司和个人纷纷捐钱造船，曾经寂静的港口变得热闹非凡，到处都在建造和修理船只"。这项活动在轰轰烈烈地持续；军火库得到了补充，各种物资储备都有了良好的基础，大炮进行了重新校准，上万名训练有素的炮手得到训练和保留。

从当时海军军官们的语气和行动中能够立刻感受到法国人民激昂的情绪，事实上，一些品德高尚的军官们并没有被动等待，而是积极行动起来。尽管政府的不作为导致舰船日渐朽败，但此时法国海军军官们表现出来的崇高精神和职业素养却前所未有。一位当代的杰出法国军官这样写道：

> 路易十五时期的海军状况的确堪忧，军官通过战场建功获得职业发展的大门被关闭，这迫使他们不得不依靠自己。他们通过学习汲取知识，并在若干年后的实践中加以验证，从而将孟德斯鸠的名言付诸实践，即'逆境是我们的亲生母亲，而顺境是我们的继母'。到 1769 年，法国在各个方面已经呈现出辉煌的前景，一批卓越的海军军官走遍了世界各个角落，他们的著作和研究涵盖了人类所有知识的范畴。创建于 1752 年的法

国海军学院（Académie de Marine）① 也得以重建。②

　　法国海军学院的首任院长是上校舰长比戈·戴·莫罗古斯（Bigot de Morogues）③，他曾经写过一部关于海军战术的著作，这也是自保罗·赫斯提（Paul Hoste）④ 以来第一部关于海军战术的著作，目的是取代赫斯提的观点。可以肯定，莫罗古斯是在法国没有舰队且遭敌打击难以立足的情况下，研究海军战术问题。同一时期，英国还没有人写过类似的专著。1762 年，一位英国海军上尉翻译了小部分赫斯提的著作，而把大部分内容删掉了。直到将近20 年后，克拉克（Clark），一位没有官职的苏格兰绅士，才发表了关于海军战术的独创性著作。在文中，他向英国海军将领们指出，法国正是凭借这个战术理论才击败了他们蹩脚的协同攻击。⑤ "法国海军学院开展的战术研究及其对军官职业能力的积极提升，在之后历史中得到了证明。法国海军能够在美国独立战争开始时占据上风，与此类研究的影响密不可分。"

　　前面我们已经指出，英国在美国独立战争中背离了一贯坚持的传统和正确政策，卷入了一场远离本土的地面战争，而强大的敌人正伺机从海上袭击英国。尽管英国仍然盲目自信，但它正在把自己的盟友变成敌人，暴露自己力量的真正基础从而面临严峻考验，正如法德战争中的法国，以及西班牙战争中的拿破仑一样。与之相反，法国政府却避开了它过去经常跌入的陷阱。法国放弃了称霸欧洲的企图，有可能在欧洲保持中立，也必然会同近邻西班牙结盟，拥有一支精良的海军和一批虽缺乏经验但才华出众的海军军官——

---

　　① 译者注：法国海军学院，1752 年 7 月 31 日，由海军大臣 Louis de Rouille 在布雷斯特建立，莫罗古斯为首任院长。在 1764—1769 年期间，被暂时停办。1769 年布雷斯特舰队司令得到路易十五和海军大臣的批准，得以重建该院。1771 年与法国科学院合并，1793 年被国民大会取缔。在拿破仑帝国时期，学院再次重建，至今仍在。

　　② 出自 A. 古雅尔所著的《海军：黎塞留和科尔伯特》（1877）。

　　③ 译者注：可参见第 1 章中关于莫罗古斯的注释。

　　④ 译者注：保罗·赫斯提（1652—1700），法国海军战术家。1697 年，他在里昂出版了《海军战术或论海军的演进》（Art of Naval Armies or Treaty of Naval Evolutions），总结了从桨船到风帆战列舰时期的所有主要海战，认为海军战术在不断发展，发展提供了抓住战术机会的框架。他还分析了在哪里和怎样实现两倍于敌的力量，以及五种避免被敌人实现两倍力量的方法。他这种数学方式的海军战术主导了整个 18 世纪的法国海军战略，直至法国大革命时那些有才能的军官被清除出海军之后，英国海军才敢于进行战术冒险并获得决定性胜利。

　　⑤ 译者注：不管对克拉克自称在建立海军战术体系方面的独创性如何理解，以及这种独创性曾受到过怎样的严厉指责，都不应怀疑克拉克对于过去批评的正确性。我认为，他作为一个既没有船员经历，也没有过经过水手或军人训练的平民，在这方面的独到见解应当得到赞许。

法国正是在这种条件下投入了对英战争。在大西洋彼岸，无论是在西印度群岛还是在美洲大陆，法国都得到了一个友好民族的支持，有本国的港口或盟国的港口可供使用。这种高明的政策和政府行为，对于法国海权的正面影响显而易见。但战争的种种细节不在本书的讨论之列。对于普通美国民众来说，这场战争的主要利益是在陆上；而对海军军官来说却是在海上，因为这场战争本质上是一场海上战争。20 年来，法国的睿智和不懈努力终于取得了应有的成果；虽然海战以损失惨重而告终，但法国和西班牙联合舰队的努力无疑削弱了英国的实力，并夺取了英国的殖民地。法国海军在各种海上任务和海上战斗中，总体上维护了法国的荣誉。尽管从专题的总体上思考难免会得出这样的结论：与英国相比，法国水手的经验明显不足，贵族出身的法国军官面对那些出身低微的军人时由于心胸狭隘而产生的嫉妒，尤其是法国 70 多年来坚持的迂腐传统，即政府的愚蠢政策要求舰长们以保存舰船为第一要务，要节约物资，除了得到单纯的荣耀以外，不止一次地阻止了法国海军将领夺取唾手可得的实际优势。蒙克曾经说过，一个国家想要主宰海洋，就必须始终保持进攻，这也是英国海军的基本政策。如果法国政府也向本国海军灌输这样的精神，那么 1778 年的战争①可能会结束得更早，结局也会更好。在上帝的佑护下，这个国家得以诞生而不是夭折，应当感谢法国的帮助，因此批评他们似乎有失礼貌；然而，许多美国学者充分反映了这句话中包含的精神。一位在战争期间服役的法国海军军官以一种冷静和公正的口吻说道：

那些与德伊斯坦（D'Estaing）②在桑迪胡克（Sandy Hook）③，与

---

① 译者注：1778 年 2 月，法国与美国签订同盟条约，共同对抗英国。因此，这里所说的 1778 年战争，应为法国参战之后的美国独立战争。

② 译者注：德伊斯坦（1729—1794），在七年战争中是安的列斯群岛的法国总督（1763—1766）。1767 晋升海军中将。1778 年试图突袭在北美的英国舰队，帮助北美民兵重新发起进攻。同年 7 月，他在纽约湾对于英国海军理查德·豪上将的封锁没有奏效。11 月，他前往安的列斯群岛，尽管有机会，却没能消灭一支小得多的英国舰队。1779 年 9—10 月间，他在对佐治亚州萨凡纳的一次不成功进攻中受了重伤，然后返回法国。他斗志昂扬，但缺乏海战经验，在面对比自己弱小的英国舰队时也缺乏自信。在战争的关键阶段，他的谨慎和犹豫让北美人民非常失望。

③ 译者注：桑迪胡克，位于新泽西州的东北部城市朗布兰奇（Long Branch），是大陆向力登湾（Raritan Bay）北口延伸出的一个狭长岛礁，在长岛的南面。

德·格拉斯（De Grasse）① 在圣克里斯托弗（St. Christopher）②，甚至与德·泰尔内（de Ternay）③ 到达罗得岛（Rhode Island）④ 的年轻军官们，当看到那些将领们返航时没有受到审判，他们会做何感想？⑤

很久以后，另一名法国军官在谈到美国独立战争时的谈话，再次印证了上述意见的正确性。他说：

法国必须摆脱摄政王时期和路易十五时期的狭隘偏见。这种偏见导致的悲剧距今如此之近，因此大臣们很难将其忘记。由于无耻的优柔寡断，致使原本令英国忌惮的法国舰队数量骤减。内阁囿于错误的节省方针，认为维持舰队需要大量开支，因此要求海军将领们必须保持"极度谨慎"，好像在战争过程中采取折中政策不一定会导致灾难性后果似的。同时政府又命令舰队指挥官要尽可能长时间地维持海上行动，不要实施任何有可能造成战舰损伤的行动，因为一旦出现损失就很难再进行补充；如此一来，已经多次出现能够取得彻底胜利的战机，能够为海军将军们的杰出才能和舰长们的非凡勇气带来无上荣光，最终却都变成了一些没有多少意义的小胜利。这个制度把这项规定变成了一种政策，舰队指挥官不能轻易运用手中的兵力，这导致接受敌人攻击而不是主动出击成为既定的作战目标，这种通过消耗士气实现资源节约的做法必然导致可悲结局……毫无疑问，这个愚蠢的制度也是路易十六时期、第一共和国时期和第一帝国时期，法国海军军纪散漫、叛乱频发的根源。⑥

和约签署还不到十年，1783 年法国爆发了大革命；大革命不仅颠覆了政

---

① 译者注：德·格拉斯（1722—1788），法国海军上将。他最为著名的一次战斗，是 1781 年 9 月指挥法国舰队在切萨皮克海战中大胜英国舰队，此战切断了困守约克镇英军的海上补给线，直接导致英军投降。法国在二战后建造的巡洋舰以德·格拉斯的名命名，首舰 1956 年开始服役，1968 年见证了法国氢弹试验成功，1973 年退役。

② 译者注：圣克里斯托弗岛，即现在的圣基茨岛，位于北风群岛的北部。是圣基茨和尼维斯联邦的领土，该国于 1983 年独立，是英联邦成员国之一，由圣基茨岛和尼维斯岛组成，国土面积 267 平方千米。

③ 译者注：德·泰尔内（1723—1780），法国海军军官，活跃于七年战争和美国独立战争间。1776 年晋升少将，1780 年 2 月率领法国远征舰队，护送一支陆军到罗得岛的纽波特登陆，支援北美的大陆军。7 月 11 日到达波士顿，随即被英国封锁在港内。12 月 15 日死于伤寒。

④ 译者注：罗得岛，美国最小的州，属于美国东北新英格兰地区，也是美国独立战争中最早的 13 州联盟之一。

⑤ 出自拉塞尔《法国海军的历史与批判文集》。

⑥ 出自拉佩鲁斯·邦菲斯《法国海军史》。

权的基础，也打破了原有的社会秩序，那些旧君主制时代训练有素的军官们几乎都被清除出了海军，但所有这些并没有把法国海军从这种错误的制度中解放出来。在形式上推翻一个政府，远比从根本上清除那些根深蒂固的传统更加容易。接下来我们听听第三名法国军官，拥有海军上将军衔且文学造诣浓厚，是如何评价维尔纳夫的。在1798年的尼罗河海战中维尔纳夫负责指挥法国后卫舰队，当前卫舰队遭到毁灭性打击时，他却按兵不动。这名军官写道：

> 维尔纳夫遭到报应的这一天在特拉法尔加海战中到来了，就像他之前的德·格拉斯和迪亚拉一样，维尔纳夫将会抱怨其他战舰没有及时赶来支援他。如此巧合不得不让我们怀疑冥冥之中存在着某种必然。在众多令人尊敬的将领中，我们经常发现舰队指挥官或舰长们会受到这样的指责，这不太正常。虽然我们会不自觉地把某位将领的名字与记忆中的某些灾难联系起来，但可以肯定的是，失败的责任不能完全归于他们。相反，我们应把责任归咎于这些军事行动的性质和法国政府制定的防御性战争政策。皮特曾在英国议会上宣称，这种防御性政策是引爆失败的导火索。它已经深深地渗入我们的思维习惯，削弱了国家的军事能力，破坏了我们的自立能力。我们的分舰队经常因执行特殊任务而出港，其目的是避开敌人；一旦时运不济遭遇敌人，可能就会变成一场灾难。除非迫不得已我们的战舰才会投入战斗；我们被敌人牵着鼻子走，而不是牵着敌人的鼻子……如果布吕埃斯（Brueys）① 在半路上能够与纳尔逊展开一场激战的话，命运之神最终会垂青谁仍未可知，至少不会造成如此惨痛的结局。幸亏由于英国海军将领行动上的小心翼翼和那些老掉牙的

① 译者注：弗朗索瓦·保罗·布吕埃斯（1753—1798），法国海军中将，18世纪60年代和70年代参加了法国对突尼斯和海地的远征；在美国独立战争期间参加了格拉斯舰队参加的所有海战。战后不久晋升为上校，在法国大革命中任"国旗"号战列舰舰长。1795年晋升中将，率舰队在地中海与英军作战。1798年5月19日，拿破仑率3万法军、350余艘船远征埃及，布吕埃斯指挥由13艘战列舰组成的土伦舰队实施护航。8月1日，土伦舰队在尼罗河口的阿布基尔湾被纳尔逊舰队发现，经过激战，除后卫舰队2艘战列舰逃脱以外，土伦舰队全军覆没。旗舰"东方"号中弹爆炸沉没，布吕埃斯阵亡。

战术传统，才使得维拉雷（Villaret）[1] 和马丁（Martin）[2] 能够在这场缩手缩脚的战争中坚持了一段较长时间。而尼罗河海战则打破了这种传统；进行决战的时刻已经到来。[3]

几年后，特拉法尔加海战爆发，法国政府总算为海军重新制定了新政策，前面的那位学者再次评论说：

拿破仑皇帝目光炯炯地扫视着自己制定的海军作战计划，就像扫视陆军作战计划一样，他对这些意外的挫败感到心烦。在这个战场上命运之神已经不再眷顾他了，他将目光转向了别处，决定在海洋之外的地方同英国展开一场殊死搏斗。虽然他承诺重建海军，但却没有让海军参与这场空前激烈的战斗……尽管如此，造船厂的任务不但没有减少，反而翻倍增加。每年都有战列舰正在建造或入列服役。在皇帝的指挥下，威尼斯与热那亚又恢复了往日的辉煌，从易北河沿岸到亚得里亚海入海口，欧洲大陆的所有港口都竞相支持皇帝的这一开创性想法，无数分舰队在斯海尔德河、布雷斯特湾、土伦集结……但直到去世，皇帝都没有给这支踌躇满志的海军一次跟敌人较量实力的机会。接连不断的挫败让皇帝很沮丧，他保持战舰的目的仅仅是为了迫使敌人实施封锁，因为封锁的代价高昂，敌人在耗尽财力之后自然会解除封锁。

当法兰西第一帝国灭亡时，法国已拥有103艘战列舰和55艘巡航舰。

接下来让我们把重点从总结历史经验教训，转移到分析政府对民众海洋职业的影响上来。很显然，政府对海洋的影响通过两种性质截然不同、又密切相关的方式产生作用。

首先在和平时期：一方面，政府通过一系列政策支持民族工业的发展，

---

[1] 译者注：路易·托马斯·维拉雷（1747—1812），法国海军上将。他在法国大革命中地位得到提升，在"光荣的六月一日"海战中，尽管付出了巨大代价，但他成功地把英国舰队引开，保证了美国运粮船队安全抵达布雷斯特。1801年，他指挥圣多明克远征舰队，被任命为马提尼克和圣露西总督，直到1809年英国攻占该地。回到法国后，他因为对英软弱而受到指责。两年后，拿破仑赦免了他，并任命为威尼斯总督。1812年死于水肿。

[2] 译者注：皮埃尔·马丁（1752—1820），法国海军中将。他出生于加拿大，1769年加入法国海军。1793年晋升少将，任土伦舰队司令。1796年晋升中将，转任罗什福尔舰队司令。1809年牵涉艾克斯锚地之战的失利（英国夜袭锚地，法舰被击沉2艘，3艘起火），被认为没有尽力救援阿勒芒将军的舰队。1810年受封伯爵。1814年退役。

[3] 摘自瑞里安·德·拉格维拉耶尔著《海战》。

并支持民众到海上去探险、去谋生。或者不是自然地存在这种民族工业和海上行为倾向时，政府会尝试去发展它们。另一方面，政府也可能因采取了错误的行动而阻碍和束缚了民众自己所取得的进步。但不论哪种方式背后都有政府的影响力，那就是以和平贸易的手段来建立或损害国家的海权。就这一点而言，海上贸易是建立一支强大海军的坚实基础，这一点怎么强调都不过分。

其次在战争时期：政府的作用是通过最合理的方式维持一支海军，其规模应完全与国家航运业的增长和海外利益的重要性相适应。比海军的规模更加重要的是国家的制度体系，既要有利于鼓舞士气和遂行军事行动，又能够考虑到民众的性格和追求，在战时动员大量的人员和船只为战争的迅速发展提供条件。毫无疑问，关于战备的第二个要点是必须维持恰当的海军基地，战舰必须跟随商船驶向世界各地。要保护这些基地，或者直接依靠军事力量，像直布罗陀与马耳他那样；或者依靠周围友好民众的帮助，就像美洲殖民地居民对待英国人那样，或假定像澳大利亚殖民地居民对英国人那样。拥有了这种友好的环境和后方支持，再加上合理的军需保障，就能实现最强的防御。这种防御同海上的绝对优势相结合，就能让英国这样一个分散而辽阔的殖民帝国高枕无忧。因此，即便意外袭击确实会给某一地区带来灾难，但海上的实际优势可以阻止全面灾难或无法挽回的局面出现。历史已经充分证明了这一点，英国的海军基地遍布全球，英国舰队总是能够及时为基地提供掩护，并确保基地之间的交通畅通。与此同时，这些基地也为舰队提供了庇护所。

因此，依附于宗主国的殖民地为国家在海外的海上力量提供了最可靠的保障手段。在和平时期，政府的作用在于利用一切手段使殖民地人民对宗主国产生强烈的依附感情，促进双方的利益一致，在冲突和战争中共同进退；而在战争时期，政府的作用是通过组织动员和实施防御，让各方都感到战争的负担被公平分摊，各方都会从中受益。

美国没有也不可能拥有这样的殖民地。至于纯粹意义上的海军基地，早在100年前，一位研究英国海军的历史学家在谈到直布罗陀和马翁港时，就准确地表达了该国人民的感情。他说："军事政府不赞同民众从事贸易产业，且他们本身又对英国人民的商业天赋有抵触情绪，所以那些明智的人或党派倾向于放弃军事政府，就像放弃丹吉尔（Tangiers）① 一样，我丝毫不感到奇怪。"而美国没有海外基地，没有殖民地，也没有其他军事设施，这就意味着一旦美国卷入战争，他们将像陆上的鸟儿一样只能在海岸附近盘旋。所以要发展国家的海权，政府的首要职责之一，是为我们的舰队提供栖息之所，在那里可以进行燃煤补给和舰船维修。

进行这项调查的实际目的，就是为了从历史教训中得到适用于本国的结论。我们现在的问题是，在严重威胁面前美国的不利状况到了何种程度，政府为了重振海权应该做些什么。可以毫不过分地说，从南北战争到现在，美国一直在卓有成效地发展海权链条中的第一个环节。国内经济的发展，生产能力的提高和随之而来的自给自足，都是政府努力的目标，在某些程度上也是政府努力的结果。从这一点来讲，美国政府忠实地反映了国家统治阶级的偏好。即便在一个自由国家，也很难感受到统治阶级真正代表了人民的意愿。但有一点毋庸置疑，除了没有殖民地，美国还缺少海权的中间环节——航运，以及由此带来的利益。简言之，美国仅具备海权三个环节中的一个。

在过去的 100 年里，海上作战环境发生了翻天覆地的变化，以至于人们可能会怀疑，现在的海战还会像英法战争那样，一面带来灾难性影响，另一面又会带来空前繁荣。彼时英国在海上肆意横行，强行控制中立国，这种情况以后永远也不会发生；国旗保证贸易物资的原则得到永久确认。因此，现在除了战时违禁品或者进出被封锁港口以外，交战双方的货物可以安全地由中立国的船只运输。至于对港口实施封锁，可以肯定的是，现在完全可以实际执行而非只有纸上封锁。因此，我们暂且不提海港防御以免被占领或割让的问题。关于这一点，美国虽然在思想上已经取得了一致，但在实践上却无动于衷，那么美国究竟需要怎样的海权呢？时至今日，美国的贸易仍然依靠他国的船只进行；如果美国拥有这些船只，则必须付出巨大代价去保护它们，那么美国人民为什么要渴望拥有呢？这个问题属于经济范畴，超出了本书的讨论范围；但是，战争给国家带来的痛苦和损失却跟海运息息相关，如果运

---

① 译者注：丹吉尔是摩洛哥北部古城、海港，丹吉尔省省会。位于直布罗陀海峡的丹吉尔湾口，距亚欧大陆仅 11～15 千米，坐落在世界交通的十字路口。东进地中海和西出大西洋的船只，都要从这里经过或停泊，大西洋东岸南来北往的船只，也要在这里调整航向，战略地位十分重要，历来为兵家必争之地。

输美国外贸商品的船只不是驶往被封锁港口的话，敌人轻易无法侵犯这些船只，那么，满足什么条件才能构成有效封锁呢？目前的封锁定义是，能够对试图进入或驶离港口的船只构成明显的威胁。这个定义比较宽泛。许多人还记得南北战争期间，在对查尔斯顿（Charleston）①外海的美国舰队发起一次夜袭之后，南部邦联于第二天派出了一艘载有外国领事的汽船出海巡视，领事们非常欣慰地发现，海上没有任何一艘北方的封锁舰船，于是他们便发表了一份时事声明。声明宣布，南部邦联已经在技术上打破了封锁，在没有发布新的声明之前，这种封锁在技术上无法重新建立。为了能够对偷越封锁线的船只构成最直接的威胁，这些执行封锁的舰船有没有必要出现在敌人的视线范围之内呢？如果有6艘快速汽船在距离新泽西与长岛海岸之间20海里的范围内巡逻，那么它们必将对试图进出纽约港的船只构成现实威胁；在类似位置的部署，也能对波士顿、特拉华（Delaware）与切萨皮克形成有效封锁。封锁舰队的主力不仅要准备俘获商船，还要粉碎试图打破封锁的军事企图，因此，封锁舰队没有必要暴露在敌人视线之内，也没有必要出现在海岸能够观察到的位置。在特拉法尔加海战发生的前两天，纳尔逊的舰队主力在距加的斯50海里的海上活动，只留下一支很小的分舰队在加的斯港口附近监视。西班牙和法国的联合舰队早上7点开始启航，即便在当时比较落后的通信条件下，纳尔逊在9点30分就已经获得了这个情报。而在50海里之外的英国舰队将成为法西联合舰队的最大威胁。在使用海底电报的今天，无论是近海的还是远海的封锁舰队，或是从一个港口到另一个港口的封锁舰队，都能够沿着整个美国海岸线实现电报通信，并随时准备互相支援；如果是一支联合部队的话，一旦其中一支部队受到攻击，它可以向其他部队发出警告并向己方部队方向撤退。假如某天封锁港口的舰船被敌人驱离，意味着港口封锁被打破，那么重新封锁港口的声明会通过电报传遍世界各地。为了免除这种封锁，必须要有一支强大的海上力量，能够时刻对封锁舰队构成威胁，使其无法保持封锁地位。这样，除了那些携带战时禁运品的中立国船只之外，其他的中立国船只都可以自由航行，以维持被封锁国家与海外的贸易关系。

① 译者注：查尔斯顿位于美国东部南卡罗来纳州东南沿海的科佩尔河与阿什河交汇处，在查尔斯顿湾的顶端，濒临大西洋，是南卡罗来纳州南卡罗来纳州的主要港口。目前该港是美国第四大集装箱港。

需要强调的是，美国漫长的海岸线难以完全有效地维持封锁。尤其对那些仍然记得美国如何封锁南部邦联海岸的军官而言，没有人比他们更了解这一点。然而就现在的美国海军而言，他们可能多了一个想法，这个想法也在政府的提议之内①，即对波士顿、纽约、特拉华、切萨皮克和密西西比实施封锁；换言之，对于一个海洋大国来说，封锁这些大型的进出口贸易中心比以往更容易实现。当年英格兰就同时封锁了布雷斯特、比斯开湾海岸、土伦和加的斯，当时这些港内都部署有法国强大的分舰队。诚然，除了上面提到的被封锁的港口，中立国的贸易船只还可以随时出入美国的其他港口；但这样强行改变入境口岸的做法，将会给国家造成多么严重的运输混乱、日用品短缺，铁路和水路的运力不够，以及码头、驳运和仓储的不足！在此之后，难道不会有资金损失和其他的各种折磨吗？即便是在承受巨大痛苦、付出高昂代价之后克服了上述情况带来的一部分灾难，但敌人可能会受到启发再去封锁新的口岸，就像他们之前封锁旧的一样。美国人民当然不会挨饿，但可能要忍受巨大的痛苦。关于战时禁运物资的供应，一旦出现紧急情况美国能否独自应对，难道我们不应该为此感到忧心吗？

解决这个问题，明显迫切需要发挥政府的影响力，为国家打造这样的一支海军，即便不能到达遥远的海域，至少也要能够保卫本国的海上通道安全。美国的关注点从海洋移往别处已经有20多年了；这种政策的结果及其反例，在英法两国的历史教训中已经得到了体现。现在不能妄下结论，认为美国的情况与两国中某一个的情况有些相似，但有一点可以确定，为了整个国家的福祉，贸易和商业环境应当尽可能保持稳定，使之不受外部战争的影响，这至关重要。为此，我们不仅要把敌人挡在我们的海港之外，还要让他们远离

---

① 自从上面这段文字写成以后，海军部长在他的1889年报告中已然建议，舰队应该能够实施这里提议的危险的封锁行动。

我们的海岸。①

　　如果不恢复商船运输，还能够建立起一支海军吗？这很值得怀疑。历史已经证明，专制君主可以建立起一支纯粹的军事性质的海权，就像当年路易十四所做的那样；尽管这支海军看起来相当壮观，但历史经验表明，它就像无根之木一样，很快就会枯萎。然而在代议制政府中，任何军费开支的背后都必须得到某个利益集团的强力支持，证明其的确必要才行。没有政府行动的支持，国民对于海权的兴趣就难以存在，也不可能存在。如何组建一支商船队，是通过政府补贴还是自由贸易，是通过持续管理还是放任自流，这些都属于经济问题而不是军事问题。即便美国拥有一支强大的国家商船队，能不能随之产生一支强大的海军，也未可知。美国与其他大国之间的遥远距离，在某种程度上既是一种自我保护，也是一种障碍。什么情况会赋予美国建立海军的动机？如果有的话，只可能是现在加快巴拿马运河的开通。我们希望这条运河的完工不会太久。

　　至此，哪些主要因素将从正面或负面影响海权的发展，我们关于此问题的讨论在这里可以暂告一个段落。我们的目的，是首先考虑这些因素的内在趋势是有利的还是不利的，然后通过具体事例和历史经验加以论证。这一论证无疑涵盖了更广泛的领域，但主要属于战略范畴，而不是战术范畴。战略中包含的思考和原则，属于无法改变或不需改变的内在规律，其因果关系世代不变。它们属于自然规律（Order of Nature），自然规律的稳定性已为当今人们所熟知；而战术研究的是关于人造武器的手段运用问题，其内容随着人

---

　　① 对战争中的"防御"有两种认识，为了能够从思想上准确理解，应当把两者区分清楚。第一种认识，是纯粹的、单一的防御，加强自己并等待敌人的进攻。也可称为消极防御（passive defence）。另一种认识则与之相反，确保己方安全是防御准备的真正目标，主动进攻才是实现这一目标的最佳方式。就海岸防御而言，第一种典型方式是依托永备工事、水雷和其他固定装备实施防御，目的很简单，就是打破敌人的入侵企图。第二种方式，包括所有的不是等待敌人进攻而是主动寻歼敌舰队的各种手段和武器，无论是距敌若干海里，还是在己方海岸附近。这种防御看起来好像是真正的进攻战，其实不然；只是当进攻目标从敌舰队变成敌国土时，才变成真正的进攻战。英国防御本国海岸和殖民地的方式，就是把舰队部署在法国各个港口附近，如果法国舰队敢于出海就与之战斗。在南北战争中，北军舰队部署在南方各港的外海，不是因为害怕南军的舰队，而是为了切断南部邦联与世界各地的联系，并最终攻占这些港口，从而彻底打败它们。两种方式都是防御；但是目标不同，一个是防御性的，另一个是进攻性的。两种认识的混乱，导致陆军和海军在关于海岸防御中正确分工的问题上争论不断。消极防御属于陆军；所有的海上活动目标都属于海军，这是进攻性防御的特权。如果把水手用于坚守要塞，他们就变成了陆军的一部分，与真正的陆军无二，当他们登上战舰时，就成了海上力量的一分子。

类社会的发展而不断变化。战术理论框架会不时地会发生变化或者被完全推翻；但迄今为止，战略的古老基础仍然没有变化，稳如磐石。接下来，我们要研究欧洲和美国的整体历史发展，特别是海权在广义上对这段历史、对人民福祉所产生的影响，目的是通过具体事实的论述来回顾和牢记那些已有的基本教训。因此，这项研究的总体方向是战略性的，其中关于海军战略的广义定义已经得到普遍认可："无论平时还是战时，海军战略的目的都是建立、支持和发展国家的海权。"至于具体的海上战斗，我们既要承认由于细节上的改变导致大部分教义已经过时，也要认识到运用或忽视真正的基本原则将会产生决定性影响；而且在其他条件相同的情况下，可以从那些与某些卓越将领的姓名联系在一起的战例中看出，这些战术思想在哪个特定年代或者哪个特定军种得到了正确运用。当过去的武器和现代的武器在表面上呈现相似之处时，希望能够从中汲取经验教训，而不是过分强调它们的相似性。最后我们必须谨记的是，无论外部条件如何变化，人的本性基本不变；尽管在具体事例中人的能力和数量有所不同，但总能发现个人的认识误差。

第三章

基础与原则

寻找和创建主导性原则——这种原则往往只有很少的几条——并围绕这些原则对细节进行思考和归纳分类，这有助于减少模糊观点带来的混乱，使思维简单直接，更易于理解。必须指出的是，蒸汽动力不仅在战略和战术上便利了海军的所有行动，还赋予交通要素以前所未有的广度。交通可能是陆上战略中最具控制特征的要素；正如陆军必须依赖交通一样，蒸汽舰船需要不断地补充燃煤，相比而言，风帆舰船却不需要补充动力。还应注意到，在连续航行中，从长期来看风向优势对交战双方而言机会均等，因此在风帆时代，不存在因一方拥有补煤点或者战场靠近本土而造成的不平等现象。或许，煤炭的自给时间比陆军急行军时随身携带给养的支撑时间要长一些，但人们对两者的焦虑从本质上来说是相同的；归根结底，两者的动力分别是粮食和煤炭，而不是人的腿或发动机。

诚然，舰队无风即停的时代已经一去不复返了；但装载可供四五个月之用的粮食和淡水，即可持续追踪敌人直到天涯海角的日子也一去不复返了。在 1803—1805 年间，纳尔逊始终在舰上备足三个月的粮食和淡水，并以备足五个月给养作为目标；也就是说，力求在将近五个月的时间里不依靠海上补给。如果想通过装载更多的煤来缓解战略上的困境，那么舰船吃水深度就会增加，从而带来战术上的劣势，航速降低，操纵不便；或者，如不增加舰船吨位的话，则必须在装甲和火炮的减配上做出牺牲，这样的话问题将变得更为严重。俄罗斯舰队司令，罗杰斯特文斯基（Rozhestvensky）[①] 在这方面的教训具有最新的指导意义。众所周知，他面临的困难主要是燃煤补给；在只剩下不到一千海里的最后航程中，他毫无必要地下令各舰装满燃煤，这种轻率决定造成了极为严重的后果。之所以如此，只能怪燃煤困难给罗日杰斯特文斯基留下了太多的梦魇，显然他非常清楚，这个不明智的决定将会不可避免

---

① 译者注：罗杰斯特文斯基（1848—1909），1868 年从俄罗斯海军海上军官训练团毕业加入海军。之后，长期在海军服役，担任过船上的枪炮长、鱼雷艇长、炮舰舰长、巡航舰舰长，1898 年晋升海军少将，任波罗的海舰队炮术学校司令。1902 年沙皇尼古拉二世与德皇威廉二世在雷维尔会面，他负责海军观舰式，得到了沙皇的器重。同年任海军参谋长，晋升中将。1904 年，任波罗的海舰队司令，在任上迎来了日俄战争。同年10 月率领太平洋第二舰队，从波罗的海远航 1.8 万海里增援旅顺舰队。最终在 1905 年 2 月 27 日对马海战中被日本联合舰队全歼，罗杰斯特文斯基重伤被俘。战后，主动承担战败的全部责任。晚年隐居在圣彼得堡，1909 年 1 月 14 日，因心脏病发作逝世。

地让俄军舰船在战斗中处于劣势。

蒸汽机在提供动力的同时也带来了新的难题，这就要求必须对海上的战争艺术进行更加全面和系统的论述，并建立明确的原则以为依据。开展这项工作，也是创建海军战争学院的诸多目标之中的一个具体任务。战争艺术的原则虽然没有几条，却包含着许多要点，因此战争学院的原则只有一个：即研究战争艺术并揭示其中的原则。就如人体骨骼一样，脊椎只有一条，而肋骨却有许多。当这些原则能够或多或少地被成功定义之后，一条通往更清晰地理解海军历史、更准确地感悟海战胜负原因的大道，就此为你铺开。研究海军历史，加上充分地理解这些原则，有助于海军战略家从专业实践中汲取精确的教益，就如一个已经掌握了基本原则的人，比如律师，从他的职业实践中获得教益一样。广泛研究案例可以巩固知识，加深理解，开阔眼界，在各种情况下提高对关键特征的领会能力和理解速度，同时不受细枝末节的影响。

当我还是一名海军军官学校的学员时，一位成就斐然的军官，已故海军少将戈尔兹伯勒（Goldsborough）[1] 跟我谈到他在旁听大律师们关于一个疑难案的辩论时，感到十分困惑。当天晚些时候在见到主审法官时，他问道："说实话，我不明白你是如何从双方那些貌似有理的含糊其词之中，找到的线索。"法官回答说："在这种辩论中，关于事实和原则的真正具有决定性的思考因素并不多，可能只有一两个而已。把这一两点牢牢记住，就不会受那些无关紧要之词的影响了，这样裁决也就变得容易了。"这是在理解原则之后，通过学习形成了思维习惯的好处。这种决定性因素，基本上相当于"关键"（the key）的军事态势所包含的主要特征。[2] 当众多令人迷惑的事件围绕着某些决定性因素展开时，如果紧紧抓住这些决定性因素，你不仅能更容易地找

---

① 译者注：戈尔兹伯勒（1805—1877），海军少将，除了战功以外，也因在航海科学领域的贡献而闻名。在美国内战时期，1862年初任北方的北大西洋封锁舰队司令。同年7月晋升少将。内战结束后任美国欧洲舰队司令。1877年1月病故于华盛顿。

② 克劳塞维茨曾以戏谑的口吻提到战场或军事态势的"关键"一词；这个词说起来或写起来都很容易，但其本身的释义却像一部百科全书那样包罗万象。根据这个词在其他方面的类似运用可以看出，它也适用于军事领域。在作者看来，这个词在使用中别具优势，有助于人们形成正确的理解，因为在绝大多数军事态势或军事问题中总有一个居于首位的主导特点，在诸多重要细节之中，这个主导特点提供了一个中心思想，能够把目的和部署集中起来，从而达到计划的统一。

出具体案例中的关键点，而且会越来越好地判断面前的所有军事案例；而且是以处置军事紧急事件所需的速度做出判断。

从这里可以看到陆上战争对于海军学员的价值。首先，有关陆战的叙述更为广泛，因为陆战战例远比海战多得多；而且，也许是因为拥有这些大量资料，人们做出了大量努力，通过条理清晰的分析之后，总结出其中的基本原则。再者，随着动力由不稳定发展到稳定，舰队运动与陆军运动之间的主要差别也随之消失。因此，除非准备抛弃被我们视为无用之物的前人所学，否则必定能从最优秀的军事理论家的研究之中找到最为坚实的基础，并在此基础上创立新的理论。不要试图做徒劳之事，因为那毫无意义，我们的研究要立足既有的坚实基础，也就是接受已有的研究成果尔后着手新的探索。无须怀疑，也不必担心，我们一定能够找到足够的不同之处；当新房建成之后，没人会将它认作旧屋；不过二者也会有极其相似之处，而这种极为鲜明的对比将会比以往更清楚地显示出两者共有的最大特点。

从通常给出的定义可以看出，战略一词的运用仅限于联合行动，这种联合包含一个或更多的、完全独立或相互依存的战场，但都是真实的或直接的战场。这在陆上固然如此，但一位法国学者却认为这个定义对于海军战略而言，则过于狭隘，这个观点无疑是正确的。他说：

> 海军战略不同于陆军战略之处在于，不论是和平时期还是战争时期都需要海军战略。的确，在和平时期，海军战略可以通过购买或签约的方式，在一个国家取得用战争方式难以取得的优势位置，从而赢得决定性的胜利。海军战略善于利用一切机会在某个选定的海岸建立据点，并由最初的暂驻转化为最后的占领。

海军战略之所以具有这种特殊差异，是由于海军能够到达主权不明或政治薄弱的地区，而陆军只有依靠海军才能进入这种地方。此外，如果陆军试图在该地开展军事行动，则离不开海上控制。如果一个国家希望对这种主权不明的地区施加政治影响，就必须占有恰当位置的基地；这种占有也是和平时期开展贸易的必需，正如那位法国学者所说，一旦机会来临就必须将其占有。

从目前的欧洲来看，除非以战争为代价，否则各国的强大陆军将会妨碍这种占有行动；尽管这种说法可能会遭到质疑，因为最近波斯尼亚和黑塞哥维那（Bosnia and Herzegovina）① 被吞并。然而，事实上由于土耳其实力的衰落，东南欧地区便面临这样一种情形，绝大多数的这种情形发生在只有海军能够到达的比较偏远的地区；而土耳其当时动荡的政局为奥地利采取行动提供了机会和口实——巩固了在战略位置的力量，至少也实现了把力量推进到爱琴海的企图，这是奥地利未来贸易的理想目的地。我们再来回顾一些更为久远的历史案例：英国在十年的和平期内，以一些貌似暂时的限制性条款占领了塞浦路斯（Cyprus）和埃及；前者是被正式割让，而后者在 20 多年后仍被英国占领。老话说得好，先占着具有优势。因此，尽管法国和俄国长期以来对英国占有上述两个地方心怀不满，但最终显然做出了妥协。

同样，在接下来的几年里，法国占领了突尼斯及其港口比塞大（Bizerta），比赛大港具备成为海军基地的优越条件，其关键的水文条件比阿尔及尔（Algiers）② 的港口更好，且靠近地中海的狭窄水道；即直布罗陀海峡至苏伊士运河之间的交通线，这是欧洲通往远东、印度和澳大利亚的重要通道。还有德国从中国租借胶州湾，当时德意志帝国的总理称，出于贸易和政治的需要——实际上就是出于海军的需要——早就有必要在远东建立基地。因此，一旦机会出现，德国就向中国施压并得到了胶州湾。自本书初稿完成以来，德国还购买了加罗林群岛（the Caroline Islands）③ 及其他一些太平洋岛屿，正如这位法国学者所言："海军战略的最终目标在平时和战时一样，都是为了建立、维护和增强国家的海权。"事实上，我对这一判断是否适用于陆上战略持怀疑态度；但是，陆上战略所关心的位置——陆战场——早就为众人熟知，它通常为一方长期占据，如果不以战争为代价，就不会易手他人。外交官们通常是在军人取得胜利之后，照例签署条约而已。但对于大部分海上战略要

---

① 译者注：波黑，巴尔干半岛国家，东邻塞尔维亚，东南与黑山共和国接壤，西部、北部紧邻克罗地亚，首都萨拉热窝。1908 年波黑被奥匈帝国占领。1914 年 6 月 28 日，奥匈帝国皇储在萨拉热窝被刺杀，引发了第一次世界大战。

② 译者注：阿尔及尔，阿尔及利亚首都，港口城市。位于地中海西部南岸的阿尔及尔湾西侧，海岸线长 29 千米。

③ 译者注：加罗林群岛为西太平洋岛群，位于北纬 1°～10°，东经 137°29′～163°。由雅浦岛、特鲁克群岛、波纳佩岛、帕劳群岛等 900 多个岛屿组成。

点而言，情况则不相同。这些要点都是在和平时期，在没有敌对行动的情况下取得。美国获得夏威夷群岛就是如此，这是在本讲稿完成之后许久才得以实现。① 这些地区之所以无须通过战争手段来夺取，是因为原先的统治者过于软弱，无法通过战争抵抗入侵者；或是统治者出于同样的虚弱原因，认为有必要与一个强大的海军国家建立政治联系。

与该观点密切相关的是，同陆上作战相比，海上作战所依托的位置覆盖广阔的地理范围，且通常远离本土。已故的谢尔曼将军（General Sherman）②在为我审阅本书初稿时对这一情况深有感触。基地与整个国家的海岸线相匹配，海上交通线延绵数百海里，通向遥远的目的地，舰船以每天航行几百海里的速度前进，这些情景给他留下了深刻印象，从而启发和影响了著名的"向海洋进军"（march to the sea）战役③。

关于和平时期海军战略的另一个例证反映在当代海军的部署调整之中，这种调整在相当程度上取决于战略利益中心之间的距离，例如美国大西洋和太平洋沿岸的利益中心，或者英国在英吉利海峡和地中海的利益中心。这种情况在何种程度上是由环境条件造成，在何种程度上是由国际条件的变化造成，在何种程度上是由当代海军军官们更加关注和理解了原则以及战略要求所造成，对以上内容进行评估将是一项有趣的工作。我认为在这个问题上可以确定地说，目前对于集中必要性的认识是一种进步，这应当归功于研究工作，归功于对原则的正确理解，以及对过去在和平时期分散兵力所导致的军事上不妥和风险做出了正确评价；但用特定的方式进行正确评价却是国际局

---

① 译者注：夏威夷王国是在 1795 年经过统一战争成立的。1864 年，美国租借夏威夷港口；1893 年，美国派兵登陆夏威夷；1894 年，成立夏威夷共和国；1898 年，夏威夷与美国合并，成为美国的一个地区；1959 年，经过有争议的公投，夏威夷成为美国第 50 个州。由此可知，这部分讲稿应该是在 1898 年的数年之前完成，极可能是在 1893 年离开战争学院之前就已经完成，而非在 1908 年开始撰写《海军战略》期间。

② 译者注：威廉·特库赛·谢尔曼（William Tecumseh Sherman，1820—1891），美国南北战争时联邦军的著名将领，地位仅次于格兰特。1840 年毕业于西点军校，1853 年退役。1859 年重返军界，任路易斯安那州军事学校校长。内战爆发后，参与了一系列重大作战行动，在指挥上主张以连续进攻摧毁敌抵抗意志，善用骑兵实施远程突袭。1869 年接替格兰特任陆军总司令，晋升上将，1884 年 2 月退休。著有《美国内战回忆录》。由于他提出了"向海上进军"，被认为是"全面战争"的早期倡导者。

③ 译者注：向海洋进军战役，是美国内战后期北军深入南部腹地的一次战役。1864 年 11 月 16 日，谢尔曼率 6.2 万大军从亚特兰大出发，向佐治亚州的海港城市萨凡纳进军，以摧毁南军的粮食供给基地。12 月 10 日到达目的地，围攻 10 天后，迫使南军逃往南卡罗来纳。

势变化带来的结果。英国舰队目前集中在本土海域就是一个例证。这是对德国海军发展的一个直接反映。而舰队部署变化的必然结果，就是加强了查塔姆造船厂（Chatham dockyard）的重要作用，并在罗赛斯（Rosyth）① 建立了一个新的造船基地。两者都表明，建立或开发战略位置的工作应当在和平时期就已经展开。

另一个更具分析价值的案例，是美国的战列舰舰队是一个整体，归一个司令部管辖。这说明那些看似简单的原则，不仅可以影响海军领导人的思维，而且具有特殊的指导价值；因为国际关系的发展还未到迫使美国把兵力集中于本土海岸的程度，或者在大西洋方向，或者在太平洋方向，就像英国舰队集中在不列颠海域那样。这种集中只是对原则的简单认知，而不是为环境压力所迫。海军人员都知道，这种认知首先是在战争学院的兵棋推演中形成。美国舰队当前集中在大西洋，仅仅是遵循了长期以来的传统观念，即我们的主要危险来自欧洲，因为多年以来的情况就是如此。现在可能仍然如此，也可能不是这样；环境的变化，或者说国际关系的发展，将随时改变兵力集中的地点，就像英国经历的那样。按照这个思路，战列舰在全球海域游弋时，显然会发现那些曾经代表着各国政府基本海军政策的小型分舰队和零散舰船都消失了，这很值得注意。

海军必须持续地保持集中，这是海军战略区别于陆上战略的又一特征。这一特征表明海军具有陆军无法比拟的机动性，这是因为两者在完全不同的物质表面运动。一支配置合理的舰队，能够以陆上不可比拟的速度迅速机动到需要的战略位置。另一方面，快速机动当然需要做好相应的准备，至少要准备好按照同样的速度和同样的集中要求到达目的地。所有这些行动都属于兵力动员；这是陆战和海战的共同点，但在规模和行军速度上有所不同。海军在海洋的行军过程很简单，这也意味着海军能够快速行进。而行军过程复杂则意味着需要更多的时间。所以陆军在和平时期的兵力部署必须与战争直接相关，但考虑到某些兵力动员会存在困难，所以分散兵力在陆上是允许的，

---

① 译者注：罗赛斯，位于英国东北部，在弗斯湾西面、爱丁堡东北部。罗赛斯目前仍然是英国海军重要的造船厂，英国最新的女王级航母的总装厂。

但在海上却不可取。在动员陆军时，从军事上理解，集中是首要目标，海军也是如此；但集中是第二步，是在动员了局部的若干个军团之后才可以实施。而对海军来说集中应该是第一步，无论怎样出乎意料，都应抢在战争爆发那一刻采取行动。此外，辎重和车辆构成了陆军机动的重要因素，但对海军来说这都不是事儿；运输船实际上和战舰具有同样的机动能力，与陆地相比，开阔的海域能够提供比公路更广泛的便利条件。所有这些有利条件都意味着时间上的快速；而机动时间的减少则意味着兵力可以覆盖范围的扩大，有利于对分散之敌或松懈之敌形成兵力优势。因此，当日本鱼雷艇在旅顺口外突袭毫无准备的俄国舰队时，是在距离出发点几百海里之外展开的行动。

　　查理大公（Archduke Charles）① 说过："占领了战略据点，就决定了战争的胜负。"拿破仑也曾表达过类似的观点："战争即位置之争。"然而，必须警惕一种普遍存在的错误，这个错误似乎已经成为人们思想上关于海军问题的永久偏见。正是在大量阅读的过程中，我才逐步意识到这一点；这个结果也正如我刚才所说，在理解了原则的基础上，通过广泛阅读而获得收益。约米尼认为海军占据多个战略据点是可能的，我很早以前就知道这个观点，并在讲座中多次引用；但只有在后来的阅读中，我才意识到这种关于每占据一个港口就会增加海军力量的观点是多么普遍。毫无疑问，海军力量包括对战略要点的占领，但海军最重要的组成部分是机动舰队。如果因为占据众多港口而被迫分散兵力的话，还不如没有这些港口。除此以外约米尼还指出，如果你不能控制整个战场，那么占据多个据点也是一种优势，因为这样能够让你控制大部分战场。通过获得战略据点或由陆军和海军占据有利位置，把防线向敌方推进，推进越深，效果就会越好；但在推进中延伸交通线时，应保证不要危及部署在前沿位置的部队。

---

　　① 译者注：查理大公，即卡尔大公，全名为卡尔·路德维希·约翰·洛伦茨（1771—1847），奥地利皇子，是神圣罗马帝国皇帝利奥波德一世的次子，元帅、军事理论家。是资产阶级早期军事科学的代表人物，在 18 世纪末和 19 世纪初作为奥地利军队统帅扬名于欧洲战场，是在战场上打赢过拿破仑的第一人，被认为是奥地利乃至欧洲历史上杰出的军事家。1796—1809 年，多次指挥奥地利军队在莱茵河地区击败法军。1806年开始实施军事改革，创建军校，推行预备役制度，短短几年成效显著。拿破仑在 1809 年法奥战争中势如破竹，不到一个月就攻陷了维也纳。在国家生死存亡之际，查理大公在多瑙河畔伏击拿破仑，赢得了阿斯珀恩—埃斯灵会战，首次挫败了拿破仑的进攻。同年 7 月，因对皇帝不满，愤然辞去军职，开始潜心研究军事理论，著有《论将领的战术》等。

关于这种前沿位置的好处，古巴岛就是一个最好的例证，美国能否在岛上占据这样一个位置，决定了美国能否有效地控制墨西哥湾。当古巴在西班牙控制之下时，美国不得不以彭萨科拉和密西西比河作为海军基地。在这种情况下，如果美国与欧洲国家开战而古巴严守中立的话，当敌人敢于将舰队开入墨西哥湾时，其后方和交通线不会像今天这样暴露在以关塔那摩（Guantanamo）为基地的美国巡航舰的攻击之下。当交战双方兵力相当时，这个前沿位置能为占有者提供决定性优势，因为一旦敌方舰队想要驻泊墨西哥湾或进入加勒比海向巴拿马地峡推进，占有者就可利用这个位置去干扰和切断对方的补给，尤其是煤炭补给。单就墨西哥湾沿岸而言，基韦斯特在某种程度上相当于关塔那摩的作用。对整个墨西哥湾地区来说，两者结合起来形成的整体防御比在这个地区的某个地点建立局部陆上防御的效果要更好。在对运河地区的影响方面，关塔那摩相对于基韦斯特的优势显而易见。此类位置对于舰队的威慑作用，和对于单艘快速巡航舰或分舰队的威慑作用不能等同，因为敌人可能会甘于冒着损失几艘巡航舰的风险来实施袭扰行动。

过去，最能证明前沿位置作用的例子是英国封锁法国的各个港口，从而保证了英国的贸易安全，阻止了敌人对不列颠群岛大规模入侵的企图。当前，英国在本土海域集中部署舰队，与实施上述封锁行动十分相似，目的显然是为了在北海以迅速有效的兵力集中对抗德国舰队。一旦发生战争，无论采取何种措施，这里都有一支明显优于德方的皇家舰队，能够有效掩护大西洋上所有的英国交通线；实际上是联通整个世界的海上交通线，除了波罗的海国家。这种部署同时也还切断了德国在波罗的海以外的所有海上交通，也能够保护不列颠群岛免受大规模的入侵。

从这些例子中明显可以看出占据前沿位置的普遍原因。在舰队的后方有可以依托的安全位置，并能通过严密防护的交通线与本土紧密相连，这样一来，贸易、运输和补给活动均可自由进行。即便双方兵力相当，敌方也不会冒险进入这样的海域——正如上面所述的德国不敢进入大西洋，或者美国的敌人不敢进入墨西哥湾一样——因为敌人一旦行动就会暴露自己的交通线，这样实在过于冒险，而且万一进展不利，舰队距离本土港口又过于遥远。古巴虽然能够覆盖墨西哥湾海域，但对北大西洋沿岸的军事行动却无法发挥相同的实质作用。相反，英国在一个世纪以前对法国的封锁直接推到了法国沿岸，这种前沿部署覆盖了整个大西洋和所有通向不列颠群岛的通道。由于英国维持了这种前沿部署，保护了本土免遭入侵，英国的海上贸易也没有出现实质性损失，每年的损失率不到3％。

今天，仅就英国本岛相对德国的地理位置而言，英国已经占据了前沿位置；英国对北海的控制，俨然如古巴对墨西哥湾的控制，二者对于本土交通线的防御价值也是等同的。甚至德国的巡航舰——贸易破坏舰——想要抵达英国的贸易交通线附近，就必须先突破北海的防线；不仅如此，它们还得在远离基地、无法保障燃煤补给的情况下展开行动。众所周知，对于后方和交通线的保护，并不能完全避免敌巡航舰对补给船或贸易船的攻击。在南北战争中，陆军的侧翼和后方经常遭到袭击。轻型舰艇或巡航舰之类的军舰对这类突袭只能起到遏制作用，难以完全杜绝。

约米尼的经验比美国内战的经验早半个世纪，他指出：出色的突袭兵力总是能够扰乱运输护卫队，不论运输路线的方向在哪里，即使是在基地中心与前沿作战线中心连线的垂线方向——这是暴露最少、最不易被敌攻击的方向。

然而，这种扰乱通常不应当与切断、甚或威胁交通线混为一谈。这类行动只能造成会战的轻伤，而不是致命打击；这种扰乱确实非常烦人，但危害并不严重。这与在靠近交通线的坚固港口拥有一支强大舰队完全是两码事。

对敌贸易或交通线的破坏行动可以从遥远的殖民地发起。在历次战争中，法属西印度群岛的马提尼克和瓜德罗普岛都被作为法国巡航舰的基地，用以袭击英国的商船和补给船。不论是当时还是现在，我们都不可能从遥远的本土出发来应对这些袭扰。因此必须在当地部署兵力予以解决。这些位置本身就是特殊的前沿位置，它们能起到特定的、尽管比较有限的控制作用。譬如，德属西南非洲就位置而言，十分有利于袭扰英国与好望角航线沿线国家，以及这条航线更远处的国家之间的联系。要解决这个问题，同样也须在当地组织防卫。在这种情况下，英国舰队集中于北海对此确实能够产生影响，但影响却是间接的。这个情况提出了一个问题：这类战前组建的特遣舰队，到底在多大程度上符合德国总体的北海行动方案？进一步的问题是：德国的补给船要想突破英国巡航舰在北海和英吉利海峡建立的封锁线，非常困难，因此特遣舰队的作战效率到底能维持在什么程度？

如果一系列的前沿位置能够被陆地连接起来，那么它们的作用就会显著增强，而且范围广泛。正如古巴岛上的各个港口，除了本身各具优势，它们还被陆地连接起来，形成了一个长达 900 英里的陆地屏障，成为敌人难以逾越的长城。同样，不列颠诸岛对北海贸易的影响作用之所以大大增强，也是因为从多佛尔海峡（Strait of Dover）到苏格兰北端有陆地连贯其间。

因此，在确定战略要点时，像墨西哥湾和加勒比海或太平洋这样两个美国最为关注的海域，必须遵循的原则是在两者中间进行选择。首先，要选择对控制战场起决定性作用的点；其次，选择最有利的前沿位置。一旦战争爆发，美国能够牢牢占住该点，并能够通过中间位置或交通线将它们串联成为一个结构严密的防御体系。除非对方拥有巨大的优势兵力，否则无法打乱这个体系。

第四章

位置、力量和资源

一、 战略位置

任何一个地点的战略价值取决于三方面的主要条件：

1. 它的位置，或者更确切地说是它的情况。一个地方可能具有强大力量，但就战略线（the strategic lines）而言，其所居位置却不值得占有。

2. 它的军事力量，包括进攻力和防御力。一个地方可能地理位置良好，资源丰富，但由于自身过于脆弱而不具备太多的战略价值。另一方面，它可能先天不足，却可以依赖人力来加强防御。"设防"（fortify）一词的本意就是使之强大。

3. 它的资源，自身资源及周边资源。资源丰富与贫乏的利弊众所周知，毋庸赘言。直布罗陀便是一个典型的例子，它可攻可守，位置极佳，却缺乏自然资源。过去，英国完全凭借着对地中海的控制才得以维持这个前哨位置。自然资源的匮乏可借助人力加以补充，现在较之过去而言，补充范围大大增加。马耳他和梅诺卡岛，情况也是如此，只是程度上有所不及。一般说来，在海上战略要点的周边地区，友好的范围愈小，资源就愈少，力量也就愈弱。1798—1800 年，法国驻瓦莱塔（Valetta）① 守备部队遭到英国支持的马耳他人的围攻，来自马耳他岛的资源被切断；且海上又遭严密封锁，守军最终弹尽粮绝，放弃了抵抗。由此可见，在其他条件相同的情况下，小岛的战略价值不如大岛；因而像基韦斯特那样的据点，位于交通不便的狭长半岛顶端，其价值远逊彭萨科拉；如果古巴是个繁盛的国家，它的价值或许还不及哈瓦

---

① 译者注：瓦莱塔，马耳他首都，全国最大的海港。位于马耳他岛东北端马耳他湾一个狭长半岛上。是欧亚非活动交通的枢纽，素有"地中海心脏"之称。

那（Havana）或西恩富戈斯（Cienfuegos）①。

为了说明一个大岛比一个小岛或多个小岛更有优势，我想为大家读一读著名的罗德尼（Rodney）将军的观点，这些内容来自美国独立战争时期的一份官方备忘录。他曾长期驻扎西印度群岛，拥有和平时期和战争时期的双重经验。

> 波多黎各（Porto Rico）掌握在大不列颠手中，必将产生无限影响，它比所有加勒比的岛屿加在一起还有价值——该岛易于防守，而且防守费用又比那些岛屿更低廉；防守那些岛屿需要分散兵力，倘若敌人前来攻击则很容易被击败；而且，波多黎各既能牵制法国又能牵制西班牙，还能永久威胁他们占领的圣多明各岛，通过掌握该岛，大不列颠还能切断欧洲至圣多明各、墨西哥、古巴或西班牙属美洲地区的所有海上航线；假如这里都是英国臣民，还可迅速支援牙买加；该岛一旦得到开发，可雇佣的船只和海员比整个向风群岛加起来还要多。

我以前曾经说过，海军历史可为研究战争艺术的人们提供丰富的资料，上述所言即可作为例证。有关战略要点（a strategic point）的全部有利条件，这里均已罗列无遗，但是与战争艺术著作所要达到的条理化和系统化程度，还是有所差距：关于位置，罗德尼指出了该岛同牙买加、圣多明各和其他西班牙属地的相对关系；关于防守力量，他指出了由于它的集中可同小安的列斯群岛的力量分散相比较；关于进攻力量，他指出了它对西班牙及其殖民地交通线的影响；关于资源，他指出了该岛为数众多的具有手艺的英国子民，以及众多的英国船只和海员。

一个地方如果同时具备了位置、内在力量和丰富资源这三项条件，它就会成为战略要地，并可能具有首屈一指的重要作用，当然事实并非总是如此。必须指出的是，还存在其他方面的一些考虑，尽管从纯粹的军事观点来看，这些考虑是次要的，但它们却能够提高一处港口的重要价值，甚至可能是战略价值；例如，该港口是一处巨大的商埠，一旦遭到打击就会影响该国的繁

---

① 译者注：哈瓦那，古巴首都及最大城市，位于古巴西北海岸。始建于 1515 年，港湾狭长，近岸水深 12 米。西恩富戈斯，是古巴中部地区南面的西恩富戈斯省（最小的一个省）首府，由法国殖民者在 1819 年建成，有"南部珍珠"的美称，被联合国评为世界文化遗产。

荣；抑或是一国首都，一旦沦陷，不但具有重要意义，还会带来重大的政治
影响。

　　在三个主要条件之中，位置最为重要，是不可或缺的；因为力量和资源
可通过人力予以补充或加强，然而，一个港口如果位于战略影响范围之外，
则其位置无法由人力改变。

　　一般说来，位置的价值取决于其是否接近海上航线；取决于是否接近那
些贸易航线。这些海面上的航线和海图上的线段一样，都是虚拟的，但确是
真实而有用的存在。假如该位置同时位于两条航线之上，也就是说，它靠近
两条航线的交叉点，则价值将大大增加。一个交叉点基本上就是一个中央位
置，便于朝各个方向机动，有多少条通道就有多少个方向。凡熟悉陆上战争
艺术之人，都赞同这一类比。如果受到地形限制，通往中央位置的通路变得
非常狭窄，则价值也变得更为显著，比如直布罗陀海峡、英吉利海峡，以及
狭窄度较小的佛罗里达海峡。或许每处海湾的入口都应该很狭窄，商船经入
口进入，尔后分散驶往全国各地；诸如密西西比河河口、荷兰和德国各条河
流的河口、纽约港入口等等。然而，对于海洋而言，港口或河口通常是终点
或货物集散地，货物在此装船转运他方。倘若航道狭窄，仅为一条运河或者
一处河口，则船只必经之地几乎缩小为几何学中的一个点，附近的一些位置
就拥有了巨大的控制力。苏伊士现在就是这种情况，巴拿马不久也将如此。

　　由此类推，狭窄海域中的位置比那些大洋中的位置更加重要，因为在狭
窄海域中几乎不可能绕过这个位置。假如这些海域不仅是航行的终点——目
的地（termini）——还是一条快速路（highways）；也就是说，假如贸易船只
不仅到达此地，而且经此地前往其他各地，则过往船只的数量会大大增加，
各控制要点的战略价值也会增加。此处不妨以地中海为例，来阐明我关于终
点和快速路等词汇的附加含义。在苏伊士运河开通之前，黎凡特地区和苏伊
士地峡都是海运的终点。船只无法通过，货物也是，除非通过转运。自从运
河通航以来，地中海东岸就变成了快速路上的一站，而其海域也不再只是海
运的终点，而成了商业贸易的快速路。当然，中美洲的地峡以及未来的运河

也是如此。如果把百慕大群岛（Bermuda）① 与直布罗陀甚至同马耳他相比较，仅就位置而言，可立即看出后两者占据的优势，并可以此为例说明有关狭窄海域的论点；因为船只必须紧靠它们通过，而百慕大作为一个补给站，尽管具有优势，其位置也有利于对常规贸易航线实施攻击，然而对方可以选择其他航线从而避开这个点，虽然会带来不便和时间延误，但可能性仍然存在。

陆上战略与海上战略在环境条件方面的最大差别，在于陆地上天然地充满了各种障碍，需要人们用双手来克服这些障碍，打开通道。就自然条件而言，陆地上几乎是障碍重重，而海上则几乎是一片坦途。因此，可供陆军通行的道路数量非常有限，且各自的有利条件已然尽人皆知；但舰船在海上从一点到另一点的可能航线却是数不胜数，对于蒸汽舰船而言尤为如此，其动力足够迂回绕行。把风向和水流等条件与最短的距离相结合，必然意味着舰船航行会遵循一定的通用航线，但在这些航线范围之内，仍有很多巧妙的办法可以躲避敌人的搜索。例如，在呈给英国海军部的一份从西印度群岛返航本土的护航船队的紧急信函中，罗德尼曾经指出：这支船队不打算采取直接航线，而是航行到英吉利海峡以西至少六百海里的同纬度海域，然后转向正东航行以迷惑敌人，使其无法确定船队的位置，并使得海军部能够保障对船队的增援。在之后的某份文书中他又写道：我已严令船队指挥官，不要试图直驶英吉利海峡，而要取道克利尔角（Cape Clear）的纬度向西至少九百海里后，再继续向前航行。拿破仑曾经精辟地指出，海上作战的决定性要素是隐踪匿迹，"让敌人在错误的路线上浪费时间"。

1789 年纳尔逊追击拿破仑的埃及远征军，便是一个极为贴切的史例。法军指挥官在离开马耳他之后，并未直接驶向埃及，而是先向克里特岛航行。纳尔逊对于法国人的最终目的了然于胸，因此当然率兵直扑埃及。不幸的是，他没有一艘快速帆船作为哨探，结果偏离了法军的航线，丢失了目标；实际上，两支舰队的航线在某一天夜里的确出现过交叉，但淡淡的海雾将双方相

---

① 译者注：百慕大群岛，位于北大西洋，是自治的英国海外领地。距北美洲约 900 千米，美国东岸迈阿密东北约 1100 海里，在加拿大哈利法克斯东南约 840 海里处。

互遮蔽起来。这种情况使得英国在几次大战中，必须派出舰船在法国港口附近进行严密监视，而非封锁，这些地方便成了战略要点；因为，一旦港内的舰队驶离港口消失在视野中，则英国指挥官便只能推测敌人的大概航线，而别无他策。

将 1905 年东乡平八郎的疑虑同 1798 年纳尔逊的疑虑加以对照，便可从中找出深受时代条件限制的类似情况，这是一个很有意思的例证。纳尔逊并不知道法国舰队已开往何处；他只能依靠推断，依据种种迹象并分析当时的政治形势来推断。东乡也不清楚俄国舰队的意图是打还是逃，尽管他们的最终目的地只能是符拉迪沃斯托克；只能凭借推断来猜测对手可能采取的航线，并认为气象条件会产生重大影响。事实证明，二位将领的推断都是正确的；但由于缺乏情报，他们都经历了焦虑、犹豫的时刻。东乡手下的一名参谋写道："就连准确判断敌人必将取道对马海峡的东乡大将，在预计时间已过而敌人并未出现时，也开始焦虑不安。"即便把无线电的作用都算在内，也可以毫不夸张地说，直到日本侦察船发现敌人为止，东乡也并不比纳尔逊更先获悉敌人的位置和动向。与其说他失去了联系，还不如说他从未得到过联系。只有其他船只，而非联合舰队的舰船，提供过一份非正式的普通报告。正如纳尔逊在尼罗河口一样，东乡在看到敌人之前，也毫无把握；前者是从战列舰的桅顶进行瞭望，后者是派出一艘侦察船在旗舰前一百海里处侦察。二者的困境，皆由于不能在敌之出发港口或在其航线某个必经之处进行监视所致。是否将这一失败归咎于过失是另外一个问题；造成这种困难的原因，在于未能将侦察行动前伸得足够远。

开阔的海洋可以提供许多机会来避开那些被认为危险的地点，因此，在海上某一区域内的最佳的战略要点要比陆上少一些——这个实际情况自然提高了现有战略要点的价值。譬如，夏威夷在太平洋的整体布局中就是一个极其重要的战略要点。这是一个极佳的机动中心，一个无价的中转站；又是一处具有巨大的天然的攻势力量的前沿位置，适宜于作战基地和后勤基地；但在控制海上贸易方面，却因海面辽阔、便于舰船规避，导致其作用大为降低。另一方面，由于夏威夷是美国领地，敌人无法将其用于战争或贸易，这使得该地除了具有攻势价值之外，又兼具守势价值。海洋的确如实体现了查理大公设想的情景，他说：

> 开阔地区到处皆可通行，敌人在这里不会遇到障碍，可向各个方向运动，这里或是没有战略要点，或是有但也不多；反之，在起伏不平的地区，却可遇到众多战略要点，这里天然形成的道路无法改变，非循其而行不可。

恰如一艘舰船从欧洲驶往中美洲，它首先通过一片完全开阔的地区直至西印度群岛为止；在那里它将进入起伏不平的地域，到处是价值大小不一的战略要点。

过往的贸易船只数量，以及港口是否临近航线都成为问题。这两个因素中的任何一个都会影响位置的价值。正是因为德国的工业、贸易和航运的巨大增长，而英国坐拥不列颠群岛的战略位置，因此成为德国的眼中刺。德国贸易的增长与大不列颠的战略位置相互作用，彻底改变了欧洲的国际关系。与之相似，巴拿马运河这个新的商业条件，也将改变加勒比海周边各个港口和太平洋众多港口的战略价值，这是由于途经这条航线的贸易增长所致。试想，一旦苏伊士运河重新关闭且永不再开，则好望角附近的所有港口和地中海的那些港口也都将受到影响。好望角航线的发现对于威尼斯（Venice）和热那亚（Genoa）命运的影响，是我们在这一问题上的历史明证①。海权主要依赖于商业，商业沿着最有利的航线前进；随之而来的军事控制又促进并保护着贸易。海洋除了作为连接国与国的通道之外，别无他用。海洋或水域，是天然形成的主要交通媒介，恰如货币在人类手中演化为产品交换的媒介一样。货币的流通方向或流通数量，其中任何一项如果发生变化，人类的政治关系和产业关系也必然随之改变。

通常，我们会发现海上和陆上一样，有用的战略要点总是位于公路经过之处，尤其是公路交叉或汇聚之处；最为重要的则是位于种种障碍迫使平行道路汇聚一起并使用一条隘路之处，就如桥梁一样。值得注意的是，海洋固然比陆地开阔，障碍较少，可是一旦遇到障碍将真的无法逾越。舰船无法从

---

① 译者注：在好望角航线发现之前，欧洲与东方的贸易主要通过威尼斯和热那亚这样的地中海港口城市进行，这两个城市也得以成为当时地中海的霸主。但新航线发现之后，欧洲可以从海上直接与东方国家进行贸易，因此该航线途经的里斯本等地成为新的财富聚集地。

障碍上方越过或从中间穿过，只能迂回绕过它们。下列历史上的伟大进军，诸如拿破仑通过小圣伯纳德（Little St. Bernard）①，麦克唐纳（Macdonald）②通过施普吕根（Splügen），以及 1877 年俄国人通过巴尔干山脉（Balkans）等，似乎都表明了没有步兵不能逾越的地方；但现代舰船却不能像古代的桨船那样，能够拖过陆地。因此，有时候在陆上扼守的那条似乎是唯一可通行之路，却可能被敌人意想不到地绕了过去。例如波斯人通过山间小路在温泉关（Thermopylae）迂回到了希腊军队的后方，可以确定的是，舰船只能沿着已有航线航行。凡航道众多的地方，如向风群岛和西印度群岛之间的诸多航道，每条航道上各个港口的位置价值与航道的数量成反比。

举例说明，马提尼克岛③的罗亚尔港（Port Royal）和圣卢西亚岛的卡斯特里港（Port Castries）④本就是良好的战略要点，假如有一条连绵不断的陆地从海地岛东端通过向风群岛直到中美洲，其间仅在上述两岛之间断开。这样一来，两岛的影响几乎可以比肩直布罗陀了。正因为它们是现在这种样子，所以它们的价值只能同夏威夷和百慕大并列；而且还有所不及，因为它们的位置虽然优越，但却不如夏威夷和百慕大那样独一无二。它们在各自区域内均有竞争对手，而夏威夷和百慕大却没有。毫无疑问，不论向风群岛的港内是否驻有一定规模的军事力量，敌人的航运或补给船只都可绕道驶向巴拿马地峡，它们的位置价值由此而显著降低。一旦巴拿马运河建成，牙买加难以避开，奇里基潟湖（the Chiriqui Lagoon）更难以避开，最不可能避开的则是科隆（Colon）⑤。英法战争期间，驶往巴拿马地峡的舰船要想避开圣卢西亚岛

---

① 译者注：小圣伯纳德山口，为意大利与法国之间的隘口，在勃朗峰南 16 千米处，海拔 2185 米，为阿尔卑斯山交通最方便的隘口之一。

② 译者注：麦克唐纳（1765—1840），法国元帅，拿破仑手下名将。1784 年步入军界，1793 年提升为将军，1796 年随拿破仑远征意大利，1799 年任罗马总督，次年冬率军穿越施普吕根山口进入伦巴底，为迫使奥地利停战立下功劳。1809 年晋升帝国元帅。

③ 译者注：马提尼克岛，法国的海外大区，位于小安的列斯群岛的向风群岛的最北部，也是群岛中最大的岛。曾被哥伦布喻为"世界上最美的国家"。

④ 译者注：圣卢西亚，位于加勒比海东部向风群岛的中部，北邻马提尼克岛，西南邻圣文森特岛，是小安的列斯群岛的一部分。卡斯特里港，位于圣卢西亚西北部卡斯特里河口的北岸，是卡斯特里区的首府。北临圣卢西亚海峡的南岸，西濒加勒比海东侧。

⑤ 译者注：科隆，巴拿马第二大港口城市。

附近海域，可以取道阿内加达海峡或莫纳（Anegada or Mona Passage）[①]；事实上，为了避开罗德尼的埋伏，法国人常常成功地采取这样的迂回战术。

二、 军事力量

现在，我们来研究某个位置的战略价值的第二个影响要素，即军事力量，攻势性或防御性的军事力量。

我们设想有一个地点，位置虽好但实际上却无法防守，因为修建防御设施的费用可能要高于该地设防后的价值。如果有一个更为坚固的地点，即便稍远一些，也不会考虑那个近处的地点。

一个港口，是坚固还是脆弱，取决于许多有利和不利要素构成的特点，所有这些要素可以分别归入两个范畴，即防御力和进攻力。

（一） 防御力

关于海港的防御功能，与其进攻功能不同，可分为两种情况：一是防御来自海上方向的攻击，即军舰的攻击；二是防御来自陆上的攻击，即敌军可能在未遭到抵抗的情况下在港口附近的某一海岸登陆，并从要塞的后方发起攻击。

为了加强防御，港口要塞的进攻行动通常派出军舰向海上出击，如此一来，海洋被称为这个港口的前沿就再恰当不过了，而陆地一侧则变成了后方。

最近在旅顺发生的围攻战，恰好为上述命题提供了佐证。旅顺港面对着海上和陆上两个方向的攻击，在前线和后方都进行了防御，而攻击也的确来

---

① 译者注：阿内加达海峡，加勒比东部最深的海峡，位于英属维尔京群岛和圣马丁群岛之间。宽60千米，深1800米。莫纳海峡，位于多米尼加与波多黎各之间，连接加勒比海与大西洋，因海峡南口中央有莫纳岛，故名。海峡长110千米，最窄处105千米，水深60～1570米，海峡内经常有大风暴，故被当地人称为"死亡之海"。

自这两个方向。这次围攻战也为另一个命题提供了例证，即在这些专题讲稿的第一稿中提出的①，就"防御"的狭义理解而言，港口防御任务主要由陆军承担。俄国海军对防御的贡献微不足道。假如俄海军拥有较好的精神和物质条件并加以有效利用，原本可以通过攻势作战，即通过突围并袭扰敌人，为港口防御做出极为切实的贡献。在任何总体战略计划之中，忍耐力是防御力中的一个重要要素。防御的巨大收益，正如它严格的字面意义，就是拖住敌人。旅顺口的防御为俄国人赢得了时间；防御越顽强，赢得的时间就越多。此前的防御作战，已经为波罗的海舰队的到来赢得了足够时机；没有人知道，这种拖延能够为延长陆上会战做出多大的贡献。因为只要俄国人能够顽强地坚守港口，日本人面对这块硬骨头就会一筹莫展。

在战争期间，俄舰队俘获了一艘日本运输船，船上装载了围攻旅顺的大部分攻城火炮，这说明海军可以通过此类性质的作战行动为防御，即为拖住敌人做出实际贡献。这件事确实有效地延长了围攻作战的时间。这是一次对围攻者海上交通线的攻击。这种性质的攻击行动，除了会造成敌人的实际损失，还会迫使敌人费尽心思地部署预防行动，这将明显拉长作战进程。然而，此类行动从结果来看，是防御性行动，但就方法而言，却并非如此。因此，它完全可以称得上是攻势防御，对于任何防御作战都是绝对需要。拿破仑曾经说过，任何位置如果完全依靠防御，而没有准备进攻手段，或者没有用好进攻手段，都无法长期坚守。必须不断地袭扰敌人，否则他们就会赢得胜利。战争史上曾经有一段时期，人们完全领悟了这个真理，对于消极防御的后果也理解得非常透彻，可以像算数学题那样准确计算出被围攻要塞能够坚守的时间。在配合密切的海岸防御体系当中，反击和袭扰作战，即攻势防御，是海军的职责。

狭义的海岸防御，如果作战行动仅限于击退当面进攻，那么主要由陆军负责；因此，这种防御的作战筹划基本由陆军完成。正因为如此，海军军官不必为陆军各兵种的防御准备承担责任；但必须指出，依据惯例，防御工事的建设规划和施工监管，均由陆军工程兵负责。

---

① 译者注：马汉的《海军战略》一书，主要由他在海军战争学院授课的讲稿整理而成，故有此说。

还必须指出，诸如掩护某个地点对陆防御所必需的外线纵深，以及为确保防御有效所需的守备兵力的数量，等等，此类战术问题都是专业的陆军理论。随着海军需求的发展，这个问题会更加突显，也就是说，国内和海外的海军基地选址必须由陆军和海军共同协商决定。事实上，涉及海岸作战的所有问题和各项准备，都体现着陆海军为实现共同目标而联合行动的特征。

在所有的联合行动中军种之间都存在矛盾，正如在绝大部分会战计划中，以及在双方争夺的某些要点当中——要么这里强，要么那里弱。战争在所有方面不断向双方给出困难和优势的选项。指挥官的艺术在于尽可能平衡这些因素，强化原有的优势使之成为最重要的因素，在实际情况允许时忽略那些困难。最不可取的态度是，不敢冒一点风险，或者在危险面前过度恐惧。

旅顺围攻战证实了另外一条即将被普遍运用的真理，即海岸要塞从陆上被攻占的风险更甚于海上。圣地亚哥的陷落亦是如此，尽管其对海防御并不完善。原因非常清楚：所有的舰船和海上设施，都无法承载陆上要塞的重炮和装甲的重量。除此之外现代战争还增加了一个新的威胁——水雷，它可能对舰船机动造成严重影响，这在日俄战争中多次得到令人震惊的证实。而对陆上要塞来说，这种程度的危险却丝毫没有。简单来说，在炮台射程之内的舰船根本不是炮台的对手，正如骑兵和步兵不可同日而语一样。一艘舰船无法对抗一座与其造价相同的海岸炮台，而海岸炮台也无法与舰船比拼速度。炮台的特点在于笨重，使之可以发挥巨大的防御力；而舰船的特点却是机动性。

四面临海的国家或者陆上仅与军事弱国接壤的国家，如英国和美国，往往容易出现这样的错误：港口防御仅仅针对来自海上方向的攻击。这种做法对于只做商用、不需为海军服务的港口是可行的；因为，可用于海岸防御的经费总是有限的。然而，海军的任何行动，如同所有的陆上行动一样，都需要基地的支持。基地是不可或缺的基础，进攻这个上层建筑就建立在这一基础之上。因此，应当确保重要海军基地的安全，能够抗击来自陆上和海上两个方向的攻击。伍德将军（General Wood）最近在波士顿附近举行的联合军事行动就是为了证明这一事实，波士顿被敌人轻易攻陷充分表明它需要加强陆上方向的防御。纯商业城市的防御必须充分考虑到以下情况：只有当敌人要确保满意的战果、一次决定性的军事胜利时，比如摧毁一个重要的海军基地时，才会动用一支庞大的远征军；而一支小规模的登陆部队，尽管也有可能夺取一处商港，但只能通过突袭才能达成目的，但实际效果可能只是一次劫掠，很容易遭遇截击，而且绝不会取得决定性的军事优势。

1888 年 8 月，英国的对抗演习表明，正如此前的预测一样，封锁兵力无法阻止个别舰船从港内逃脱。此类逃脱行动表明，首先，封锁兵力无法得知敌人的去向，这个情况在前面已经有所论述；其次，仅仅依靠海军实施海港防御是徒劳的。当逃出的敌巡航舰出现在英国的六个港口时，这些港口因为没有防御能力，不得不立即投降并支付赎金。

自 1888 年以来随着海底固定水雷①技术的发展，在港外布雷大大提高了封锁的便捷性。这些水雷对于巡航舰，甚至对于一支中等规模的战列舰舰队都会产生影响，这个影响不仅体现在实际的可能伤害上，还体现在行动的延误上。从最严格的意义来看，这种延误也的确是一个战略性因素。正如日俄战争所证实的那样，港外的舰队能够在很大的范围内选择位置；而港内的舰队要确定一条安全的航道，不可避免地要花费一定时间。尽管事实如此，但也并非绝对。

在任何时代和任何条件之下，技战术水平和警惕性总是能够让此方或彼方取得更好的战果；特别是位于港内的那一方。我设想，运用三点法来简易地确定一条穿越可能雷区的直线航道：在夜间设置三个信号灯用以观察；这条航道在夜间或白天都可以进行扫雷；扫清之后，立即组织舰艇巡逻，防止敌人再次布雷。使用导航灯指示已经安全的航道，为舰船导航。然而，这种方法尽管可能行之有效，但是使用要求和繁杂的保障条件表明，近二十年来情况已经发生了怎样的巨大变化。显而易见，港外的一方必然想方设法阻止港内的此类行动，结果必然是引发大量的陆军称之为前哨战（outpost）的海上战斗。

1888 年英国港口面临着或向巡航舰付出赎金，或遭受炮击的选择，这表

---

① 译者注：此处所指的固定水雷，应为锚雷和沉底雷，皆布置于水下。而漂雷是漂浮于海面，会随着海流而移动。

明：商业港口需要对海防御；而陆上一侧则无须修建工事。巡航舰难以对抗哪怕只有几门的海岸重炮，舰队也没有实力尝试登陆作战。对于一支舰队或一支登陆大军来说，把一个单纯的商港作为目标实在是太小了，正如法国人所说，不值当。这种远征作战的直接目标是打击敌海军基地。如今对不设防海港实施炮轰已为国际公约禁止，但问题依然存在，一个国家的不设防政策到底能够允许敌方舰船不声不响地占领其认为合适的港口到何种程度，例如进行加煤、修理和要求补给等。当然，对于这类舰船的任何干扰就意味着主动挑起了战争，那么该港就会立即失去不设防港口的权利。

关于岸防舰（coast – defense ships）如今已经很少有人提及了，这里仅对其进行简要的论述。漂浮防御（a floating defense）只能用于防御，也就是说，只有在敌人进攻时，它才能发挥出攻势力量，而其威力又不及同等力量的海岸炮台，原因如下：一是岸防舰不能承载海岸炮台装备的同口径火炮；二是岸防舰暴露在各种样式的攻击之下，如鱼雷攻击和舰船撞击等，而炮台则无此虞；三是岸防舰的主要优点是机动，但这又恰好是它的弱点，因为仅仅是操纵这些舰船就需要大量的人员，从而造成守备兵力的分散。除此之外，还有一点需要考虑，尽管这一点我在别处尚未见到，但我认为却很重要，那就是主要依靠军舰实施防御的岸防体系，往往容易将军舰集结在敌人真正的攻击目标之外，造成被攻击目标缺少掩护。岸上工事却可以避免这种错误的发生。1801年，纳尔逊在制定英国东南海岸整体防御计划，特别是泰晤士河（Thames）防御计划时曾起草了一份文件，这份文件展示了他全面的军事天赋，与他所取得的更为辉煌的战绩完全一致。他在这份文件中特别强调，英国海军称为封锁舰（blockships）的岸防舰，除非明显的现时必要，否则不得擅自移动。因为它们的泊位是深思熟虑、精心选定的，不应轻易地因为某些影响而改变。永备工事是在和平时期根据正确的原则建立起来，具有在惊慌之下无法转移的优点。美西战争期间，美国舰队的兵力部署为研究公众恐慌对于军事部署的影响提供了非常有趣的素材，关于这个问题历史上还有许多实际的战例。

稍做思考就会发现，如今海军更加关注的一种海岸防御方式，即通过鱼雷舰艇（torpedo - vessels）^① 和潜艇实施防御，这并不是严格意义的防御行动，而是进攻行动。对于港口防御而言，鱼雷舰船几乎完全被定义为一种进攻性的力量——攻势防御——因为舰队对港口的攻击通常在白天实施，而在港口整体防御计划中鱼雷舰艇的作用必须被限定于主要用于夜间作战。鱼雷舰船的主要任务，是对试图在港口附近保持阵位的敌方舰队实施突击。

自从这部讲稿成稿以来，鱼雷舰艇得到的广泛运用和巨大发展，就其使用经验而言，似乎并未对本书阐述的一般性原理产生影响；在实战中也未发生与二十年前海军学员所学结论有任何矛盾的事例。鱼雷舰艇依靠本身力量独立作战时，总是在夜间实施攻击。白天它们只是进一步完成实际上已经被战列舰重创舰船的彻底摧毁工作；而这一任务只有在舰队对要塞需要实施重大打击的特殊情况下，或许才会由鱼雷舰艇来担负。在那种情况下，它们对那些重伤的、特别是落单的敌舰实施最后一击。鱼雷舰艇的尺寸不断增大，已经超过了一级、二级鱼雷艇的尺寸，正如此前所料，这种鱼雷舰艇开始装备火炮；在旅顺口海战中，双方鱼雷舰艇之间经常发生炮战，这很像陆地围攻战时发生的小规模冲突。假如俄国的防御任务换成日本来完成，毫无疑问他们将发动更多的鱼雷攻击——进行攻势防御——针对港外的舰队。日本人在航道上英勇地实施沉船行动，试图封锁港口，这足以让人坚信，如果日俄交换攻防位置的话，俄军试图在港口附近坚守阵位的舰船，也必定会遭到同样英勇的攻击。

诸如海岸要塞这类掩护战略要点的防御设施，不论是天然的还是人工的，在战争中都发挥了极为重要的作用，因为它们的被动防御使小的兵力就能够牵制大的敌人。因此，它们的被动力量相当于一定数量的兵力，允许防守方抽出同等数量的兵力用以加强战场上的有生力量。旅顺口有利的防御地形，迫使围攻方在围攻中不得不动用更多兵力来对付防御方的较少兵力。这显然意味着俄军在战场上的兵力要比实际多得多，而日军在战场上的兵力则比实际要少得多。占据这类要点可以实现多种目标，在某种程度上，对于控制任

---

① 译者注：早期以鱼雷为主要攻击武器的舰船，包括驱逐舰和鱼雷艇。因此，文中翻译为鱼雷舰艇，而非鱼雷艇，似更准确。

何战场都是绝对必要的。这类要点，无论是在海上战争还是在陆上战争中，都同等重要；但从对于实现战争目标的贡献度来看，应该承认，它们的作用不及陆军的野战部队。可以举一个极端例子来证明，假如一个国家的此类要塞太多，以至于守备兵力耗尽了本国的所有陆军力量，结果显而易见，不是放弃其中的部分要塞，就是听任敌人在国境内恣意纵横，二者必居其一。因此，约米尼指出，"当一个国家把大部兵力用于加强要地防御时，它就距离被毁灭不远了。"这一观点在日俄战争中得到了充分的验证。俄国将舰队分别禁闭在旅顺和符拉迪沃斯托克两处；在坚守期间，无论是主动的选择还是现实的需要，都预示着俄国在战争伊始相对日本海军的优势完全丧失了。

在海上战场，海军就相当于陆战场上的野战军；设防的战略海港，可为舰队在战斗后或失利时提供庇护，用于维修或补给，其作用类似于梅斯、斯特拉斯堡（Strasbourg）① 和乌尔姆等要塞。军事理论家认为，必须根据战场的战略特点有计划地占领此类要地，并以此作为国家防御的基础。但绝不能把基础当作上层建筑，基础为上层建筑而存在。在战争中，防御的目的主要是为了能够自由进攻。在海战中，海军负责进攻；假如防御也由海军承担，无疑要把一部分训练有素的水手禁锢于要塞之中，而这种防御完全可以由那些没有特殊技能的部队来承担。对于这个重要命题，我必须加上一个推论：如果为数众多的港口防御都由海军承担，经验表明，海军兵力在这些港口之间必将被一再分散，由此而失去海军的应有功能。前述那次夏季军事演习在英国引发了恐慌，民众对于战争的认识让我感到好笑，但同时也深受启发，某些文章对此已有论述并提出了补救办法。几个港口暴露在一支小型分舰队的炮口之下，随后被勒索赎金，因此有人极力主张，海军必须强大到足以向每个港口派遣一支小型分舰队。如果把兵力分散到如此程度，那海军还能有何用处？然而军事专家的正确声音往往会淹没于公众的反对浪潮之中。

公众对于军事部署的忧虑所产生的影响，在美西战争期间表现得最为突出。众所周知，公众的忧虑通过国会议员表达出来，打乱了舰队的部署，使

---

① 译者注：斯特拉斯堡，法国最大的边境城市，位于法国东北部大东部大区的莱茵河西岸，与德国巴登—符腾堡州隔河相望。自19世纪中期开始，成为法德长期争夺的焦点。1871年普法战争结束后，该地被划入德意志帝国，直到一战结束后才归还法国。

得舰队无法对敌方港口进行必要的封锁。如果被打乱部署的舰队面对的是一支劲敌的话，那么西班牙分舰队就能够夺下西恩富戈斯港。在那里西班牙分舰队将获得西班牙陆军主力的支援。加上美国当时的常备陆军规模很小，疾病流行季节又已开始，如此一来，整个战局就会与封锁圣地亚哥的结局完全不同。

这种思维方式需要不断进步。在战争开始时张皇无措、毫无道理地忧心忡忡的人，往往就是那些在和平时期反对进行合理战备的人。如果我得到的消息正确的话，有一位参议员在一些地区因为坚决反对发展海军而赢得了众多支持，而这个人又是呼吁海军去他所在的州实施防御的嗓门最大的那个人，而该州根本就没有任何风险。这两种情况所产生的影响，都是非理性的结果。很久以前一位英国海军将领曾经说过："与其等到来年夏天法国舰队进入海峡之时，才被吓得惊慌失措，倒不如现在就感到害怕，这样我们反倒会有充分的时间进行战备。"这句话比那个被经常引用的"存在舰队"，更值得铭刻于心。

如果海军运用的基础是单纯防御，那就必然需要大量的小型舰船——这是一种炮舰政策（a gunboat policy）——道理很简单，吨位数一旦用于建造大型舰船，就无法再分解为小型舰船了。美国早期的单炮塔浅水炮舰（single-turreted monitors），由于吨位小、造价相对低廉，因此能够大量建造。它们很适合单纯防御的作战方案，可以散布于各处；这种做法正是现在饱受诟病的哨兵战法（cordon policy）在海军的对应产物。该战法要求，为了保卫陆上边境的安全，可用兵力应分散部署于众多的容易遭受攻击的地点，而不是集中于中央位置。时至今日，因为这种浅水炮舰适合于海军的总体政策，所以至今仍然有人对其寄予厚望，这种观点与在每处港口分散部署一两艘战舰的主张异曲同工。多年前我恰好看过一份精心拟制的大西洋海岸防御计划。方案提出，依据重要程度在每个港口配置一艘、两艘，或三艘浅水炮舰；这个计划竟然是一位训练有素的海军军官的主张。可喜的是，近二十年来关于海军职能的理解，已经从"只能用于防御"发展到了更加正确的军事理解；这种关于海军在进攻行动中的正确地位的理解，必然导致对于战列舰的肯定，正如防御观点必然会肯定小型舰船一样。

那些把海军视为单纯的消极防御工具的所有建议，经过认真检验都能够找到其中的错误：各种结果都源于一个基本事实，即海军兵力的突出特点是机动性，而消极防御的突出特点则是固定性。据我所知的唯一例外，是因为需要保卫的海域既广且深，在其周边难以修筑永备工事——即固定工事。曾经有人提出在切萨皮克湾的入口处修筑人工岛进行设防，我想以此为例予以说明。这个设想完全因为湾口两侧的海角相隔太远，难以对入口实施控制。情况确实如此，但我认为用岸防舰代替人工岛将是一个错误；然而，一旦水深达到 40 英寻（fathom）①，如果可能，难免还要依靠那些精心构筑的能够抗击水下攻击的浮动防御设施，因为舍此别无他选。

这个例外强调了此项规则的重要性。一个港口的严密防御力量依赖于永备工事，但海军军官的职责并不包括修筑这些工事。海军之所以关注这些工事，是因为当这些工事生效时，海军就可以从这些港口的防御任务中解放出来；从防御行动转入进攻行动，这才是海军的职责所在。

把海军作为防御力量还有另外一层含义，即：通过一支相当规模的海军控制海洋，从而防止外敌入侵。显然，这一观点在相当程度上是正确的，而且是海军非常重要的一项战略职能；然而这个问题，与我们当前正在讨论的海港和战略要点的防御力完全不同。因此这里暂不讨论，但要提醒大家反对这样一种观点：既然海军可以实施防御，那么就无须在战略港口实施要地防御了；也就是说，港口不必设防。这种观点认为，在任何环境下陆军没有可靠的作战基地都行；换句话说，陆军永远无法回避，也无从得知突如其来的灾难。

现在，我已经陈述了种种理由，来批驳那种认为海军在狭义上是海岸防御的恰当工具的观点，这将把海军局限在港口防御之中。将上述各种理由概括起来，可以归纳成以下四条原则：

1. 在同等攻击力的情况下，浮动炮台或者机动能力较差的船只，抗击海军攻击的能力远不如陆上工事。

2. 将称职的水手用于保卫港口，就是将进攻力量禁锢于低级的防御岗位

---

① 译者注：英寻，海洋测量中的深度单位，1 英寻 = 2 码 = 6 英尺 = 1.829 米。

之上。

3. 让水手离开海洋进行防御，必将损伤其士气，降低其技能。历史上不乏其例。

4. 让海军放弃进攻，就是让海军放弃它的最大优势。

（二） 进攻力

如果不考虑战略形势以及天然的和可获得的资源，一个海港的进攻力体现在以下能力之中：

1. 能够集中并掌握一支既有战舰又有运输船的庞大兵力。

2. 能够将这支兵力安全、顺利地投送到远海。

3. 能够给这支兵力提供不间断的支持直至会战结束。在这些支持中，船坞维修被认为重要程度最高。

有人认为，这种不间断的支持既要依靠该港口的战略位置及其资源，同样也要依靠其力量。对此观点的回应是：这并不意味着一个港口总体价值的各个构成要素可以被明确、绝对地区分开来。将不同要素分列不同的标题，只是一种便于分类，便于准确理解的研究方式。某些要素会或多或少地影响到力量、位置和资源三个方面，而且会在不同的标题下有所重叠。

1. 集中（assembling）。不难看出，海港入口处的水深和可供大型舰船使用的锚地大小，都是进攻力的组成要素。水深不够，最大的战舰就无法进出；海面不够宽广，作战需要的舰队就无法集中。然而，水深足够也可能变成防御弱点，因为敌方的重型舰船也能够驶入。对于次要的、仅用作破坏海上贸易的基地，如北卡罗来纳州的威尔明顿港（Wilmington，N. C.）[①]，入口处水很深，不仅不会增强进攻力，反而会丧失防御力。

在海岸上的合适地点建立船坞和仓库，供舰船维护、修理和补给之用，这是进攻力的一个必要条件。这个地点应位于不会遭敌破坏的隐蔽之地，这是防御力的一个条件，对于锚地的要求也是如此。适合部队宿营或者驻扎等

[①] 译者注：威尔明顿港，位于北卡罗来纳州的东南部，西临开普菲尔河下游的右岸，南距出海口约25海里，是美国东部大西洋港口中少数拥有便利集装箱码头的港口，航道水深11.6米。

用途的地点，理当被包含在军事进攻力和军事防御力的诸多要素之中。实际上，在皮吉特湾（Puget Sound）① 建设海军造船厂时，就为远征军建立这种营地提供了一个特殊时机。原来的委员会曾以此为由谋求一片更大的厂区，但未获批准。

2. 投送（Launching）。将一支兵力安全而顺利地投送到远海，意味着一旦准备就绪，舰队可以立即启航，毫无阻碍地以战斗队形出现在敌人面前；这一行动需要合适的航行条件以保障必要的机动不受干扰，或者依靠港口的防御力为舰队提供掩护。当然，舰队完全可以而且能够凭借自身能力来保证自己的机动自由；但是队形变换之时也总是关键时刻，这种机动必须在敌人到达之前完成。为了完善进攻力，港口必须利用自身力量为舰队的队形变换提供足够的掩护；如果超出了一定范围，就不能奢望为此目的而建设的港口进攻力能够发挥作用了。

这种情况类似于一支陆军部队在通过隘口过后，必须要确保有足够的空间展开兵力。如果出港航道过于狭窄，则舰队必须先开出港外才能进行机动。在这种情况下，港口的进攻力与防御力的条件就会发生冲突，因为狭窄、曲折的航道更利于防御。回想在 1887 年当本讲稿刚刚写成之时，颇为有趣的是，在海军中流行着一种主流的观点，即在海战中撞击战仍然是最重要的作战方式。由此可以断定，在接敌过程中双方舰队必然以横队相向运动，舰首向敌。在写完刚才那段文字时，我心中首先想到的就是这种展开方式。作战经验和技术进步恢复了火炮的主导地位；由于舰艇的长度远远大于宽度，所以舷侧火炮的数量大大超过纵向火炮的数量。小型的浅水炮舰是唯一的例外。随后队形将由纵队向敌，变换为横队向敌，所有舰船以舷侧向敌排成一行，将所有火炮对准敌人。

如果一支舰队能够以横队驶出港口，在接近敌人时同时转向，就可以完成这种队形；但是港口的航道对于这种队形来说，一般都过于狭窄。舰队通常不得不以纵队航向港外，然后按照既定的机动计划转成横队。港外的敌人

---

① 译者注：皮吉特湾，位于华盛顿州，包括西雅图、塔科玛在内的多数城市都是沿海湾而建。皮吉特湾从阿德默勒尔湾和惠德比岛向南延伸 160 千米，经胡安·德富卡海峡和乔治亚海峡通往太平洋，是通往阿拉斯加的内海航道起点。

等的就是这个时机，它们在航道出口范围以内，但又在海岸炮台的射程之外列队，从而能够集中火力攻击正在出港的纵队的前锋舰船，而此时纵队的后续舰船却无法进行火力支援。

交战双方布设的水雷阵，就如日俄战争中双方所做的那样，都会影响航道的自然条件。可以说，水雷增加了一个人造的航行条件。港内一方布设水雷阵，是为了让敌方担心触雷而保持与港口之间的足够距离，保证敌人在己方兵力展开的海域之外，而且还可以借助鱼雷舰艇和潜艇来强化这种效果。在旅顺口，俄国的水雷和可能的鱼雷攻击，迫使日本联合舰队部署在长山列岛（Elliott Islands）附近，因而俄国舰队出港展开时并未遭到干扰。

与之相对，港外舰队布设水雷阵的目的，是为了阻碍出港的舰队在岸炮掩护范围之内得以展开队形。日本人当时没有进行这样部署；因为他们在开战之初已经损失了三分之一的战列舰，在这种危急情况下，他们宁愿去寻找能够设置水上栅栏的安全锚地，也不愿为了取得对敌纵队前锋舰艇的集中优势而不断接近港口，从而让装甲舰暴露在鱼雷攻击之下。日本布设水雷阵，是为了在出口处形成威胁，延缓俄舰队的出港时间，保证己方舰队能够在敌人脱逃之前赶到；然而，这种战略优势却未能伴之以战术优势，即在敌人队形展开的关键时刻集中火力于敌之前导舰。

所有的这些部署——带栅栏的锚地，水雷阵，集中攻击敌前导舰——都是战术问题。而我的主题是战略。想我明显偏题，因为海军作战基地的力量能够影响整个战场，这是一项战略思考。战术上的利和弊，属于力量的强或弱的要素，而对于这些要素进行综合考虑也属于战略范畴。在最近的战争中，水雷阵引入了一个新的条件，对于海军基地的进攻力这个要素，即被定义为便捷、安全地向远海投送海上力量的能力，已经产生了影响。

上述战术上的考虑，还与一个极为重要的战略问题联系密切；即在兵力大致对等的情况下，以限制港内敌军机动为主要任务的港外舰队，究竟占领哪个位置为最好。霍克（Hawke）① 和圣文森特（St. Vincent）② 在他们的时代已经给出了回答：抵近敌人的港口。纳尔逊则更加倾向于冒险，他说："要距离敌人港口足够远，让他们有机会出港；要引诱他们这样做，因为我们的目标是战斗。两者的区别在于细节，尽管方法有所不同，但目的都是截击敌人。"可以这样认为，纳尔逊采取的是欲擒故纵之计，其代价是，在一段时间内因为失去与敌人的接触而焦虑不安，就像演员突然忘了台词一样。

关于这个问题的战略性回答，与历史经验给出的答案一样确凿。担负截击任务的舰队必须抵近海港的出口，让敌人无法启航。一出航就会被截击，正如纳尔逊的方法；但也有可能截不住敌人，所以最好还是不要冒这个风险。无线电通信可以为搜索敌人提供莫大帮助；但只有在看到敌人时才能发出信息。日本在旅顺口之战的方法——将主力舰队部署在长山列岛附近——获得了成功，主要原因在于俄国人既无斗志，又没脑子。当日本舰队在长山列岛附近时，如果俄国舰队能够利用夜晚扫清航道，并设置正确的航标灯，稍稍发扬一点鱼雷舰艇一往无前的精神，趁夜突围，完全有可能转移到符拉迪沃斯托克。这些困难并不比之前经常克服的那些困难更难，但战略态势却可大为好转。日本人清楚地意识到，这将是一次完全不同的截击战。日本舰队分别位于长山列岛和旅顺港当面，在这两个想定之中俄国舰队该如何突围，这些都是非常有意思的战术研究素材，从中也可得出有益的战略结论。

如果一个港口有两个相距很远的出口，则港口的攻击力必随之增强，因为敌人无法同时在两个出口都部署足够的兵力。纽约港正是具备这种优势的典型。假设两个出口，一个濒临海湾，一个直面大洋，并且都适合设防，那么敌人不把舰队一分为二，在无法互相支援的距离上分别部署的话，就不能同时接近这两个出口。敌方的一支联合舰队无法控制纽约港的两个航道，除

---

① 译者注：爱德华·霍克（1705—1781），人称"不朽的霍克"。首创近距离封锁战术，曾多次打败法国海军。1720年加入皇家海军，1739年担任"波特兰"号舰长，1744年晋升少将，1747年受封为爵士，1759年任海峡舰队司令，在当年11月发生的基伯龙湾海战（1759年）中，大败法国海军，迫使其放弃了登陆苏格兰的计划。1776—1781年，任海军大臣。

② 译者注：应为约翰·杰维斯（1735—1823），第一代圣文森特勋爵，英国著名的海军将领，在七年战争、美国独立战争和拿破仑战争中非常活跃的指挥官。1797年在圣文森特角海战中取得大胜，被封为圣文森特勋爵。他亦是在此战中崭露头角的纳尔逊的保护人。

非它恰好位于纽约城的正面，即两条航道交汇之处。皮吉特湾的奥查德港（Port Orchard）也具有同样的优势，但略微逊色一点，它得到委员会的重视，被选为建设海军造船厂的厂址。另外，法国的布雷斯特港也是如此，在帆船时代的特点尤为突出。无线电通信有助于降低敌人从一个出口或从中央位置机动到另一处出口的难度；但取得的战果远不如帆船时代。纳尔逊曾经在距离加的斯50海里之外，通过一连串的信号船，在两个半小时内获悉敌人正在启航的消息。他截击敌人的时机，与位于类似位置的蒸汽舰队利用无线电所获得的时机一样好，可能还更好一点。蒸汽动力的突围舰队的速度，完全可以抵消港外舰队迅速获取情报的速度，或许前者的速度更快一些。法西联合舰队从加的斯港航行到特拉法尔加角附近，需要24小时以上。

两个出口之间要有足够距离，保证在舰队从港内启航到港外形成战斗队形的这段时间里，敌人无法集中于任何一个出口之前，这样两个出口的上述进攻优势才能够充分发挥出来。对于蒸汽舰队来说，这样的好港口几乎没有；帆船对风向和风力的依赖所形成的战术要素和战略要素，如今已经无须多虑。圣文森特勋爵曾经写道："全速前进，因为我们知道在东偏南的南风之下，没有一艘战列舰能够驶出布雷斯特。"如今可以清楚地看到，布设水雷就能够拖延舰队的出港时间。

如前所述，战略性港口进攻力的第三个要素，就是在掩护一支舰队出航之后，在既定行动的整个过程中提供持续支援的能力。

显而易见，在任何一个港口，这种支持主动性军事行动的能力都将取决于行动的地点和性质。在日俄战争中，日本各个造船厂既是舰船建造和维护的地方，又是舰艇修复和修理的场所。它们就是这样紧随着舰队，做舰队的后盾。而俄国本土的港口只能派出舰船，却无力在战场上为舰艇提供支援。一支从旧金山启航到远东作战的舰队，必然需要一个更靠近远东的港口来提供支援。从100多年前直到现在，朴次茅斯和普利茅斯始终是英国在海峡最大的造船厂；但英国两位最优秀的指挥官霍克和圣文森特，却不许他们的舰船在这两个港口寻求支援。进行补给，安排舰员休整以恢复精力，清理船底、发动机大修等工作，都要前往托贝港。

所有这些内容不过是再三强调，一个海港的地点——位置——是所有战略性价值因素中第一重要的因素。正如拿破仑所说：战争，即位置之争。在美国南北战争中，联邦舰队在北方各个造船厂建造，但在作战时则由更近的基地——罗亚尔港（Port Royal）①、基韦斯特、彭萨科拉等提供支援。随着海军作战范围的扩展，这种情况会愈加普遍。如有可能，最好将最初的建造和之后的支援结合在一个地点，置于同一个防卫之下。由于太平洋问题日益危急和巴拿马运河接近完成，墨西哥湾和加勒比海的重要性也随之增加，因此，我们必须立即调查清楚北方各海军造船厂能否适应现在正在讨论的、可能发生的此类紧急情况，此乃当务之急。

为了跟随舰队提供支援，需要完成两件大事：一是源源不断地运送补给；二是能够迅速修复损伤的舰船。

"后勤"（supplies）是一个内涵丰富的术语。它包括大量的、不断被消耗的各类物品，而这些物品必须定期通过补给船才能得到补充。它还包括通过舰员轮换，保持舰队的持续战斗力。这还涉及预备力量，用新舰船替换那些长期航行、损耗不堪的老舰船，更重要的是能够轮换舰员。在这种替换和轮换当中，大量的干船坞是最重要的单一要素，因为它至关重要，且建造极为耗时。

这些历史上的实例具有真正的力量，值得反复进行专门研究。不论日本船坞是否具有足够的能力，在占领旅顺之后日本政府感到头等大事是让所有装甲舰进入船坞，并在最短时间内全部修复。完成这个任务，是日本举国上下最为焦虑之事；从东乡平八郎发出的信号可以体会出这种焦虑，"皇国兴废，在此一战"。决定当日战果的要素之一，就是当俄国人犹豫不决时，这些船坞能够把所有舰船整修完毕。如此一来，联合舰队的这些破损舰艇经过修整，又重新恢复了战斗力。如果在整个战争期间，这些船坞能够定期接收 2 艘装甲舰入坞，并保障舰员休整的话，就会形成一支预备力量，能够替换其他舰船，并在关键时刻用以增强舰队的整体实力，显然这样将使得战场条件变得更好。在同一时刻维修全部舰船，绝非良策；但是日本的装甲舰数量不足，需要将它们不断地部署在前线，如此操作实属迫不得已。一支这样的舰

---

① 译者注：罗亚尔港，美国内陆航线主要港口之一，位于南卡罗来纳州。

船预备队，与工程师要求的安全冗余度类似。

或许有人认为，把这种支援舰队作战的能力列入资源更为确切。关于影响海港战略价值的诸多要素前面已经有所概括，资源是三大要素中的最后一项。诚然，这种能力是资源的一种，然而，当被作为进攻力的一个要素来考虑时，它具有更加显著的价值。假如将船坞的能力归类于资源，则战争的进攻力源于这个能力的事实，就不会得到足够的重视。

单个主题的各个组成部分无法再进一步细分。细分本身并非目的。它不过是进行正确思考和更深入考虑的一种手段而已，因为只有这样思维才能更加系统。同样，在统一的框架下进行全面总结，是为了确保进行具体决策或者选择位置时，不会忽略那些应当考虑的因素。

三、 资源

海军的需求既多且杂——罗列太费时间。满足这些需求的资源，可以分为两大类：天然的资源和人造的资源。人造资源进一步细分，又可分为两类：人们在和平时期的正常工作中为国家需要而创造的资源，为了维持战争所需而加急、专门创造的资源。

如果其他方面都相同，一个港口的最理想条件是既有丰富的天然资源，又处在方便贸易的良好位置，从而吸引人们来此定居并开发周边地区。一个港口的现有资源如果纯属人造且专供战争使用，那么它的价值将远远不及一个正常港口的价值，人们在那里通过正常工作就可以提供港口所需的必要资源。用我们这个专题里的表述来说，即，一个海港即使拥有良好的战略位置和巨大的军事力量，但是所需资源却必须通过长途运输才能获得，与那些资源丰富且开发充分的友好地区作为支撑的类似港口相比，它的价值就相差甚远。直布罗陀与一些小岛上的港口，如圣卢西亚和马提尼克，与英国、法国、美国的一些港口相比，就存在这些缺陷；它的价值甚至不如一些像古巴那样的大岛，如果古巴能够被工业和商业程度高的人们早点开发起来的话。从一国海军所需的资源来看，商业与海军的相互依赖关系实在是太明显了，国家的强大依赖于平时的贸易和航运。平时的贸易和航运与纯粹军事性质的海军相比，前者属于自然生长，后者则属于拔苗助长。

在各类资源中干船坞的重要性居于首位：一是因为它们的建造周期最长；二是因为它们便于进行各种舰船修理；三是因为它们可以同时清理和维护数艘舰船，加速恢复进度，从而保持舰队的攻击力。

干船坞浓缩着一个战略性港口的三方面要求：在位置上，它们必须尽可能靠近战场；在力量上，它们的数量越多，港口的进攻力就越强；在资源上，更是一目了然，它们是一项重大资源。在考虑海军造船厂选址时，显而易见，便于建造船坞的地点就是一项天然资源，而之后的各个设施则属于人造范畴。显然，一个商港在紧急情况下用商业性船坞补充为军事资源，这个典型例证足以证明之前所说的，民众在平时生产中开发出来的资源，可为海军资源提供广泛的支撑。

第五章

战略线

特定战场上的各个战略要点，不能被视为彼此隔绝、毫无联系的点。在通过对位置、军事力量和资源的考查确定它们各自价值之后，要认真考虑它们之间的相对方位、距离和最佳航线。

军事理论家们把连接各个战略要点的连线，称为战略线。在陆地上，可能有很多条线，即可通行的道路，联结两个战略要点；任一条线在不同时间可能拥有不同的名称，以表示当时的特定用途，如作战线、撤退线、交通线等等。在海上，在其他条件相同时，航行时间最短的航线，这也正是舰队通常会选择的航线；但这个浅显的结论，在特定情形下经常会发生改变。

罗杰斯特文斯基率领舰队离开法属交趾支那（French Cochin China）① 之后的航线选择，恰是最近一个选择航线的实例，准确地说，是确定经马鞍列岛（Saddle Islands）②，最后冲进符拉迪沃斯托克的航线。在第一阶段，即前往马鞍列岛，是采取直接航线穿过台湾海峡航行，还是迂回航线绕道台湾外侧航行。罗杰斯特文斯基最后决定走迂回航线。从马鞍列岛到日本海，采取的是最短航线；然而还可绕到日本以东海域，经津轻海峡（Tsugaru Straits）③进入日本海，尽管这条航线肯定耗时更长，而且面临重重危险，但显然也有许多好处，需要仔细权衡。东乡平八郎占据的位置是深思熟虑后的选择，在这里可以方便地截击任何方向过来的敌人；但东乡还是经历了 36 个小时的极度焦虑，因为俄国人并未如期出现，也没有他们动向的相关消息，未来局势发展将有多种可能。东乡坚信俄国舰队一定会走对马海峡，假如罗杰斯特文斯基决定走另一条航线的话，东乡的自信将会遭到沉重打击，而且这条航线对俄国人也更有利。要知道，性格决定了有的人不会轻易放弃信念，有的人却无法承受焦虑。

地球上联结两个海港的航线可能有无数条，通常可分为两种：一种是横穿海洋；另一种是沿着海岸走。只需看一眼墨西哥湾的海图就能明白我的意

① 译者注：法属交趾支那，法语旧地名，指越南南部和柬埔寨东南部地区，首府是西贡。随着 1949 年越南的建立，该地名被弃用。
② 译者注：马鞍列岛位于长江口外东南方，是舟山群岛由西南向东北延伸的尽头，在嵊泗列岛东部。行政区划隶属于舟山市嵊泗县。
③ 译者注：津轻海峡，日本本州与北海道之间的海峡，西通日本海，东连太平洋，东西长 100 千米，宽 24～50 千米，一般水深 200 米，最深 449 米，是第一岛链北部的重要海峡。

思，从密西西比河河口或者从彭萨科拉到基韦斯特，就有两条可选的航线。穿越海洋的航线通常是捷径，但前提是要有军事力量控制海洋；在尚未取得这种控制权时，舰船就只能在夜间沿着海岸航行，并利用海岸地理条件提供的港口进行隐蔽或者取得其他支援。拿破仑一世企图进攻英国时所用的船队就是用这种方法实现了集结。这个船队的众多船只，在多个地方建造完成。它们为了到达集结地布洛涅港（Boulogne）①，不得不通过穿越英吉利海峡中英国巡航舰构成的交叉火力网。尽管损失了一些船只，但因为紧靠海岸航行使得英国人难以跟踪，同时还可得到精心布设的固定岸炮和流动岸炮的掩护，因此此次集结得以顺利完成。在 1812 年战争中，美国的沿岸贸易船只也是被迫采取了同样的规避方法才得以幸存，但它们却没有相应的岸上支援。在纳尔逊时代，沿着尼斯和热那亚的里维埃拉（Riviera）②一线，同样也是采取这种方法获得了成功。只要远海为敌方控制，就只能求助于这种夜间航行的方法；因为，尽管陆上交通比过去更发达可靠，但还是无法取代沿岸的海上贸易。只要看看从特拉华（Delaware）到纽约以及东部各州的海上煤炭运输就会理解，海上航线绝不会轻易让位于铁路或被其取代，这样才会避免社会遭到重大损失，工业受到重大干扰。

在战略线由于靠近敌人而受到威胁时，中立国的沿岸海域在一定程度上可用作接近交战国港口的路线。譬如，如果英国同德国开战，在英国海军控制北海的情况下，德国舰船一旦驶入法国或挪威沿岸海域，便可按惯例在距岸 3 海里的范围内安全地航行。

最重要的战略线是用于交通运输的那些线。交通线主导着战争胜负。在大陆上尤为如此，因为陆军须臾也离不开经常性的补给。陆军对于交通中断的忍耐力远远小于舰队，因为舰船的船舱里可以储备大量需要经交通输送的物资。只要舰队能够在海上直面敌人，海上交通线在实质上不是陆军必须沿着道路行动的那种地理线。但是海上交通线也是必要的，因为舰船无法装载

---

① 译者注：布洛涅，是法国北部加来海峡大区加来海峡省西部，位于连纳河河口北岸，西濒加来海峡东南侧，距加来西南约 30 千米，是法国的主要渔港，也是欧洲大陆往来英国的主要客运港，有定期渡船往返。
② 译者注：里维埃拉，原指意大利的利古里亚海沿岸，自中世纪已有此词语。今指地中海西部沿岸，包括意大利的西北海岸和法国的蔚蓝海岸。

超出限量的补给物资。在这些补给中，最重要的是燃料，其次是弹药，最后是食品。因为海运比陆运更方便，这些必需品可以与舰队一起行动，而陆军的辎重队却无法如此。辎重队只能尾随而不能伴行，因为陆上的道路狭隘难行；而海路却容易得多，无限宽广。

总而言之，所有的军事组织，不论是陆上的还是海上的，最终都必须依赖畅通的交通才能与国家的实力基础联系起来；交通线具有双重价值，因为它通常还是撤退线。撤退是对本土基地依赖性的最终表现。就交通线而言，补给便利和后路畅通，是保证陆军或舰队安全的两个基本条件。1800 年在马伦哥（Marengo）会战①，1805 年在乌尔姆会战，拿破仑都成功地把一支法军切入奥军的撤退线，截断了奥军从基地向前线输送补给或者军队后撤回基地的路线。双方在马伦哥曾发生过激战，而在乌尔姆却没有战斗；但每次会战的结局都取决于同一个条件——交通线为敌方所控制。在南北战争期间，当法拉格特（Farragut）②的舰队控制了密西西比河上游的交通线之后，密西西比河畔的要塞随即被攻克。1796 年拿破仑也是如法炮制，用兵力切断守军的撤退线之后随即攻占了曼托瓦要塞。尽管奥军已经整整坚守了六个月之久；在要塞陷落之前的会战时间里战斗很单一，外围奥军一直在努力地把法军驱离这条线的附近，以保证援军的进入或者守军的撤退。

---

① 译者注：马伦哥会战（1800 年 6 月 14 日），法国与奥地利在第二次反法同盟时期的一次战役。时任法兰西第一共和国第一执政的拿破仑，为了扭转此前法军在意大利和莱茵战场的被动局面，于 1800 年 5 月率领 3.7 万名法军越过阿尔卑斯山，进入意大利北部。6 月 13 日下午，双方在博米尔达河东南的马伦哥（一个小村庄）附近相遇，经过八小时激战，奥军暂时退却，法国也停止前进。由于情报的各种不准和错误，双方都不明底细，实际上兵力基本相当，法军 2.6 万人，奥军 3 万人。第二天上午九时，奥军后发制人，取得了明显的优势，如果正常交战下去，此次会战将成为拿破仑的首次大败。然而，愚蠢的奥军指挥官梅拉斯在关键时刻挽救了拿破仑。至下午三时，他认为法军败局已定，竟然离开战场忙于报捷之事，接替指挥的参谋长也是同样愚蠢，不仅不加紧攻战，反而命令部属原地休息吃饭。此时拿破仑仅有的一个师的援军到达，立即展开反攻。目瞪口呆的奥军迅速全线崩溃，唾手可得的胜利化为乌有。此战奥军损失 9400 人，法军也损失了 5800 人。此次胜利不仅保住了法国的革命政权，也成为拿破仑最引以为傲的一次胜利。所以说，每个青史留名的伟人背后，一定有一批特别给面子的对手。

② 译者注：戴维·格拉斯哥·法拉格特（1801—1870），南北战争时期的北方海军将领，战功卓著，美国海军历史上第一位少将、中将和上将。1812 年加入海军，参加过 1812—1814 年的第二次美英战争和 1846—1848 年的美墨战争。1861 年战争爆发后，率舰队进入密西西比河。第二年，战胜南方舰队，支援陆军占领新奥尔良；1863 年，肃清密西西比河下游的南军，支援陆军占领了维克斯堡要塞；1964 年直逼莫比尔海湾，攻占了南军最后一个海上据点。他为美国南北统一做出了巨大贡献，可与格兰特和谢尔曼齐名。他的智慧、勇敢、冷静和忠诚，成为美军海军精神的化身。美国在一战后的第一型驱逐舰被命名为法拉格特级。伯克级驱逐舰的第 49 艘，被命名为法拉格特号。

罗杰斯特文斯基航向符拉迪沃斯托克，本质上是向本土基地撤退。日本人则在撤退线上部署了足够强大的兵力，正如拿破仑在马伦哥对付奥军所做的那样。我认为，塞韦拉（Cervera）[①] 在美西战争中之所以驶往圣地亚哥，是因为他担心在西恩富戈斯港外，即在撤退线上会遇到一支他无法战胜的敌方舰队。但情况并非如他猜测，这也反映出美国在海军运用上的失误，造成这个结果的多种原因远远超出了海军当局的思维。西班牙海军部长在西班牙议会上声称，塞韦拉之所以驶往圣地亚哥是因为他除此之外别无选择。据说桑普森（Sampson）[②] 已经守候在了波多黎各。这一史例说明在同一条战线上拥有两处港口的优越性——在这里指的是古巴南岸，同时还表明，一支敌军位于交通线上将会造成多大的影响。

圣地亚哥和西恩富戈斯证明了拥有两个后方港口的优势；而罗杰斯特文斯基却经历了只有一个后方港口的不利情况。对于一支以既定海岸为基地实施进攻的舰队，在该海岸拥有两个港口对于保障交通非常有利，主要表现在两个方面：一是敌方的破交舰队无法集中在一条交通线上，必须一分为二，威胁程度也就随之减半；二是两个港口肯定不会像一个港口那样容易拥堵。这个问题，与舰炮补充弹药时遇到的问题极为相似；一条补给链最多能够保障多少门舰炮？拿破仑曾这样明确地指出：战争艺术的精髓在于，为保存自己而分散兵力，为打败敌人而正确集中兵力。准备两个或更多的补给港口，就是分散兵力保存自己的手段，并不会削弱舰队的集中。

圣地亚哥和西恩富戈斯——也许还可以算上哈瓦那，因为它与这两个港口都在一条贯通的海岸线上，并有陆上道路与之相联——这也许可以说明，一条拥有多个优良港口的海岸线，其实就是一条相互支撑的长长的基地链。利用部署在其中的鱼雷舰艇和巡航舰，多多少少可以保护周边的海岸免遭敌方巡航舰的袭扰。因此，这样的海岸线就是一条拥有若干战略要点的战略线。

[①] 译者注：托配特·塞韦拉（1839—1909），1892 年晋升西班牙海军少将，1898 年指挥一支由 4 艘巡航舰和 2 艘驱逐舰组成的分舰队，在圣地亚哥与美国海军作战，惨败后被俘。战后经西班牙陆海军最高军事法庭审判，被宣告无罪。1902 年任海军参谋长，1903 年成为终身参议员。

[②] 译者注：威廉·桑普森（1840—1902），美西战争中美国海军将领。1898 年 6 月 1 日，桑普森少将率舰队把西班牙塞维拉舰队封锁在古巴的圣地亚哥港内。7 月 3 日，当塞维拉试图突围时，他仅用 3 个小时就全歼了西班牙舰队。7 月 17 日，圣地亚哥的西班牙守军投降；8 月 12 日，战争结束。

出于战略考虑，最靠近战场的几个海岸据点一定要全部占领，这已经是常有之事了。一旦面临大规模作战，就可以在多个而不是一个战略要点进行备战。1798 年拿破仑远征埃及时，法国在地中海沿岸只有土伦一个军港堪用；但是法国分遣舰队却是在法国控制的其他几个港口分别准备，随后才加入主力舰队行动。其他原因也可能造成类似的分散行动。再者，海军的补给或维修如果完全依赖于一个基地，实在过于危险，因为敌人的封锁或者攻击一旦奏效，那么基于该港口的一切作战行动都会陷入瘫痪。对于一支后撤的舰队来说，如果只有一个目的地的话，更容易被敌人截击。一支舰队在决战失利之后，必然被重创的舰船拖累，如果又只能向一个港口撤退的话，其窘迫情形简直难以想象。由此可以总结出一条重要原则：在任何一条海岸线上，至少应当有两个防御得力的安全港口负责舰船修理工作。在这种条件下，如果能够摆脱敌人，那么海上追击将很难成功；但如果只有一个港口，敌人当然很清楚你撤退的目的地。正如东乡平八郎难以确定罗杰斯特文斯基究竟是取道朝鲜海峡还是津轻海峡，但他知道俄国人的目的地一定是符拉迪沃斯托克。如果这两个港口之间距离较近，那效果会更好，因为敌人难以根据细微迹象来判断舰队的撤退目标。

切萨皮克湾和纽约是美国在大西洋海岸两个主要的天然补给基地，也是美国主要兵工厂的所在地。正是由于这些原因，它们也是战斗失利时可供退却的合适港口，所以应该在此地备足各种物资；因为这两个港口既可用于补给，又可为舰队提供掩护，因此无论是对陆上还是对海上，都应当加强防御。而在大西洋沿岸的其他港口，如波士顿（Boston）、费城（Philadelphia）、查尔斯顿（Charleston）等港口，可临时充当分散补给和进行战备的港口；由于它们在舰队补给中居于次要地位，因此它们的防御标准参考商港的标准就足以满足需要。为了节省物资和经费，除了极为必需之外，不应再增加海岸要塞；这与查理大公的观点一致，他认为在陆上的边境地区只需一个一级要塞、一个二级要塞足矣，这也同样适用于海岸要塞的设置。至于陆上如何选址，并不在我们的讨论范围内。相比诺福克来看，由于纽约港有两个入口，再加上纳拉甘西特湾（Narragansett Bay）① 可以并入纽约的总体防御计划之内，所以纽约的天然优势赋予它更好的发展前景。这对于舰队来说，实际上提供了三条进出通道。

符拉迪沃斯托克和旅顺可以作为上述观点的例证，尽管它们的位置由于有朝鲜半岛横亘其间而大为复杂。就位置而言，它们的相互关系恰如美国大西洋与墨西哥湾之间隔着佛罗里达半岛一样；或者更准确地说，就像旧金山之于诺福克。对后两者而言，间隔距离更加遥远，俄国波罗的海同远东诸港的距离也是如此；但效果是一致的。这些港口之间的交通，因为有陆地的楔入而变得更加困难，这块陆地不仅拉长了两地的距离，还提供了一个明显的战略位置——第一个例子中朝鲜半岛的尖端附近，第二个例子中佛罗里达半岛的尖端附近，在大西洋和太平洋的例子中，则为巴拿马运河附近——当确信敌人必定由此逃窜时，可集中兵力在此守株待兔。所有的濒海地区作战无不如此；因此，海角（cape）就是危险之点，应当被视同陆上的突出部。但长岛对于纽约的作用却恰恰相反，是一种有利的影响。大陆海岸线的凹入部分恰好被长岛遮蔽，就像一道土堤一样。这种地形有利于防御方在出航之前的集中，并造成敌人的左右为难，无法确定在两个出口中的哪一个实施堵截。

同一条海岸线上的所有设防港口，都是作战基地的组成部分，这些作战基地本身可以被称为战略线。必须在这些港口之间采取措施，确保海上交通的安全和快捷；因为分散是快速准备的必要条件，而集中是强大战斗力的根本。

一条海岸线上的各个港口之间需要有安全迅捷的交通，目的是在战机出现时能够集中兵力，这个结论完全符合我们之前讨论过的陆上作战基地的需要，即在真正战线的后面能够保证部队机动和补给运输的自由。莱茵河就是一个例证。一旦法国试图进攻德国，历史上曾多次出现过这种情况，法国军队总是在莱茵河西侧集结，他们也许会控制桥梁，也许不会去控制。无论情况如何，法国总是能够在不被敌人察觉的情况下，在莱茵河后面调动分散在

---

① 译者注：纳拉甘西特湾，是美国东海岸的一处海湾，归罗得岛州管辖。南北长45千米，有陶顿、普罗维斯登、萨康尼特河注入。从殖民地时期开始就是一个繁忙的海运中心，主要港口有普罗维斯登和纽波特。

各个临时营地的部队到预定位置集中，除非有间谍或叛徒泄密。而强行侦察又非常困难，或者无法实施。在这种机动行动中莱茵河被形象地称为帷幕（curtain）——它像帷幕一样遮挡了人们的视线。如果在长岛海峡（Long Is-land Sound）的东端设防，它将为舰队行动提供类似的掩护。按照之前的建议，纳拉甘西特湾应当被纳入纽约防御计划之中，那么长岛就具有了中央位置的特点。

然而，这项条件作为一条规则，对于海军的舰船来说无法实现。舰船从一个港口航向另一个港口时通常取道外海，也就是从基地的正面通过；或者根据海域的控制程度直接沿着海岸航行。在南方各州海岛后面的内线航行，确实让人联想到一条理想的边境线，在这里吃水最深的舰船都可以在基地后面从一个港口前往另一个港口，就像航行在港口的两个入口之间那样，可以得到横亘在前的陆地掩护而不会受到攻击；但这只不过是理想状态而已。然而，这种内线航行仍可有效加以利用，因为它便于轻型舰船的集中和突击——其中以鱼雷舰艇和潜艇最为适宜——数量多到足以迫使敌人不敢贸然接近，从而在外海开辟一条畅通无阻的航线。日本人吸取了两次惨痛损失的教训，把战列舰部署在远处作为应对水下攻击的预防措施[1]，他们坚信鱼雷战能够确保军事通道的安全，单舰和小舰队可以沿着这个通道从受威胁海岸的一个港口航行至另一个港口。1898 年美国舰队在圣地亚哥港外的部署再也不可能重演。

沿岸的浅水区可以为鱼雷舰艇的作战行动提供方便；原因或是由于浅水区的航道错综复杂，或是由于鱼雷舰艇无处不在使得重型舰船无法通过。尚德卢尔群岛（Chandeleur Islands）和若干沙洲连成了一条岛链，把密西西比湾

---

[1] 译者注：在日俄战争初期围攻旅顺的战斗中，1904 年 5 月 15 日夜，炮击旅顺后返航的日本舰队闯入了俄军布设的水雷区，"初濑"和"八岛"号两艘战列舰触雷沉没（总共只有 6 艘战列舰参战），"吉野"号慌乱中被"春日"号巡洋舰拦腰撞沉。三天之后，日本驱逐舰队又遭遇了水雷，两艘驱逐舰沉没。日本联合舰队在俄军的水雷战中损失惨重。

围在当中，为小型鱼雷艇建起了由密西西比河口至莫比尔（Mobile）① 的连续航线。古巴的部分海岸也具有类似特点。如果密西西比和莫比尔是美国在墨西哥湾的作战基地的两个要点，那么，当海上被敌人控制无法沿直线航行时，则联结这两处要点的海岸线——由于保持了为数众多的鱼雷舰艇在此活动——便会成为一条相当安全的战略交通线。在莫比尔以东，没有了连续的岛链；但是莫比尔靠近彭萨科拉，因此具有相同特点的这条防御线有可能延伸到彭萨科拉。

一条拥有两个或以上战略要点的海岸线可被视为一个整体，是一条战略线，舰队在该区域有各种理由可以不必经常集中，这种情况显然有可能发生。最近发生的一些实例尤其发人深省。俄国人对最初形势的估计错误，导致舰队被分散在旅顺口和符拉迪沃斯托克两地。舰队可能因为战备、维护、入坞或战争意外等情况而被分散部署。丧失战斗力的军舰，必须进入能够进入的港口。8 月 10 日战斗之后，俄国舰队依然这样分散部署。② 大部舰船返回旅顺口；一艘战列舰驶往胶州湾。日本海海战（Battle of the Japan Sea）之后，俄国舰船四处溃散。战败舰船的这种溃散，是伟大胜利的结果，恰如在陆上取得了真正的大胜之后，敌人的溃散就会随之而来，胜利者的任务就是乘胜追击，让溃散的敌军最终土崩瓦解。这种四散逃命是战争的永恒特征，战略和战术必须根据各个时代的特点展开研究。各个时代的作战方法因作战手段的性质不同而有所差异。风帆战舰和蒸汽战舰的效能完全不同；但在同一个时代，敌对双方手中的条件是或者应当是相同的。风帆战舰不会与蒸汽战舰对抗，因为它们不会共存于同一时代。帆船只会遇到帆船，蒸汽船也只会遇到蒸汽船。

---

① 译者注：莫比尔，位于美国亚拉巴马州莫比尔湾西北沿岸，是该州第三大城市和唯一的港口城市。名称取自该地区的印第安部落的名称。19 世纪到 20 世纪初，莫比尔逐渐发展成为全球性商业城市，也是美国最繁忙的港口之一。南北战争爆发后，莫比尔属于南方同盟。1864 年，在坚守一年之后向北方投降。战后，莫比尔成为美国军用船只建造港，二战期间作为美国陆海军基地使用。1960 年以后，莫比尔的经济从造船业转向造纸业，军事基地也转为民用。

② 译者注：1904 年 8 月 10 日，俄舰队司令维特盖夫特率太平洋舰队主力，共计 6 艘战列舰、4 艘巡洋舰、14 艘驱逐舰从旅顺突围，企图逃往符拉迪沃斯托克。东乡率联合舰队截击。经过短暂激战，一枚炮弹命中俄旗舰"皇太子号"舰桥，维特盖夫特当场阵亡。俄舰队失去指挥后毫无斗志，开始四散逃命。结果正如文中所述。

　　由此看来，如何将一支已经分散的舰队重新集结或者让一艘失散的舰船安全归队的问题，还会再次出现；因此，找出适合当时条件的解决之道，绝非一项枯燥的学究式研究。尽管条件异常艰难，结局难以料定，也绝不能认为无法实现而放弃努力。只要努力排除那些无用的干扰因素，往往就能获得成功。当一艘装甲舰或一支小编队必须驶往某处港口与主力舰队会合时，通常可在夜间集合一定数量的鱼雷舰艇伴随航行；因为夜色可以为弱者提供掩护。能够熟悉当地条件，尤其是夜间条件，比从海图上了解情况的效果要好得多。这一点，再加上时机选择得当——简言之，具备了所有要素——这一标准更有利于本地海军。然而这并不是说，他们就不会面临风险。没有风险，就没有战争。就鱼雷舰艇而言，以往所有历史包括日俄战争在内，都证实了小型舰艇能够在外敌整体威胁之下，闲庭信步般地沿着本国海岸往来运动，虽然有时也会被敌俘获。

　　海岸附近妨碍航行的障碍物在战略上也颇为重要，可被视为外围工事：一般说来，它们属于防御价值这个范畴。与其说它们能够阻挡敌人，不如说是便于实施攻击。荷兰海岸附近的障碍物，在以往历次的英荷战争中都发挥过显著作用；但随着舰船尺寸的增加，防御优势已无法弥补攻击威力的损失。由于荷兰战舰必须在本国浅水海域活动，因而与法英两国军舰相比，尺寸偏小，抗风浪能力也较弱。因而，荷兰战线上的任何一点都比进攻的敌人力量弱。由此可见，对于荷兰海军来说，浅水区的战略价值反而引入了一项战术弱点。

　　迄今为止，对于海上战场的战略要点，人们只考虑了战场本身的重要性，以及与其他战场和舰队之间的关系。但如果不进一步探讨本土与殖民地或海外领地之间的距离，以及这个距离对于宗主国关于殖民地和领地的价值判断的影响，那么这个主题的论述还算不上完整。这是该主题的一个分支，专门把海上战争与陆上战争进行对照研究。世界上的军事强国几乎都位于欧洲大陆，早已明确了各自的边界，在陆上战争中防御和攻击任何一点的距离，至少在一开始都不算很远。当海洋成为边界的一部分时，它就成了所有国家的公共区域，而在陆地上找不到与之相应的地方。一个国家的武装力量一旦越过陆上边境，要么进入中立国家，要么进入敌对国家的领土。如果进入的是中立国家，未获同意就不能前进；如果是敌对国家，行动就必须逐步推进并保持谨慎，除非拥有压倒性的军事优势，或能快速取胜。如果距离终极目标还很遥远，那么必然有一个或更多的中间目标需要占领并加以固守，使之成为实现既定目标的台阶；而占领这样的中间目标的过程通常障碍重重，那里将是防御者的激烈抵抗之地。

不惧这些障碍以及它们对于交通线和撤退线的威胁而长驱直入，这需要准确地了解敌情，正确判断自己的部队向远方既定目标挺进的能力，并在敌人调动资源产生效果之前粉碎敌人的抵抗。也就是说，你必须趁敌人还处于暂时劣势之际，并确保在敌人摆好架势之前能够一剑封喉。攻敌军之力量中心，必先断其组织之关节，占其内部交通之锁钥，阻其各部之协同，只有这种大胆果断的行动才会迫使敌人屈服。这就是现代战争的目标，同时也表明了快速动员至关重要。

要想在海战中取得这样的胜利，攻占关键位置，要比打败敌人的有生力量——战列舰舰队，更为重要。假如突然出现的一支优势兵力使得舰队无法展开行动，则同样的局势也必随之产生，尽管这种局势不具有决定性，也难以持久；但随后又遭到了决定性的失败，那么局势将会无法改变。如前所述，任何一个位置的价值，不论是海上的还是陆上的，取决于如何利用它；也就是说，位置的价值取决于用它来防御和进攻的军队。海上并非没有值得占领的有利位置；但比陆上更具特点，有生力量才是决定性因素，这个结论在海上更为适用。可以说，舰队本身就是位置。舰队遭遇惨败，或者在敌人面前处于绝对劣势，不管这种失败发生在哪个位置，都意味着整个殖民体系和其他属地的迅速瓦解。如果英国海军在北海被德国击败，则英国所有的殖民地都将暴露在德国威胁之下，殖民地与宗主国之间也无法联合起来相互支援。除非英国海军能够重新恢复实力，否则，大英帝国殖民地的陷落，不过是时间问题和敌人用力与否的问题。到那时，既没有换防兵力，也没有野战部队。每个独立的位置都只能依靠自身资源尽力维持，一旦资源耗尽，就只能投降，就如日俄战争中的旅顺口那样；又如 1780 年的直布罗陀，如果不是英国海军给力，结果可想而知，英国海军就是直布罗陀的野战军。反过来说，只要英国舰队能够在北海和不列颠诸岛周边保持海上优势，那么整个帝国体系就会稳如磐石。可见，全局的关键系于战舰之上。

这并不否认，一支相对劣势却具一定威力的海军，无法通过巧妙地隐踪匿迹，尔后以突袭的方式在远方攻占一个或多个位置，并在那里坚守防御，以待敌人的失败和可能实现的明显的最终国家优势。遥远地区的当地作战基地对于占有国的重要作用，如近年来的胶州湾之于德国，会激发对手进行此类尝试。随后又会出现另一个问题，优势海军国家是否愿意把忍受长期竞争作为驱逐入侵者的必要手段。格兰特将军（General Grant）在 1863 年春天表示过担心，如果他从维克斯堡（Vicksburg）① 撤退到孟菲斯（Memphis）②，并依照谢尔曼将军（General Sherman）的强烈建议采取一条新的进军路线，那么美国民众可能会倍感失望而倾向于停战。这是战争中的诸多问题之一，即对时机的深谋熟虑。拿破仑曾经说过，战争的艺术在于以有利的方式取得最大的时机。优势舰队握着一手好牌，但有好牌并不见得一定会赢。对手的特点和技术水平都是重要的因素。因此，把战争的基本要素与特定区域的具体情况结合起来，对时机进行研究非常必要；目的是让指挥官在可能出现的危急时刻，能够进行广泛思考和迅速决策。

在军事行动上，充分准备和迅速果断当然大有好处；人生处事亦是如此。然而，大国对于一个远隔成百上千海里的、孤立的属地实施进攻或防御的能力，不论该地的防御有多强，与支援国内或边境上类似地点的能力相比，不论这个地点在海上还是陆上，两者之间都存在差异。例如，设想直布罗陀位于英国海岸，则防御会容易许多。七年战争中魁北克（Quebec）③ 陷落了，但在同一时期，法国国内的要塞却没有发生这样的不幸。如果英军能更迅速、更富于进取的话，确有可能在 1757 年就攻占罗什福尔；但是这个结果始终是

---

① 译者注：维克斯堡，美国密西西比州西部港口城市，位于密西西比河东岸，在南北战争时是南方重要的水陆交通枢纽，又是重要的军事要塞，战略位置非常重要，被称为"美国的直布罗陀"。1862 年 11 月至 1863 年 7 月，北军为切断密西西比河的交通，与南军在此地激战 9 个月，双方伤亡 2 万余人。此役的胜利解除了北军进军南方中心地带的后顾之忧，与同日取胜的葛底斯堡战役并称为内战的转折点。

② 译者注：孟菲斯，美国田纳西州最大城市。孟菲斯在维克斯堡以北偏东约 310 千米（直线距离）处，位于密西西比河上游地区。

③ 译者注：魁北克，加拿大第七大城市和东部重要港口，魁北克省省会，位于对劳伦斯河与对查尔斯河交汇处。1535 年法国探险家最早发现了这块土地，于 1608 年开始建设，按土著语命名为魁北克，意为"河流变窄的地方"。1763 年七年战争结束，英法签订《巴黎条约》，确定了英国对于加拿大的主权。

一次成功的突然袭击的必然，只有出其不意才能取得，而不会像魁北克那样经过持久作战才能夺取。

在其他条件相同的情况下，距离越远，攻防难度也就越大；凡是拥有多个此类要点的地方，其防御难度则同距离、数量和分散程度成正比增加。一个拥有此类要点的国家，无论如何避免，都必定会违背集中和保持交通线连通的原则，而这些原则恰恰是正确实施战争部署的必要条件。1780年，英国海军大臣告诫罗德尼，海军不能到处分兵。舰队不能及时到达的据点必须放弃；在这种情况下，只要敌人还有战舰在手，就能以迅雷之势夺取该点并站稳脚跟。英国占据的梅诺卡岛就是这样在1756年被夺走的，宾（Byng）① 将军率领的英国舰队未能在守备部队投降之前将敌舰队赶走；法国在七年战争期间一直控制着该岛，尽管英国海军一直处于优势。在战争结束之前，英国舰队完全恢复了行动自由，如果英国觉得值得，当然可以用武力收复该岛。不过，英国攻占了法国在大西洋沿岸的贝尔岛（Belle Isle）②，双方媾和时英国以此岛换回了梅诺卡岛，双方对此都很满意。1798年，拿破仑以同样的方式占领了马耳他；尽管法国没有在地中海派驻海军，但一直控制着马耳他和埃及达两年多之久，后来英国人付出了巨大努力才将法国人赶走。

一个国家由于占领着遥远的海域或者海军基地，就整体而言，一定会感到力不从心，难以顾及全部且远近难于协调一致，当然，海外属地也有同样的感受；而一个国家的前哨和基地靠近本土，又不是很分散，那么控制同样的属地就会比较安全。前者相比后者而言，往往被迫在海上采取守势，因此，前者所失较多，而后者所得较多；因为是守势，所以在主动性上就失去了优势，而主动性是攻势作战的特征。这种情况构成了大英帝国面临的主要军事难题，这几年大英帝国一直为此焦虑不安。澳大利亚、新西兰、南非和加拿

① 译者注：宾，即约翰·宾（1707—1757），英国海军少将。1756年5月，宾率领英国舰队增援被法军围困的梅诺卡岛。在与加利索尼尔将军指挥的法国舰队进行了一天断断续续的战斗后，双方损伤都很小。但宾认为解围已经不可能，遂率舰队撤回英国。守军在继续坚守了70天后，被迫投降。此事在国内引发从国王到平民的极大愤怒，他被英国政府起诉，后被宣判死刑。1757年3月14日，宾在他曾经指挥过的"君主"号战舰前甲板被枪决。
② 译者注：贝尔岛，是法国西北部布列塔尼亚半岛以南大西洋中的一个小岛，属于莫尔比昂省管辖。岛长17.5千米，宽5~9千米，面积90平方千米。

大均为英国的自治领地。它们都感到，正如当时的梅诺卡和马耳他一样，单靠自身力量无法独自在海上应付大不列颠的潜在敌人。若以正式独立替代现有的自治，就势必造成以各自资源单挑这些敌人；与此同时，对方想要彻底征服这些地方，即攻占之后永久占领，这有可能发生，但必将是一次过于困难的尝试。而强迫英国割让某个港口或地区，或以媾和为诱饵换取其他商业的或海军的特权，却很有可能。

英国和法国联合围攻塞瓦斯托波尔（Sevastopol）①，并非为了占领该地。之所以这样做，是为了让俄国陷入交通极为不利的境遇，迫使俄国去防守一个远离国家实力中心的海上要塞；其遥远程度堪与最近发生的满洲战争相比，只是环境有所不同而已。胜利之后，两国以交换利益为条件将该地归还俄国。美国并不曾为了得到古巴而去进攻该岛，而是迫使西班牙放弃了在古巴的地位，这是其他方法无从实现的。假如美国和日本开战，一旦美国海军被击败，日本不会谋求美国在太平洋沿岸的任何地方；但日本会要求夏威夷，或者要求日本劳工能够自由移民该岛，或者两者兼而有之。中国香港、胶州湾、旅顺口、台湾都曾发生过类似事件；美国占领关塔那摩港，虽然没有引发反感，但却以事实表明，海军战略应当善于利用环境获取位置的优势。为取得这样或那样的地方，英国的殖民地就会遭受攻击，受到战争的干扰。在可能发生的意外当中，敌方舰队既可以在英国海军追击之前抵达这些殖民地的海岸，而且英国也可能会感到海上追击并非完全有利，担心派出分舰队会削弱本土舰队的实力，从而危及不列颠本岛的安全。这是一个数量对比和安全系数的问题。

从美国独立战争，以及整个法兰西第一共和国和法兰西帝国的早期战争，包括现在，英国面临的形势一直如此。虽然其他国家，特别是法国，它们的殖民地比过去大幅扩张，易受攻击的地点也成倍增加，但是它们属地的经济

---

① 译者注：塞瓦斯托波尔，位于黑海北岸中间的克里米亚半岛西南端，著名的港口城市，俄罗斯黑海舰队司令部所在地。从1853—1857年英法与俄国之间的克里米亚战争开始，塞瓦斯托波尔随着连绵的战争逐步演化为一个要塞城市。在二战中，德国为了确保黑海航线的安全，必须尽快拿下塞瓦斯托波尔。战役从1941年10月31日持续到1942年7月4日，苏联军民的顽强抵抗让德军伤亡惨重。直至德军用口径800毫米的多拉巨炮引爆了苏军最大的弹药库，才撕开了苏军的防线，并最终占领塞瓦斯托波尔。

基本没有什么发展，几乎没有哪个地方像英国的一些自治领、殖民地和海军基地那样，具有重要的商业价值，或者民事和军事（national and military）上的重要作用。英国的属地众多且遍布世界，尽管它们在过去和现在一直有益于英国的贸易和军事活动，但同时它们也始终是危险的根源、扰乱防御体系的根源和随后导致脆弱的根源。何时何地将遭敌打击，实在难以确定。一位法国海军军官在谈到英国海军的巨大发展与脆弱点到处都是的状况并存时，曾经一针见血地指出："英国富甲天下，却到处面临贫穷的窘境。"纳尔逊时期的辉煌胜利——尼罗河海战、圣文森特角海战、特拉法尔加海战——彻底打败了敌人的海军，掩盖了这样一个真相，即不论英国的动机如何，就军事性质而言它进行的都是防御性战争；而对法国来说，尽管海上实力较弱，却始终拥有进攻的优势。游弋在法国近海的皇家海军，是第一条防御线；他们等待战机并渴望战斗，因为英国人深知，只有战斗才是消灭敌人舰队的最好时机，正是这些舰队威胁着英国本土或者殖民地的安全。但即使在进攻时，英国海军也仅仅是在保卫国家的海上利益。然而，海军的胜利保护了整个帝国的安全，这一现象突显了如下事实：海上的霸权，存在于舰队占有的决定性位置之中。

1910年，基钦纳勋爵（Lord Kitchener）① 访问澳大利亚和新西兰时，在致当地政府的备忘录中有这样一段话，现引述于下：

> 帝国的生存，全赖于拥有一支强大且高效的海军，这是英国政府坚守的信条。只要具备这个条件，只要英国的海上优势仍在，就不会有一块英国的领地被敌人从海上侵占并永久征服，这是一条公认的原则。

然而，在将这条原则应用于澳大利亚之时，他却强调不能忽视对时间和空间的考虑。他说，海军有可能被迫在一个位置上集中兵力；而在其他海域（即集中点以外的海域），英国的海军力量与敌人相比可能暂时处于劣势，而

---

① 译者注：霍雷肖·赫伯特·基钦纳（1850—1916），英国历史上最具影响力的将领和管理天才。以残酷镇压苏丹起义起家，受封为喀土穆男爵。但在重建喀土穆的过程中，创立喀土穆大学，坚持信仰自由等举措，充分展示了他的管理天赋。1899年他参与指挥第二次布尔战争，建立集中营关押平民，残酷打击布尔游击队，最终结束了布尔战争。1909年晋升陆军元帅，1914年任陆军大臣，受封伯爵。在一战前他就准确地预见了战争的持久性，开始预做准备，征集100万志愿者进行训练，为英国最终胜利做出了重大贡献。1916年，这位冷血元帅在去俄国商讨两国合作之事的途中，所乘军舰触雷沉没，无人幸免。

且可能还需要一段时间才能控制这些海域。因此他认为，所有的自治领都有义务建立一支具有一定规模的军队，足以快速打破敌人的进攻企图，确保地区安全和民众的信心①。这个结论也同样适用于像美国这样的自治州联邦，在联邦中不要说负责外部安全，仅大西洋与太平洋沿岸地区的距离，就跟英国与澳大利亚之间那样遥远。

可以看出，英国以往战略的成功，关键在于海军在敌港口之外部署了足够强大的分舰队。沿着安特卫普、布雷斯特、罗什福尔、土伦，以及西班牙战争时期的西班牙各港口，形成了一条战略线，英国海军占领该线具有双重效用。占领了这条战略线，就能够阻止敌分散在各个港内的分舰队实施集中；阻止敌人的集中，是影响战争的一个重大因素。这个结果对于当时整个大英帝国来说，是防御性的；对于英国本土和各殖民地来说，也是防御性的。就进攻而言，这些关键位置可为封锁敌海岸发挥掩护和支援的作用。我再次提请诸位注意以下事实，今天的德国已经取代了法国和西班牙，成为危险的海军强国，同样的一幕即将再次上演。英国舰队集中在北海，在那里保卫英国的全部利益，即保卫不列颠诸岛，保卫英国的海上贸易，保卫殖民地；从进攻角度来看，英国海军控制着德国的海上贸易通道。

如果要举出一个突然占领某个重要位置后产生惊人效应的案例，那就是拿破仑远征埃及，此例的确可作为法国对英国或其殖民地的众多进攻行动的典范。在这个案例中，我们可以看到法国处于攻势，而英国处于守势，尽管英国在尼罗河打出了漂亮的攻击并大获全胜；可能是海战史上最完美的胜利。拿破仑却对他的部下宣称："士兵们，你们是英格兰陆军的一支侧翼。"他指的是，最终登陆并攻陷英格兰的那支法国陆军——这段话属实不虚。因此，对拿破仑进军印度的可行性，对存在着成功的战机表示怀疑，缺乏正确的理由。

明确决定性要点，在敌人没有做好截击准备之前，抓住时机，直接向目标挺进并占领它，拿破仑完美地保持着他勇猛的战争方式。当他扬帆启航时，英国在地中海只有三艘战列舰。英国之所以陷入兵力匮乏的境地，是由于法

---

① 《邮报》（每三周一期），1910 年 4 月 18 日。

国与西班牙联盟，不再孤军奋战。在地中海的法西联合舰队占有数量优势，迫使英国舰队撤回大西洋，实施集中；由此造成了基钦纳勋爵所指出的相似态势，之后的结果也正如他在备忘录中预言的那样，英国海军在控制了大西洋之后，又重新杀回了地中海。如果奥地利在英奥战争中与德国结盟，同样的情况又会重演。我之所以提到这些，是因为人们普遍认为在拥有了蒸汽机、无线电和其他现代发明之后，以往基本的战争特征就不会重现；我们承认，在细节上是不会重现。1793 年至 1795 年，西班牙曾经与英国结盟；1796 年至 1800 年，西班牙与英国反目成仇。如今，奥地利不是英国担心的主要敌人；但奥地利却时刻关注着英国是否撤离地中海，因为它渴望在地中海谋得一席之地。尚不能确定奥地利与德国拥有共同目标；但两国却有互相支援的共同利益，而两国的特定目标将在世界政治的相互合作中得到最大限度的发展。

埃及的地理位置为其带来了独一无二的战略价值，1798 年的政治形势导致其从各方面都有可能被顺利攻占。埃及位于多条通道的交叉点——陆上的和海上的——经地中海可达欧洲，经红海可达印度洋，稍加思考便会发现，埃及控制着通往东西两向的重要位置，恰如奥地利—法国战场上的多瑙河渡口，或者 17 世纪西班牙从日耳曼到尼德兰这条交通线上的瓦尔泰利纳（Valtelline）①；简而言之，一个西欧国家要想控制东方，就必须在政治上控制埃及。想要直接进攻印度是不可能的；然而，在埃及占领一个前文提及的中间目标却有可能，在那里站稳脚跟之后再继续推进。恰如查理大公从波希米亚（Bohemia）② 出发，首先巩固在多瑙河流域的基地，然后再向莱茵河挺进。法国进军印度也是如此，它必须首先夺取埃及，然后再向东方推进。在埃及与法国之间，还有另一个重要据点，一个中间目标，那就是马耳他；哪怕拿破仑希望兵贵神速，但为了夺取该岛他还是在途中暂停了下来。不能让这次远征的最后失败模糊了法国正在进攻英国的事实，而英国并不确定法国的远征目的地，又由于众多要点需要掩护而分散了兵力，使得法国成功地占领了这

---

① 译者注：瓦尔泰利纳，意大利伦巴第大区最北部的阿达河谷地及其周围山谷地区，与瑞士接壤。
② 译者注：波希米亚，古代中欧的一个王国。南临奥地利，西抵巴伐利亚，北接萨克森，东邻西里西亚。1806 年被神圣罗马帝国占领。现在位于捷克共和国的中西部。

两个最关键的战略要点，即埃及和马耳他，并且控制了一段时间。

　　或许这里还要提及，尽管地中海海域狭窄，但英国舰队司令（the British commander‑in‑chief）圣文森特勋爵①、纳尔逊以及英国海军部均在信函中表明，他们都不清楚法国远征的目的地。他们认为最可能的目标是那不勒斯（Naples）②或者西西里；纳尔逊在一封信中写道，"马耳他是通往西西里的捷径"，这表明马耳他将成为一个最有用的中间基地。

　　法国进攻印度——英国最大、最远属地的企图，至此已大获成功。然而自此以后，法国的冒险开始遇到困难。原本只要清理完港口并肃清敌人，就可以继续进军并实现目标；但当这一切都完成时，英国却并未受到致命伤害，法国迫不得已由进攻转入防守。要想继续推进，就必须巩固既有战果，并建立起与本土之间的交通联系。拿破仑非常善于谋划陆上的作战行动；但到了条件不同的海上，却失败了。一位法国学者指出："拿破仑从未真正领悟海上的困难。"陆军已经攻入敌境；并占领了第一个目标；但对敌人的打击尚不致命，而自身的交通却陷入了极度危险之中。因为敌方海军控制了海洋这个中间地带，法国无法输送轮换部队进行补充和增援，恰如20年前英国在直布罗陀的处境一样。天才的指挥再加上好的运气，法国已经越过海洋将陆军投送到远方，并在这条海上大道夺取了两个遥远的不设防的海军基地。法国能否守住它们呢？我们知道，答案是不能；就可能性而言，法国也做不到；但只要这两个地方还在法国手中，就证明法国并未放弃。在埃及和马耳他，法军曾经一度从进攻转为防守。这两地的部队变成了守备部队，但战场上却没有野战军。两地之间，以及它们与法国本土之间的交通线被英军切断；不论法国的占领能够维持多久，除了牵制敌人之外别无他用，除非敌人已经厌战，而英国有一段时间的确如此。虽然尼罗河海战已经促进并明确预示了不幸的结局，从英法海军的各自条件来看，无论如何结局都已注定，只是拿破仑未能领悟罢了。这场会战是对基钦纳勋爵关于当代形势论述的最好佐证。由于近年来战争的发展暂时制约了陆上和海上的条件，英国海军被迫撤离了地中

---

　　① 译者注：1795—1799年，圣文森特任英国地中海舰队司令；1799年任海峡舰队司令；1801—1804年任第一海军大臣；1807年退役。

　　② 译者注：那不勒斯，意大利南部第一大城市，位于第勒尼安海北岸，西西里岛的正北方。

海，一旦其重新获得优势，法国就只有面对最终的悲惨结局了。

拿破仑远征埃及，与两年前（1796 年）在意大利取得的陆上大捷有着惊人的相似之处。1796 年，他从热那亚的海岸出发，急行军 120 英里到达阿迪杰河（Adige River）①一线，占领了维罗纳（Verona）①要塞，并在两个月之内巩固了要塞。从几方面条件来看，主要是地形条件，此处无须一一列举，阿迪杰与桥头堡维罗纳共同构成了一个战略性中央位置，它位于拿破仑的出发地热那亚与最终目的地维也纳之间。这个位置对于会战的作用，恰如马耳他之于埃及；但这个位置的天然优势，却受到了曼托瓦（Mantua）②要塞这个人造条件的削弱，该要塞位于阿迪杰河以西——在法军的后方，驻有一支强大的奥军守备部队。只要守住了曼托瓦要塞，拿破仑就无法完全占领阿迪杰地区。要拿下曼托瓦，拿破仑就必须停下军队，就像在马耳他一样，曼托瓦从侧翼威胁着他向奥地利进军的路线，恰如马耳他从侧翼威胁着他进军埃及的路线一样。拿破仑在这里被阻滞了八个月，但他在战场上保持了一支机动灵活的野战军，就如英国在后期于地中海拥有一支强大舰队一样；这样的机动兵力确保了交通的畅通。攻克曼托瓦后，拿破仑继续前进，如同从马耳他继续前进一样；随后法军取得了重大进展，他将胜利的原因部分归于奥地利的优柔寡断，而英国对于埃及战事却未如此，即便某些英国大臣也的确曾经犹豫不决。拿破仑曾说："假如奥地利人不是求和而是继续后撤，他们很可能将我的部队拖垮。"这正是发生在埃及和马耳他的情况。法国军队在那里就被拖垮了。

自从这些讲稿写好以来，日俄战争又提供了类似的例证。旅顺就是俄国的马耳他和日本的曼托瓦。俄国按照和平时期的战略，将兵力投送到远离国家政权中心的旅顺口，并在那里建立起基地。当战争来临时，他们就像法国

---

① 译者注：维罗纳，意大利最古老的城市之一，拉丁语为"极高雅的城市"，罗密欧与朱丽叶的故事就发生在这里。维罗纳北靠阿尔卑斯山，西邻米兰，东接威尼斯，南连罗马，被称为意大利的门户，自古就是兵家必争之地。城内有一条阿迪杰河，呈"S"形蜿蜒而过。维罗纳自 489 年起不断更换统治者，1797 年被拿破仑占领，划为奥地利；1866 年回归意大利。

② 译者注：曼托瓦，意大利北部城市，伦巴第大区曼托瓦省省会。位于波河中游平原，三面为波河支流乔所形成的几个湖泊所环绕，西北距米兰约 113 千米。历史上是意大利文艺复兴的中心。曼托瓦东北约 37 千米是维罗纳。1796 年 6 月 4 日，拿破仑率领约 4 万法军组成的意大利军围困曼托瓦，实施"围城打援"。奥地利军队先后 4 次救援，均被兵力劣势的法军击败，大量精锐消耗殆尽。1797 年 2 月 2 日，曼托瓦要塞中的 2 万奥军被迫投降。此后法军势如破竹，4 月 18 日奥地利被迫停战求和，后退出战争，第一次反法同盟彻底瓦解。

在马耳他一样，无法保证陆上或海上的交通。于是，旅顺最终陷落；此外，港内的舰队威胁着日本与满洲①之间的交通，所以必须攻占这座要塞，为此日本不得不从对抗北面俄军主力的部队里抽调了大量兵力来进攻旅顺。战争初期，日军进展迅速，直达辽阳，但在那里被阻击了六个月之久，一共只推进了 35 英里，主要原因是旅顺久攻不下。攻克旅顺之后日军做好了继续进军的准备，恰如拿破仑攻克曼托瓦一样；但俄军开始后撤，在后方基地的支持下不断积聚力量。在此紧要关头，国际社会开始调停。日本人面临的困难，正如拿破仑向维也纳进军时面临的困难一样；但日本人并未继续拿破仑式的虚张声势，而是采纳了他给予法国督政府（Directory）的建议："切忌超越条件限制而伸手过长。"

　　法国的失败在于未能保住埃及、马耳他，以及战前控制的诸多遥远的要点，而英国在美国独立战争中也无力维持此前的殖民地；不仅包括美洲和西印度群岛的殖民地，在某种程度上还包括在非洲和印度的殖民地，以及历时六个月攻占的梅诺卡岛；两国的情形非常类似。失败的根源在于各个要点之间相距太远，数量过多、分布过广，从而导致兵力分散。英国失败的原因还在于，虽然拥有一支优势海军，却错误地认为法西联合舰队更有优势。英法两国在不同时代的损失表明，一个战略位置所具有的力量，甚至包括对周边战场的影响力，必然会随着它与本土距离的增加而大幅减弱。从位置本身以及上述实例中都可以明显看出，靠近本土的战略位置具有巨大的优势。这就是日本在战争中相对俄国所拥有的巨大优势，现在与其他国家相比，日本在西太平洋的活动仍然具有这种优势。在我们所说的远东，日本的国家实力中心靠近国际纠纷最有可能发生的地方。如果奥地利能够把势力范围成功地经巴尔干半岛西部推进至萨洛尼卡（Salonika）②及其周围地区的话——就像俄国经过西伯利亚和满洲推进到旅顺一样，那么它在地中海同样会拥有这种优

---

　　① 译者注：旧时指我国东北一带，清末日俄势力入侵，称东三省为满洲。后不再标注。
　　② 译者注：又译为塞萨洛尼基，是希腊北部最大港口城市和第二大城市，位于哈尔基季半岛西部，是东南欧的主要交通枢纽。1918 年爆发的萨洛尼卡战役，是山地进攻作战中战术突破发展为战役突破的典型战例。9 月 15 日，66.7 万名协约国联军对德第 11 集团军（40 万人）和保加利亚军队发起进攻，至 9 月底，德军被合围后投降，此役胜利导致同盟国在巴尔干战地的全线崩溃。

势，这必将引起意大利和俄国的担忧，两国君主在拉科尼吉（Racconigi）① 的会晤表明，他们对此深怀戒备。

在海上进行快速远征，远比在陆地上更为可行，因为海军的机动性更强；但就效果而言，远征的胜利不如战胜宗主国或者打败舰队更具决定性，因为这种打击只能伤其四肢，而不能直击心脏。维持远征比发动远征更为困难。尽管在有了海底电缆和无线电的时代里很难实现对目标的突然袭击，但是远征部队一旦离港，只要保密措施得当，还是可以甩开敌人的追击舰队。但当远征部队实现目标之后，就必须由攻势转为守势；而为了保住战果，还必须控制交通线，即控制海洋。

还须指出，这种海上远征，只有在登陆点没有遭到有效抵抗的情况下，才有希望获得初战胜利，初战胜利是最终胜利的基础；而最终胜利则取决于登陆之后敌方舰队不会前来袭扰。塞瓦斯托波尔和旅顺口的情况就是明证。两次登陆作战均未遇到有力抵抗，而且登陆之后也没有发生敌方舰队切断海上交通线的情况。在美国独立战争期间，法国和西班牙从英国手中夺取了很多小岛，以及相距很远、力量薄弱的彭萨科拉，但在攻占牙买加或者直布罗陀时却屡屡失手。梅诺卡的情况又有所不同：尽管进攻行动耗时六个月之久，但由于英国无法抽调舰队前去增援，不能像在牙买加那样截击敌人的远征舰队，或者像在直布罗陀那样对敌交通线进行骚扰，终至该岛失陷。牙买加之所以得救，是因为法国舰队刚刚出航就被罗德尼的舰队重创，根本不可能再执行什么登陆作战。在直布罗陀，敌人控制了陆地并建立战线；但英国舰队通过海上不断地输送补给袭扰敌军，致使围攻作战最终失败。

所有这些思考都表明，在海外确立和维护国家权力最为重要的基本条件，是拥有一支强于任何可能对手的舰队。这是对陆战原则的再次确认，即决战的有效工具是野战军，而不是守备队。占领港口并加强防御，固然确有价值，甚至非常必要，但这种行动对于舰队而言是次要的。我们现在很感兴趣的特定问题——占领遥远地区的战略要点——在思考这个问题时，要谨记拿破仑

---

① 译者注：拉科尼吉，意大利皮埃蒙特的一个小镇，位于库尼亚奥省，在都灵以南40千米，库奥尼亚以北50千米。

的名言"战争即位置之争"，我们可以明确地提出海上的战略格言：在海战中舰队自身就是全局的关键位置。关于这一论点，可用如下战例予以证实。在日俄战争之初，日本将舰队的大量补给物资储存在长山列岛的永备基地，但后来因为应急管理的需要，发现把大部分物资装到船上更为有利。载有补给物资的舰船可以伴随舰队活动，于是舰队就拥有了活动基地，因而可以就近占领一个适合的港口，即使这个港口没有防御设施，但舰队本身就可以为其提供暂时的必要防御。因此，海军必须集中精力提高舰队的海上行动效率；但在坚持这个正确的专业性思考的同时，我们必须避开绿水学派（Blue Water School）①的偏见并时刻谨记，一支要兼顾基地安全的舰队，其关键行动能力必然受到极大削弱——无论在战略上还是在战术上，都是如此。

一支舰队如同一支陆军一样，需要拥有设防的作战基地，但必须遵循明确原则进行选择和准备。

首先，应当尽量减少需要坚守的战略要点的数量，以便尽可能减少对宗主国国力的消耗，使之能够集中兵力于要害之地；而在其他各个要点，只要用大炮对着海面以逸待劳就行了。如果敌人足够明智，就不会在这些地方浪费时间和精力。另一方面，至关重要的战略要点必须认真加强防御力量。如果敌人针对整个海上体系发动攻势，那么每个被攻击的要点都要做好准备，依靠天然优势坚守到最后一刻。多坚守一天就意味着为共同防御多赢得一天时间。1862年，在美国南北战争最艰难的时期，如果位于新奥尔良下游的杰克逊要塞和圣菲利普要塞（Forts Jackson and St. Philip）②能够尽可能长久地坚守下去，将对南方联军和整个会战产生极为重大的影响。由于日军必须动用必要数量的部队围攻旅顺，所以旅顺的抵抗曾经严重阻碍了日军主力的推进，从而为俄军整个作战计划赢得了兵力和时间。假如最初的抵抗能够成功地把

---

① 译者注：绿水学派，也被称为青年学派，主张以潜艇、飞机和鱼雷艇等轻型兵力，在近海海域对抗敌方大舰队，代表性人物是法国海军部长奥贝。它是现代海军战略思想流派的一种，与蓝水学派相对。蓝水学派主张以大舰巨炮通过决战和封锁的方式，与敌人争夺制海权，代表性人物就是马汉和科贝特。

② 译者注：新奥尔良在内战之前就是最大的棉花港口，出口量仅次于纽约，是南方最大和最富庶的城市，位于密西西比河河口上方100英里处。北军如能夺取新奥尔良，也就控制了整个密西西比河。杰克逊要塞位于新奥尔良沿密西西比河向下约90英里的河右岸，其上游不远的左岸为圣菲利普要塞。海军上校法拉格特任北军西部封锁分舰队的司令和攻击新奥尔良的指挥官，1862年4月17日，北军舰队开始炮击要塞，随后切断了两个要塞的补给和增援，4月28日两个要塞投降。

日本舰队阻拦在尽可能远的地方，那么罗杰斯特文斯基的舰队到达时，很可能发现旅顺舰队依然存在。1800 年热那亚的法国守军伤亡惨重，但他们的拼命死守为拿破仑赢得了时间，使他得以将兵力部署在奥军通往本土的交通线所经之地。在布尔战争中，莱迪史密斯（Ladysmith）的坚守，在较小范围内也起到了类似的作用。

拥有大量分散的海上据点的国家必须仔细研究以下问题，它能够维护多少据点，应当维护哪些据点；另一方面，当一个国家认为必须在特定地区建立权力或者准备将来建立时，必须认真调查，明确努力的方向，以确保那些可坚守的战略性港口安全。例如，最近德国对胶州湾、美国对夏威夷和关塔那摩所采取的措施，都可作为例证。

其次，构成一个国家海上体系的各种港口应当按照重要程度进行排序。对于所有国家来说，本土港口居于首位；因为一个国家进行防御的可能性总是存在，国防不仅是国家的第一需要，还是开展海外行动的基础，不论是在近海还是远海。政权在国内都不稳定的国家，无从谈起对外扩张。只有自我防御，才能成功地维护国家政策，这是二者之间重要的相互关系。国家政策会随时代更迭而改变，因此港口的价值也会随之变化。但在任何特定时代，都有或多或少明确的国家政策；遥远港口是舰队不可或缺的一部分，必须将它们与本土港口视为一个整体，属于一个体系，而不应仅仅看作为孤立的据点。

因此，以现代史上主要海洋国家——英国为例，当英国走上海军强国之路时，在查塔姆港（Chatham）① 建立了一个巨大的造船厂，英国面对的敌人是荷兰。如今，德国已成为英国海军的竞争对手，罗赛斯便成为与查塔姆对应的新的造船厂所在地。英国和荷兰从对抗到结盟，全面联合对抗法国的路易十四。于是，军事政策引导英国把眼光投向地中海，在此之前，商业

---

① 译者注：查塔姆港，即梅德韦港（荷兰语为 Chatham，英文是 Medway），位于英国东南沿海梅德韦河与泰晤士河交汇的入海口。自梅德韦河海口向上游约 13 海里有许多小港口，统称为梅德韦港。1667 年 6 月 19 日，荷兰海军名将德·勒伊特率领荷兰舰队，趁黑夜涨潮之际进入泰晤士河，一路所向披靡，击毁英国舰艇，甚至炮击伦敦；22 日，荷兰舰队到达查塔姆港，摧毁了停泊在那里的 6 艘英国巨舰，英国旗舰"皇家查理"被荷兰带回国内。此战成为皇家海军有史以来损失最为惨重的一次失败，直接促成了第二次英荷战争的结束。

利益已经要求英国舰队进入地中海为商船护航。占领丹吉尔并通过设防和筑堤进行开发，这是英国利益在这一海域取得的第一个却最终夭折的成果；当英国在本土海域确立防御优势之后，相继占领了直布罗陀、梅诺卡、马耳他，于是地中海便成为英国政策的第一目标。严格说来上述三个地点都是要塞。

18 世纪以来，英国在地中海的利益依旧存在，但与西印度群岛和北美洲相比，则已退居第二位。通常被人称为"老土耳其商人"的生意，排在西印度群岛的糖业、美洲大陆的谷物和烟草、加拿大的毛皮和纽芬兰的渔业之后。在我看来，牙买加在加勒比海是最具有控制力的位置，从 1782 年同盟国家为征服该地所进行的准备的规模，我们就可以推断出该地设防和守备的强固程度。法国已经变成英国的敌人，整个 18 世纪都是如此。这一情况在英国国内的突出表现，是朴次茅斯和普利茅斯两处船坞港口的重要地位日益提高；而英国在美洲大陆的殖民地，包括现在的美国在内，却似乎只有海岸防御。众所周知，这些地方的人口相当众多，距离也相当遥远，只要英国海军能够在海上继续保持优势，其他国家就无法征服它们。法国在路易斯堡和魁北克设防的目的是应对敌人的围攻，因为加拿大人口稀少，而且法国海军处于劣势，不论从陆上还是从海上都难以确保其安全。这两个地点的最终陷落也表明，在设防中还有一个极易被忽视的问题，即一个设防要点一旦落入敌手，不仅位置的优势，包括工事所蕴含的力量优势，都将为敌人所有。一个殖民地港口陷落之后，人们总是希望那里的防御工事不足以抵御从陆上发起的收复作战。例如，在前一年冬天沃尔夫（Wolfe）[1] 取胜之后，魁北克在 1760 年所表现的那样[2]。由此可以得出结论，设防据点的工事和守备兵力都要足以强大，能够应对所有的危急情况。

---

[1] 译者注：詹姆斯·沃尔夫（1727—1759），英国陆军著名将领，14 岁参军，23 岁获得中校军衔。在七年战争的突袭罗什福尔的战斗中，获得英国军务大臣老皮特的赏识。1759 年 7 月，老皮特任命沃尔夫少将指挥 9200 名英军与 3 万名海军联合进攻魁北克。9 月 12 日，英军登陆发动攻击，13 日双方在亚伯拉罕平原展开决战。沃尔夫身穿普通士兵的军服，站在第一排向法军攻击，在英军大胜之时，中弹身亡。第二天魁北克守军投降。此后法军一蹶不振，至 1760 年 9 月 8 日，蒙特利尔守军投降，法国从此丧失了在加拿大的所有殖民地。

[2] 译者注：1760 年春天，法军反攻魁北克，虽然在机动战中打败了英军，但对防守坚固的魁北克要塞却一筹莫展，只能围困待援。但到 5 月份来的却是英军舰队的援军，法军只能撤退。

在上面提到的各个时期里，英国的国家政策几乎与连绵不断的战争同步发展。因此，它对设防据点的规划都没有经过认真研究而匆忙出台；与英国宪法的产生极为相似。美国在这段时期则很少发生战争，因此对外政策的发展很少受到军事氛围的影响，而军事氛围往往会导致下意识的战争准备。关于条件变化，一起来回忆下这篇讲稿初成时的形势还是比较有趣的，这篇讲稿构成了本章的主体内容。当时，美国、德国和日本尚未拥有装甲舰队，古巴、波多黎各和菲律宾仍然属于西班牙，而夏威夷还是一个独立主体。另外补充一点，当时，不论是美国海军总部，还是陆海军联合作战部都尚未建立。

现在来深入探讨美国港口的设防规划显然不合时宜，原因很明显，上面提到的那些部门无疑正在处理这个问题，这里无法提供准确详情。但是，可以将某些整体的战略思考归纳如下。

首先，对一个海军基地有哪些必要的军事需求？显而易见，它在战争中要顶用才行。现在，建造和装备一艘战列舰至少需要两年时间，由此可以清楚地看出，海军造船厂不能将造船作为首要的军事职能。假如一个海军造船厂建造的舰船质优价廉，而且建造速度很快，这些都是良好的工业或经济的基础条件，却都不是军事的基础条件。海军造船厂的首要职能是在战争中维护舰队的作战效能，尤其是要能够在最短时间内修复因日常勤务或者在战斗中受损的舰船。和平时期的功用并不能弥补战争的需要。通过综合考虑造船厂的战时使用效能，可保证其具体位置符合这一目标；进行这种考虑时，正像我们前面所提到的那样，可从位置、力量和资源三个方面加以分析。在资源方面，首要的是设施齐备，能够保证迅速完成坞修；满足这项要求的地点，比不能满足的那些地点更为合适，即使后者在位置或天然资源方面或许拥有某些优势。显而易见，这三项必要条件可能在不同程度上同时存在，使得决策变得比较复杂，但从造船的角度来考虑的话，则不需要也不应当有那么复杂。

这一原则对于所有的重要海军基地都适用，不论是本土的还是海外的。在本土，每条海岸线上应当有两个这样的海军基地；一个为主，另一个为次，或正在建设当中。关于本土以外的海军基地的数量和位置，则依据国家政策而定。假如国家政策聚焦于本土周边的利益，比如集中于加勒比海地区，那么该地区的海军基地发展，可以参照本土港口的标准进行。例如，在美国南北战争中，罗亚尔港、基韦斯特、彭萨科拉和新奥尔良都曾经是海军基地，但发展十分有限。那场战争的特点是对手没有舰队，舰船可回到北方的船坞进行维修，前线的兵力通过轮换来保持战斗力。

所有的部队都需有一定的轮换制度；但应当认识到，两个船坞地点的间隔应尽可能小于莫比尔到诺福克或者纽约之间的距离，这个条件只要可能，就应当设法保证。在南北战争中大多数舰船都是中型舰船，很少有同型船只，除了偶尔的几次战斗之外，基本上没有集中使用过；作战时间由拥有舰队的一方精心挑选。在舰队对战舰队的地方，双方的大型战舰的数量都很有限，如果其中的一艘或几艘需要紧急修理的话，航行距离既不能太远，维修时间也不能太长。

当这些讲稿首次完成时，美国只有一项对外策略，正确的名称应当是政策——门罗主义（Monroe Doctrine）。现在有了两项，第二项是门户开放（Open Door）。毫无疑问，对外关系会带来许多问题，政府依据已有的确定原则来处理对外关系中的大部分问题。这些明确且稳定的原则，被称为政策；但这些原则适用于特殊事件或偶发事件，所以不会对上述两项政策产生持久影响。这两项政策始终取决于国家的态度和国民的根本福祉，能够对国民观点产生深远影响，并持续地影响外交活动。门户开放政策，通常指的是商业机会均等，与亚洲向美洲移民这个地区性问题密切相关。亚洲移民又同门罗主义紧密相关，因为，亚洲人显然区别于欧洲人，难以融入当地社会。他们与本地人虽然比邻而居，却自成一个独立社区，而不是与大家融为一体。如此一来，一旦在某个地区亚洲人成为多数族群，这就成为一种真正的吞并，这种吞并比政治上的吞并还有效，门罗主义正是针对这种吞并而制定。夏威夷就是这样的一个案例；日本反对夏威夷在政治上归属美国，如果不是因为更紧迫的问题而转移了注意力的话，日本的反对无疑会更加强烈。美国太平洋沿岸地广人稀，如果听任亚洲人自由迁入的话，必然意味着那里被亚洲人占领——亚洲人在美洲殖民。美国政府不能接受这种情况，如果没有其他原因，就是因为太平洋各州的强烈反对。

美国结合实际情况制定国家政策，在太平洋设置海军基地，正如地中海纳入英国利益范围之后，推动英国稳步获取地中海的海军基地一样。门罗主义是美国唯一的积极的对外政策，它跟避免与他国产生瓜葛的消极政策形成了鲜明对比，国家利益开始逐渐而迅速地集中在加勒比海地区，因为通往巴拿马地峡的航线穿过这一区域，而巴拿马地峡正是门罗主义的焦点所在。这就是本稿最初写成时的形势。当时，太平洋问题及其特有的国际意义尚未显露端倪，很少引人注目。现在，由于上述若干原因，太平洋已具有现实而直接的重要意义；实际上，这种兴趣点的转移，可与 18 世纪后半期英国政治家们所关注的从加拿大到委内瑞拉的西大西洋的地位，已经超过地中海的情况相提并论。地中海并非不再重要，而是丧失了首要地位。同样，加勒比海仍然重要，甚至尚未完全丧失首要地位，而是与太平洋的地位并驾齐驱。巴拿马运河即将建成，加勒比海和太平洋之间的联系必将日益密切，在这两个方向上选定的各个港口，显然能够且应当能够形成一个完善的体系，其中每个港口的设施和防御耐力都应当与它在体系中的重要性成正比。

最后，维持任何一个设防的海军基地体系，归根结底还是依赖于海上优势——依赖于海军。一个完全孤立的坚固哨所，即使可以坚守良久，最终也难逃陷落。1779—1782 年，持续三年的直布罗陀围攻战就是一个最著名的实例。对直布罗陀实施的一切攻击均被粉碎；但它一定会被攻占，幸亏有斗志昂扬、训练有素的英国海军不断地输送补给，方得幸免。因此可以说，只有积极主动的野战军，才能解救被围攻的要塞。

在战争中，海军的主要目标是敌方海军，这是这个最后命题的直接结论。因为敌舰队必须在分散的各个战略要点之间保持联系，因而，对舰队的打击就是对敌各个战略要点的直接打击。我们往往可以看到一种令人惋惜的情况，一支强大的舰队，在面对打击范围之内的敌人时，却把力量集中在那些无关紧要的海军基地之上。比如在 1778 年和 1779 年，德埃斯坦（D'Estaing）① 指挥的法国舰队在西印度群岛便是如此作为；或者攻击像直布罗陀那样的重要基地，却置敌方舰队于不顾。舰队和港口相互支撑；但除本土港口之外，港口对于舰队的需要，更甚于舰队对于港口的需要。因此，舰队应当攻击敌方的海上有生力量，进而切断它们与港口之间的交通线。

---

① 译者注：1778 年 2 月 6 日，法国正式支持美国的独立战争，与英国开战。4 月 15 日，法国海军中将德埃斯坦伯爵率领 12 艘战舰向北美出发。当时法国海军从装备到训练都比英军略占上风，德埃斯坦虽然作战英勇，却缺乏战略头脑，在特拉华河、纽约河和罗得岛多次错失打击英军的良机；在西印度群岛作战期间，也没有充分利用难得的海上优势消灭英国舰队，而是专注于攻占格林纳达这样的岛屿。1780 年 3 月，德尚吉接替德埃斯坦的指挥权。在马汉《海权对历史的影响　1660—1783》一书的第 10 章，对此内容有详尽论述。

第六章

远程作战与海上远征

　　尽管维持遥远又分散的属地面临困难，但一个国家要想确保控制任何一片重要的海域，如果没有一些战略要点则无从立足。按照相对位置正确选定的一些战略要点，从而构成一个基地；这样的基地对于本土来说是次要的，但对于当前战场来说却是首要的。

　　军事理论家们确定的原则是，当一支陆军部队远离本土进行远征作战时，必须在战场附近按照第一个基地的建立原则建立第二个基地，且二者之间要有可靠的交通联系，这一点在海上仍然适用；但要谨记，安全的海上交通意味着海军优势，尤其当本土与前进基地相距甚远时更是如此。这些次要基地与本土防线的基地一样，都应当按照同一原则建立；也就是说，稳妥之计是必须有两个设防港口，其中一个是主要的。两个港口必须互相靠近以便互相支援，但又不可过于靠近，以免敌人不用分散主力舰队就能有效监视它们两个。1803—1805 年期间，纳尔逊指挥英国舰队对土伦港进行监视时，有马耳他和直布罗陀两个港口可用。这两个港口不仅共同承担了舰队支援任务，而且互相支持分担了保卫英吉利海峡至黎凡特地区这条漫长商业交通线的任务。假如俄国能够在战前把整个舰队调到远东，就会在兵力数量上超过日本，并在旅顺和符拉迪沃斯托克以逸待劳。与之相对，日本拥有濑户内海（Inland Sea）和多个出海口的有利条件，可以采取出其不意的联合行动。吴港（Kure）① 位于濑户内海，拥有两个或更多的相距甚远的出口，同时兼有两个港口的优点和便于兵力集中于一点的双重优势。正如这些实例所示，当拥有两处港口时，作战基地便包含两处或者更多的据点，这样的基地可被视为一条作战线，就如本土的海岸线一样。理想条件是这些港口应当同时具有便利的水陆交通。在古巴、海地、牙买加等大岛的港口，例如圣地亚哥、西恩富戈斯、哈瓦那等，都具有这样的优点；而在小安的列斯群岛中的任何一个岛上，两个港口都距离太近。它们实际上就是一个港口。

---

　　① 译者注：吴港，是日本广岛县吴市的港口，向西南经丰后水道、向东南经纪伊水道可进入太平洋。吴港的崛起与日本帝国海军的发展密切相关，其西面正对日本海军兵学校所在的江田岛。1886 年，海军吴镇守府成立，1903 年海军在此建立兵工厂，城市迅速发展成为日本重要的造舰基地，二战末期是美军轰炸的重点目标。战后转型成为集钢铁、造船、机器制造等众多企业的工业港。现在是日本海上自卫队重要的潜艇基地和训练补给基地。

　　如果给定的海战场区域广阔并包含许多可为战略所用的据点，那么如何选择据点意义重大。假如某个据点位于中央位置，那么它的影响将向外均匀辐射，能够轻易覆盖战场的所有区域；然而，如果其影响不能延伸到战场边缘的话，它与本土的交通联系就会面临危险。譬如牙买加，就中央位置而言，它是加勒比海地区最重要的据点之一，但若英国的力量仅局限于牙买加，那么与本土的交通联系势必要通过其他国家控制的航道，则安全便无保障。1798 年，埃及同法国的关系也是如此，假如没有马耳他或一个类似的据点，尽管埃及对于欧洲和印度而言处在中央位置，也必然会产生与牙买加相同的结果；事实上，即使已经占据了埃及这个中央位置，英国也经常会对英埃之间的交通安全深感忧虑，虽然直布罗陀和马耳他也在英国的控制之中，它们都有能力抗击敌人的突袭，并为舰队提供掩护。在海外的诸多要点之中如果按照重要性排序，那些距离宗主国最近的要点位于第一位；只有近点安全了，才能向更远的点前进。例如，直布罗陀被视为通往埃及的必需的第一步；圣卢西亚岛至少可被视为通往牙买加的一个便捷的中转站。中央位置位于重要性的第二排序，尽管它们在特定区域的重要性位居第一，如马耳他之于地中海和牙买加之于加勒比海。那些距离国家利益最远的要点都极为暴露，无论有多么重要，比如埃及和巴拿马，要千方百计通过那些中间要点来增强它们与本土的交通联系。英国就是借助一系列这样的据点与印度紧密联系起来。

　　从上述论述可以看出，当政府意识到在某一地区的国家利益表现出需要采取军事行动才能有效维护的特征时，应当组织专业人士对该地区展开详细研究，在搜集到必要资料之后，确定哪些点具有战略价值，占据其中哪些最为有利。当这样的位置被占领之后，既有者的权利通常会得到尊重，至于在何种条件之下无视这种既有权是正确的，需由政治家们而不是军人来做决策。然而可以想象，为了保护至关重要的利益，一个国家行使战争权利的时机就会出现；而对某个海域的控制即便不是战争的主要目标，也很可能成为其中的必要内容。一旦形势如此，则所谓的战争行动便随之而来。国家的目标可以是夺取控制权，也可以是扩大已有的控制权；或者与之相反，只是通过遏制对方优势所造成的威胁，来寻求对当前既有利益的保护。

　　假如战争的目标在于夺取尚未实现的控制，那么这场战争就是进攻性的，而且在作战上也必然如此。然而，军事行动可能并不直接指向既定的目标，可能会指向敌人更为重视的其他某个点，同时也是更易于攻击的点；而向该点进军可能比发动直接攻击，更有把握实现真正的目标。这个问题涉及整个作战行动的实施。对于交战国政府来说，正如军队统帅面临的情况一样——要想将敌人从某个位置赶出去，是正面攻击还是侧面迂回？正面攻击需要更多的兵力，侧面迂回则需要更多的时间。在美国独立战争期间，法国和西班牙试图从英国手中夺回直布罗陀就是一个这样的实例。直接攻击直布罗陀——英国属地中最强固的军事要点——行动失败。假如法、西两国把同等规模的兵力用于直接攻击英吉利海峡和英国海岸，只要指挥得当，在兵力明显占优势的情况下，很有可能成功地迫使英国让出直布罗陀。在签订停战条约时，战争中占领的地方只有被用作交换筹码时才会具有价值，这是常有之事。在拿破仑一世的信函中，就有大量的此类指令。

因此，战争目的也许并不是军事计划的目标。实际上，战争目的可能并不完全是为了扩大疆域，而是为了获得曾经被拒绝的优惠或权利，或者是为了结束强加给宣战方的错误行为。尽管如此，对敌人某一属地的进攻仍有可能成为作战计划的一部分。

我们面前的这些实例，受到我们关于海上控制这个主题的限制——根据形势需要部分控制或者全部控制。一个国家必须具备以下两个条件，才能进行这样的战争并取得预期的胜利：第一，边境相对安全，不会遭到致命伤害；第二，在当前的条件下，海军有能力与敌人争夺海上控制权。边境或海岸，就其最广泛的意义而言，是整个战争的根据地，是防御作战的根基，适合作为发起一次作战行动的小范围基地。海军是进攻的主要力量，在防御性作战中是配角，但在进攻性海战中是主角。甚至在大规模联合作战中，战舰发挥着主要作用；只有在敌方没有海军的情况下，战舰才会失去用武之地，如塞瓦斯托波尔之战即是如此。当时有两条交通线通往战场：一条是陆上交通线，完全处在俄国控制范围之内，另一条是海上交通线，完全控制在同盟国手中，俄军把舰船上的装备拆除之后便将舰船沉掉。因此，这场会战变成了对一座巨大要塞的围攻战，而围攻方绝对不用担心交通线的安全。在1779—1782年的直布罗陀围攻战中，进攻之所以失败，完全是由联盟海军的虚弱或愚蠢所致；如果海军能够担起自己的职责，则英国舰队就无法向要塞输送补给。

在本土周边海域以外发动战争，不过是一般军事行动的特例罢了。这个特殊就是海上远征，在遥远的海域，国家在那里或许已经拥有，或许还未拥有满足战争需要的据点；然而，无论在哪里处于何种情况，都要采取进攻行动，并占领或至少控制敌方的领土。即使战争的首要目标是防御，而达成防御的最好方式仍然是进攻。

远征作战具有不同于其他作战行动的自身特点，表现为陆军部队在航渡期间处于一种无助的状态——其安全完全依赖于本国海军对海洋的控制。无论这支陆军部队的规模是大是小，也无论他们的士气是否高昂，纪律是否严格，训练水平是否足够，他们在航渡期间都暂时失去了战斗力，无法组织有效行动。这段时间的危险性，加上持续依赖于制海权的交通线所面临的风险，都是谋划远征作战时必须认真思考的重要因素。

首先，要对这类远征行动的主要特点进行一些简要的评述；然后，为了阐述清楚，我们将扼要描述和探讨两个历史案例。

本土边境相对安全，海军有能力与敌人争夺海上控制权，这两个基本条件前面已经阐明，接下来就是拟制一个能够实现目标的最优作战方案。这包括选定一个基地，确定一个目标和一条作战线——这三项内容是所有作战行动的内在要求。

关于在预期控制海域以外打击敌人的问题，因为涉及范围太广，暂且搁置一旁，这里所说的最终目标，应当是对整体形势影响最大的要点、线或区域；通俗的说法，就是关键或者要害（key or keystone）。如果你的目标海域距离你的一条海岸线明显比其他地方更近，那么作战计划中的基地就应当设置在那里，除非有其他非常重要的理由，比如缺少良港或者现成的造船厂。正是因为德国现在已经成为一个威慑性很强的海军国家，所以除了查塔姆的造船厂之外，英国还需要另一个造船厂——一个完美的船坞——在北海的罗赛斯。这显然意味着，为了便于对德国海岸的攻击以及在北海海域的作战行动，英国的海军基地已经从以普利茅斯和朴次茅斯为代表的英吉利海峡地区，转移到了北海地区。同样，奥地利和俄国已将活动范围推向了地中海，因为它们在地中海的出海口分别位于亚得里亚海（Adriatic）的最北端和黑海，实在过于遥远，而且通向大海的交通线在军事上又过于暴露，无法满足作为一个作战基地的需要。

另一方面，美国在墨西哥湾海岸拥有一条基地线，这条基地线比诺福克和纽约这两个位于大西洋海岸的重要天然海军基地，明显更靠近巴拿马地峡和加勒比海西部。然而，随着战列舰尺寸的大大增加，在密西西比河进行舰艇坞修的难度增大，墨西哥湾各港口能否与大西洋各港口一样作为根本的作战基地，实在令人怀疑；由于它们的位置比较靠近，用于物资补给还具有一定价值，但并不适合维修大型舰船，因此，它们能否构成中间的前沿港口也确实值得怀疑。与此同时，在通向巴拿马地峡的航线上，关塔那摩和基韦斯特由于位置靠近且能够互相支援而具有明显优势，即使它们只有中等的坞修条件，也非常符合需要且极为方便。这当然要面临某些军事风险；比如，英国在直布罗陀的船坞就面临这种情况，在现代条件下该船坞位于阿尔赫西拉斯（Algeciras）① 海岸火炮的射程之内。

大型海军船厂决定着基地线的位置，而且在很大程度上决定着它的长度。鱼雷舰艇和潜艇作为当地资源，有助于保护船厂之间的海岸线及其两端免受敌人攻击。从这种固定基地出发向既定目标机动的问题，涉及对作战线的选择。在开阔的海面上，最直接的航线就是最自然的航线，如果其他情况都一样，也是最佳航线；然而，有许多因素可能影响决策。其中最主要的因素就是敌我双方海军力量的对比——这个力量不仅取决于舰艇的总吨位或重量，而且还取决于总吨位在各型舰船之间的分配和各型舰船在火力、装甲、速度和燃煤续航力等方面的特点。所有这些因素都是战略效率因素，它们之间有时相互矛盾；在它们之间进行调整可能就会严重地影响到战略策划。这表明，国家舰队的组成是一个真正的战略问题。假定交战双方的海军实力相当，它们与目标点之间的距离大致相等——防御方和进攻方——这些条件将影响战路线的选择，因为需要保护的交通线长度将对双方的力量构成实质影响。正是在这些交通线上或者狭长海域里，快速巡航舰的干扰作用变得突出，将迫

---

① 译者注：阿尔赫西拉斯，西班牙南部城市，位于直布罗陀海峡北岸的阿尔赫西拉斯湾西侧，与英属直布罗陀隔海湾相对。

使对方舰队抽调大量兵力加以应对。这些交通线越短、数量越多，距离敌港口越远，则敌人的破交任务也就越重，而这些交通线可能也就越安全。

我们即将展开讨论的主要内容，即大规模海上远征——一支舰队为装载了陆军部队的运输船队护航——对于某些人来说，这似乎是不可能的，好像是一场空谈，过去从未发生过，今后也不可能发生。然而请记住，1798 年在近代最伟大的将领指挥下真实地发生过，而且被一代海军名将纳尔逊指挥的同等规模的舰队追击；现在这里提出的问题，也一定是拿破仑和纳尔逊二人当时曾经认真思考过的问题。要防止此类问题再发生，就必须充分认识到未来西印度群岛和加勒比海的重要性，它们是通往巴拿马地峡的通道，经巴拿马地峡延伸到太平洋的所有区域；还要认识到，加勒比海任意两点之间的航渡时间都很短。请记住，加勒比海的面积不大，其长度仅有地中海的一半，因此，一旦形势非常有利于进行这种冒险时，大规模的远征就可能出现。

当己方海军力量大大强于对方时，这种大规模跨海远征作战的安全就可以得到完全或部分的保障。在拿破仑战争期间，英国曾经多次派遣庞大的陆军部队进行海上远征。美国在墨西哥战争和南北战争中也是如此。1830 年法国征服阿尔及尔，以及英法在克里米亚战争期间的行动也都如此。在这些实例中，安全问题几乎不是一个军事问题；但当双方兵力接近时，甚至是对方明显占据优势时，情况就大为不同了。尽管英国海军的实力在拿破仑时期远远超过法国，但由于任务繁多，换言之，英国不可能在所有地方都有足够兵力，于是经常出现敌方舰队在海上遭遇英国重要运输船队的情况。因此，有必要为运输船队提供直接保护，也就是说，必须有一支分舰队伴随船队行动，这支分舰队的实力要与船队的重要程度成比例。如今，我们应当知道，这种运输船队在往返时都要有战舰护航；而绿水学派或存在舰队学派（Fleet in Being School）则主张，当敌方舰队出现在必经航线附近时，运输船队就不应当启航。在独立战争期间，交战双方的海军实力基本相当，双方也都曾组织过这样的运输船队。

因为海军兵力比敌人要强大得多，在分兵充分保护好整条作战线之后，不妨对渴望夺取的目标立即实施攻击，越快越好。假如在实施攻击行动过程中，要经过一个敌人控制并能掩护其舰船的战略性港口——一个由此出发能够截击己方煤炭或弹药补给的位置——那么一定要对这个位置严加防范，将其可能的危害降至可控范围。

牙买加和圣地亚哥紧靠向风海峡（Windward Passage）①，该海峡是美国大西洋各港口至巴拿马地峡的直接航道；加的斯和直布罗陀紧邻着所有舰船从大西洋进入地中海的必经之道。这些位置的军事特点是"从侧翼威胁航线"。假如敌方把战舰隐蔽在港内，那么就需要兵力保卫这条航线，兵力构成以及驻泊点邻近该港的距离，应以能够封锁港内舰船的活动为准。当敌方在蒸汽舰船航程范围内的任何一点部署了一支舰队，且实力强于我方分舰队时，这支分舰队就会因暴露而面临危险。例如，1799 年法国的布雷斯特舰队突然出现在地中海时，英国海军恰巧被分成了几支分舰队，这些分舰队可能会被法国舰队连续有效地各个歼灭。分舰队会削弱主力舰队的实力，但并不必然，也不是总会把主力削弱到影响夺取目标的程度。英国过去拥有广泛而重要的军事和商业利益，因此，其海上航线在许多地方受到一些港口，如布雷斯特、罗什福尔、费罗尔、加的斯、土伦以及稍远一点的港口从侧面构成的威胁。英国必须在每一个港口前面都部署一支与港内兵力相当的分舰队，以应对这一挑战。持续的这种兵力部署所产生的影响，以及阻止敌几支分舰队集结并发动进攻所产生的更重要的军事影响，往往会掩盖这样一个事实，即这些不同的海上要点就是这样被监视和封锁的；正如一位陆军将领在陆上保卫其进军路线免受一个要塞威胁的情形一样，如果不能攻克这个要塞，他的交通线安全就没有保障。

近来有一种倾向，在与交通线的终点进行集中设防的效果进行比较时，会对侧翼位置作用于交通线的效果产生了怀疑。其实二者之间并无矛盾，没有必要进行这种对比。马耳他对于在埃及地区作战的西地中海国家远征军的交通线，能够施加强有力的影响，但这并不能否定在埃及当地的机动兵力或

---

① 译者注：向风海峡，位于古巴岛与海地岛之间，宽 80 千米，深约 1700 米。西南延伸部分为牙买加与海地之间的牙买加海峡，是大西洋、美国东海岸通往加勒比海和巴拿马运河的重要航道之一。向风群岛，位于加勒比海东缘西印度群岛的小安的列斯群岛的东南部分，包括多米尼克岛、马提尼克岛（法国海外属地）、圣卢西亚岛、圣文森特岛和格瑞纳达岛等，因面向东北信风而得名。背风群岛，为加勒比海东缘西印度群岛的小安的列斯群岛的北部岛群，因位于东北信风带内，比南部群岛受信风影响小，故名。包括维尔京群岛（英国海外属地）、瓜德罗普岛等六大岛屿及众多小岛。

守备兵力的价值。1813 年，威灵顿在葡萄牙依托固若金汤的托里什·韦德拉什（Torres Vedras）防线①抵御法军的陆上进攻，以确保他在里斯本的海军基地安全；然而在菲尼斯特雷角（Cape Finisterre）② 附近海域活动的微不足道的美国私掠船，竟然能够严重扰乱里斯本与英国本岛之间的交通。

假如有这样一个据点，它位于或者靠近作战线，如今这条作战线又成为交通线——尽管对于运输船队并不安全，但战列舰舰队却可以安全通过这条线——通过迂回航线可以避开该点，完全摆脱敌方搜索获得相对安全，那么你很可能会改变交通线。也可以根据该港的特点或者港内战舰的已知数量，不时地启用这条航线，在运输船队通过航线的所有暴露航段时，派出大型分舰队进行护航。例如，在 1779—1782 年直布罗陀大围攻期间，英国就是派遣战列舰舰队为大型船队护航。

为前沿部署的舰队实施补给有两种方式：一种是单独由补给舰船伺机通过己方海军的巡逻航线输送补给；另一种是由大型船队在战舰的直接护航下输送补给。两种方式可能会同时使用；补给以护航船队为主，补给舰艇单独补给为辅。护航船队必须加强防御，因为敌人必然会密切监视它们的动向并伺机攻击，这是敌人次要的常规作战方式之一；因此，为了护航船队的安全打一仗，是理所当然的。单独行动的补给舰船则依靠其速度，以及巡航舰在海上的整体警戒情况，精心选择航线以避开危险。不论采取哪种方式，如果能拥有两条或更多的通往目的地或舰队位置的补给线，总归是有利无害的；此外，连续使用补给舰艇单独行动，或许比用大型护航船队更方便一些，因为大型护航船队在任何时候都必须有战舰伴随，这样就会削弱作战舰队的实力。美国正准备在巴拿马地峡建造要塞并派兵驻防。显而易见，一旦发生战

---

① 译者注：1810 年 10 月 11 日至 11 月 15 日，英国将领韦尔斯利率领 2 万英军和 3.5 万西班牙士兵，依托托里什·韦德拉什防线，击退了马塞纳指挥的 6 万法军，他由此获得"威灵顿子爵"的封号。之后，威灵顿一路追击法军，到 1811 年 5 月，解放了除阿尔梅达要塞之外的葡萄牙全境。法军此后再也无力大举入侵。托里什·韦德拉什防线以防线中间前沿的托里什·韦德拉什镇命名，由三条筑垒防御链构成，以拱卫里斯本的北面。1809 年 11 月开始动工，7 个月初步完工，之后不断完善。三条防线共有 108 个堡垒、447 门大炮。1810 年末又增加了第 4 条防线和 42 座堡垒。
② 译者注：菲尼斯特雷角，位于西班牙加利西亚大区的西海岸，在圣地亚哥城正西面约 90 千米处，海角朝向为正南，位于东经 9°16′，北纬 42°52′。在古罗马统治伊比利亚半岛时，认为菲尼斯特雷角就是大陆的最西端，再往前就是大海，连太阳都会淹没在海里。于是他们称这里为"大地的尽头"，并修建了太阳神庙。

争，可以非常方便地从墨西哥湾和大西洋，或者从太平洋进行补给。

一支舰队远离本土行动时，不应当仅仅依靠一条补给线。总体说来，对于作战兵力或者战前准备而言，集中是正常部署，但就补给体制而言，如果可以避免就不应集中于一条线上。这一说法实际上是梯也尔（Thiers）① 对于拿破仑至理名言的引用，"战争的艺术在于巧妙地分散以利生存，并在分散的状态之中能够迅速集中以利战斗"。

如果因为监视中间港口而必须分散兵力，由此造成敌我兵力相等；或者所余兵力虽然仍具优势，但在援兵到达之前却没有机会打破敌人的抵抗，那么此时不应分散兵力，而应当夺取这个中间港口；或者，如果认为现有补给足以维持打完决战的话，可暂时放弃交通线继续前进——也就是说，中断敌后方基地的联系，让敌方的侧翼港口失去作用。当然，除非必需的燃料确实不会短缺，否则决不能采取如此重大的一步。一艘舰船如果没有弹药，还可以逃跑；如果只有一半的食品配给，人们还可以活命；但是如果没有了燃煤，这艘舰船既不能战又不能逃。

如果像假设的那样——目标位于陆上，是敌人控制的一个港口或者一座岛屿，那么占领之后未必能像陆上要塞那样，立即对战争产生决定性影响；因为必要而有限的陆上交通线往往聚集在这样一个关键区域，占据这个要塞就掌握了绝对的交通控制权，而海上几乎没有类似的要塞。其原因在前面已经大致讨论过，海洋极为开阔，可以采取多条航线航行，以避免从特定的战略位置附近通过。一个陆上战略位置之所以具有诸多重要意义，原因在于陆军不得不沿着某些特定的道路行军，或者选择其他道路时将面临诸多不利情况。诚然，如今海上也有一些类似的要塞，比如直布罗陀。如果控制了博斯普鲁斯海峡或者达达尼尔海峡（Bosporus or Dardanelles）②，就可以把俄罗斯

---

① 译者注：路易·阿道夫·梯也尔（1797—1877），法国政治家、历史学家，早年当过律师和记者。七月革命后，先后担任内阁大臣、首相和外交大臣。1871—1873 年，担任法兰西第三共和国首任总统，是残酷镇压巴黎公社的罪魁祸首。

② 译者注：博斯普鲁斯海峡，又称伊斯坦布尔海峡，是沟通东面黑海和西面马尔马拉海的一条狭窄水道。海峡全长 30 千米，北面入海口最宽处为 3.7 千米，最窄处仅 708 米，最深处 120 米，最浅处仅 27 米。达达尼尔海峡，西南连爱琴海，东北接马尔马拉海，形状狭长，长约 61 千米，最窄处仅 1.2 千米。博斯普鲁斯海峡与达达尼尔海峡和马尔马拉海一起组成土耳其海峡，又叫黑海海峡，并将亚洲与欧洲分开。海峡可终年通航，具有重要的战略价值。

的黑海舰队彻底封锁在黑海内；而且不难想象，假如一个海上强国控制了北海两岸，而另一个同等实力的海上强国位于英吉利海峡和比斯开湾（Bay of Biscay）一线，那么谁控制了多佛尔海峡，谁就能在相当程度上遏制对方的行动。苏伊士运河也属于此类要点。

然而，上述举例均属例外。海上要塞的威力与陆上要塞同属一种类型，只是程度有所不及。在前面所举的例子中，如拿破仑占领了埃及和马耳他，恰恰证明了这一观点。当时，西方控制东方的钥匙握在法国人手中，他们却未能充分利用；不仅如此，这些地方最后反被敌方海军夺走。控制道路的交叉点，确实是件好事，但如果你既不能利用这些道路，又不能阻止敌人利用它们，那又有何益呢？

因此，如果能够先敌占领既定目标——或是因为战备充分，或是因为行动迅速，或是因为更靠近战场——但在尚未建立海军优势并控制联系本土的航线，以及那些位于刚刚占领的位置附近的重要航线之前，你不能认为你的占领已经稳固。当然，占领本身就意味着敌人失去了一个重要的基地，或者损失了大部分舰船，优势也许可以由此建立；更加常见的情况是，己方舰队在数量或质量上强于对方而出现的优势。显然，对于那些早在战争爆发前就已掌握的位置而言，也是如此；比如巴拿马运河地区和夏威夷，只有依赖舰队力量才能最终保持控制。必须记住，门罗主义并非军事力量，只不过是一项政治宣言而已。

假若决定性的海军优势并不存在，那你就应当做好在海上打一仗的准备，胜负将决定你新占领位置的最后命运；正如拿破仑远征埃及时，初战的胜利随着法国舰队在尼罗河海战中全军覆没而化为乌有。东乡平八郎在对马海峡向联合舰队发出信号，"皇国兴废，在此一战"，尽管主要是为了激发将士们的爱国热情，但最终仍然是对基本军事原则的简单的具体运用。准备充分、技高一筹、反应敏捷的日本人，抢先俄国人一步把国家力量通过海洋向外投送，正如拿破仑抢在英国人之前那样。日本在朝鲜和满洲已经取得了稳固的立足点，并夺取了旅顺口，正如法国夺取了埃及和马耳他一样。左右局势发展的位置钥匙，已经握在日本人手中；但如果东乡舰队战败，则仍然是前功尽弃，就如布吕埃斯败于纳尔逊从而断送了拿破仑的胜利一样。相反，俄国人同时派出了罗杰斯特文斯基的舰队，以相同的方式逼近那个渴望占领的位置，为了保障远洋作战，满载煤炭的船队与舰队同行；然而在接近目的地时，俄国人不得不先打一仗，可惜在战斗中俄国舰队、运煤船和护航队全部同归于尽。

　　这场不可避免的战斗如果发生在旅顺沦陷之前，而不是陷落之后，那么结论也许会好得多。假如己方的远征舰队的岸上目标防御力较弱，甚至很差，而敌舰队与你实力大体相当，那么敌舰队必将在距港口一定距离的地方对你实施进攻，而你在远征中必须兼顾运输船和补给船的安全，行动必将受到一定限制。假如敌舰队向母港方向机动，而你的目的在于截击它，就如东乡平八郎对抗罗杰斯特文斯基那样，则会出现更多的上述情况。

　　如果 1798 年纳尔逊追上了拿破仑，他应当且将会在海上发动进攻，因为他早已为此做好了全面准备；并且，如果他对战舰的攻击成功的话，就能有效制止拿破仑的远征。1759 年当法国已经做好大举进攻英国的准备时，以及 1795 年准备从土伦派遣 1.8 万部队收复科西嘉岛时，法国当局经过讨论，认为法国舰队应当首先与英国舰队决战，因为双方舰队实力相当，必须先消灭英国舰队才能确保航行安全。然而还必须看到，法国的航海技能整体弱于英国，法国海军将领的能力尤为如此，这正是促使法国海军部长极力支持上述方案的主要原因。

　　在这种联合远征行动中，舰队和船队到底是一同启航好，还是等制海权落定之后船队再启航好，仍然存在争议。与其进行僵化的教条式规定，不如反复思考再提出主意为好。显然，这个问题主要取决于起点与目标之间的距离。1759 年，1803—1805 年，拿破仑都试图登陆英国，现在德国也经常设想登陆英国，在这种登陆行动中，由于目标和预计的海战场距离很近，能够迅速掌握战斗结果，不会浪费宝贵时间，可随即输送登陆部队乘胜追击，此时敌方没有机会重新组织抵抗。因而，没有什么理由把陆战兵力事先暴露出来，使之共同遭受舰队失败所带来的灾难。因此，1805 年拿破仑把登陆大军集结在布洛涅，等待舰队出现在英吉利海峡，并取得他所期望的六个小时制海权。据说，1759 年的方案与之如出一辙。

　　但是，如果目标相距遥远，如埃及到法国，或巴拿马到美国或欧洲，或

167

夏威夷到太平洋沿岸的某个地方，那么海战胜利之后，应当迅速组织登陆行动，以免敌人利用登陆兵力到达之前的时间获得喘息。在这种情况下，随后的登陆战斗，是一次充分利用海战胜利时机的非常重要的后续行动；工具应当近在手边，这完全符合所有的基本原理。也就是说，护航船队，即登陆兵力应当紧随舰队行动，其数量至少应当能够确保攻占一个位置，并固守到援兵到来。这与在敌前强渡江河的方法完全一致。渡海不外是渡江规模的扩大而已。登陆兵力的数量只要与固守待援的当前任务相符就行；数量多少是个细节问题，并非原则问题，而且会受到许多其他细节的影响。当然，一个具有决定性的细节，是不希望在舰队被击败时导致过多登陆兵力被俘。

其次，近距离进攻可分为大规模的主力战和具有佯攻性质的牵制战。如果风险与规模成正比的话，后者面临的风险自然要比前者大一些；因为总的风险并不大，即使失败也不会太惨。一艘小艇可以承担的风险，就不应动用一艘战舰，一艘战舰可以承担的风险，就不要轻易动用一支舰队。从战略上看，牵制战的胜利虽然对于战争胜利的作用或许很大，但却不如大规模主力战的胜利那样关键。大规模远征，即武装进攻（invasions in force），具有稳定持久的特点，既要行动迅速，又要稳步推进，作战体系完备，前后作战阶段衔接紧密，从整体来看，是一次持久的连续作战行动，就像 1870 年德国进攻法国那样。牵制战，尤其是海上牵制战，通常设定为一场短促战斗，或者，最多是一场根据情况变化而进行的战斗。因而，实施牵制战的一切作战手段必须随时备便，在到达目的地之时可以立即展开行动；这就意味着陆军部队必须跟随舰队行动。在英国的传统做法中，陆军部队跟随舰队行动的实例数不胜数。比如多次对于西印度群岛的远征，1762 年对哈瓦那的远征，法国大革命战争期间的其他远征，以及 1801 年法国对埃及的远征，都属于此类远征行动。这些远征的规模虽然大小不一，但都是海军与陆军一同航行。

然而，英国的战史表明，如果英国海军的优势没有那么强的话，它们的辉煌战绩肯定要打折扣了。1796 年杰出的陆军将领奥什（Hoche）① 远征爱尔兰的作战行动更具有说服力。他的部队原定为两万人，但实际人数不足。法国希望这支部队能够成为爱尔兰起义的中坚力量；也就是说，最后的行动取决于爱尔兰局势的变化。无论怎样，这次远征仅仅是一场牵制战；而要使这场牵制战获得成功，陆军部队应当在舰队抛锚之后立即登陆，并协同作战。1690 年法国试图进攻不列颠。这只是一场牵制战，主要指望的还是爆发一场支持詹姆士二世（James II）② 的起义，因此舰队中没有输送陆军的船只同行。法国舰队在比奇角海战（Battle of Beachy Head）③ 中大获全胜，迫使英荷联合舰队退出了英吉利海峡；但因为陆军不在身边，无法继续扩大战果。

　　一般来说，如果海军在一定时期内没有优势，那就不应当尝试大规模的跨海作战。理由在前面已经给出，在战争中，主要行动的每一步骤都必须紧密衔接，如果海军不能控制海洋，就无法实现上述要求。然而，即使海军处于劣势，有望获胜的牵制战也应当获准实施，但必须审慎考虑，权衡利弊得失。当双方海军兵力相当时，如 1690 年英法战争期间和美国独立战争期间，通常做法是双方毫不犹豫地派出小规模的登陆兵力，并以合理的护航兵力随行。

---

　　① 译者注：路易·拉扎尔·奥什（1768—1797），法国大革命时期的将领。16 岁加入近卫军，1793 年在敦刻尔克成功击退了英奥联军，被晋升为准将。同年，作为摩泽尔方面军司令，在几次交战中打败奥军。1796 年平定了王党叛乱。7 月，受命组建一支远征军前往爱尔兰，支持当地的抗英斗争。12 月 17 日，船队启航，但随后被一场突如其来的风暴打散，远征之事就此作罢。1797 年曾短暂担任战争部长，但因难以忍受政治斗争而重返前线。当年 9 月 19 日，因病去世。拿破仑曾评价奥什是一名真正的战争之子。
　　② 译者注：詹姆士二世（1633—1701），斯图亚特王朝第 12 位苏格兰国王及复辟后苏格兰及爱尔兰国王。他是最后一位信奉天主教的英国国王，一生跌宕起伏。1660 年，在其兄查理二世复辟英国王位期间，任最高海军大臣，在第二、三次英荷战争中充分展示了其指挥才能，1664 年荷兰殖民地新阿姆斯特丹被英军攻克后改为纽约（新约克，因为当时詹姆士的封号是约克公爵）。1685 年继承王位，由于他的宗教信仰遭到臣民抵制，在 1688 年的光荣革命中被剥夺王位。王位落入他信奉新教的女儿玛丽二世和女婿威廉三世手中（荷兰执政）。詹姆士二世逃到法国，得到了路易十四的保护。1689 年 3 月，詹姆士二世率领一支法国军队在爱尔兰登陆，但在第二年 7 月战败后，又逃回法国。1697 年，路易十四与威廉签订条约结束了敌对状态。詹姆士二世在圣日耳曼度过了余生。
　　③ 译者注：比奇角海战，也叫滩头岬海战，是大同盟战争（1688—1697 年，也叫九年战争）期间一次重要的海战。1690 年 7 月 10 日，在女王严令之下，英国海军上将赫伯特率领由 56 艘战舰组成的英荷联合舰队，与图维尔上将率领的 75 艘战列舰和 11 艘其他舰船组成的大舰队，在英吉利海峡的比奇角海域展开激战。英军大败，共损失 16～17 艘战舰，法国无一损失，取得了近两年的海峡制海权。但图维尔没有乘胜歼灭赫伯特的残余舰队，归国后他被解除职务。比奇角，源于法语，原意为"美丽的海角"，位于英格兰南部的布莱顿和伊斯特本之间，北纬 50°73′，东经 0°24′，是一处天然的白色悬崖，最高 162 米，是著名的旅游胜地。

　　防御方的舰队在何处进行搜索、发现和打击航渡中的远征部队，这属于战略范畴的问题。1805 年纳尔逊从西印度群岛返航欧洲时，对手下的舰长们宣布，如果遇到正在追击的法西联合舰队，即使是 12 艘战舰面对 20 艘敌舰，他也一定开战；但他又说，直至已经接近欧洲，否则他不会交战，除非机会实在是太诱人而无法抗拒。我并不清楚纳尔逊这么做的原因是什么。据我推测，面对敌我双方在兵力上的差距，他将尾随敌人以待战机；如果时机不成熟，他无论如何也不会与之交战，因为在此前后他都曾经说过，"直至法国人把我彻底打败，否则今年他们别想危害英国"。这是一个正确的战略思想。如进攻部队被束缚在一条，或至少在少数几条航线上时，交战地点的选择权将在一定程度上握在防御方手中，当然前提是防御方确切地掌握了进攻方的动向。

　　举例说明：如果纳尔逊于 1798 年尼罗河海战之前，就已确知法国舰队的航向并选好了交战地点的话，这个点最好是靠近埃及。因为一旦英国取胜，纳尔逊就能在远离法国本土的地方彻底消灭他们；反之，如果纳尔逊战败，也会因为战场远离英国而不致本土遭受严重损失。如果一方有充分的理由希望在某一位置进行交战，那么同样的理由也会促使另一方力求避免在此处应战。总的说来，迫使进攻者应战的地点，应当距其本土基地越远越好；但一定要记住，在目的地附近取得的小胜或局部胜利，并不一定能阻止远征军的登陆。假设从古巴出发远征圣卢西亚，在这种情况下，防御方的舰队很可能采取进攻行动，力争在半道截击远征军并骚扰其航线——这将使得防御方在自由机动方面取得决定性优势。这种骚扰和待机，正是纳尔逊所倡导的战法，他还主张在距离敌人目的港足够远的地点坚决发起攻击，一举结束会战。而攻击的方式选择是战术范畴的问题。

　　如果海军尚未取得决定性优势，则在攻占目标之前或之后，必须进行一次会战；假如存在这种优势，就应当充分利用，在所到之处彻底捣毁敌人的残存舰船。至于海军处于劣势时的相关问题，就无须讨论了；因为我们认为，面对敌人的优势舰队，除非只是进行牵制战，否则没有理由发动海上远征。1798 年，拿破仑率领 13 艘战列舰驶向埃及，当时英国在地中海只有 3 艘战列舰，尽管纳尔逊在援兵到来之后积极行动，能够追上并赶超法国远征军。即便如此，英国舰队实力仍然稍弱于法国。相反，法国在同一年和 1796 年对于爱尔兰的远征皆告失败。尽管原因很多，但实际上终究还是因为海军的实力劣势，正是这个劣势迫使他们选择在一年之中风暴最猛烈的时候开始远征，原以为有利于避开英国舰队，却不料因此使自己陷入了灾难。如果选择一个更好的季节，那么英国海军的控制作用就会更直接，更明显。千万不要把这句话理解为对特定行动的批判之意。这种特定行动只是牵制作战，显然经过了精心谋划，能够经得住前面所提及的标准的检验；也就是说，预期收益明显超过了失败可能造成的损失。

因此，这样一支远征军在航渡过程中应尽可能保持集中。在此期间无须为交通线担心，因为急需的必要补给也都在伴随航行。因此，要担心的不是战略问题，而是战术问题，即如何保护运输船队的安全，以及一旦与敌遭遇如何机动的问题。编队的警戒和联络任务由轻巡航舰负责；战斗序列中的主力战舰，应当部署在能够为舰队司令和护航船队提供有效支援的范围之内。

战斗舰艇的持续集中，是极其重要的一个基本条件。无论是其他情况需要分兵，或者是为应急而派出分舰队，但这些战斗舰艇一定不能分散。1796 年法国远征爱尔兰时，如果陆、海军指挥官能够保持战列舰的集中——而不是把它们从作战兵力中分散出去，很可能会像两年之后拿破仑在埃及那样成功地完成登陆任务。拿破仑也许吸取了此次教训，他始终与舰队司令一起位于最大的一艘战列舰上。运载陆军部队开往埃及的船队分别从几个港口出发，在中途集结。当奇维塔韦基亚（Civitavecchia）① 遥遥在望时，舰队司令曾向拿破仑呈送了一份书面请示，要求派 4 艘战列舰和 3 艘巡航舰（frigate）前去为该港的船队护航，直至其与主力会合。拿破仑在此命令上批示道，"如果在分兵之后 24 小时里出现了 10 艘英国战列舰，我将只有 9 艘而不是 13 艘战列舰应战敌人"。舰队司令对此无言以对。这个小插曲对于思想和目标要集中的必要性提供了颇有价值的例证；或者用拿破仑的话说，"目标要专一"，兵力集中也一样。舰队司令认为，通过分兵既能保护主力船队，又能保护即将到

————————
① 译者注：奇维塔韦基亚，意大利中部城市，在罗马东南约 70 千米处，是其主要港口，濒临第勒尼安海。

达的分船队。拿破仑却看到，结果可能不是二者都得到了保护，而是二者都因暴露而惨遭覆灭。因为，假如分舰队与英军遭遇，兵力对比为 13∶4；如果主力与英军遭遇，则为 13∶9。即使分舰队有 9 艘战列舰，也不见得就比有 4 艘更安全，主力的情况也是如此。那支小船队在暂时无法避免分散的期间，只好任其独自犯险。这个例子，与主张把美国舰队分别部署在大西洋和太平洋两边的观点绝对是如出一辙，与俄国在刚刚结束的日俄战争中所犯的错误也完全一样。

只要陆军部队仍在海上，护航舰队就应以之为中心进行部署，这是一个战术问题，所遵循的规则与所有陆军部队在行军中可能会遭遇敌人时应遵循的规则一致；但在到达目的地并获得胜利之后，陆军部队就应当独立实施防御，舰队解除因护卫而实施的战术部署，随之而来的是保护与陆军的交通线，控制海洋以及舰队如何部署以最好地确保实现作战目标等战略问题。像马耳他这种位于交通线翼侧的敌占中间港，到时可能会牵制舰队的全部或者至少一部分兵力。

上面我们就一般原理对当前的主题进行了阐述，并辅以战例佐证。现在我们通过历史上两个远征战例进行详细讨论。两个战例虽然间隔两千年，但从中得出的教训有力地证明了基本战略原则的永恒价值。

爱德华·克里西爵士（Sir Edward Creasy）在《十五场世界经典决战》（*Fifteen Decisive Battles of the World*）[①] 中，将公元前 415 年雅典人对于叙拉古的失败远征列入其中。姑且不论他的具体观点是否得当，但这一事件对于军事历史持怀疑态度的人来说，肯定具有很高的价值，因为它表明在所有的物质条件或技术条件的发展之下，战略问题尽管会受到各个时代特定战术困难的影响，但其本质却没有丝毫变化。

该问题涉及的时间，是在罗马与迦太基之间的战争，即布匿战争之前的两个世纪，雅典在当时是拥有压倒性优势的海权强国。雅典控制着爱琴海诸

---

① 译者注：爱德华·克里西爵士（1812—1878），英国历史学家和法学家。毕业于伊顿公学和剑桥大学国王学院。1840 年被聘为伦敦大学现代史和古代史教授，1860 年被任命为锡兰首席大法官，受封爵士。1870 年回到英国。《十五场世界经典决战》初版于 1851 年，是西方军事史学的经典。此外，他还著有《英国史》《英国宪政的起源与发展》《奥斯曼帝国史》等。

岛的资源，以达达尼尔海峡两岸和现在称之为土耳其欧洲部分的大陆为中坚基地，由此雅典的贸易拓展到了黑海，以及小麦的中心产地克里米亚。在将近二十年的时间里，雅典与以斯巴达为首的伯罗奔尼撒半岛诸联邦进行战争。雅典由于缺乏像英国那样可以立即带来力量与安全的岛国位置，只能眼看着阿提卡（Attica）①地区的那一小片领土被敌人强大的陆军碾压，直到城墙之下；但雅典依靠庞大的海军和商业财富——换句话说，依靠海权傲然屹立。雅典依靠海权在敌方海岸上控制了两个遥远的前沿据点：一处位于皮洛斯角（Cape Pylus），今纳瓦里诺湾（Bay of Navarino），即英、法、俄联合舰队于1827年在爱德华·科德林顿勋爵（Sir Edward Codrington）②指挥下歼灭土耳其舰队的地方；另一处在纳夫帕克托斯（Naupactus），位于科林斯湾（Gulf of Corinth）入口处。两处哨所都是颇具价值的战略要点，既可用于进攻敌国领土，又可用于拦截来自西西里岛的谷物贸易，该岛居民是与斯巴达有血缘关系的希腊人。此外，克基拉岛（Corcyra），即现在的科孚岛（Corfu），与雅典结成紧密联盟。在古代，从希腊开往西西里岛的桨帆船的航线就是沿岸航行至科孚岛，然后越海至艾厄皮吉恩角（Iapygian Promontory），今圣玛丽亚·迪·莱乌卡角（Cape Santa Maria di Leuca），由此沿意大利海岸前进，因此科孚岛对于控制者的战略价值显而易见。于是该岛被定为运输船队的集结地；然而，能将所有这些力量要素结合在一起的伟大纽带，是雅典海军。

这正是公元前413年雅典决定征服西西里岛的主要城邦叙拉古，以此作为夺取全岛前奏时的形势。在促使雅典采取这一重大步骤的许多动机当中，涉及跨海远征，这大大超过了以往的任何企图，我们在这里只关心军事问题；对于其他动机仅仅是一带而过，因为我们的注意力主要集中在此次远征本身，而不是整个战争。

---

① 译者注：阿提卡，是古希腊对雅典所在地区的称呼。现在指雅典所在大区，包括雅典省、比雷埃夫斯省、东部雅典省和西部雅典省，还包括萨洛尼克斯半岛南部海上的基西拉岛和安迪基西拉岛，总面积3800平方千米，总人口约400万，占希腊人口的1/3。

② 译者注：爱德华·科德林顿（1770—1851），英国海军上将。14岁加入海军，1794年任豪上将的副官。1805年参加特拉法尔加海战，任"猎户星"号舰长。1809年参加对荷兰的远征，此后又参加了半岛战争和对美国1812年战争的海上作战。1814年晋升少将，1821年晋升中将。1826年任地中海舰队司令。1827年指挥纳瓦里诺海战，歼灭了土耳其海军的主力。1837年晋升上将，1839年任朴次茅斯基地司令。他的两个儿子，也先后成为海军上将。

进攻西西里岛的军事原因，首先是因为岛上的大部分希腊城邦都对雅典怀有敌意，因此雅典担心它们及其舰队会加入对立方参与当时的残酷战争。这个担心如果成立，那么做出趁其尚未准备就绪立即发起攻击的军事决策，无疑是正确的，而且符合现实需要。因为，一旦对手实现了联合，必定会严重危及雅典及其生存的海上安全。这种形势很像 1807 年英国在哥本哈根俘获丹麦舰队的情况，当时英国政府获悉拿破仑与沙皇达成了默契，打算迫使丹麦海军与法国合作，加入其整体海军政策之中。第二个原因是，当年西西里的小麦与往年一样实现了大丰收，雅典担心敌人将从那里获得粮食补给，就像雅典从黑海获取粮食补给一样。如果有足够的力量成功登陆并占领岛上的主要港口，那么上述两点将会证明，这一计划从军事角度来看切实可行。在权衡了雅典舰队司令可能出现的错误，以及我无法全面了解的那个时代的海上困境之后，我仍然相信，雅典的海权足以胜任这项任务。

关于整体军事政策的论述，到此为止。接下来分析这次远征作战特定的战场条件。

雅典在希腊各城邦中距离西西里岛最远。斯巴达的领土在伯罗奔尼撒半岛，恰好位于西西里岛与雅典之间。雅典控制着半岛南端附近的基西拉岛（Cythera），以及半岛西面的克基拉岛，同时还依靠海权控制着爱奥尼亚海（Ionian Sea）的其他岛屿，并占领了纳夫帕克托斯和皮洛斯两个港口。沿着雅典舰队经常往来的意大利南部海岸直到墨西拿海峡（Strait of Messina）①，每一个城邦都有敌对的或者不友好的；而位于航线两端的塔兰托和洛克里（Locri），一个位于意大利的靴子跟，另一个位于意大利的靴子尖，更是敌意满满。位于墨西拿海峡左岸的墨西拿城，由于政权的更迭，如今也已站在了反对雅典的一边。接着便是西西里东岸的三个友好城邦，再过去便是第一个作战目标——叙拉古。这次远征的惨败永远打消了雅典再进一步的想法。

以叙拉古为目标完全正确。它是西部地区对雅典构成的整体威胁的前沿和中心。假如雅典的海上力量的确与本事件所表明的那样强大，那么对叙拉

---

① 译者注：墨西拿海峡，位于亚平宁半岛与西西里岛之间，连接第勒尼安海和爱奥尼亚海。海峡从北到南长 39 千米，北宽 3.2 千米，南宽 16 千米，水深 274～1100 米。主要港口有西岸的墨西拿和东岸的雷焦卡拉布里亚。

古的直接打击是正确的。在具体实施过程中，远征军必须从能够掩护敌舰队的敌方战略据点附近经过；但雅典的将领们有理由相信，这些战略据点如果没有增援的话，就不敢采取任何针对性行动。这个判断非常正确。这些城邦对于雅典又恨又怕，除了补给淡水和允许抛锚之外没有提供其他帮助，但也没有一个敢于阻挠这支海上力量。雅典人因此与本土基地中断了联系，但他们拥有足够的兵力在叙拉古的援军到达之前占领之，因为他们有充分信心依托制海权让交通线附近的敌对城邦望而生畏。实际上，除塔兰托之外的这些敌对港口，最终还是允许围攻叙拉古的雅典人从他们那里获取补给，并成为雅典新的补给和资源基地。

　　这是已经发生的事实。关于可能发生的情况——叙拉古拥有一支虽然处于劣势但不容小觑的舰队，在战略条件下，这支舰队对由战舰和运输船组成的远征军施加了许多难以克服的战术困难——一位叙拉古人在城邦的公民大会上的演讲对此进行了极好的阐述。此人名叫赫摩克拉底，他建议积极发挥塔兰托战略位置的作用，位于雅典作战线的翼侧，向那里派遣一支舰队，或者威胁敌人的海上交通阻敌前进，或者敌人如果继续前进，则待时机出现时攻击敌人及其舰队——所谓的纳尔逊时机，太诱惑而无法抗拒的时机。赫摩克拉底的演讲如下：

　　　　依我来看，还有一点比所有其他各点都更加关键，更加重要；尽管由于你们习惯了悠闲的生活，可能不会获得你们的支持，但我还是要大胆地提出来。如果我们西西里岛的全体公民，或者至少我们叙拉古人，与其他能够援助我们的人们一起，立即将所有准备就绪的战舰开赴海上；并且带足两月之需的粮食，如果我们能够在塔兰托，或者艾厄皮吉恩角迎战那些雅典人，在那里让他们确信，在打响征服西西里的战争之前，必须首先为穿越爱奥尼亚海的航线而战，我们要用最可怕的方式打击他们。我们要让他们无比混乱，让他们认识到我们从友好港口出发去保卫我们的外围防线，因为塔兰托会欣然接受我们；而敌人却要搭乘笨重的运输船穿越广阔的海域，经历漫长的航行，他们一定会发现，总是无法保持正常的航渡队形。如此一来，推进必然缓慢，只有恢复特定队形才能继续前进，于是我们就有了大把的机会攻击他们。如果他们再次整好队形，快速向我们冲击，他们就必须拼命地划桨，等到他们筋疲力尽时，我们就能够攻击他们；① 或者，一旦战况不利，我们总是能够退入塔兰托港内。

如此一来，如果雅典人在海上经常处于待战状态，而且只有少量自带的补给，在沿着无法获得补给的海岸航行时，他们就会陷入一场巨大的灾难之中。假如他们决定继续停留在他们的补给站（停留在科孚岛），他们将不可避免地被封锁在那里；如果他们冒险出航，他们一定会把补给船留下（因为在当时的战斗中这些船只会带来战术上的困难），而且由于无法保证能够得到海岸各城邦的热情接待，雅典人必然会极度惊慌（为他们的海上交通线担心）。我坚决认为，鉴于这些困难所造成的巨大思想混乱，他们绝对不会贸然从克基拉岛出航；或者至少，当他们为作战计划焦虑不安，并派出侦察船查明我方战船数量和位置时，时间也就拖到了冬天。

从这篇演说中可以明显地推断出，在战略上以及战术上影响海上作战的更深一层的细节：古代的舰队如果打算在海上维持一定时间，就要像上例中从科孚岛航行叙拉古那样，不得不装载大量的粮食和淡水，这将导致舰船的吃水较深，机动迟缓而且困难。换句话说，关于航线的战略性考虑，即选择较短的航线还是沿着友好的海岸线前进，是事关舰队效率的战术问题，其中速度和转向能力（turning power）最为重要。同样的想法也适用于在敌人战术打击范围之内的燃煤超载情况，就像罗杰斯特文斯基所做的那样。值得注意的是，由于划桨极耗体力，必须为桨手提供充足的营养，在天热时需要特别补充水分。

赫摩克拉底的计划具有以下突出的重要特点：认识到位于敌人必经航线

---

① 雅典水手最为老练，他们的战术是依靠高超的操船技能，用船首撞击敌人的船舷，以本船最坚固的地方打击敌船最脆弱的地方。在这个机动过程中，桨手们必须全力以赴，这需要充沛的体力。叙拉古人把他们的船首进行了超常加固，以船首对船首，就像两只硬碰硬的鸡蛋，看谁更硬。叙拉古人的操船水平较差，如果雅典桨手们体力充沛，加上操纵性更好的战船，则叙拉古人难以保证进行这种特殊的撞击。而罗马人一旦与敌人接触，却不会因桨手疲劳而受到影响；因为他们会把敌船钩住，再让体力充沛的战士冲上敌船进行战斗。所有这些特点都是战术性的；其中每一项，恰如 1800—1812 年期间美国海军以 24 磅炮替代 18 磅炮那样，是真正的战术性源泉。

翼侧的塔兰托的战略价值，其作用与牙买加、直布罗陀、马耳他相同；建议利用塔兰托的有利位置，迅速动员叙拉古或西西里的舰队，并集结在雅典航线翼侧的一个可以免遭攻击的位置上。这就意味着，首先，要形成一种敌人无法忽视的威胁；其次，以一支弱旅随时准备听令发起进攻，打击敌人作战计划中最薄弱且最致命的环节。

从赫摩克拉底的建议中，我们看到了一种真正的、丰富的战略思想，尽管由于战术条件的限制，但这种思想却在两千年前由一个对"战略"或"战术"这两个术语闻所未闻的人提出来，他没有试图从中总结出若干原则。然而，如果有人企图从这位无师自通的天才的远见卓识中，故意断章取义，认为把战争作为一门艺术来研究毫无意义的话，那么这篇演讲所受到的冷遇和侮辱，以及一名反方演讲者发出的保持过度民族自信的狂妄自大的呼吁，就会将其从臆断中迅速纠正过来；反对者这种希腊式的投其所好的废话（buncombe），在修昔底德的史书中可以看到。赫摩克拉底的忠告遭到了蛮横无理的拒绝，结果雅典人长驱直入，导致叙拉古被围攻，历尽磨难，九死一生，前面提到的那些曾经友好的意大利—希腊城邦也纷纷改变态度。不管叙拉古举行公民大会的动机如何错综复杂，了解战争原则可能会给正确决策带来一次机会，使这座城邦免于毁灭；要不是雅典将领太过愚蠢的话，这座城邦早就被摧毁了。

但是还要补充一点，尽管赫摩克拉底的计划非常正确而且符合当时的情况，但并不一定就能确保叙拉古的安全，因为它的力量实在过于弱小。这个计划极为巧妙，能够获得的机会也最多；然而，如果雅典人也具有相当水平的话，那么最终必然是强者获胜。事实上，赫摩克拉底设想把叙拉古的舰队派往塔兰托，恰好证明了一支存在舰队的力量和局限，关于存在舰队的问题我们已经听过很多次了，而且还会听到很多。塔兰托将吸引住雅典的攻击，因为他们的舰队恰好在此；就像旅顺曾经吸引住了日本的注意力，以及1898年美西战争中圣地亚哥曾经吸引住了美国的注意力一样。至少在塔兰托陷落之前，叙拉古将被舰队拯救。叙拉古的暂时安全证明了存在舰队的作用；而它在塔兰托之后被占领，则表明这样一支明显劣势的舰队的局限性。

伯罗奔尼撒战争中的这段插曲，尽管就结局而言只能如此，但却为我们指明了任何时代跨海远征的所有条件。现将其列举如下：雅典为本土基地；克基拉和其他各点为中间基地，它们对于雅典的作用，如同直布罗陀、马耳他和海外加煤站一直以来对于英国的作用一样；目标是叙拉古；横渡爱奥尼亚海或者沿着意大利海岸前进所必经的国家，有的保持中立，有的态度暧昧，有的心怀敌意；塔兰托和其他姊妹城邦是敌人的前沿据点；雅典海军的实力较强；叙拉古舰队虽然规模较小，但实力不容小觑；海上交通线面临困难；补给船队是战术累赘；舰船长距离超载航行所造成的战术困难，在今天依然存在；然而，桨手疲劳导致的战术困难如今已不复存在；在中途迎击敌人阻敌前进是明智的；于本土采取守势待敌是危险的；要认识到，进攻才是海军的真正职能。所有这些概括性要点及其诸多细节，都可以从这次雅典的远征行动中找到，其中大部分涉及了目前正在应用的一些原则。实际上，把这次古代桨船的远征放在显微镜下观察，则所有海上攻势行动的主要特征都会一目了然。

尽管在这次会战中雅典人遭到惨败，但他们的计划却有着充分理由，因为他们的海军实力遥遥领先，因而有能力横渡控制之下的海洋进行远征作战。

而对于 1798 年拿破仑远征埃及的行动，却不能下同样的断言。这里不对这位法国将军采取这一行动的复杂动机进行分析，他很可能由于性格原因对战争中的机遇深信不疑，正如他在此次会战前后经常所做的那样，而且从长期来看从未失手。同样，当远征军离开土伦时英国在地中海上只有 3 艘战列舰，他甚至可以忽视这种存在。因此，这是一次非常合理的兵力占优的机会，远征军在敌阻击兵力到达之前就能够完成登陆。一旦登上海岸，拿破仑便可依靠被征服国家的资源以及他卓越的军事才能和管理才能向纵深推进，这并非毫无道理；而且似乎还有一个令人信服的理由，如果法国舰队采用了类似于赫摩克拉底提议的方案，可大大增加英国舰队的混乱，从而大大增加法军获胜的概率。

当拿破仑在埃及站稳脚跟时已经完成了第一个目标，他的进攻目标至此实现，随后则需要转入守势，以劣势海军对抗英国舰队。埃及所处的位置恰同叙拉古相对于雅典的位置，因此必须认真思考"该如何运用舰队"这个问题。身为陆海军统帅的拿破仑对此深感忧虑。许多政治的和管理的因素，必然会对他产生影响；但从单纯的军事角度来看，他的决策显然考虑到了最坏可能。

保持与本土交通的畅通，不仅是拿破仑取得最终胜利的必要条件，也是法国陆军在埃及维持生存所必需的条件。毫无疑问，他有能力瓦解埃及的抵抗；然而，由于战斗和疾病的原因，部队必然遭受较大损失，如果继续前进，这是必然的，将不可避免地分散兵力，从而造成进一步的损失。这需要不断补充兵员。而战争所需的各种弹药和装备等物资，又需要从本土运输，更不用提在部队得知已经丝毫无希望返回法国时对于士气的打击。而且，舰队在适合的环境里还能与陆军协同；事实确是如此，数月之后巡航舰在对叙利亚的远征中，就曾经与陆军并肩作战。

英国舰队是威胁这一切的危险源头。如果听任这支舰队随心所欲地到处游弋，则沿线没有一个港口——比如，法国控制的马耳他——能够保持交通畅通。尽管法国舰队司令乐观地坚信，他有足够力量抗击英国人，但现在的人们清楚当时英法舰队在数量上难分伯仲。

批判者都是事后诸葛亮，认为拿破仑远征埃及的企图，就像雅典远征叙拉古一样，都是妄想。在对这类问题深入思考之后，我认为，尽管失败的可能性要大于成功的可能性，但的确存在足够有利的时机证明这一作战企图是合理的。许多军事评论只是简单地批判导致失败的风险。一个研究战争的人，首先要牢记拿破仑的那句名言，"不敢冒险，就无法进行战争"。过分夸大存在舰队及其对敌威慑作用的观点，本质上是假定战争只能在且一定在没有冒险的情况下才能进行。当格兰特将军不顾谢尔曼的真诚告诫而执意经维克斯堡南下时，他冒着多么大的风险；还有法拉格特，当他绕过一个个要塞南下新奥尔良，任凭这些要塞控制着身后的河流时，他又冒着多么大的风险。

拿破仑的命令清楚而准确，如果亚历山大旧港内水深足够的话，应把战舰开进港内；如果水深不够，就应当驶往当时法国控制的科孚岛，或者土伦。这些命令首先考虑的是舰队安全；其次，如有可能，应把舰队置于拿破仑的亲自控制之下。把舰队驻泊于亚历山大有两点不妥：第一点属于战术范围，舰队虽然非常安全，但却很容易遭敌封锁，而且面对主动之敌很难开出港外并编队；第二点是战略上的失误，法国舰队的出现，正好把英国舰队吸引到从法国过来的运输船和补给船必须集结的那个点上。法国海军占据这一位置，就完全放弃了海军的特性，即机动性和进攻性——这是赫摩克拉底小心翼翼要确保的东西——而且无法实现与本土交通保持畅通的目标，尼罗河海战之后所形成的局面即是如此。一位法国海军军官如实指出，因为出入困难，亚历山大港的法国舰队会被一支劣势兵力封锁在港内，当舰队以纵队依次驶出那个狭窄的出海口时，先导舰船一定会被他们迎头痛击。

法国舰队司令违背了这些命令，于是情况更加糟糕。他锚泊在亚历山大港附近的一个开阔海域，除了便于出入之外，这个地形使得敌人能够毫无困难地发起攻击；而加强防御的相应部署却又迟缓而欠妥。法国战争委员会曾经开会讨论过，舰队在行进中迎敌或是在锚泊中迎敌，哪种方式更优。会上决定，应当抛锚待敌；排成一列抛锚就是根据这一决议而设。必须指出，这个决定是战术上的，而不是战略上的，而且违背了拿破仑在其战略部署中关于海军真正任务的命令。从战术上看，法国舰队被指挥官置于被动的防御态势，完全放弃了运动力、机动力和攻击力。从战略上看，拿破仑此次是依赖存在舰队来威慑土耳其。

然而，人们普遍认为，战略上的错误比战术上的错误影响更为深远，如果战略部署不当，即使战术成功也无法产生全部效用。因此我们可以集中精力于战略错误。即使尼罗河海战的结局有利于法国，舰队在战后能够按照拿破仑的命令撤出并进入亚历山大港，对于埃及远征作战也没有什么积极作用。我们假定，通过打击孤立的英国分舰队，致其遭受一定损失，甚至完全丧失战斗力，法国舰队可获得相对英国海军的优势；但拿破仑让舰队留在亚历山大港的目的，在于将其掌握在自己手中，这将使胜利变得毫无意义，因为无论法国舰队在哪里，它都会像磁石一样把一支兵力相当的英国分舰队吸引到那里，如此一来，这支分舰队就占据了亚历山大港外最有利的切断来自法国补给的位置。

假如确定的战略部署错误，那么应当如何使用海军呢？

正是在这种情况下，清楚而坚定坚持原则将会受益匪浅。将"原则"（principle）一词局限于精神活动，是一种非常狭隘的理解，正如道德原则有益于完善人生一样，正确的军事原则有益于军事行动。同时还必须承认，将原则运用于特定情况，不论是在战争中还是在精神上，往往颇为困难。

如果赫摩克拉底方案所遵循的原则被采纳，也许是无意识的，那么海军在防御任务中的角色就是随时准备进攻，并对敌构成威胁，立即可以发现，这个规定仅仅关注了舰队的安全，却瘫痪了舰队的运动力，正如将舰队封闭于亚历山大港内的错误。如果在那被英国舰队发现，它就会被牢牢地钳制住。

舰队如果不在亚历山大港，又该开往何处呢？拿破仑提出了两个可供选择的港口，科孚岛和土伦。这两个港口的优势包括：舰队不致像在亚历山大港那样，会被轻而易举地封闭在港内；如要封锁，则需要较大规模的兵力；如果把舰队用于封锁，则难以阻断法国与埃及的海上交通。在土伦，的确，英国舰队正好位于战略要点之上，那里是法国运输主要补给的起点；但从一个被封锁的港口溜出来，总是比开进去更为容易，然而想封锁一支大型舰队，敌人却很难在冬季停留在土伦港附近。

科孚岛是拿破仑可选择的第三个港口，与土伦相比，其位置具有完全不同的决定性优势。英国舰队如果想监视该岛，势必要远离土伦和埃及之间的直接航线达三百海里以上，帆船至少要航行两天，更不用说还有接收情报的困难。一支处于防守态势的海军的职责，正如在埃及的法国海军相对于英国海军，应通过行动或以行动相威胁，用攻势来保持交通线的畅通。只有发挥舰队在广阔海域的机动力，在机会出现时量力而行，争取主动，才能实现这一目标，因为主动是进攻方的独有权利。保持一条确定航线的畅通，手段无非是把敌人从航线上诱离或者驱离出去。如果没有足够的力量驱离敌人，那么应当尝试牵制行动——在其他地方、从尽可能多的方面威胁敌人的利益，利用所有已知的战争诡计让敌人不断误入歧途。正如常言所道，战争即位置之争，因此，对于要发挥此种影响的舰队来说，为其选定一个主要的海军基地是头等大事。科孚岛并非完美无缺，但与当时法国控制的其他港口相比，它的条件更好，因为只要有一支法国分舰队存在，就会把敌舰队远远地引开那条性命攸关的航线。相反，马耳他却像土伦一样，把敌舰队恰好拴在了需要保持畅通的航线上。

诱离或者牵制，意味着己方力量与敌相比处于劣势，就如同当时法国海军与英国海军的整体实力对比那样。然而，尽管在整体上处于劣势，但当你与敌人的某个分舰队遭遇时，如果你的实力更强，那就应当在对方获得增援之前立即发起攻击。这种弱小的分舰队通常是因为敌人担心暴露地点的安全而派出的；比如前面曾经提到的，拿破仑的舰队司令，布吕埃斯曾经想从主力舰队中派出一支分舰队，因为他担心驶离奇维塔韦基亚的船队是否安全。因此，弱方的目标应当是尽可能多地保持海上力量，决不能分散战列舰，应将其集中在一起，在机动中寻找战机，以神出鬼没造成草木皆兵之势，引发敌人在多个方向的焦虑，从而诱使敌人派出分舰队。简言之，就是要造成达夫吕伊所说的，不利于敌"兵力转移"（displacement of forces）。如果敌人上钩，不是孤立的分舰队逐个遭到攻击，就是主力舰队因实力过度削弱而遭到攻击。

这些机动均带有战略性质或战略目的。如果这种机动导致与部分敌人发生战斗——假定敌我双方兵力对比为2:3——可以说取得了战略优势。在后续行动中，要通过集中把优势扩大为2:1，或至少在某种程度上对敌之一部形成优势。然而，这些属于战术范畴，或者更准确地说，属于大战术范畴。

现在，我们把这些原则应用于面前的可能情境之中。实际情况如下：纳尔逊在1798年6月28日第一次出现在亚历山大港外，比拿破仑早3天到达。他当然没有看到法国舰队，以为弄错了目的地，就急忙掉头返航墨西拿海峡，因为他非常担心那不勒斯和西西里。如果在7月间正当纳尔逊返航之时，法国舰队按照前述观点启航，那么在纳尔逊重返亚历山大港时，将会面临的情况是：法国陆军已经登陆，补给也已卸载，无法攻击；运输船和巡航舰已在亚历山大港内，难以接近；法国舰队已经离开，难以预料其可能行动所造成的损失。把舰队全部留在港外，将毫无用处。以全部兵力实施追击，不论用哪条原则衡量都是正确的；不过，如果纳尔逊追击的话，则留给法国人一个完全开放的港口。留下一支分舰队实施封锁，譬如2艘战列舰（当时纳尔逊没有巡航舰），这确实具有极大的诱惑力。

然而，亚历山大港并非法国手中唯一的港口，它与法国在地中海的整个控制体系密切相连。当时法国还牢牢控制着土伦和马耳他；而且还控制着科孚岛，后来该岛在一段时间里曾经抗击过土耳其和俄国海军的联合攻击。法国竟然不去加强在马耳他和科孚岛的力量，这对它的敌人来说至关重要。因此，英国对土伦、马耳他、亚历山大和科孚岛这四个据点，都要予以重视；然而，纳尔逊如果不分散舰队，就无法对所有据点进行有效的监视，也就无法切断它们与埃及的交通，而如果分兵的话，势必造成每支兵力都脆弱无望。上述观点在一年之后的1799年得到了验证，当时布雷斯特舰队进入地中海导致英国舰队的分散，这个例子在前面已经提到过。① 法国握有让英国分兵的能力，而那不勒斯、西西里岛和撒丁岛这些英国的盟邦或友邦没有防御能力，更加强化了法国的这个能力，这些地方对来自海上的攻击毫无办法。简而言之，在陷入绝境之前，法国舰队由于拥有数个可提供安全庇护的可靠港口，有恰当的位置和足够的空间，可以支持任何类型的作战行动；除了拥有强大的力量可以造成伤害外，法国还可以迫使支持英国一方的国家提供资金和给养。仅仅六年之前，拉图什·特雷韦尔（Latouche Tréville）② 率领的法国海军分舰队，就曾以大炮迫使那不勒斯王国屈服。

由此看来，只要法国在地中海拥有一支由13艘战列舰（即尼罗河海战中法国舰队的数量）组成的随时待战的舰队，这是一支除了巡航舰以外略优于纳尔逊的兵力，那么纳尔逊舰队就要对几个不同的，却都非常重要的目标严加关注。这些目标包括上述四个敌港口、通往埃及的敌交通线，以及对英国盟友的保护。除此以外，还有另外一个目标，就是法国舰队。毫无疑问，天赋一定引导纳尔逊扑向敌人的舰队，那是当时战略形势下的关键所在。但并非每名舰队司令都是纳尔逊；即使是纳尔逊，在他没有找到和击溃敌舰队之前，也无法有效地切断敌人的海上交通。尼罗河海战之后，纳尔逊的舰队也分散了：有的驶向那不勒斯，有的驶向马耳他，有的驶向直布罗陀，有的则在亚历山大港外。这样的分散部署充分表明整体局势依然非常危急，如果此刻法国的13艘战列舰集结于科孚岛，那么这样的分散部署简直是愚蠢至极。由于敌人的舰队已不足为虑，因此上述每支英国小分舰队在随后的位置上都

① 参见《海权对法国革命和帝国的影响（1793—1812）》一书，第一卷第304页。
② 译者注：拉图什·特雷韦尔（1745—1804），法国海军中将。参加了七年战争、美国独立战争，是法国大革命战争和拿破仑战争中的著名将领。他出生于海军贵族世家，13岁加入海军，1777年晋升上尉，1781年晋升上校，1793年2月晋升少将，随后率领舰队前往那不勒斯，通过炮舰外交，迫使对方接受法国条件。1804年6月，特雷韦尔病重，但多次拒绝下船接受医疗的建议，"一名海军将军，只有死在自己的船上才会含笑九泉"。10天后，病故。

出色地完成了任务，并毫发未损。

但是，如果法国舰队既不在地中海又不在科孚岛，而是安全地停泊于亚历山大港内，那么纳尔逊的任务当然也就简单多了。只要封锁该港就能切断与法国的交通联系，完全不必担心那不勒斯和西西里的命运。英国舰队部署于法国可能增援的必经之路上，土伦也就基本失去了原有的重要作用；而纳尔逊可以从他的 14 艘战列舰中放心地分出 2 艘，如果不是 3 艘的话，去封锁马耳他，这个任务也可由巡航舰来完成。必须记住，在亚历山大港内，法国舰队必须通过狭窄的航道才能出海，而且水深还必须足够，这样的战术条件非常不利于法国人，而在港外，英国人在夏季可借助顺风逼近港口。换言之，法国舰队将不得不以纵队驶出，而后迎面撞上排成一列横队的坚强之敌，先导舰船将被逐个击沉。

有人可能会持反对意见：法国舰队的能力如此低劣，即使作为巡航舰队使用，结果也只能是一场灾难。这种说法有一定道理，正如已经承认的那样，还有政治和管理上的理由。如果对拿破仑统治时期法国海军的管理进行全面剖析的话，必须充分考虑到这些因素。这里只是引用这一事例来阐明战略，因此可以不考虑那些其他因素；就像研究抽象的军事问题时，如果兵力的数量相同，可以假定为实际的战斗力相同。只有无可救药的教条主义者，才会否认环境可以有力地修正那些最为可靠的基本原则的运用；然而，只有从大量事例中剔除每个事例的特殊条件，才能归纳出原则，从而使适用于所有事例的真理变得清楚明了。

如果按照上述主张来运用法国海军，将会对纳尔逊产生特定影响，但我们应当记住，今人所见，无非是我们俚语中所谓的"后见之明"（hind-sight）。当纳尔逊第一次赶到亚历山大而未发现法国舰队时，他的确一度头蒙心慌，不知所措；当一切结束之后，他曾经非常沮丧地谈起他的健康情况，将其归咎于他所经历的"焦虑引发的高烧"。如今我们可以把这些意外轻轻地一笔带过；但这位伟大的海军军官却备感压力，也深知其中分量。此外，或许可以认为，如果纳尔逊两次搜寻法国舰队未果，或者费时数周之久，他将被解除指挥权，因为第一次失败已经闹得沸沸扬扬了；而与对等的法国舰队进行决战，当时几乎没有其他将领能够胜任。内皮尔（Napier）① 曾经评论，拿破仑在战场上相当于三万大军；毫不夸张地说，在全面对抗法国舰队时纳尔逊抵得上 3 艘战列舰。法国舰队只要能够成功躲避追击并造成恐慌，就有可能让英国失去最得力的海上指挥官。

更值得注意的是，我们曾建议法国舰队采取赫摩克拉底所提议的方案，在原则上与某些众所周知的陆战战例完全相同。1794 年，在法国取得胜利之前，奥地利、英国、荷兰三国联军经比利时后撤，在到达某一地点之后各自分兵；英荷军队向荷兰撤退，妄图以直接阻拦的方式掩护荷兰，而奥地利则取道日耳曼。约米尼在《共和国之战》（*Guerres de la République*）中指出，假如他们不进行这种愚蠢的分兵，而是将全部兵力集中在某个精心挑选的位置，以掩护通往日耳曼的交通线，并向通往荷兰一线的方向靠拢，因为荷兰是法国的目标，那么法军便不敢贸然越过该点，而将自己的交通线暴露在攻击之下。法军在到达荷兰之前就一定会停下，被迫在敌人选定的战场进行一次激战。

1800 年，拿破仑命令马塞纳（Masséna）② 向热那亚派出重兵驻守，再次体现了这一原则。由于这支守备部队位于奥军交通线的翼侧，奥军不敢越过该地，也无法沿里维埃拉河前进全面进攻法国南部。奥军被迫分出大量兵力来遮蔽这个地方，致使主力被削弱而严重影响了这次会战。1808 年，约翰·穆尔从葡萄牙向西班牙萨阿贡（Sahagun）③ 的那次著名进军，再次真实地体现了这一原则。对法国交通线的威胁阻止了拿破仑大军的继续前进，延迟了

---

① 译者注：应为查尔斯·詹姆斯·内皮尔（1782—1853），英国将军。在半岛战争中随第 50 步兵团与法军作战，重伤被俘，后返回英国。1810 年在葡萄牙，1812 年在第二次巴达霍斯围攻战中继续与法军作战。1838 年返回英国，任英国北部军区司令。1843 年征服了印度的信德省（Sind，今属巴基斯坦），任印度总督（1843—1847）。

② 译者注：安德烈·马赛纳（1758—1817），法国大革命时间和拿破仑时代杰出的军事家，是 1804 年拿破仑称帝后首批受封的 18 名帝国元帅之一。他出生在意大利的尼斯，1775 年加入法国意大利兵团，1792 年晋升上校，1799 任瑞士军团和多瑙河军团司令。1799 年雾月政变后任意大利军团司令。1808 年因里沃利会战的功劳被封为里沃利公爵。1810 年 4 月任葡萄牙军团司令，7 月攻占罗德里戈城。但受到威灵顿的强力阻止，由于补给不力，被迫于 1811 年 3 月撤退。拿破仑对于马赛纳迟迟不能取胜感到不满，派马尔蒙接替他。此后，基本退出战场。

③ 译者注：萨阿贡，西班牙卡斯蒂利亚—莱昂自治区的一个城市，北纬 42°22′，西经 5°01′。位于拉科鲁尼亚东南方向直线距离约 300 千米处。

征服西班牙的进程，为奥军充分做好准备赢得了时间，打破了拿破仑速战速决的企图，迫使他在半岛战争中陷入旷日持久的消耗战，最终对他的命运产生了决定性影响。内皮尔一针见血地指出，如果穆尔没有实施那次进军，那么他的个人历史可能永远不会被书写出来。

但是我们要永远记住，这种部署的力量，不仅存在于那些固定的要塞，更多地存在于那些为目标而战斗的活生生的人，陆军战士或水手。用拿破仑的话来说，"战争即位置之争"，但位置本身的作用，显然不如正确使用它们的人的作用大。1798—1800 年，马耳他对法国毫无用处便是一个明显的例证。它从翼侧威胁从西方到地中海东部的海上交通；但因为港内没有舰队，这个位置就毫无用处，最多不过是吸引了英国一支小小的封锁舰队而已。

第七章

海上作战

上个专题对海上远征作战从整体上进行了比较仓促的介绍，接下来用历史上两个具体的这类远征战例进行论证。

这段题外话是为了唤醒大家的回忆，有必要再思考一下这个问题：当通过联合远征作战控制了一个关键海域，或控制了这个海域中所有的具有决定意义的前沿位置时，海军兵力的哪些行动能够称得上是真正的战略运用？我的答案是，当远征作战取得胜利并能够确保既有战果之后，远征作战就从起始时的进攻性行动转变成了防御性行动，海军在这种防御行动中扮演的真正角色，是一种攻势防御（offensive – defensive）。当第一个目标实现时，海军此前与远征作战相关的任务就解除了，陆军开始承担被征服地区的防务，或者进一步的征服行动，舰队开始接管海上交通线，因此舰队自身的根基是大海。要想完成这一任务，舰队只能通过两个途径：或者把敌人的舰队赶出双方争夺的海域，或者把敌人的舰队从会战的关键点引开。如果我们比敌人强大，那就要主动搜寻敌人，如果可能的话迫使敌人接受决战；如果我们比敌人弱小，那就应当引开敌人，通过威胁其他战略要点或重要利益来分散敌人的兵力。应当指出的是，如果在战争中国家被迫收缩实施海上防御，这正是海军在保卫本土海岸时的真正任务。

1812 年初，拿破仑在写给马尔蒙元帅（Marshal Marmont）的一封指令中讨论过陆上战争的类似情形，当时马尔蒙指挥法军在西班牙的萨拉曼卡（Salamanca）① 与苏代德·罗德里戈（Ciudad Rodrigo）② 要塞的英军对峙。尽管萨拉曼卡的法军很强大，但却被威灵顿（Wellington）③ 指挥的英军一鼓作

① 译者注：萨拉曼卡，位于西班牙西部卡斯蒂利亚·莱昂自治区最西南部，西面与葡萄牙接壤，是萨拉曼卡省首府。1988 年，萨拉曼卡城被联合国列为人类遗产，是西班牙内陆著名的旅游胜地。萨拉曼卡大学是欧洲最古老的大学之一。

② 译者注：苏代德·罗德里戈，位于萨拉曼卡西南方 60 千米，距离葡萄牙只有 25 千米，被誉为西班牙最美小镇。该地最早的定居者是凯尔特人，之后屡遭战火。公元 1100 年，唐·罗德里戈·冈萨雷斯伯爵再次重建和复苏了这个小城，自此，罗德里戈城的名字才尘埃落定。

③ 译者注：原名亚瑟·韦尔斯利（1769—1852），威灵顿公爵是他的贵族头衔。英国著名的军事家、政治家，第 21 位首相，在滑铁卢会战中打败拿破仑的英军指挥官。最终官至英国陆军元帅，并被法国、俄国、普鲁士、西班牙、葡萄牙和荷兰 6 国授予元帅军衔，是历史上唯一获得 7 国元帅军衔者。

气击败，速度之快相当于一次奇袭（coup de main）而非一场围困战①。法国占领了紧邻葡萄牙的西班牙西部地区，英军千方百计想把法军从这一地区赶走；此时对俄战争迫在眉睫，拿破仑集结了尽可能多的精锐部队准备远征俄国，在西班牙的法军实力大大缩水，不得不采取守势。

如此一来，葡西两国的边境地区就类似于我们的海上战场：它不归任何一方所有，这一刻可能被一方占领，下一刻就可能被另一方夺走。在这个地区有两座重要的要塞，相当于强化防御的海港：一个位于北部的罗德里戈城，另一个是位于南部的巴达霍斯（Badajoz）②。二者都已被法军占领。谁能控制这一地区，取决于谁占据了这两座要塞。如前所述，罗德里戈要塞已经被英军迅速攻克。巴达霍斯要塞也是岌岌可危；它是边境的两把钥匙之一，如今法军手里只剩下这一把钥匙了。事实上在罗德里戈要塞被攻占之前，威灵顿已经包围巴达霍斯有一段时间了，他很好地利用了一年前，即1811年法军因惨败而撤离葡萄牙时军力虚弱的有利时机。

在巴达霍斯被围和罗德里戈城陷落之前，马尔蒙已经就任了司令官一职。他集结了战场上的全部机动兵力，相当于海战中的舰队，向巴达霍斯开进。威灵顿无法一边打围攻战，一边打野战，于是撤兵退回葡萄牙，并从那里向塔古斯河（Tagus）以北进军到达阿尔梅达（Almeida）③，从正面监视罗德里戈城。马尔蒙也回师北上到达萨拉曼卡，如果他继续集中兵力实施防御，随时准备在必要时发动攻势行动，那么以现有兵力就能将威灵顿牢牢地钉在原地；但马尔蒙却另有打算，他派出部队支援正在东部围攻巴伦西亚（Valenci-

①译者注：1812年7月22日，威灵顿指挥4.99万人的英葡西三国联军，在萨拉曼卡会战中凭借内线作战的优势，打败了马尔蒙统帅的4.96万名法军。马尔蒙受重伤，法军损失了约7000人，但由于西班牙分队的失误，其余法军得以逃脱。由于此次会战胜利，英军在退回葡萄牙之前占领了马德里两个月之久。此战被认为是威灵顿军事生涯中最出色的会战之一。
②译者注：巴达霍斯，是西班牙西部埃斯特雷马杜拉自治区的一个省，与葡萄牙交界，是该国面积最大的省。
③这里引用后面作者的原注：阿尔梅达，是英国在西班牙西部最重要的要塞，在萨拉曼卡以西70英里处。

a)① 的絮歇元帅（Suchet）②。当马尔蒙率军南下向塔古斯河运动时，英国人起初以为他想从巴达霍斯进攻葡萄牙南部地区；但当他派出 5000 人的分遣队向东开进时，威灵顿立即意识到葡萄牙南部已经安全了。威灵顿还发现，在西班牙北部此时已经没有了富于战斗力的法国军队，因为马尔蒙已将手中的大部分炮兵和骑兵编入了分遣队。于是，英军猛扑罗德里戈城，并在野战军——相当于舰队——赶来支援之前，攻克该城并转入固守。战机正在流逝，如果用作战策划的规则来衡量的话，此次攻击的时机尚未成熟。威灵顿的作战命令是："今夜必须一举拿下罗德里戈城。"这表明法国的援兵已经近在咫尺，英国士兵们完全理解元帅对于他们奋勇作战的期待。

拿破仑的指令，针对的正是此后可能出现的基本战场态势。他对马尔蒙写道：

> 你现在兵精粮足，重新装备了攻城火炮，部队的士气和兵员都已恢复，为了更好地保卫巴达霍斯，你不必再向此地开进。你应将部队以师为单位部署在萨拉曼卡周边，为保持活力部队应充分前伸部署，但要保持合理的距离，一个让所有部队能够经过两次行军后集结起来的距离；也就是说，要在两日之内完成兵力集中。你的所有部署都应让敌人相信，你正在准备一次进攻作战，同时通过前锋的火力接触保持不间断的佯动。在这种态势下，英军的所有行动便都在你的掌握之中。如果威灵顿向巴达霍斯进军，不用理他；你要立即集中兵力直扑阿尔梅达，威灵顿肯定会立即回师抗击你。但他精通军事，应当不会犯下如此错误。

在这种情况下，法国的野战军相当于海军的一支机动舰队，通过牵制敌方的野战军来保护己方的据点——巴达霍斯；即引开敌人或牵制敌人③，使其远离想要攻取的目标。在第一种情况里，由于马尔蒙的法军迫近巴达霍斯，

---

① 译者注：巴伦西亚，是巴伦西亚自治区和巴伦西亚省的首府，西班牙第三大城市、第二大海港，号称"欧洲的阳光之城"。位于西班牙东南部，东临地中海，背靠广阔的平原。

② 译者注：路易·加布里埃尔·絮歇（1770—1826）元帅，拿破仑手下最优秀的指挥官。在1807—1814 的半岛战争中，他不仅是唯一一个面对西班牙游击战时保持常胜不败的元帅，而且通过刚柔并济的管理手段巩固了法国在西班牙北部的地位。1811 年被拿破仑封为帝国元帅。1815 年拿破仑战败退位后，絮歇被路易十八取消了贵族资格。1826 年病逝于马赛附近自家庄园，享年 55 岁。著有《1808 到 1814 年西班牙战争回忆录》。

③ 译者注：这里的牵制，就是声东击西。

驱离了威灵顿，从而救援成功。在第二种情况里，由于马尔蒙指挥失误和分散兵力，致使罗德里戈城失陷，英军夺占了一处重要据点。在第三种情况里，巴达霍斯之所以能够保住，不是军事行动的直接效果所致，而是由于持续的牵制行动对英国无法忽视的利益造成严重威胁所产生的间接效果所致。

1804 年和 1805 年，拿破仑皇帝曾经依据同样的牵制战法制定了一个宏大的作战方案，当时他希望能够用计将英国舰队的大部分兵力从欧洲调开，然后趁其在本土海域的海军兵力空虚之际，集中己方海军于英吉利海峡，掩护对英国的登陆作战。应当牢记，法国在此期间为保卫海岸安全应当处于防守态势。按照预定计划，土伦、罗什福尔和布雷斯特的法国舰队全部出港，到西印度群岛汇合，而后统一返回英吉利海峡。希望英国人在无法搞清法国真正意图的情况下，会追踪法国舰队前往西印度群岛，那么法国舰队就可以远远地甩开英国人，抢先返回欧洲，夺取几天时间的英吉利海峡制海权。这一计划由于种种原因而宣告失败。在土伦港外待敌的英国舰队司令纳尔逊，的确一路追踪土伦舰队到达了西印度群岛；但现实与拿破仑的设计恰恰相反，虽然英国舰队起航时间比法军晚了一个月，但英军的训练显然更加有素，反而抢在法国人前面返回了欧洲。这完全出乎拿破仑的意料，纳尔逊在到达安提瓜岛（Antigua）① 时，便以非凡的洞察力推断出维尔纳夫已经率领舰队返航欧洲；纳尔逊离开直布罗陀海峡的时间虽然比法西联合舰队晚了 31 天，但他返回那里的时间却仅比维尔纳夫晚了 4 天，并在维尔纳夫进入费罗尔（Ferrol）② 之前一周返回了英国。

再补充一点，拿破仑除了运用集结在西印度群岛的舰队进行主要牵制以外，在他那段时期的信函中充满了诱使英国分舰队驶离比斯开湾（Bay of

---

① 译者注：安提瓜岛，位于加勒比海小安的列斯群岛的北部，是英联邦国家安提瓜和巴布达的领土，人口主要为非洲黑人后裔。该岛面积280平方千米，属于热带气候。1493年哥伦布第二次航行美洲时到达该岛，以西班牙塞维利亚的安提瓜教堂的名字命名了该岛。
② 译者注：费罗尔，西班牙加利西亚自治区科鲁尼亚省的一座城市，位于西班牙西北端的大西洋海岸，是西班牙北方舰队的司令部所在地，也是重要的海军造船中心。

Biscay）① 和英吉利海峡的种种策略。

不难发现，法国舰队在这种情况下驶往西印度群岛试图制造而且的确产生了预期的效果，正如之前法国舰队驶往科孚岛（Corfu）② 对于地中海局势所产生的效果一样，这些内容在上一讲中已有所讨论。英国舰队被调虎离山，追往了西印度群岛；也就是说，英国舰队远离了多佛尔海峡，那里是拿破仑作战计划的战略中心，是整个会战的关键点，正如科孚岛远离亚历山大港（Alexandria）③，远离亚历山大通往法国的海上交通线。假如纳尔逊只是一名普通的指挥官，他一定会留在西印度群岛，直到有确凿证据表明法国舰队已经离开了那里。这并非后人的臆测。当时许多人强烈建议纳尔逊停在此地，舆论也对他产生了极大压力。尽管缺乏充分的证据，但纳尔逊却如神明附体一般，仅仅通过理性的推导分析就得出了精准的判断。如果他在获得准确情报之前一直留在原地，结果将是20艘法西联合战舰到达欧洲，支持拿破仑的兵力集中，而英国的兵力集中将因缺少纳尔逊的12艘军舰而遭到削弱——最终的兵力差距将超过30艘战列舰。

这里要提请大家注意，在这个战例中，拿破仑的计划与1762年当时法国首相精心制定的方案极其相似，前者的想法显然源自后者。④ 拿破仑可能是从法国档案中得知了这个方案，但纳尔逊却难以知情。

无论海军采用上述两种方案里的哪一个——驱离敌人，或是调离敌人——都必须再次强调，就总体作战而言海军是防御作战，而就海军自身行动而言则是攻势作战。如果还可进一步阐述的话，拿破仑给马尔蒙下达的命令正是如此。他写道，"欧洲总体局势已经发生逆转，朕不得不被迫放弃今年对

---

① 译者注：比斯开湾，位于北大西洋的东北部，东临法国，南靠西班牙，面积22.3平方千米，平均深度1715米，以多风暴著称。沿岸重要港口有法国的布雷斯特、波尔多、南特和拉罗谢尔等，西班牙的毕尔巴鄂、圣塞瓦斯蒂安和阿维莱斯等。比斯开湾位于英吉利海峡和直布罗陀海峡之间，在军事上具有重要的战略价值。自大航海时代之后，在这里发生过多次重要的海战。

② 译者注：科孚岛，是位于爱奥尼亚海中伊奥尼亚群岛的第2大岛，面积580平方千米，属于希腊克基拉州，别名克基拉岛，隔科孚海峡与阿尔巴尼亚的萨兰达相望。现伊丽莎白女王的丈夫菲利普亲王就出生在该岛。

③ 译者注：亚历山大，是埃及第二大城市和最大的港口，亚历山大省省会。位于地中海南岸，位于开罗西北208千米。海战史上著名的罗尼河海战（1798年）就发生在亚历山大东北约21千米的阿布基尔湾内，二战中北非战场决定性的阿拉曼会战（1942年）在该地以西打响。

④ Corbett, *Seven Years' War*, vol. ii, pp. 302—307.

葡萄牙的远征"，即放弃了一次攻势作战。因此，拿破仑确定了总体的防御态势，但在一个地方保留了攻势威胁。这么做的目的是保卫巴达霍斯，以及萨拉曼卡掩护的从法国到马德里的交通线，但萨拉曼卡在三年前就面临约翰·摩尔爵士（Sir John Moore）① 的威胁，对拿破仑的计划造成了严重影响，以至于在决定会战胜负的关键时刻拿破仑被调离了他的战略中心——这个会战的要害点。

当时，就实际的或计划中的远征作战而言，这样的形势恰好说明了海军与本土防御之间的关系。在上述两个战例中，一个国家一旦实际占有了某地，便会始终处于守势；然而，如果因为现实需要或者决策错误，导致舰队停在港内或港口附近，使得海军也处于守势的话，那就意味着把商业及通往海外的交通线拱手让给了敌人。这正是美国在1812年不得不面临的形势，除了私掠船之外无舰可以派往海外。这种放弃不会必然导致国家的衰亡，特别是如果这个国家幅员辽阔的话更是如此，因为它可以依赖国内的资源，或者通过陆地边境与一些中立国家进行中转贸易。如果这个国家的海岸线太长，使得敌人无法有效封锁的话，与中立国的贸易也可确保其商业不至于彻底完蛋；但这种选择必将面临精神的屈辱和物资的损失，一个大国不应该冒此风险。对于任何一个本土海岸防御方案而言，足够强大的海军都是其中最重要的因素，海军要能够将敌人的舰队驱离本国海岸，或是通过对敌重大利益形成足够威胁将其调离本国的海岸。只有这样，海军才是名副其实的实施海岸防御的最佳力量。

关于这个问题我推荐如下观点，因为它在这里完全适用，具体内容将在后面的专题里详细阐述。海岸要塞的首要功能，不应当是人们通常所认为的防御性功能。海岸工事的作用，仅限于迫使敌方舰队与我方海岸保持一定的距离，但工事向陆的一侧却是开放式的，是单纯的防御性设施。一个防御得力的港口能够保证舰队的安全，但只有它作为要塞使用时才具有防御性质，

---

① 译者注：约翰·摩尔（1761—1809），陆军中将，被认为是英国最伟大的军事训练专家和轻步兵之父，参加过美国独立战争和半岛战争。1776年加入英国第51步兵团，1798年晋升少将。1803年，他创新军事训练制度并首创英国最早的成建制的轻步兵旅。1804年晋升中将，1808年9月，任英军驻葡萄牙总司令，与拿破仑亲率的20万法军作战。在科伦纳会战中英勇阵亡。

就如梅斯（Metz）或美因茨（Mayence）① 一样，那里驻守了一支能够野战的陆军部队，因此将迫使敌人在当面保持一支足够强大的分遣队，以对抗防守兵力可能发起的任何攻击行动。

即使是在我们勉强打赢的 1812 年战争中也有这样的事例可以证明，一个能够掩护分舰队的港口具有这种攻势特点。驻泊在纽约的约翰·罗杰斯准将（Commodore John Rodgers）指挥的分舰队，就是一支能够进行攻势作战的守备兵力；而且他也的确发动过攻势作战。当英国人得知美国舰队集结的消息时，却一时搞不清美国人的目标所在。因为在美国沿岸的英国舰船中队的规模都比较小，为了避免某个中队独自与美国分舰队遭遇，英国不得不赶紧把舰船全部集中起来。这种被迫实施的集中，再加上还必须要保卫本国的海上贸易，英国不得不大大放松了对美国港口的封锁，于是大多数返航的美国商船都安全抵达了港口。这种预期防御效果的达成，要归功于美国分舰队的攻势巡航，该行动的计划与实施完全归功于罗杰斯。这种持续不断的攻势行动，依赖于能够保护舰队的港口。否则，美国舰队就会像俄舰队在旅顺港那样被摧毁，或像在圣地亚哥那样被驱离。

循此方向，我们还可以就海军究竟应该保持多大的规模进行探讨，以求得正确的理解。这支海军应当是强大的，它的装备动员能力和持续补给能力应达到以下程度：当某个国家在权衡是否发起战争的时候，会因为对手拥有这样一支海军而忧心忡忡，这支海军能够对它的本土，或附属国，或商业构成严重的现实威胁。这种影响将有助于遏制战争；而遏制，无非是另一种形式的真实的牵制。德国政府在 1900 年正式通过的海军规划当中，从军事上简明扼要地表达了官方意图："德国必须拥有一支这样强大的舰队，即使是最强大的海军国家，在与德国爆发战争时也将面临危及自身霸权的巨大风险。"不幸的是，美国如果也采取这种针对英国的计划，作为一个海军强国将远远落后于德国。

---

　　① 译者注：梅斯，是法国大东部大区洛林地区的中心城市，是摩泽尔省的省会，位于罗马至兰斯的大道上，自古就是交通要道。美因茨，德国莱茵兰—普法尔茨州的首府和最大城市，位于莱茵河左岸，正对美茵河注入莱茵河的入口处。美因茨与隔岸相对的黑森州首府威斯巴登共同形成双子城，是莱茵—美茵—法兰克福都会区的西端入口。

控制某个要点或者一系列要点——用大家习惯的说法就是，关键位置——应当是所有进攻行动的目标，这是一条被认为适用于所有战场的战略原则。它还可以这样表述，要尽可能将前沿阵地或者作战正面向前延伸，利用紧密相连的交通线把战场各个部分联结成为一个整体。因为在这个整体范围之内，或在这个作战正面的后方，所有的一切都尽在你的掌控之中，对你比对敌更为有利，对敌比对你更为危险。它还会暂时增加你的资源。假如在停战时你占据了这个态势，你将在随后的、通常被委婉地称为"和平谈判"的讨价还价之中，处于有利地位。

1793—1815 年的法国大革命和帝国战争（the wars of the French Revolution and Empire）① 期间，英国对法国和西班牙港口的封锁，是海上战争为此类作战正面前伸所提供的最重要例证。在几个港口——布雷斯特、罗什福尔、费罗尔、加的斯和土伦——正面部署的英国舰队利用中间的分舰队进行联系，分舰队主要由巡航舰组成，可对较小的出口实行监视，并在附近海面进行搜索，真正形成一条连续的作战线或作战正面。英国本岛、殖民地以及海上贸易的安全，就得益于这种有效的控制。除了奇袭的风险之外，整个海域，也就是位于这个作战正面后方的区域，都是安全的。整个战争期间英国的商业损失微乎其微，还不到总航运量的百分之三，以及敌人所有的入侵计划均被挫败，都有力地证明了这一点。

舰队在海上所保持的这种前沿正面，相当于陆军在野战中凭借自身优势所保持的正面。显而易见，如果控制了附近防御要点的话，这种优势将进一步增强。例如，1796 年拿破仑进攻奥地利，当他受到位于进军必经路线翼侧的曼托瓦要塞阻截时，就顺势将阿迪杰河一线连同横跨该河的维罗纳要塞作为作战正面。维罗纳能够经受得住围攻战；易守难攻，只需少量兵力即可；在那里可以妥善地储存补给；要塞能够促进部队保持高昂的士气，并确保部

---

① 译者注：1789 年法国爆发资产阶级革命，攻占巴士底狱，发表《人权宣言》。1793 年 1 月，国民公会经过审判处死路易十六。当年 2 月，英国、普鲁士等国组成第一次反法同盟，对法国进行武装干涉。1804 年 11 月，拿破仑称帝，建立法兰西第一帝国；1815 年 6 月拿破仑在滑铁卢战败，第一帝国正式终结。因此文中所述的法国大革命和帝国战争，正是发生在 1793—1815 年期间的一系列战争，此外的帝国显然指的是法兰西第一帝国。而蔡鸿幹先生在此处给出的注释是神圣罗马帝国（962—1806），显然不对。（参见马汉《海军战略》，商务印书馆，2009 年版，第 235 页。）

队在阿迪杰河两侧自由机动。所有这些都能增强法国军队自身的力量。因而，在阿尔科拉（Arcola）① 之战中，拿破仑冒险以一支很小的守备兵力驻守维罗纳，主力部队乘夜偷渡阿迪杰河下游，对向维罗纳开进的奥军后方发起攻击。这场会战充满了冒险和欺诈；但拿破仑获得了成功，主要原因在于他对要塞的艺术运用。正如这座要塞可为陆军所用一样，一个要塞军港可为一支敢于发动攻势防御的海军所用。拿破仑占据了这一要点，利用阿迪杰河和维罗纳城增强自身力量，借助近旁的加尔达湖（Lake Garda）向北伸展，直至阿迪杰河上游，从而控制了该片区域后方的波河流域（the valley of the Po）和意大利南部的全部资源，恰如英国舰队占领了法国海岸线，从而控制了海洋一样。

这条海洋线同样可以通过强化要点得以巩固，即借助朴次茅斯和普利茅斯等本土港口，以及直布罗陀、马耳他和马翁等海外港口予以加强。这些港口在自然地理上都不像维罗纳那样暴露，易遭受攻击；且可以就地获取补给、维护和整修等支持。一旦遇到逃亡途中的敌分舰队突袭，这些港口还可提供庇护。我方的单艘军舰和弱势的分舰队可在这些港内获得安全防护。除这种防御用途之外，这类据点还具有攻击力，因为它们都靠近某些重要的交通线，可以对其翼侧构成威胁。例如，直布罗陀和马耳他可以对经过地中海的所有航线，普利茅斯和朴次茅斯可以对通过英吉利海峡的所有航线，牙买加可以对通过加勒比海的所有航线，构成翼侧威胁。同样，布雷斯特、加的斯以及其他港口，可对英国向南的航线构成翼侧威胁；除此之外，还有其他一些原因必须得到遏制，正如拿破仑必须困住曼托瓦一样。

现在，让我们把目光投转向整个加勒比海吧，那里是美国可能有机会获取影响力并运用影响力的地区。假设在开始时就有一个敌人占领了所有的岛屿，如果我们能把古巴抓在手里的话，我们就控制了一个非常重要、非常有用的要点；但单凭此一点还远远无法控制整个加勒比海。如果敌海军实力在最初开始时与我相当，那么我们恐怕也难以控制整个加勒比海。在这种情况

① 译者注：阿尔科拉，是意大利拉斯佩齐亚省的一个小城镇，在维罗纳东偏南20多千米处，阿迪杰河的支流Alpone河旁边。1796年11月15日，拿破仑对阿尔科拉发起攻击，战斗非常惨烈。阿尔科拉三易其主，法军最终于17日击败奥军占领该城。

下，应尽可能前推作战正面。比如，占领萨马纳湾（Samana Bay）① 并控制莫纳海峡，将是一个非常理想的局面；或者，如果我们有足够力量，希望可以将我们的作战正面，即由战列舰形成的战线向南、向东推进，不断地袭扰敌人，并保护经过向风海峡通往巴拿马地峡的蒸汽轮船航线，由于我作战正面的推进，这些航线将位于我舰队的后方。

现在假定古巴为我所有，它能够掩护我方向后连接墨西哥湾（Gulf of Mexico）的航线，而墨西哥湾则是本土作战基地的重要组成部分。我们假定，敌基地可能位于小安的列斯群岛（Lesser Antilles），且双方海军兵力相当，那么敌我之间的海域必将成为必争之地，或难以确定归属。敌舰队的位置和基地的位置，代表了下一条作战线的方向。

无论是战争运气不好，还是最初就没有计划，敌人如果失去了古巴，却仍然可以占据牙买加以及向风群岛的某些港口。英国的实际情况便是如此，它占据着圣卢西亚（Santa Lucia）② 和牙买加。在这种形势下，这段时期战争的主要关注点将集中于古巴和牙买加周围，那里必将成为会战的关键点。英国、圣卢西亚、牙买加、巴拿马地峡这一系列要点的连线，几乎就是留传至今的英国、直布罗陀、马耳他、苏伊士地峡这条连线的复刻版。假如敌之牙买加舰队不如我之古巴舰队实力强，那么古巴舰队只要占据牙买加舰队的前方位置，便能切断牙买加与向风群岛之间的交通线，以及来自该方向的增援，同时又能掩护自己与古巴和美国的交通以及轮船航线，通过这些行动迫使敌舰队为消除上述不利条件而出海作战。与其他案例一样，在这个例子中敌舰队和基地的位置表明了作战的方向。就像旅顺港决定了日本海军的作战方向，以及日本陆军的陆上攻击点；就像 1898 年圣地亚哥（Santiago）决定了美国舰队和陆军的作战方向。在前一战例中日军的行动是迫使俄军出战，在后一战例中美军的行动是迫使西班牙军队出战，俄国人和西班牙人都认为舰队出海作战无异于自杀，因此都在竭力避免战斗。

---

① 译者注：萨马纳湾，多米尼加东北部的小海湾，东西长约 65 千米，南北宽 25 千米，是西印度群岛的天然港湾之一。从萨马纳湾向东沿海岸线不远，即是莫纳海峡。

② 译者注：圣卢西亚，位于向风群岛的中部，北临马提尼克岛，西南近圣文森特岛，是一座火山岛，面积 616 平方千米。1979 年独立，成为英联邦成员，首都卡斯特里。

因此，在占据要点之后不要停止作战，必须不惧疲劳地坚持连续作战。同样道理，为了确保守住要点，为了未来作战更加有利，应当对敌舰队实施连续追击直至彻底歼灭。作战目标不应局限于地理上的一城一地，而应瞄准敌人的有生力量，海战比陆战更应该如此。像埃及和多瑙河隘口（the defile of the Danube）那样的位置之所以重要，不仅仅是因为那里便于储备各类物资（这也不是主要原因），而是因为大量训练有素的战士或者战舰能够很方便地从那里出发，到不同的方向作战，这样比在不太理想的位置部署更多的士兵或战舰更有价值。任何人造的防御点也都是如此，它的主要价值在于方便机动兵力的机动。因此，占据了这样的位置、获得了这种便利，就要好好地加以利用。怎么用呢？军事理论家们对此都有明确的答案。若米尼指出，敌人的有生力量——积极主动的野战军，就是拿破仑最喜欢的目标。

再假定，你已经占据了这样一个战略位置，经过若干次战斗之后已将敌舰队从你的后方和直接的正面驱逐出去。这意味着，除非遭到偷袭，你的本土交通始终是安全的，你已经建立起暂时的海上优势。假如敌方舰船仍以编队而非零散的巡航舰出现在你目前位置当面的特定海域之内，这必定是因为它们还有供应保障点可赖以维持行动，它们也必定要对这些必需的要点进行防卫。否则，这些舰船还能在一定海域范围内活动，就不可思议了。因为，虽然诸如加煤和军需补给这类活动，若条件适合也可以在海上实施，但如果附近有敌方的大舰队，能够借助侦察船和无线电报获悉情报支持舰队行动的话，则补给无法在海上进行。所以，必然存在这类补给点或基地，它们指引了你的下一条作战线的方向。

在我们记忆犹新的海战历史中，英国海军几乎总是具有巨大的压倒性优势，这阻碍了许多战例的出现，否则海军战略已经从这些恰当的战例中孕育而出了。这种压倒性优势可以保证英国，长时间随心所欲地控制敌方基地与其他任意目标之间的海上交通，这种永久性控制从根源上断绝了可能运用战略的所有机会，因为从战略的所有内涵来看，交通线的得失主导着战争的胜负。交通线这个战略要素掩盖了其他所有的要素。这种一超独霸的优势，可用一句不太贴切的法国谚语来描述，"大海之上只能有一个女王"（The Sea brooks only one mistress)①。从表面来看似乎有道理；但如果理解为，对于海洋的控制从来都不存在争议，或海上霸主从来没有遇到过重大挑战，那就大错特错了。对于海洋的控制，甚至从总体上来看，都曾经时不时地或长期处于不确定状态，尤其在某些特定海域更是如此；优势的天平一会儿倾向于这边，一会儿又倾向于那边。斗争中的双方海军在自己的海域内巡航，相互挑衅。这在美国独立战争期间已经成为一个引人注目的现象；在1756—1763年的七年战争期间，一定程度上也是如此。

例如，1759年英军对魁北克的攻击和随后占领加拿大的全境，都是以1758年夺取了位于布雷顿角（Cape Breton）的路易斯堡要塞作为行动的第一步。以前曾以大编队或大分舰队的形式往返于法国与加拿大之间的法国舰队，从此便失去了一处不可或缺的能够影响圣劳伦斯河（St. Lawrence River）②水上交通的海军基地。

在法国大革命和拿破仑战争的大部分时间里，英国都是海上唯一的霸主；然而，在1796年英国却被迫撤离了地中海。1793—1798年，在地中海这个有限的海域里，连绵不断的海战导致力量均势不断地发生变化，英国经过尼罗河一战才最终确立了霸权。因此，研究这一时期的重大事件非常有意义，因为这些事件为我们长期以来研究问题，并找到解决问题的必要步骤提供了指引，这表明我们的研究结论并非纸上谈兵，而是源自海上战争的本质。

1793年，英国舰队联合西班牙舰队进入地中海。因为法国南部地区不肯效忠于当时的革命政府，于是出现了夺占土伦港和俘获土伦舰队的机会；这就确定了英西盟军最初的目标和作战线。你们一定记得，大约90年之前马尔伯勒公爵夺取土伦的重要意义，以及1707年欧根亲王（Prince Eugène）③曾

---

① 作者亦同时给出了法语表述：La Mer ne comporte qu'une seule maîtresse.
② 译者注：圣劳伦斯河，是北美五大湖的出水道，从安大略湖东北端流出，向东北注入大西洋的圣劳伦斯湾，全长1287千米，流域面积30平方千米。从湖口至蒙特利尔为上游，长300千米，其中2/3为加拿大与美国的界河，多急流险滩，不利航行；蒙特利尔至魁北克为中游，长256千米，流速变缓；魁北克以下为下游，长700多千米，河口沉降为宽50千米、长400千米的三角港，是重要的深水航道。
③ 译者注：欧根亲王（1663—1736），奥地利哈布斯堡王朝杰出的军事统帅。他29岁便成为帝国元帅，在第一次奥土战争期间，在中欧和巴尔干三度击溃土耳其军队。在大同盟战争和西班牙王位继承战争中，两度对法作战，最终将法国逐出意大利。并在随后的第二次奥土战争（1716—1718）中，大获全胜，彻底解除了土耳其的威胁。他与英国的约翰·丘吉尔，法国的肖德·维拉尔，并称为欧洲18世纪最优秀的将领。

用尽全力试图夺取土伦，却遭到了失败。

英国和荷兰组成的联合舰队，通过对从巴塞罗那到热那亚①（Barcelona to Genoa）一带海岸施加压力，切断了从波河流域通往法国的公路来支援萨伏依（Savoy）②，对于法国来说，这是一条可以同多瑙河（Danube）流域互相替代的进攻奥地利的路线。切断通道对于法国来说，也就意味着为奥地利陆军敞开了一条进攻土伦的大道。攻克土伦，才是在地中海作战真正具有决定意义的目标。这将使盟军获得一个威力无比的港口，一个目前战争中的永久性战略位置，能够直接投入海上作战；同时，法国海军将因失去土伦而在当地陷入瘫痪；而且土伦还将成为登陆法国南部地区的桥头堡，敌军登陆造成的恐慌必然迫使法国保留一定规模的兵力加以应对，从而无法增援荷兰（Netherlands）或德国的前线作战。

非常清楚，这就是 1704 年海上作战的根本目的，在这次战斗中联军占领了直布罗陀③。整个西班牙王位继承战争的失败原因太过复杂，难以在此细述；但是联合舰队对于萨伏依，即对法国该侧翼方向所施加的压力，促进了德国和上莱茵河（upper Rhine）地区主要战场的有利变化。保持萨伏依在反法阵营之中，取决于联合舰队的支持和联盟陆军的增援。这使得负责指挥意大利方向作战的欧根亲王能够在 1704 年，即萨伏依脱离法国的那年，与率军从荷兰南部而来的马尔伯勒在多瑙河流域会师，实现了此次的兵力集中；这次集中的结果是，取得了布伦海姆会战（Battle of Blenheim）④的大捷，法军遭到重挫。这次胜利反过来又暂时解除了法军对于萨伏依的压力，这正是马尔伯勒实施大规模翼侧进攻想要达到的目的之一；也是战争中各个会战相互影响的一个非常有趣的案例。

---

① 译者注：巴塞罗那，位于伊比利亚半岛东北部，濒临地中海，是西班牙的第二大城市，加泰罗尼亚自治区首府。热那亚，是意大利最大的商港和重要的工业中心，位于意大利西北部利古里亚海热那亚湾北岸，是利古里亚区首府。著名航海家哥伦布的出生地，意大利语为 Genova。

② 译者注：萨伏依，法国东南部地区罗讷—阿尔卑斯大区的一个省，与意大利西北部毗邻，首府尚贝里，紧邻瑞士日内瓦和法国里昂，是法国与意大利之间的交通要道。11 世纪起由萨伏依伯爵统治，1720 年与撒丁尼斯和皮埃蒙特合为撒丁王国，1860 年，萨伏依割让给法国。

③ 译者注：在西班牙王位继承战争（1701—1704）中，英荷联合舰队在英国海军上将乔治·鲁克的率领下，于 1704 年 8 月 4 日突袭西班牙的直布罗陀。经过短促战斗，500 人的西班牙守备队投降。

④ 译者注：布伦海姆会战，1704 年 8 月 13 日在德国巴伐利亚的布伦海姆村附近，奥地利、英国和荷兰 5.2 万名联军与 6 万名法军进行的一次决定性会战。联军获胜。

　　马尔伯勒和欧根亲王坚持攻取土伦的初衷，1707 年发起了试图直接实现这个目标的作战行动①，但这次行动又失败了。然而，联盟的海军与陆军协同进行翼侧攻击所产生的影响是，调动了法国军队向该地区大量集结，极大削弱了法国在其他地区的兵力，以致无法继续行动。一年之后，法国放弃了意大利。1708 年，马尔伯勒在土伦受挫之后，对英国内阁关于舰队冬季难以驻留地中海的意见表示遗憾，他说："我坚信，除非舰队留下来，否则你们在西班牙将无法取胜。"除直布罗陀之外，英国海军还需要另外一个基地，这个需求在当年攻占梅诺卡岛后得以满足。梅诺卡岛同直布罗陀一样，依据和约割让给了英国。拥有梅诺卡岛比占领土伦更为有利，就像拥有直布罗陀比拥有加的斯更有价值一样，因为它们是被割让的，是一种永久占有，但对欧洲大陆的任何港口都无法实现永久占有。

　　这样一来，英国通过《乌德勒支和约》获得了固定的海军基地，梅诺卡岛成为英国海军永久控制地中海的战略位置，英国利用舰队的机动性，以难以预料的敏捷沿着海岸线到处炫耀武力。根据法国和西班牙的领土特点，两国都需要一支像英国那样的优势海军，以承担大西洋和地中海的贸易和军事需要，就像查理大公曾经纵横于多瑙河两岸那样，在地中海及其海峡入口处展开行动。对于拥有足够兵力控制海洋的海军而言，海洋本身就是一个纽带、一座桥梁、一条大道、一个中央位置。海洋能够提供内线、中央位置，以及军事上安全的交通线；而想要控制海洋，就必须建立那些我们业已讨论过的海军基地，即海上要塞。与此类似，1812—1814 年，所有的优势都源于控制了美国的湖泊，这些湖泊就相当于地中海。威灵顿公爵曾经指出："若没有海军控制了那些湖泊，那条战线上的陆战就不可能取胜。"

　　一旦土伦被占领，法国海军在地中海的所有活动都将从根本上陷入瘫痪，而且在意大利北部和里维埃拉一线，在相当程度上依赖海军支持的陆上会战

---

　　① 译者注：1707 年 7 月 29 日至 8 月 21 日，欧根亲王率领奥地利和荷兰联军进攻土伦，英国舰队从海上进行侧翼支援。法国、西班牙联军最终赢得了会战，但土伦舰队在会战中被迫自沉，法国海军遭受毁灭性打击，地中海制海权由此落入英国手中。

也都将陷入瘫痪。1793 年土伦的丢失是由于反法同盟的内讧①。联合舰队进入港内，联盟陆军占领了该港的外围各个要点。英国舰队司令想要立即夺取或摧毁港内的法国分舰队，以打击敌方的有生力量；但该计划遭到盟军中西班牙将领的反对，他历经多次战争，对英国海上优势认识得极为清楚，摧毁这支法国分舰队后，英国的海军将更加强大。英国舰队司令不敢冒着可能造成联盟破裂的风险采取行动；正是在这种政治考量之下法国舰队才得以幸免，其中大部分战舰都参加了此后的尼罗河海战。如果没有这些战舰，拿破仑根本无法发起远征埃及的行动。

法国革命政府很快就对土伦发起了围攻。拿破仑完全洞悉了战场态势，只要夺占一个合适位置，就可以用大炮控制锚泊在港内的舰队；之后，联军必然会撤离土伦。西班牙人撤回到本国的港口。英国人怕失去自己应有的位置，不得不采取进攻作战通常要做的第一步。他们必须取得一个前进据点，以供维修装备和储备给养之用——简而言之，就是要有一个当地的基地——从那里出发，控制土伦，并支援奥地利军队在里维埃拉一线的作战。这样一旦出现机会，英国就能够把土伦抓在自己手里。英国曾经短暂地在靠近土伦的耶尔湾（Hyères Bay）②占据了一个位置；但这个地方太靠近大陆，过于暴露，很容易重蹈被赶出土伦的覆辙。因而，英国随即将前进基地移至圣菲奥朗佐湾（San Fiorenzo Bay），这是科西嘉岛（Corsica）北部的一处港口。由于当时科西嘉岛上的居民对于法国革命政府不满，英国人才得以占据该港口，以及岛上的其他几个港口。

英军占据了这个前沿位置并加强防卫，只要岛民支持反法同盟，守备兵力就足以胜任。科西嘉、土伦和热那亚之间的海域已成为必争之地，英国舰

---

①　译者注：土伦会战，1793 年 2 月，英国、普鲁士、奥地利、荷兰、西班牙等国组成第一次反法同盟，进攻革命政权执政的法国。1793 年 9 月上旬，法国国民公会任命卡尔为司令，讨伐土伦的叛乱。起初法军从正面攻击，多次进攻都僵持不下。此时拿破仑上尉（任炮兵指挥官，其间晋升少校）建议从侧翼进攻，先攻占港湾西侧的马尔格雷夫堡（英国称为小直布罗陀），夺取克尔海角，然后集中火炮轰击港内英国舰队，切断其与土伦守军的联系。11 月下旬正当法军基本准备完毕之际，奥地利出尔反尔，拒不履行派兵支援的承诺，极大挫伤了守军的士气。12 月 17 日，法军历时两天攻占了小直布罗陀和克尔海角，致使整个英国舰队都处于法国炮火之下。为保全舰队，英国海军上将胡德命令连夜撤离，整个土伦防线随之崩溃。18 日法军收复土伦。22 日，拿破仑破格晋升准将。

②　译者注：耶尔湾，在土伦以东约 16 千米，介于瓦尔省的日安半岛和贝纳角之间，宽 16 千米，从湾口向陆地伸入约 10 千米。

队的实力明显占优势，但控制程度还未达到牢不可破的地步。周边海域可能只有一位霸主，但这位霸主并非没有对手。这种情况正如我们所设想的两支舰队，一支驻泊于古巴，另一支驻泊于圣卢西亚或马提尼克。1795 年，英国舰队同土伦舰队交战两次，均未能取得决定性胜利。从圣菲奥朗佐湾基地出发，沿着里维埃拉这个最终的作战目标展开行动，以支援奥军向法国进军；但是，也未能取得决定性效果。从 1794 年到 1796 年上半年，双方不断发生战斗；法军以土伦为依托，英军则以直布罗陀以及在圣菲奥朗佐湾的前沿基地为依托。几年之后，纳尔逊在回顾这段战事时指出，假如英国舰队司令确有能力的话，法国根本不可能守住他们一直持有的那个前沿位置。如果这个断言正确，那就意味着拿破仑在 1796 年 4 月就任法国的意大利陆军司令时，一定会发现奥军已经向前挺进了如此之深，英国海军也已经牢牢控制了从尼斯（Nice）① 到热那亚的海岸，那么他的作战计划就必须重新拟制。拿破仑作战计划的第一步，就是插入奥军与皮埃蒙特（Piedmont）② 的盟军之间，把奥军完全分隔开来，这是有可能的，但由于英奥军队错失了许多机会，使得拿破仑在一开始就抵达了萨伏依，远远超过尼斯。但是尽管如此，拿破仑仍然依赖于非常困难的陆上交通，无论是增援部队的开进，还是军需品和弹药的运输，都只能沿着路况极差的公路进行，而不能利用密布着法军炮台的近岸航线。

讲到这里你会发现，意大利北部和里维埃拉才是最终目标（ultimate objective），英国的盟国占领了它们就能够威胁土伦；你们还可以看到，圣菲奥朗佐湾只是一个过渡目标（intermediate objective），它对于维持英国海军的作战行动非常必要。纳尔逊断言，这种结构的作战行动，必须要有胜任的统帅才能取得成功。可用的时间极为充裕，有两年之久。正在此时拿破仑来到了。他充分利用手中的有利条件，加上炉火纯青的作战管理，只用两个月时间就

---

① 译者注：尼斯，法国普罗旺斯—阿尔卑斯—蔚蓝海岸大区滨海阿尔卑斯省省会，南临地中海，是法国仅次于巴黎的第二大旅游城市。尼斯在土伦东北方向约 125 千米处。

② 译者注：皮埃蒙特，位于意大利西北部阿尔卑斯山脚下，首府为都灵。1046 年后为萨伏依伯爵的主要领地，1720 年萨伏依公爵成为撒丁国王；1859—1861 年，该地区成为意大利统一运动的中心。统一后，萨伏依王室就成了意大利王室，但随着王国首都迁往佛罗伦萨，后又迁至罗马，该地区的地位下降。

攻入奥地利境内，饮马阿迪杰河畔，并占领了维罗纳。奥军在此位置以西和以南地区的所有抵抗，都被拿破仑粉碎。意大利北部整个海岸线都被法国控制；无数法国游击队（partisans）从那里的港口出发，乘着小船潜入科西嘉，不断加强当地早已存在的反英势力。与此同时，西班牙迫于拿破仑的节节胜利，转而与法国结盟。随后，两国组成了联合舰队。在土伦得以幸免的法国分舰队，就是法西联合舰队的主力。面对这种形势，英国不得不放弃前沿位置，把舰队后撤到直布罗陀，而后再次后撤至里斯本（Lisbon）[1]。

　　英国海军有生力量的这次机动，并未遭到法西联合舰队的骚扰。此后不久联合舰队各奔东西：西班牙舰队驶往卡塔赫纳，法国舰队返回土伦。西班牙舰队随后又试图进入加的斯[2]。英国杰维斯上将率舰队出海，与西班牙舰队在圣文森特角（Cape St. Vincent）[3]附近海域相遇。尽管在数量上处于劣势，但杰维斯非常清楚英国军舰在质量上的优势。据传他曾经说过，"英国太需要一场胜仗了"；面对西班牙人送上门来的一次战术"机会"，他勇往直前，大获全胜。西班牙舰队退回加的斯，那里随即被英国舰队封锁，封锁兵力得到了英国本土增援兵力的极大加强，目的是积聚足够的实力后再分出兵力，拦截传说中正在土伦进行装载的法国远征军。这支分舰队由纳尔逊指挥，他在埃及海岸附近发现了13艘法国军舰，最终在尼罗河海战中将其一举歼灭，时间是1798年。法国和西班牙在地中海的海军有生力量，没有充分利用好独霸地中海北部的大好时机，竟然兵分两路，结果被英国海军各个击破，在之后的战争中反而被英国控制了整个地中海。1797年，拿破仑已经迫使奥地利媾和，因此英国舰队再也没有支援奥军作战的任何行动；但英国舰队的作战正面，却因为时机的需要从直布罗陀移到了梅诺卡岛，驻直布罗陀的英国舰队总司令在获悉尼罗河大捷之后抢占了梅诺卡岛，之后又驶往西西里岛和那不

---

　　① 译者注：里斯本，葡萄牙首都，位于该国西部，西临大西洋，是欧洲大陆最西端的城市，面积100平方千米。

　　② 译者注：马汉在此处显然搞错了西班牙舰队的目的地。西班牙舰队从卡塔赫纳到加的斯，整个航程都在地中海，根本不会在大西洋沿岸的圣文森特角与英国舰队遭遇。事实上，此次海战正是海战史上非常著名的圣文森特海战。

　　③ 译者注：圣文森特角，位于伊比利亚半岛西南角葡萄牙境内的突出部，也是整个欧洲的最西南端，因此被称为"天涯海角"。

勒斯，继而取道仍在法国手中的马耳他继续进抵黎凡特和亚历山大附近（当时拿破仑正在该地区作战）。

从上面的概要描述中可以清楚地看到，完全独霸海洋的局面过去从未出现过，即使是英国海军最强大的时候也未曾出现过，海上控制权的争夺不一定表现为以海军盛衰为标志的一系列海上会战模式。事实上，就在英国取得尼罗河大捷的翌年，一支由 25 艘战列舰组成的法国舰队突入地中海，打乱了英国的整个部署，最后返航时又带回了 15 或 20 艘西班牙战舰，在布雷斯特集中了一个由 40 余艘战舰组成的大舰队。如果地中海能有一个港口容纳这样规模的舰队，那么它们很可能就会留在那里；如此一来，即使是无法逆转海上态势，也能逐步改变被动的状况。可事实是，其至在布雷斯特，舰队也因为缺乏给养而挨饿。这样的结果恰恰证明，必须要建立具有相应设施的海军基地；同时还说明，英国对于海洋的控制远未达到牢不可破的地步，而当时的英国海军，比过去任何时期都更加强大。在美国独立战争时期，西印度群岛和北美洲也发生了类似的海洋控制权的争夺；在此期，叙弗朗（Suffren）①在东印度群岛与英国舰队的一系列海战，也是一个非常醒目的例证。

从地中海的实例中不难发现，一支舰队在远距离作战或前沿作战时，设施齐全、位置恰当的现地基地，是一个必不可少的前提条件。在美国独立战争期间发生过一个惊人类似的战例，只是规模较小而已。1782 年和 1783 年，在东印度群岛部署的英法两国分舰队的实力大体相同。海战场在科罗曼德尔海岸（Coromandel Coast）②附近，即印度斯坦（Hindustan）东部海域，战场情况受到了当地海岸条件的极大影响。在科罗曼德尔，从当年 11 月到次年 3 月，东北季风猛烈地吹向海岸，海军根本无法实施合同作战。在此期间，英

---

① 译者注：叙弗朗（1729—1788），法语全名为 Pierre André de Suffren de Saint Tropez。也有人译为苏夫伦。他出身普罗旺斯贵族，少年时加入海军，与英国作战无数，先后两次被英国人俘虏，在七年战争中脱颖而出。在美国独立战争期间，他率领法国舰队在印度方向实施对英作战，以大胆穿插的战术闻名于世，是公认的法国海军英雄。1782 年，叙弗朗在没有基地保障的情况下，与英国海军上将爱德华·休斯连续进行了四次大规模的顽强战斗，尽管没有大胜，但保全了法国舰队，并夺取了亭可马里（斯里兰卡东部港口城市）作为锚地。此后，叙弗朗因战功卓著受封为德奥比尼伯爵，晋升中将。他的胜利极大鼓舞了印度方反抗英国的斗争，迫使英国从加拿大分兵进行镇压。此后英国更加重视对印度的控制，强化了对印政策，间接导致印度的彻底殖民化。

② 译者注：科罗曼德尔海岸，也称为乌木海岸，通常认为该名称来自泰米尔语。是指印度东南部海岸一线，由现在的泰米尔纳德邦、安得拉邦和本地治理中央直辖区管辖。

国舰队撤至拥有修船设施的孟买（Bombay）①。法国人除了毛里求斯之外没有更近的类似港口，此前为了夺取一个在科罗曼德尔海岸或其附近地区的前沿基地，法国发动的所有作战行动都告失败。巧合的是，占据着锡兰的荷兰在1781年加入了对英战争，但锡兰东北海岸的亭可马里（Trincomalee）②当时已经被英国夺占；也就是说，英国的控制范围已经从科罗曼德尔海岸向南延伸了一大步。但是，英国人没有足够的时间在港口建立防御设施，也许更可能的是，他们本来就没有这个想法；法国舰队司令叙弗朗，趁机以迅雷不及掩耳之势一举攻占该港。③这正是他所需要的前沿位置，当冬季来临时舰队可退入该港修整，并继续保持在战场附近，这对于海岸上的法国盟友具有非常重要的政治影响。英国舰队驶往孟买，实际上有四个月甚至更长的时间远离了该海域。如果英国能够守住亭可马里，那么法国舰队就不得不开往毛里求斯，或者在一个危险的下风海岸附近抛锚，这样就很难保持联系了。结果到了下一季节，叙弗朗比英国提前两个月出现在战场上，如果没有停战协议的话④，他很可能继续获胜并取得决定性战果。

从上述战例不难发现，双方实力旗鼓相当的海上战争，可能以持久的一系列会战形式进行，这就为战略的纵横捭阖提供了广阔的舞台。实际上，在美国独立战争时期，叙弗朗指挥的海战就是当时海战乐章中的一段舞曲。在北美洲和西印度群岛海域都曾出现过海军均势的类似例证，胜负的天平一会儿倾向这一边，一会儿倾向那一边，直到1781年约克镇（York Town）会战⑤和1782年罗德尼的胜利才一锤定音，标志着这两个地区战争的结束。甚至当一支舰队相对另一支舰队具有明显优势之时，也会产生相同的总体效果，虽然在程度上不是那么明显。我们都很清楚，活力无限和兵贵神速（vigor and

---

①译者注：孟买，1995年前的英文是Bombay，现为Mumbai。印度西部城市，印度第一大港口，濒临阿拉伯海，是印度西部海军司令部所在地。

②译者注：亭可马里，斯里兰卡东北部港口城市，位于迪亚尔湾的北岸，是世界上面积最大的天然良港之一，距离首都科伦坡257千米。在1957年前，曾是英国在亚洲的重要海军基地。

③译者注：叙弗朗于1782年9月攻占亭可马里。

④译者注：1783年9月，英美签订《巴黎和约》，英国承认美国独立。

⑤译者注：约克镇会战，1781年9月28日至10月19日，华盛顿率领的1.7万名英法联军，进攻固守在约克镇由康沃利斯率领的8000名英军。当法国舰队击退了增援的英国舰队之后，康沃利斯无路可退，被迫投降。通常认为，此役是美国独立战争的最后一战。1782年11月30日，英美两国签署《巴黎和约》草案，1783年9月3日，美国正式独立。

celerity）是夺取最后胜利不可或缺的要素，它们都依赖于在当地是否拥有海军基地。在刚刚发生的日俄战争中，这正是日本战胜俄国的最大优势所在。然而还有一种可能，是因为敌方的当地基地防御过于坚强而难以攻击，或者攻击的力量太过薄弱而无法迅速攻克，正如旅顺港发生的情况一样。

从经验而论，当地的基地如果防御适当的话，极少会遭到攻击，除非对方建立了海上优势。1760—1762 年，英国曾经从法国手中夺得马提尼克岛（Martinique）和瓜德罗普岛（Guadeloupe），此后分别于 1794 年和 1810 年再次占领；然而在美国独立战争期间，英国并未试图占领这两个岛屿。一部分原因是，英国陆军正在忙于北美大陆的作战；另一部分原因是，他们不愿冒险在这些岛上驻屯大规模的陆军，唯恐一旦海军受挫，正如 1779 年在格林纳达（Grenada）那样，会引发岛上的部队投降。英国的确曾经攻占了圣卢西亚（Saint Lucia）；但这发生在 1778 年战火刚燃之际，这次胜利要归功于英国在巴巴多斯（Barbados）的当地基地及时得到了增援，在法国完成防御作战准备之前就得到了增援。这是一次成功的奇袭。在同样情况下，西班牙和法国直到 1782 年在加勒比海形成优势兵力时，才开始谋划夺取牙买加。随着法国舰队被罗德尼打败，他们的企图就彻底没戏了；也就是说，法西联盟被各个击破了。法国人的失败，导致西班牙人不足为患了。

从己方最前沿的位置，行进到发起攻击的位置，这个过程可能是一个更加困难的问题。从古巴进攻向风群岛，比如进攻马提尼克和圣卢西亚的作战行动，这两个岛屿把守着加勒比海的东大门，显然比从古巴进攻牙买加的行动要复杂得多。如果在波多黎各岛（Porto Rico）上有一个港口能够经得起大举进攻的话，那么这个港口的位置在进攻向风群岛的行动中，要比古巴的任何一个基地都更有优势。我相信，圣托马斯岛（St. Thomas）① 就适合建立这种防御能力，它的位置也要比波多黎各更好。

当一支舰队因为首次航行且需要保护它的第一条交通线，比如从美国到古巴，以及第二条漫长的交通线，比如古巴到向风群岛或巴拿马地峡，使得

---

① 译者注：圣托马斯岛，为加勒比海东部美属维尔京群岛（群岛另一部分为英属）的主要岛屿，位于波多黎各以东 64 千米处，面积 83 平方千米。

兵力数量受到削弱，而此时敌军还相当活跃，就必须要慎重地思考兵力不足的问题。保护第二条海上交通线时，可能会使舰队的兵力降至与敌人相等，但敌人拥有在己方基地附近作战的地利优势。在这种情况下，舰队无法在自己的船舱下部装载超出定量的补给，这些补给物资应当由补给站供给——如果有这样补给站的话——补给站应当设在第一条航线终点再向前一段距离的某个位置。萨马纳湾或波多黎各可用作这样的中间补给站——也就是前沿补给站；它们相当于前面提到过的圣菲奥朗佐湾，或者相当于美国南北战争期间的罗亚尔港和基韦斯特岛，或者相当于美国进攻圣地亚哥时的关塔那摩（Guantanamo）。这种补给站只需防备敌人的海上偷袭即可，因为可以假定，只要能够充分监视敌舰的行动，就可以阻止敌人对补给站的突然袭击；我方舰队如果已经前伸的话，将直面敌人的舰队和基地。假如这类前沿据点或者中间据点不止一处的话，应当对其进行认真的权衡。不但要看到它们固有的有利条件，还要发现它们与舰队的可能机动，以及与第一、第二条交通线的相对关系，因为这些交通线必须由舰队抽调兵力加以防卫，而舰队应当尽最大可能避免分散兵力。

我们曾经讨论过巴拿马运河的防御问题，运河对于整个加勒比海地区都至关重要，显然要想保护和控制好巴拿马地峡，进攻敌人的某个海军基地，比如马提尼克或圣卢西亚，要比对地峡本身实施直接防御的效果强得多；无论这种防御是建造要塞的消极防御，还是在地峡周边部署舰队的积极防御。因为，如果其中的一个岛屿——假设那里有敌人的一个海军基地——遭到联合远征部队的攻击，只要此次攻击的兵力充足，就能让战场远离巴拿马运河，就能保护战场以西的全部海上交通线。这种攻击行动，与积极进攻的精神力量结合在一起，就构成一个前沿作战正面。这样的进攻即使最终失败了，但只要攻击还在进行，就一直能够产生上述效果；假如进攻一旦成功，敌人就丢掉了一个重要的基地，为收复该基地而发起的所有军事行动，都会产生与夺取该基地时同样的保护性效果。

如果你第一次占领的位置与敌基地之间只有一片安全的开阔海域（比如古巴和马提尼克之间，假定萨马纳湾不能利用），那么你可以让运输船队伴随舰队行动，这其中最重要的是运煤船；特别是如果你的兵力占优势，分出部分军舰陆续补充燃煤而不会造成参战军舰少于敌方时，更应当如此。纳尔逊在特拉法尔加海战之前就是这样做的，他把每 6 艘军舰编为一组，轮流派往得土安（Tetuan）① 补充淡水。因为总有这样的一支分舰队不在战场，使得纳尔逊在特拉法尔加海战打响之日手上只有 27 艘军舰，而不是 33 艘。假如纳尔逊可以在海上补充淡水，他就能把战舰全部集中在一起，那么战果一定会更为显著。美国战列舰"马萨诸塞"号（Massachusetts）就因为正在关塔那摩加煤而失去了参加圣地亚哥海战②的机会。

必须牢记于心，在战斗期间运输船队始终是战术上的一个弱点，可能会拖慢由快速战舰组成的主力舰队的航速。如果敌人期盼的增援兵力不能在约定时间内到达，那么在这样的编队航行中速度就是一个次要问题了；考虑到应当在敌人仍处于劣势之际击败他们，此时的航速在战术上就非常关键了，因此在即将开战之时，无须再顾及运煤船以及其他拖后腿船只的安全。这类作战计算的结果，最主要的依据是双方舰队的实力。对于运输船队来说，最好的防御就是攻击敌人的舰队并击败他们，正如对巴拿马地峡的最好防御就是攻击敌方的基地。这种战法在历史上经常出现。1782 年法国远征牙买加，当德格拉斯（De Grasse）发现罗德尼率领的英国舰队尾随在后时，他命令运输船队驶往邻近的瓜德罗普岛，而后投入战斗。③

从你的新基地进一步向前推进时，不必担心距离太远而有所顾虑。下一步行动的航程有可能比较短，比如从古巴到牙买加；或者敌方的舰队可能仍然在海上游弋，在这种情况下敌舰队就是那个大目标，现在是，将来也是。敌舰队出现在海上，可能是正在从你已经占领的位置向更远的基地撤退；要么因为已经清楚了自己的劣势，要么因为可能遭到了一次或大或小的严重失

---

① 译者注：根据上下文，此处的得土安港，应为摩洛哥西北部港口城市，得土安省首府。东临地中海，距直布罗陀约 60 千米。

② 译者注：1898 年 2 月 15 日，美国缅因号战列舰在古巴哈瓦那港爆炸，美国借机挑起了美西战争。6 月 11 日，美军登陆关塔那摩，并封锁圣地亚哥港。7 月 3 日，西班牙 9 艘军舰从圣地亚哥突围，在海战中被全歼。此战标志着西班牙的彻底衰落，美国开始崛起。

③ 译者注：1782 年 4 月初，法西联合舰队掩护 2 万陆军登陆牙买加。12 日，德格拉斯率领的法国舰队与罗德尼率领的英国舰队在多米尼加东北海域遭遇，各自成单纵队进行战斗。但不久风向改变，法国舰队的战列线中断，罗德尼乘机派出中军的 6 艘军舰切断法军阵形，后卫各舰也如此机动，法军被截为 3 段。最终，法舰被俘 5 艘（包括旗舰，德格拉斯亦被生俘），登陆计划被打破。英舰无一损失。这次海战是西欧海战史上首次打破战列线战术的一次尝试，促进了新战法的产生。

败。这时候必须要迅速行动起来，切断敌人撤往目的地港的航线。如果有理由相信你能够以优势兵力追上并超越敌人，那就应当拼尽全力去实现这个目标。要准确掌握敌人的撤退路线，否则必须迅速查明情况，同时还要牢记，敌人目的地港的配属兵力与目前在海上逃窜的兵力，是相互分离的两个部分，必须要想方设法阻止二者的汇合。在这种情况下，陆上追击时以诸如部队疲劳、道路崎岖等惯用借口为由慢吞吞进军的行为，在海上决不允许发生。必要时放弃那些失去战斗力的军舰，或者命令其跟随运煤船队行动。这种追击行动对于发起追击的舰队来说，只有一个不利条件，那就是它正在远离己方的供煤基地，而被追击的舰队则正在接近它的供煤基地；如果推算的战斗结果是双方势均力敌的话，将会造成追击舰队指挥官极大的忧虑。这种忧虑是对杰出将帅们的考验和磨炼。在这种情况下，如果把追击失败归咎于缺少燃煤的话，应当严厉追查、公正处置。但在其他各个方面都必须确保拥有优势，若不具备，则无法展开这种迅猛的追击。追击的目的在于夺取伟大的胜利，而胜利的大小通常与优势的大小成正比，不论这种优势是起初就有，还是后来创造出来的。纳尔逊曾经说过："彻底消灭敌人乃国家之所需。唯有多多杀敌，才能保证彻底消灭。（Only numbers can annihilate.）"

　　如果这种追击发生在战斗之后，则很少会失败，因为处于劣势的一方——正在逃跑的那一方——会因为残破的战舰而痛苦焦虑，他们也许不得不放弃那些重伤的舰船——或者为之拼死一战。因此，战斗之后继续毫不松懈地奋力追击，正如战斗中的英勇无畏一样，都是绝对必要的。伟大的政治成就往往来自正确的军事行动；这是事实，任何一个军队将领都不能忽视。而对于那些政治成就，他也许不必理解透彻，只要知道那些成就已经取得也就足够了；但如果他错失战机没有实现原本可以实现的目标的话，那就无法宽恕了。若米尼指出，1796 年一名法国将军让部队休息了几个小时，以致未能切断一个师的奥地利军队与曼托瓦要塞之间的通道，致其得以逃进要塞获得庇护，拿破仑永远没有宽恕这名将军的错误。1690 年，法国舰队司令图维尔上将（Admiral de Tourville），在比奇角海战之后没有继续追击溃逃的英荷联合舰队，致使那次胜利没有取得决定性的战果，反而有助于把英格兰的王冠在荷兰国王的头上扣得更紧了，而他正是那个反法联盟的灵魂人物。因此，胜利之后尾随而至的松懈，将会对整个战争的结局，不论是陆上战争还是海上战争，产生决定性的影响。再补充一点，事实证明，那个看起来似乎正确的"存在舰队"（fleet in being）理论，对于海军战略艺术是有害的。成功阻止法国进攻英国的，并不是遭受重创、残破不堪、无力再战的英荷联合"存在舰队"，而是图维尔的怯懦无力和缺乏进取，或者是法国运输船队根本就没有做好追击的准备。

　　同样在 1795 年，地中海舰队司令霍瑟姆（Admiral Hotham）拒绝猛追惨败的法国舰队①，毫无疑问，这样的结果不仅造成了在当年战斗中未能取得决定性战果，而且使得拿破仑在 1796 年发动意大利会战成为可能，拿破仑的军事生涯和对历史的重大影响就是从意大利会战开始一发而不可收的。正当拿破仑以摧枯拉朽之势远征西班牙并占领首都、宏大的战争计划成功在望之时，他的辉煌战绩却突遭致命一击，一位更有胆略的英国领导人约翰·穆尔爵士把一支小部队部署在了萨阿贡，那里正好是拿破仑在法国与马德里（Madrid）之间的交通线的翼侧。穆尔遭到了法军的猛攻，就像秋风扫落叶一般被赶去了拉科鲁尼亚（Coruña）②，最终被赶回了海中；但西班牙却得救了。拿破仑再无法挽回他损失的时间和机会了。他不能亲自重返马德里，只能把这个任务委托给几名部下，但这是一个只有他这样的军事天才才能完成的艰巨任务。从军事角度来讲，拿破仑就是从那一天开始走上了下坡路。威灵顿通往滑铁卢（Waterloo）大捷的光辉历史，就孕育在穆尔的大胆构想之中。内皮尔写道，如果没有穆尔，半岛战争（Peninsular War）的历史就要改写了。

　　一名海军将领也许不一定能够预见到他的作战行动所产生的远期效果，但他的确可以采用纳尔逊在上述战例中展示出来的那些原则，当纳尔逊听到他的司令官霍瑟姆在炫耀他们的出色战果时，气愤地说道："11 艘敌舰，即使最终被我们俘获了 10 艘，但如果我们原本还能够再抓住最后那一艘的话，

①译者注：马汉这句话所指，是在 1795 年 3 月至 11 月期间，英国地中海舰队与法国土伦舰队的多次交锋时，指挥官霍瑟姆中将过于谨慎，在战斗中没有乘胜追击法国舰队，扩大战果。纳尔逊当时是阿伽门农号舰长，几次被命令停止追击，他对此极为不满。
②译者注：拉科鲁尼亚，位于西班牙西北沿海布尔戈河的入海口西岸，在比斯开湾西南侧的拉科鲁尼亚湾内，北纬 43°22′，东经 08°24′。处于西欧—南美、非洲—地中海航线的要道之上。

我都绝不会承认打得好！"

在对马海峡（Tsushima）遭遇之前，罗杰斯特文斯基舰队与东乡平八郎舰队之间的关系，酷似被追击舰队与追击舰队之间的关系。俄国增援舰队在旅顺分舰队战败之前就已经出发，旅顺港失陷之后，这支舰队的状态就像一支惨败之后的舰队，首要问题是竭尽全力逃回自己的港口。战场形势非常明显，因此许多人认为只有退回波罗的海才是唯一出路；但罗杰斯特文斯基却想当然地认为，应当抢在日本人忙于整修战舰、清理船底和补充舰员，尚未形成对俄舰队实施截击的最佳条件之前，迅速冲进符拉迪沃斯托克。但俄国政府却没有下达这样的命令，反而命令舰队停留在贝岛（Nossi-Bé）[1]，等待涅博加托夫（Nebogatoff）将军率领的增援舰队[2]。两种意见在理论上都各有道理；但考虑到增援舰队由各式各样质量低劣的舰船组成，俄国人的首要目的不是战斗而是逃入符拉迪沃斯托克，而且，日本人特别希望俄国舰队在途中能多耽搁一些时日以便其充分做好战斗准备，这正是罗杰斯特文斯基最担心的情况，由此看来，罗杰斯特文斯基"赶紧跑"的意见或许是对的。不管怎样，他从1905年1月9日到3月16日一直被困在贝岛海域；后来又在法属交趾支那的金兰湾（Kamranh Bay）[3] 从4月14日一直等到5月9日，才与涅博加托夫会合。这意味着除了加煤和整修所耗时间之外，一共耽误了60～70天之久；而从贝岛到对马海峡的航程，实际只用了45天。由此看来，如果不是为了等待涅博加托夫，俄国舰队原本可以提早两个月，或者大概在3月20日就抵达对马海峡。

东乡根本不需要与一支快速舰队拼速度，由于地利的优势，他已经占得了先机；但是，他必须要精心选择海上截击的最佳位置，并确定总体作战计

---

[1] 译者注：贝岛，马达加斯加西北沿海的火山岛，属于安齐拉纳省。面积294平方千米，是天然深水港，岛上盛产香料，亦被称为"香岛"，首府埃尔维尔有机场。

[2] 译者注：由于俄罗斯太平洋第二舰队的新式战列舰吃水太深无法通过苏伊士运河，因此舰队分为两部分：罗杰斯特文斯基率领战列舰经南非好望角航行，其他舰船从地中海经苏伊士运河航行，这即是文中所说的涅博加托夫增援舰队。

[3] 译者注：金兰湾，世界上最佳天然深水港之一，是越南东南部重要的海军基地，位于庆和省南部海岸，距离南沙群岛约900千米。港湾深入内陆17千米，由两个半岛合抱成葫芦形的内外两个海湾组成。内港金兰，面积60平方千米，水深1～16米，湾口仅宽1300米，可停泊航母等百艘各型舰艇；外港平巴湾，水深10～22米，湾口宽约4000千米，口外水深30米以上。

划。比如，是否需要前伸舰队迎击敌人；是否需要以优势的鱼雷艇兵力袭扰敌人，争取击伤或击沉一部分敌舰，进一步削弱本已处于劣势的俄舰队实力；此外，还要明确现有侦察舰船的侦察方向和行动计划。东乡后来的实际行动就是他对这些问题的答案。他没有前伸迎敌，他没有在遇敌之前进行袭扰，他将所有兵力集中在他预判出的敌舰队必然航线之上；但实际上他对俄舰队的行动一无所知，直至战斗当天的清晨才收到了一些情报。在这种情况下，东乡已经做得非常好了，但是如果要求他做得更好一点，也并非不合理。无论如何，日本握有此次海战胜利的大多数有利条件，其中最主要的一点与我们现在所讨论的内容正好有关。首先，东乡通过一次奇袭造成了俄旅顺分舰队的严重损失，为日本争取到了在俄舰队瘫痪期间展开后续行动的时间和机会。随后，日本攻占了两个俄海军基地中的一个，并全歼了藏匿其内的旅顺分舰队。通过这种方法，东乡开始对俄海军各个击破，导致前来增援的分舰队只有一个基地可去。

如果一支快速舰队已经从视野中消失，而且只有一个港口可去的话，追击理所当然地应该直指该港口；如果港口不止一个的话，那么追击舰队的指挥官就要决定舰队向何处行进，同时，要向不同方向派出舰船以侦察敌军并传递情报。应当让承担这项任务的巡航舰指挥官知晓舰队的意图或下一步的可能行动，如果条件允许的话应当派出双舰执行任务。尽管已经有了无线电报，没有必要用一艘巡航舰传递情报、另一艘与敌人保持接触，但意外仍有可能出现，如此重要的情报，还是加倍谨慎为上。这个道理，与重要文件必须一式两份完全相同，因为在获得准确情报之前电报并无真正作用，要获得情报就必须发现目标。还有一点必须清楚，无线电报的内容有可能被敌人截获，从而对发报舰船造成极大的不利。用军舰传递情报要比用无线电传送更为安全，但为了以防万一，很可能会同时使用这两种方式。

因此在理论上，为了取得完美的战果——比如，为了俘获纳尔逊所说的第 11 艘军舰——作战的目标必须是在整个战场上把敌人赶出每一个立足点，尤其是要摧毁或封锁敌人的舰队。在掌握了最具决定性的位置，从而完成大部分任务之后，进一步的作战目标应当直指——也可能无须实际攻击——那些仍然可以被敌人用作基地的据点。这时，绝对不能分散你的舰队，除非拥有压倒性优势，而且绝不能将交通线伸延到舰队的保护范围之外，除非是为了发起一次短暂的突击。

如果不得不在敌方的要塞港口和舰队之间做出选择，那么舰队应当是真正的目标；对港口实行的封锁或攻击，则可能是诱使敌舰队进入我方攻击范围之内的最可靠手段。例如，在美国独立战争时期，法国和西班牙围攻直布罗陀，英国舰队为给要塞守军输送补给，不得不多次进入封锁舰队的作战范围。① 而法西联军却没有实施攻击，只有一次例外，没有让这个教训完全失效。科贝特在《七年战争》中非常公正地指出，宾将军在那次值得庆贺的失败中以身殉职，如果他能够机动到附近的海湾去攻击法国运输船队的话，那么法国舰队就不得不前往应战，结果可能会对英国更为有利。这种机动作战主要是为了打击敌方的交通线，如果实现这个目标并不会对自己的交通线带来过多风险的话，就完全符合那些最值得信任的战略原则。对敌方的要害基地实施有效封锁，将会迫使其舰队或者进行交战，或者放弃这个战场。因此，如前所述，在叙弗朗于印度海域进行的会战当中，只要亭可马里被英国控制，对其稍加威胁，即可迫使英国舰队出战，尽管它并不是英国的主要基地。海军一旦放弃战场，港口迟早会陷落，如在直布罗陀大围攻中，如果不是英国舰队不断地为守军输送补给的话，要塞必定会陷落。然而，这样的结果肯定不如在与敌舰队的堂堂之阵中取胜那样圆满，因为海战的胜利也将带来相同的结果，而且是对敌舰队和敌港口的双重胜利。

如果敌人在战场上有两个或以上的补给港口共同组成海军基地，而且这些据点都能够满足前面所提之条件，也就是说，它们之间不能太近，使得一支舰队能够同时监视两个港口，那么封锁任务将变得更加困难。美国在大西洋沿岸两个最重要的海军基地——诺福克与纽约，就具备这样的条件，二者相距250海里；如果一支美国舰队后撤，经长岛海峡（Long Island Sound）②

---

① 译者注：1779 年 7 月至 1783 年 2 月，西班牙和法国联合舰队对驻守直布罗陀的英军进行了史上最长的围攻，亦被称为"直布罗陀大围攻"。英军最终取得了胜利。

② 译者注：长岛海峡，位于美国纽约、康涅狄格州海岸与长岛之间的半封闭海湾。

通往纽约的第二个入口，与纳拉甘西特湾（Narragansett Bay）①一起，都有利于美国舰队的逃脱，从而对追击之敌造成困难。一个港口拥有两个相隔较远的入口，这种优点近似于两个港口所具备的条件，这就给与对手失去接触的敌人带来了巨大的麻烦。东乡指挥官恰好就面对着这种错综复杂的局面。通往符拉迪沃斯托克的航线一共有三条，相互之间距离遥远。在符拉迪沃斯托克港的前方有一个位置，可以严密监视这三条航道；但万一运气不好遇上大雾，俄国舰队就有可能悄悄地溜过去，不用走多远就可以进入港内，另外还有一个风险，即使打败了俄国舰队，其中的漏网舰船仍然可以逃进港内，如此一来就无法取得决定性的胜利。对马海战后的第二天，日本舰队还搜索到了一些残余的俄舰，如果在前面假定的那个战场的话，这些军舰很可能会逃入港内。

前面曾经讲过拿破仑给马尔蒙下达的指令，拿破仑根据他设定的法军部署情况评估了多种可能之后，认为在萨拉曼卡附近作战最为可行。在指令中他写道：希望能够如愿，因为，一旦英军在远离大海的地方遭遇失败，必定会全军覆没，葡萄牙也就被征服了。英军与大海之间的距离，就是他们与庇护所之间的距离。约翰·穆尔在拿破仑的猛追之下，巧妙地避开了决战，并将部队带到了海边，这就是他的功绩所在；尽管英军疲惫不堪、士气低落，但却免遭灭顶之灾。一定要记住，在最近的对马海战中，日本舰队在临战之前就已经失去与敌人的接触。在东乡之前的100多年，罗德尼在截击驶往马提尼克岛的法国舰队时，屡遭失败，因为法国舰队选择了向风群岛之间众多水道中的一条进入加勒比海，从而躲开了英军的侦察，等到罗德尼发觉时已经为时太晚，无法实施截击作战了。即使罗德尼在马提尼克岛前方游弋也无济于事，因为法国人在瓜德罗普岛上还有另外几个港口可用；除此之外，频繁不断的信风（trade wind）②和间隔期间的静风，使得封锁舰船经常处于下

---

① 译者注：纳拉甘西特湾，在美国罗得岛州，南北长45千米，位于长岛海峡的东北方向。主要港口有普罗维登斯（罗得岛州首府）和纽波特。

② 译者注：信风，也有译为贸易风，实际是错误的。因为trade在现代英语中是贸易的意思，但在古英语中是path, track的意思，即"在常轨上的风"，风向很少改变，是守信用的风。信风带一般分布在南北纬5°~25°，从副热带高气压吹向赤道低气压，北半球吹东北风，南半球吹东南风。

风位置——无法保持阵位。

在这些所有情况下的指导原则是，不能分散你的兵力，除非它已强大到足以在各个战场都能对敌形成优势，你的目标是将敌人的基地削弱成一个个孤立的据点，这样就可以通过常规作战或者消耗战，把敌人赶出这些据点；或者，最起码的要求，如果敌方舰队要向这个据点运送补给，或者想进入港内寻求掩护的话，就必须接受战斗。比如，1794 年以及 1808—1810 年，被英国从手中夺走马提尼克和瓜德罗普两个岛屿之后，法国便失去了在西印度群岛的所有立足之地，而英国在加勒比海的贸易安全也有了保证。因为常规作战通常需要比突袭作战更长时间的准备，敌人如果有一个以上基地的话，最好先强攻其中较弱的一个，把最强的那个变成前文所述的孤立据点，留待以后通过常规作战这种风险较小的手段实施占领。1798—1800 年，法国在地中海占有马耳他和埃及。马耳他的防御实力是众所周知的，埃及的防御显然无法与之相比。埃及在经历了长时间封锁之后，才由一支强大的舰队和一支庞大的陆军联合攻占①。马耳他因为海上交通被切断，弹尽粮绝才屈服。旅顺则是强攻而下。如果没有对马海战，罗杰斯特文斯基抵达了符拉迪沃斯托克，则日俄战争还将持续下去；在这种情况下，日本人很可能会满足于封锁旅顺港，依靠舰队保卫后方的所有海域，以确保陆军在满洲的交通线安全。

让我们继续由浅入深展开研究，首先思考如下可能，你在某点的力量并未强大到让你现在就有把握将敌人驱逐出战场。这是继明显的攻势行动之后所采取的具有一般防御特点的姿态。当这种情况出现时，你应设法占据一个与你交通线相联系的尽可能靠前的位置。这个前沿位置不一定是陆上的一个点或者一条线，而有可能在海上。例如，不妨设想古巴属于美国，此时舰队应想方设法控制莫纳海峡，能够依托的最近的基地就是古巴东部的各个港口。或者，从该基地出发，舰队应设法在加勒比海南部保持一个巡航区域，以骚扰敌人的贸易或保护本国的利益。还可以在前沿位置上静待预料中的敌军进攻——敌人也许要试图收复已被占领的据点——此时舰队的任务则是迟滞、

① 译者注：法国自 1798 年 7 月 25 日占领开罗，直到 1801 年 8 月 31 日被奥斯曼与英国的联合远征军最终迫降，法国才最终退出埃及。

袭扰敌人，最后攻击敌人，正如前面所说的敌人在应对你进攻时所采取的行动建议那样。

现在正在讨论的这个前沿位置，其作用在于掩护后方的陆地或海域，迎击和迟滞敌人的进攻。随后，必须严格地依据战略筹划，审慎地选择前沿位置；只要情况没有大的变化，就不断地向前推进。因此，选择这个前沿位置，要充分考虑到这个位置后面的交通线，以及敌方对于这些交通线的影响；也就是说，既要考虑到能够掩护的那些交通线，还要考虑到它能够威胁的那些交通线。1796 年，拿破仑将阿迪杰河一线作为防御正面，从而掩护他的整个后方，并确保部队的后勤补给。同样道理，1794—1796 年英国舰队驻泊在科西嘉岛圣菲奥朗佐湾，以此为基地把作战正面前推至土伦的大门口。这样，就把被钳制的强大的法国舰队彻底封堵在了港内，从而掩护了经过直布罗陀的海上交通线，确保英国的地中海贸易安全。

如果不愿过于冒险，那么可以将作战正面前推至航线的交叉点或狭窄航道附近，并将它们包括在内。尽管开阔海域并无天然的战略要点，但是最好的贸易航线的交叉点，以及猛烈的逆风和逆流造成的困难，都会使得某些点和线较之其他点线更为重要。要塞港口、浅水海域或者其他航海阻碍的存在，都会对预定的作战正面产生影响。比如，一支前沿部署到莫纳海峡的舰队，除了古巴的几个港口之外，没有更近的要塞港口可为依托，但也许可以冒一点儿风险，在萨马纳湾建立一个储煤仓库，对于舰队在该海域的部署将会非常有益，即使作战失利丢掉了这个仓库，也不会造成致命的损失。一旦预期中的敌军出现，那么一切延误或危害敌军前进的措施都是有用的。舰队是海上战争的最主要力量因素，对此再怎么赘述也不为过；但是不要忘了，一支拥有强有力补给点的舰队，要比一支孤零零的舰队更加强大。

现在，我们已经把远征舰队从之前的进攻状态和前进状态，转换为静止状态。在已有的作战行动中，因为战斗造成的兵力损失，或因为战线延伸必需分兵护卫导致的兵力损失，以及作战正面面临的各种困难，这些所有因素或者其中部分因素，都会要求舰队暂时停顿下来，这很有必要，正如我们前面刚刚讲过的拿破仑在这种情况下的选择一样。这种停顿的目的，在于确保已经取得的远征战果；在于加强新基地的港口防御，以便将防务交给岸上兵力，使海军分遣队从中解脱出来；在于补足这些港内的储备物资，从而能够长时间独立地实施补给，而无须依赖于国内以及与国内相连的第一条交通线。当拿破仑已经在维罗纳和阿迪杰河站稳脚跟之后，除了被围困的曼托瓦要塞之外，他不仅有效控制了这个位置以南和以西的整个意大利地区，而且把交通线部署在靠近法国的位置，避免了敌人的可能截击，因此无须再分出兵力实施警卫。这些交通线，就如同法国国内的交通线一样安全。

这些过程汇总起来，就是对被征服地区的军事占领，目的就是在军事上实现被征服地区与本土能够连成一体，从而使得大部分的海军兵力，得以从起初担负的被占港口的直接守备任务中解脱出来。通过建立这样的前沿据点，可以减轻对于初始交通线的依赖，并减轻防卫这些交通线的任务负担。由此，海军分遣队得以解脱出来重返舰队，再加上从本土过来的其他增援部队，将大大增强舰队的实力，从而能够再次实施直接的攻势行动；完成转入直接攻势行动的这个步骤所依据的基本战略原则，与之前已经阐明的，开始前进时所遵循的原则完全相同。

关于防御作战的原则还有待于更为详细地探讨，这些原则在讨论敌人对我军推进期间的应对行动时，已经多次提到过。

关于防御作战的建议，不可能像进攻作战的建议那样令人满意，至少还比较肤浅，因为防御不外乎在逆境中实现最好的结果，其所做并非心中所愿，而是在不利环境下的尽力而为。

但防御在某些方面确有优势，这种优势甚至可以用这句被认为是战争格言的话予以证实："防御，是比进攻更强有力的战争方式。（Defense is a stronger form of war than offense is.）"我对这句话确实不怎么感冒，因为在我看来，这是对防御姿态的决定性特点的一种误解；但如果给定适当限制的话，也能勉强说得通。这句话意味着，在特定的作战行动中，或甚至在总体作战计划中，防御方因为暂时不会向前运动，所以能够加强战备，能够实现精心安排的持久部署；而进攻方由于处在不断的运动之中，很容易出现失误而被防御者利用，而且进攻者在任何情况下都不得不接受面前的不利条件，这已经成为他必须解决的问题的一部分，即防御方在进攻方的行军途中不断强化战备。这种强化战备的极端例子，就是建立了永备的防御要塞；类似的例子，则是在精挑细选的有利战场上等待战机，军舰按照严格的顺序排成战列线，全部侧舷火炮准备就绪，而敌人必须以纵队接近，这种队形难以发扬侧舷火力。仅就这一点而言，防御者所采取的阵形（form）就比进攻者的阵形更为有力。

如果你们仔细考虑不难发现，日本舰队在对马海战中处于防御态势，其目的就在于阻止、破坏俄国舰队的企图。从实质上来看，不论日本采取何种战术方法，目的都在于将侧舷炮横亘在俄军通往符拉迪沃斯托克的航线上。俄国舰队处于进攻态势，我们还不太习惯从这个视角来审视它们；俄国人就是要冲进符拉迪沃斯托克——如果可能的话。他们必须保持既定航向，并冲过日本舰队的拦截——如果可能的话。简而言之，俄国舰队处于攻势，其接敌队形只能用舰首向敌的纵队队形——这是一种弱势队形——只要进入火炮射程，在战术上就必须放弃这种队形。

在美西战争期间，塞韦拉在抵达圣地亚哥港之前的舰队机动也具有攻势性质，而美国舰队则处于守势；这就是说，塞韦拉在设法实现预定目标，而美国舰队在阻止其目标的实现。西班牙拥有三个主要港口——哈瓦那、西恩富戈斯和圣地亚哥，我们无法肯定西班牙舰队将驶往何处，我们必须将兵力部署在两个港口之前，敌人要想进入港口，就必须不惜一战。我们拥有足够的兵力展开这种部署。应当拦截的两个港口显然是哈瓦那和西恩富戈斯。根据作战想定，为了确保我们北部海岸防御的需要，只能将西恩富戈斯放开。如果塞韦拉的目的地是西恩富戈斯，那么他将在美国快速舰队到达之前进入该港。因此，把快速舰队部署在汉普顿锚地（Hampton Roads）仅仅是作战想定的需要，但这依然足以说明，海岸防御不足将对国家的战争计划产生影响。

这里，我引用了科贝特的相关论述（《七年战争》第1卷，第29页），而他则引用了最著名的军事理论家——克劳塞维茨（Clausewitz）的格言，并进行了直接限定。这段论述是：

> 当我们说防御是更强的战争方式之时，意思是，如果计划得当，防御只需要一支规模较小的兵力，当然，这仅限于只有一条确定的作战线而言。如果我们对敌人发起攻击的基本作战线确实一无所知的话，我们也就无法将兵力集结于这条战线，于是防御将更为脆弱，因为我们不得不分散兵力，从而在敌人可能选择的任何一条作战线上，拥有足够强大

的兵力挫败他们。

然而，兵力如果已经强大到能够在数条战线上挫败敌人的话，那显然应当利用这种优势实施攻势行动。在上面的例子中，面对塞韦拉的逼近，美国真正应当采取的集中方针却不得不让位于分散方针，即分兵于西恩富戈斯和哈瓦那两个方向。不是在一个位置上发挥决定性优势，而是在两个位置上维持勉强的均势。如果敌人的技战术水平与我军相当的话，那结果一定是胜负各半。唯一的成果可能是敌人被击溃，用纳尔逊的话说，敌人在当前的季节里再也不会制造麻烦了，而另一支美国分舰队将取得控海权，正如 1904 年 8 月 10 日以后东乡所做的那样①。从纯粹的军事观点来看，非常遗憾，西班牙人和俄国人所展现的军事才能实在是太低劣了。

防御的根本弱点极为明显。它不仅仅是劣势一方迫不得已而采取的姿态，在作战线不止一条的时候，在苦于无法确定敌人可能的攻击点时，选择防御都是常有之事。但这会导致分散兵力的倾向。防御的有利条件前面已有充分阐述，主要是可以充分准备，可以采取多种预防措施。当你采取守势之时，必须意识到，你自身已经失去了继续向前推进的可能性，而敌人却具有以优势兵力出现在你正面的能力；除非你能够在中途对敌人进行袭扰，并对其造成了足够的损失，从而缩小兵力的悬殊程度。一旦这种悬殊不复存在，你就应当立即采取攻势。另一方面，在采取守势时，你理所当然地拥有一支虽属劣势但却具一定规模的作战舰队，以及一条包含若干个港口的海上防线，敌人不用常规作战便无法夺取这些港口，你的战舰可以把这些港口作为基地，在那里进行备战，而后撤回休整。如果没有这两项要素，就不可能建立真正的防御。

但我们在这里所讨论的问题，不是关于本土海岸的防御问题，而是关于全部或部分的由我控制的海域防御问题。除非这片海域紧靠着本土，否则国家在这里的权力就不会像在本土那样取得全面巩固和发展。美国紧临加勒比海，与欧洲各国在一些敏感地区所拥有的价值相比——诸如巴拿马运河、波

---

① 译者注：1904 年 8 月 10 日，东乡平八郎指挥日本联合舰队在旅顺口外，挫败了俄太平洋第一舰队逃往符拉迪沃斯托克的企图，幸存的俄舰龟缩在旅顺港内再无作为，直到被全歼。所以从那天之后，整个黄海的制海权完全掌握在了日本手中。

多黎各和关塔那摩，美国所拥有的更具特殊价值。又如，日本在远东的位置，使之在维持和巩固国家权力以及持续作战方面，比所有的欧洲或美洲国家所具有的有利条件都要明显。然而，在双方到达距离都基本相等的地方，那个存在于我们目前假定的两个相隔甚远的竞争对手之间的海域，肯定会成为必争之地，如同从前处在奥地利和法国之间的日耳曼各邦和多瑙河流域那样。在美国独立战争时期的海上战争，包括西印度群岛和十三个美洲殖民地在内的这个地区，情况也是如此。群岛和大陆中间的海域，都是当时海战的主要战场，那里与交战的双方列强（法国、英国和西班牙）之间的距离基本相等。在陆上，控制如此遥远的区域取决于两个要素——拥有若干据点作为基地和拥有一支机动的野战军；但是，到底采取攻势还是采取守势，却取决于野战军比敌人强还是比敌人弱。在当前的海上战场，海军就是野战军。

在防御作战中，强化要地防御最为重要。当一支陆军以优势兵力向前推进时，那些属于自己的要地将变成后方——位于战线之后。因此，那里就成了汇集补给物资、运输车辆和增援部队的安全据点。如果防守得力，能够确保与野战军的交通线安全，那么野战军就可自由机动。

查理大公曾经更加详尽地论述过作战基地——结论同样也适用于中间据点——他说："这些据点必须严加设防，使之能够独立运转，而不用担忧那里的弹药仓库有丢失之险，也不用被迫抽调分遣队进行守卫，因为这样往往会削弱野战军的实力。一名野战军司令，如果在机动之前首先要确保弹药库安全并分兵守卫的话，他就绝不可能像另一名司令那样采取迅速果断的行动，因为那名司令能够在离开了弹药库一段时间之后，返回时弹药库依然完好无损。"

任何海军作战基地如果防御不足的话，结果也同样如此；而且基地对于舰队来说，更有用、更必要，当基地不设防时，就可能造成舰队的暴露，给海上行动带来更多的妨碍。查理大公的论述来自惨痛的教训，如果不是来自他个人的亲身经历，至少也来自本国军队的经历。也许因为奥地利人属于日耳曼血统，与他们作战所及的那些国家都有血族关系，所以不能像当时法国人那样不择手段地剥削当地国家以供养军队。于是他们需要大量的仓库，但并不是总有设防的城镇适合建立这些仓库。随之而来的后果是，奥地利或者被迫留下大批兵力实施守卫，主力部队因此而被削弱；或者设法以主力部队掩护这些地方，从而极大地束缚了主力的行动自由。

要保持清醒，那些极力鼓吹把海军用于海岸防御的人们，却在大肆诋毁防御设施建设，这必将置海军于类似的窘境之中。

但不能由此推论出，防御力强的要地就不再需要守备部队了。要塞自身的威力相当于许多士兵，而且，那些素养不足以胜任野战的部队却可以胜任要塞的守备任务。对于海港也是如此：如果海港没有充分设防，则海军就要承担大部分的防御职责；如果设防充分，海军则可免除派遣守备分队的任务，该任务可由不适于海上勤务的陆军部队来承担。这种防御坚固的要地，是进攻方最可依靠的基地。应该在本国永久管辖的地区里选择这样的要地，同时参照其内在的适合性和相对位置，目的是让每个要地都与整个战略体系相协调，都能发挥出应有的威力。要塞的数量不宜过少；但也不宜过多，太多则需要从陆军机动兵力中，即从野战军中抽调一定数量的兵力进行防护和警卫。所以，当要塞数量超出必要时，野战军不是被加强，而是被削弱了。若米尼指出："法国人的要塞太多，而日耳曼人却太少；而且日耳曼人的要塞质量普遍较低（就是比较脆弱），而且位置又不恰当。"在这些情况下，由于各自的经验不同，也就难怪法国军官会或多或少地贬低要塞的价值，而日耳曼大公却将之过于夸大。

设防的支撑点，同时也是补给点，如果需要的话还可用作临时的庇护所，这一点对于我们当前面临的情况——控制国外的海域，具有特别重要的意义。在这种情况下，野战军与海军在很大程度上是类似的。陆军部队的职责通常是守卫这些位置，即实施防御；对他们来说，远征或攻势行动则是例外。由舰队负责防守这种基地，不论这个基地在本土还是在海外，都会大大束缚舰队的行动，并置舰队于相同程度的错误位置之上。现在就有这样一个极坏的实例，即英国对德国可能进攻的恐慌。因为英国陆军的质量远远不如德国陆军。英国本土的防御实力不足，单纯依靠舰队进行防御，因此，舰队就被束缚在了英国海域周边。如果英军本土能够以相同数量和质量的兵力迎战德军的话，舰队就能够相对的行动自由。例如，派出一支分舰队到地中海或中国，在本土只保留一支拥有适当优势的舰队就足以应对可能的敌人。而实际情况却是一切都依赖于舰队，因此舰队必须拥有更大的安全余度，一种所向披靡的优势。这就意味着，舰队的行动自由和作用范围受到极大的削弱，因为舰队必须将所有的兵力集中在一起，包括那些在某些情况下原本可执行其他任务的分舰队。

由于被迫去掩护两个或两个以上防御工事不强，或陆军守备兵力不足的据点，一支舰队在特定区域的基本作战行动就会陷入不利的防御态势之中。例如，1799 年 25 艘法国战列舰突然进入地中海，整个战场形势急转直下，英国有太多的据点需要防守，因为缺乏适当的守备部队，所以只能由海军来承担防务。这正是英国本土当前面临的困境的缩影。英国地中海舰队司令尤为感到梅诺卡岛的防御压力，他当时的肺腑之言很值得"存在舰队"理论和绿水学派（Blue Water School）的拥趸们深思。他说道："情况太糟糕了，我根本找不到这些流浪汉——法国舰队，而且又被这个毫无防御能力的海岛给捆住了手脚。"说这句的人算不上是一流的指挥官，但他的能力还是要比一般军官高出一大截，他在这里表达出了普通人常有的心境。要不是因为必须防卫这些据点，英国舰队本可以集中起来，自由行动，可以对敌人大举进攻。而当时的情况却是，英军对法军的目的一无所知，舰队不得不兵分两路，每一路的实力都没有法国舰队强。一路是主力舰队，掩护梅诺卡，基本上是漫无目的地在巴塞罗那、土伦和梅诺卡构成的三角地带游弋；另一路由纳尔逊统率，掩护通向那不勒斯和西西里岛的航线。在英国舰队因为独立防御几个要点而陷入苦恼困惑之时，法国舰队成功地实施了行动，尽管比较仓促，但是顺利地撤出了战场；同时，还从卡塔赫纳带走了一大批西班牙军舰，这些军舰留在了布雷斯特，作为法国与西班牙结盟的"人质"。

只有在防御时，坚固要塞的价值才能充分体现出来。按照顺序，防御方的第一目标是赢得时间。因此，应在距离至关重要的要塞正面尽可能远的地方开始阻击敌人，才较为有利。拿破仑在 1796 年著名的意大利会战中，凭借灵活的战略和大胆的战术，仅用两个月就占领了从萨沃纳①（Savona，位于热那亚的西面）到曼托瓦的广阔地区。但是曼托瓦要塞却将法军阻击了九个月

---

① 译者注：萨沃纳，意大利西北部利古里亚大区萨沃纳省的首府，濒临利古里亚海的热那亚湾，是著名的港口城市。东北方距离热那亚约 40 千米。

之久。请注意，波河流域的伦巴第（Lombardy）① 当时是奥地利的属地，对奥地利来说恰似一个外部海区，正如加勒比海对于美国这个海洋国家来说，也是一个外部海域一样。尽管失去这个地方已久，但奥地利从未甘于接受与地中海隔绝的状况，如今它似乎正在巴尔干半岛谋求开辟一条通往地中海的路线。曼托瓦对于奥地利来说，就是一个前沿哨所，它的功能在于阻拦进攻者的推进，不仅可以防御所在地区，还可以防御它背后的奥地利本土。曼托瓦强有力的守备部队恰如海港中的一支舰队，除非能够封锁和控制它，否则当法军越过阿尔卑斯山向奥地利本土进军的时候，它就会威胁到法军的交通线，拿破仑没有足够的兵力一边围攻要塞，一边向前推进。他不能分兵，不得不停下了进攻的步伐。在这九个月的耽搁中，奥地利调集并连续出动了不少于三个军团的兵力反击拿破仑，而拿破仑凭借天才的指挥艺术、勇猛的斗志和无限的活力，以一己之力击退了敌人。曼托瓦在被占领两个月后，拿破仑长驱直入，兵锋直指维也纳，奥地利不得不停战求和。

在类似的战例中，像曼托瓦这样的要塞就是一个引人注目的实例，防御是一种强有力的战争方式，同时也证明，在距离国境尽可能远的地方开始抗击敌人具有很大的位置优势。这可能是一个极端的例子，但是从始至终，拿破仑都充分展示了进攻在精神上和效果上是何等的强大有力。他坚守维罗纳和阿迪杰河一线的阵地，这是他的防御基地，依托这些基地他实施快速的攻势作战，打乱了敌人。由于法军持续发起积极的突袭行动，奥军被迫转入守势，最后不得不撤退。进攻，既有主动之优势，也有主动之风险。主动的特殊价值，就在于目标的专一与聚焦。防御方搞不清敌人的目标是什么，只能被动地应对敌方部署，因此会感到危险来自多个方向而不是一个。在这种情况下，防御方一定会趋向于分散兵力，正如进攻方会趋向于集中兵力一样。

应当看到，类似曼托瓦这样的要塞，对于舰队机动并不是总会产生类似的影响，因为舰队可以自己携载补给，而陆军则依赖于交通线上的运输。例

① 译者注：伦巴第，意大利最大的大区，位于意大利北部，与瑞士接壤，首府也是该区最大的城市——米兰。

如，1801 年丹麦舰队在哥本哈根海战（Battle of Copenhagen）① 被摧毁之后，纳尔逊曾经计划立即向波罗的海启航，进攻驻泊在雷瓦尔港（Revel）② 的一支强大的俄国分遣队；但舰队司令并不希望把尚未屈服仍有敌意的丹麦留在后方。这只能表明他对交通线非常谨慎，但相比纳尔逊的雄心而言实在过于迂腐，因为一次作战并不会耗光英国舰队的全部物资，而摧毁俄国分舰队却具有重要的军事和政治意义。纳尔逊承认该计划风险很大，但为了争取更大的胜利，他极力主张冒一次险。他的意见遭到驳斥，俄国人得以逃脱。这样的猛冲猛打具有某些突袭的特点，突袭就是要置交通线于不顾。如果不发动这样的突袭，而是以持久作战为目标——比如封锁作战，就像当年封锁法国港口那样——将会造成为英国舰队在波罗的海运输补给的船只，必须在丹麦的炮台射程之内航行，那么就必须先攻克丹麦炮台。如果除炮台之外，还有一支丹麦的分舰队，那就必须有一支英国分舰队与之抗衡。假如雷瓦尔和哥本哈根的舰队合兵一处，战舰数量等于或超过了英国舰队，那么分兵就很不明智了；必须首先征服哥本哈根，就像拿破仑必须首先拿下曼托瓦一样。对现代舰队而言，补充燃煤的迫切需要将使形势更加恶化。

当与敌相比处于劣势时，野战军必须后退，并尽可能一路上与敌纠缠，直到退至战略支撑点的前沿战线为止。当这支野战军通过该战线时，必须根据这些要点的防御需要、自己的现有兵力以及可能获得的增援，相应地加强这些要点。把自己缩藏在一座要塞之中，就像麦克之于乌尔姆（Mack at

---

① 译者注：1801 年春，斯堪的纳维亚诸国在法国的支持下，恢复"北欧武装中立"，对英国不利。于是，帕克上将率领舰队（20 艘战列舰、5 艘巡航舰和 28 艘其他舰船）于 4 月 1 日驶抵哥本哈根，要求丹麦放弃中立，但遭到拒绝。2 日 10 时许，纳尔逊率领部分兵力与丹麦舰队开战，战斗到 15 时许，11 艘丹麦战舰投降。丹麦被迫同意在"武装中立"的旗帜下支持英国。1806 年 10 月拿破仑占领柏林之后，第四次反法同盟瓦解，11 月法国开始对英国实施大陆封锁政策，企图迫使英国在经济战中投降。为了避免丹麦倒向法国，英国试图游说丹麦加入它与瑞典的同盟，但遭到拒绝。于是英国采取先发制人的方式，以期彻底解除丹麦海军的威胁。1807 年 8 月 15 日，英国舰队在哥本哈根北面的厄勒海峡集结完毕，要求丹麦交出舰队，丹麦回答"这无异于宣战"。9 月 2 日，英国舰队开始炮轰哥本哈根，7 日丹麦舰队与英国舰队交战，因实力过于悬殊而全军覆没。此次作战也被称为"哥本哈根式打击"，引发了国际社会对于先发制人作战的"战争道德"问题的争论。

② 译者注：雷瓦尔，即今之塔林（Tallinn），位于波罗的海北端芬兰湾内的里加湾与科普利湾之间，是爱沙尼亚首都和最大的城市。

Ulm）①、麦克马洪之于色当（McMahon at Sedan）和巴赞之于梅斯（Bazaine at Metz）②，就战场态势而言不论是否合理，但对这支野战军而言就是一个令人绝望的方案。总体军事态势有可能需要采取这样的步骤，但却是自取灭亡。当追击的敌人到达要塞防线时，所面临的问题是，"拿下这个要塞再继续前进，还是仅仅留下足够的兵力以阻止敌要塞部队袭击我交通线即可？"

如果决定围攻，就得耗费时间；如果继续前进，追击者相对于被追击者来说更易于被弱化。这个实力弱化过程随着对每个占领地点的分兵驻守而加剧，但追击者可能比被追击者承受弱化的能力更强一些。位于要塞之外的一支劣势兵力，如果不想发起围攻，则可以充分控制分散于两个或两个以上要塞中的总体处于优势的兵力，因为各个要塞的兵力难以协同行动，而劣势方却拥有中央位置和内线作战的有利条件。而且，追击者必然拥有优势，可能还是巨大的优势；当他从要塞附近经过时，将会威胁或破坏当地的补给线，那么要塞的陷落也就只是个时间问题了。这些分析，既阐述了防御要点的价值，也表明了它们的局限性。消极防御力量无论多么强大，永远也不可能带来一支指挥有方的野战军运用机动作战可能取得的战果。

面对优势陆军的进攻，一支劣势的陆军可以不断地利用有利地形节节抗击，以阻滞敌军的推进，这就是防御为何成为更强有力的战争"方式"的原因，但海上似乎不会出现非常近似的此种情况。然而，我们也能从历史中找到相似的战例，它们至少具有一定的启发意义。比如，1799 年纳尔逊在西西里岛附近海域以不到 12 艘战列舰迎战法国舰队，原以为法国有 19 艘战舰——实际上是 25 艘——纳尔逊宁可选择战斗，也不能允许法国占领他正在守卫的这些领地；再如，1805 年纳尔逊率领 12 艘战舰从西印度群岛返航欧洲，希望能够遇到由 18 ~ 20 艘战舰组成的敌舰队。这两次行动纳尔逊都为同一个

---

① 译者注：1805 年 8 月，拿破仑开始进攻奥地利。10 月，乌尔姆会战打响，麦克是奥军的实际指挥官。14 日，奥军主力被合围在乌尔姆要塞，19 日向法军投降。

② 译者注：这两个战例都发生在 1870 年普法战争期间的色当会战之中。拿破仑三世为阻止普鲁士统一，于 1870 年 8 月 2 日进攻普鲁士，挑起了普法战争。但法军不堪一击，4 日便被普军反击退入法国境内。14 日，巴赞元帅所率法军被围困在梅斯要塞。麦克马洪元帅率领 12 万法军与拿破仑三世会合后欲解梅斯之围，不料被普军击退，8 月 30 日退守色当。9 月 1 日，普军发起猛攻，下午 3 时，法军投降，拿破仑三世被俘。此役标志着法兰西第二帝国的灭亡和德意志帝国的建立。

目标所激励，他说道："直至他们能够打败我的分舰队，否则他们今年甭想再制造什么麻烦。"当然，他的意思是说，在英国海军整体作战行动中，他的任务只是各个击破敌军过程中的一个插曲而已，让其他的英国海军部队来收拾残余的敌军。这与1796年查理大公的南线奥军行动在本质上是一致的，该部奥军的任务是在每个防御要点展开战斗，且战且退，拖住莫罗（Moreau）① 率领的法军，而大公亲率北线奥军以绝对优势直扑儒尔当（Jourdan）②。

毫无疑问在第一个战例中，纳尔逊的心中就已经有了他在第二个战例中明确表达的同样意图："除非到了最后时刻，否则我决不战斗，除非他们给我提供的战机过于诱惑而无法拒绝。"（即一瞬间的有利条件）有利条件就是有利条件，无论是对方提供的，还是自己获得的，不管是因为敌人失误，还是由于地形有利，这样的有利条件在陆上战争中意义非凡。出色的防御者将根据敌人的错误和其他条件这两个要素，审慎地寻找战机。据说在奥斯特利茨会战中，当拿破仑急迫地想要抓住一个明显时机的时候，他曾经说过："先生们，当敌人正在犯错的时候，我们千万不要过早地打扰他们。"在纳尔逊时代的历次战争中，英国海军总的任务是防御，但在战略布势上则效仿了拿破仑的做法，即兵力部署要形成初始的有利条件，一旦机会出现能够立即转入攻势，当时机成熟时，以有利条件展开战斗。1805年初，纳尔逊离开地中海驶往西印度群岛追击法国舰队，即是如此，他在途中与一支增援马耳他的护航船队相遇时，就采取了防御措施。尽管时间紧迫，但他一直等到船队安全抵达港口，所有安排都已就绪之后才离开。在他担负攻势任务的时候，他仍然

---

① 译者注：莫罗（1763—1813），法国大革命至拿破仑战争时期的法国将领。1791年参军，1794年晋升少将，在土尔库万会战中一战成名。1795年任莱茵—摩泽尔军团司令，率军进入德国作战，取得了几场胜利，但在随后与查理大公的交锋中，连吃败仗。在非常不利的形势下，他仍然把法军有序撤过了莱茵河，并带回5000名俘虏。1800年，莫罗赢得了霍恩林登会战的辉煌胜利，为粉碎第二次反法同盟奠定了基础，这是他戎马生涯的巅峰。此后莫罗因卷入推翻拿破仑的阴谋而被流放。1813年第六次反法同盟建立之后，莫罗重新出山为沙皇效命。1813年9月2日，在德累斯顿会战中被炮火击中后阵亡。

② 译者注：儒尔当（1762—1833），1776年作为志愿军参加美国独立战争，法国大革命开始后加入国民自卫队，1793年晋升少将，1796年败于查理大公，1802年任意大利军团司令，1804年被拿破仑封为帝国元帅，1811年任马德里总督。1796年6月，为掩护莫罗将军进攻巴伐利亚，儒尔当奉命渡过莱茵河，吸引奥军北移。在击败了前来监视的沃滕斯莱本率领的3.6万名奥军后，与莫罗形成了夹击查理大公的态势。但儒尔当没有坚持进攻查理大公，反而全力攻击沃滕斯莱本，给了查理大公攻击法军后方的机会。9月3日，查理大公亲率4万奥军与儒尔当的3万法军展开决战，法军大败，溃逃过莱茵河后仍然无法收拢，迫使已经攻入巴伐利亚的莫罗不得不跟着撤退。

关注着基地的防御情况。

海上作战与陆上作战一样，要地防御也非常必要。它们对于海战的重要意义甚至要更大一些，因为海上战场几乎不能为舰队提供这样的位置——因为地形的原因——一支劣势兵力能够通过战术部署缩小与对手的差距。海上对庇护所和物资安全的需求程度，比陆上更大。风力是一个古老的有利条件，它代表了更快的速度，舰船数量较少的舰队可能比数量较多的舰队航速更高。一支舰队的舰船数量越多，就越可能发现在舰队中存在着两类兵力，既有最快的舰船也有最慢的舰船；舰队的速度不是所有舰船的平均速度，而是航速最慢的军舰的速度。因此，舰船数量越多的舰队，其航速很可能较低。这个分析表明，一支撤退的舰队可能没有必要向需要支援的港口狂奔，特别是当追击舰队还要护送装载着陆军部队的运输船队时，这种情况更有可能发生。

但是，还要考虑到海上战场的开放性特点，就是说，一支撤退舰队如果明显处于劣势的话，就不应该让追击者进入攻击范围之内。有理由认为，撤退舰队应当依据追击者的速度来调整自己的航速，利用快速巡航舰断后以监视敌人，并与主力舰队保持联系。当然，敌轻型舰船一定会试图驱逐这些快速巡航舰，但它们不敢追随快速巡航舰冲入敌方舰队之中，也无法阻止快速巡航舰再次返回。假如双方航速相同，那么追击舰队的巡航舰就无法追上目标。它们只能在追击舰队的主力以外，与撤退舰队的这些巡航舰保持一定距离，如此一来，有利条件将被削弱，因为它们的出现暴露了主力舰队就在附近的信息。撤退的巡航舰不应与之交战，除非条件特别有利，因为一旦军舰动力受损，必将落入正在接近的敌人手中。故不必赘言，对于一支弱小的采取守势的舰队来说，在这种情况下，应尽最大可能接近入侵者，等待时机抓住任何一个可能出现的有利条件。如何抓住这样的有利条件，属于战术领域的问题；实际上整个撤退行动都属于战术问题。如果开始时双方的航速和操船技能相同，那么舰船较少的舰队通常比舰船多的舰队，行动更迅速，操纵也更容易。舰船较多者应如何运动，编成何种队形，如何护卫运输船队；舰船较少者应如何实施退却，有无可能在现代条件下发动袭扰攻击，以及如何采取最佳的袭扰战法：所有这些问题都属于大战术领域（grand tactics），而不是战略领域。

当撤退舰队到达设防港口的外围（即第一条防御线）时，防御者的两部分力量，舰队和港口，就汇合在一起了。接下来面临的问题将是如何使用舰队。可以假定，接近中的敌人在海上处于优势，在陆上也必处于优势，因为敌人至少要先考虑这个目标的特殊性。假如防御者只有唯一的一个港口可用，那么情况就非常糟糕了，燃煤补给将很不可靠。假如这个唯一港口的防御又很弱，难以坚守到预想的时间，那么这个地区几乎就陷入了绝境。

然而，我们的目的不在于讨论陷于绝境的情况，而是要讨论那些劣势不大，但其技能和能动性可以部分弥补差距的情况，我们不妨设想有两个或两个以上有合理防御的港口，在位置上可以彼此支援，但还没有靠近到敌人不用分散舰队就能同时监视它们两个的程度。现在防御者的舰队——劣势的舰队——有三个目标：战列舰必须集中；必须努力不被敌人封锁在任何一个港口之内；作战舰队应当避免被迫与优势兵力交战，除非环境非常有利。如果敌人首波攻击的目标尚不明确，那么就应当占据便于到达任一港口，并等待进一步消息的有利位置。例如，当法国舰队从土伦消失之后，纳尔逊在难以确定它们到底是驶往了埃及还是航向了大西洋时写道："在我尚未获悉某些真实情况之前，我既不能驶往西西里以东，也不能驶往撒丁以西。"东乡在马山港（Masampo）① 的行动提供了另外一个例证；但很少引起人们的注意，因为引发疑虑的问题不多。

一支防御舰队在选择当地作战基地时，即选择实施总体防御的集中点时，由于舰队本身就是总体防御的主要因素，因此在所有的考虑因素中，要非常谨慎地评估哪一个港口最有可能成为敌人登陆作战的目标。因为，如果可以确定这个集中点，那么另外的某个位置可能更适合于防御舰队。譬如说，有种种理由可以判断出日本将在旅顺港附近登陆，并对港口发起攻击。那么，假如俄国舰队的企图是推迟海上作战或者不愿进行作战，则舰队驻泊于符拉迪沃斯托克为上策。因为，如果舰队驻泊在旅顺港，将使得敌人有可能，甚至诱使敌人把陆海军兵力全部集中在旅顺方向，于是旅顺就成了战略上的中

_____

① 译者注：马山，韩国东南部天然良港，临马山湾，为釜山的辅助港。马山市东距釜山 45 千米，古名为骨浦、合浦。

央位置，尽管并非几何学上的中心，这样就失去了引诱日本舰队分散兵力的可能。而俄国舰队部署于符拉迪沃斯托克，将不可避免地把日本主力舰队吸引到那里，这就为俄巡航舰分队突袭日本陆军的海上交通线提供了更多可能。而符拉迪沃斯托克拥有两个出海口，这又是一个加分项。

如果第一个目标十分坚固，敌军不得不耗费更多的时间才可能攻克，那么敌舰队的全部或部分兵力将被牢牢地拴在这里。敌舰队即使不直接参加攻击行动，也必须掩护陆军航渡至登陆点的海上交通线，这是陆军与本土联系中最为紧要的一环，同时，舰队还要封锁防御方舰船可能用于加煤或补给的港口。唯有攻克第一个目标，攻击方的舰队才能够全部被释放出来。因此，舰队在此肩负着两项任务：一是支援岸上作战，二是阻止防御方海军可能实施的任何危害行动。如果防御方的舰队不仅聪明而且主动，那么攻击方的舰队不进行某种分兵将无法同时完成上述两项任务。在这个假定情境中，防御方的舰队司令握有作战主动权，因为他的目标只有一个，而可以实现这个目标的方法却有很多。他之所以享有这个有利条件，是因为尽管国家处在防御态势，所以舰队也处在防御态势，但在整体防御计划之中舰队的特定职责却是攻击敌方的交通线，或者攻击敌人的分舰队，如果敌人有的话。总而言之，就是要牵制和分散敌人。为了应对这些牵制和分散，攻击方的舰队不得不实施防御。因此，攻击舰队必须面对两个需要同时完成的目标：一是敌方的舰队，二是敌方的港口。除非防御方让舰队困守于被封锁的港口之中，就像俄国舰队在旅顺港的部署那样，这简直是给日本人投怀送抱啊！

现在让我们以一个假想情境为例给出说明：假定一支美国舰队以大西洋海岸为防御线，拥有诺福克和纽约这两个防御坚固的港口，美国海军虽然总体处于劣势，但实力不容小觑。如果纽约由于重要的商业价值而成为敌人的攻击目标，那么位于诺福克的美国舰队就将成为敌海军的第二个目标，并迫使其分兵；此外，美国海军还可以自由活动，可以攻击敌人的任何一个利益所在——贸易、交通线、殖民地等。如果纽约是敌人的目标，而且只有一个入口的话，我认为把舰队摆在那儿，绝对是一个错误；但是如果纽约拥有两处入口的话，则可强迫敌人分兵。无线电通信技术的引入，将修正这些分析；但是关于水文气象条件，以及伴随主动作为而来的总体有利条件，即攻击舰队所选定的时间、地点和作战方式等因素，只能由无线通信进行修正，却不能被其废止。

再怎么重复也不为过，当一个国家处于防御态势时，比如防御海岸线，舰队的真正作用是进攻。因此，正如我在这个专题的其他内容中曾经谈论过的那样，海岸要塞并非如常人所说，在本质上是防御性的，恰恰相反，它的本质是进攻，因为它守卫着攻势作战的舰队。1812 年罗杰斯分舰队正是这样的一个实例，虽然分舰队的规模如此之小，但作战效果却完全直射靶心。^① 当时美国几乎既无海军又无陆军，完全处于守势；而罗杰斯分舰队的出航，却是对英国贸易和分舰队实施总体进攻作战的一步。结果，迫使英国各个分舰队不得不进行集中，因为每支分舰队都比罗杰斯的兵力要弱；由此，美国商船得以畅通无阻地返回各个港口。俄国错误部署舰队的主要原因，在于忘记或忽视了上述思考。一个国家无论是从一开始时就采取守势，比如上述例子中的俄国和美国，或是因海战失败而不得不退回本土海域采取守势，这都无关紧要。一旦完成撤退，对前进之敌进行袭扰的时机，不管这段时机利用得好还是不好，都已成为过去，此后被追击的舰队除了把煤舱装满之外再无牵挂；应当承认，燃煤消耗是蒸汽动力的一个最大不足。然而，没有其他忧虑，也不受其他任务的束缚，这也是件大麻烦。

假定沿岸各处的港口都已经完成防御部署，它们在一定时间内有能力自保。那么，防御舰队司令的任务就是攻击敌方的交通线；在每个可能方向上，通过攻击或威慑行动，骚扰敌人、打乱敌人；利用舰队的攻势行动支援总体的防御作战。负责该作战方向的舰队司令或政府部门领导，他们的才能集中表现在对攻击目标的选择上，这些目标应能够最大限度地调动敌人。正确的军事原则往往由于政治考虑或者感情用事，由于陆海军指挥官缺乏军事技能或敢于担当的勇气，而遭到践踏，这样的例子在战争史上不胜枚举。防御的目的在于运用人类的本能弱点，着眼于分散进攻者的兵力。试图保卫每一个

---

① 译者注：1812 年英美开战后，罗杰斯立即率领由 3 艘快速帆船、1 艘单桅船和 1 艘双桅船组成的小舰队出发，目标是来自牙买加的 110 艘英国商船队，距离纽约港大约 450 海里。但途中遇到一艘英国快速帆船，被遇敌必战的英式信条所影响，罗杰斯开始追击英舰，未果。回头再追击商船队，也没有找到。此次远航被认为是失败的，并促成了海军的新规定，即应以单舰或双舰对敌商船实施巡洋作战，而非以分舰队实施。

要点的冲动，与其他天生的人性弱点一样，唯有坚持正确的军事原则才能加以克服。在与西班牙对抗期间，众多的海岸保护需求让美国海军部疲于应付。把机动舰队束缚在汉普顿锚地周边，以及把一支原本可以出色地执行封锁和特遣任务的巡洋兵力束缚在北大西洋沿岸，都可以被认为是对这种恐慌的妥协。这些部署肯定违背了那些正确的军事原则。

防御方海军此类作战行动所追求的结果，曾被现代法国海军战略学家达夫吕伊（Daveluy）①海军中校称之为"受迫的部署转换（displacement of force）"。在我看来，这个短语很贴切，且富于启发性。他的意思是说，假如敌人依据正确的军事原则部署兵力，则防御方应当不断地激怒、诱惑、疲惫、吓阻敌人，直至迫使其改变当前的正确部署，实现被迫的部署转换。在部署转换过程中，过度自信与过度谨慎一样，都非常有害。假如敌舰队已经正确地集中，那就诱惑其分散分兵；假如敌舰队已经部署在正确的地点，那就迫使其转移到错误的位置。英国战舰"勇士"号（Guerriere）之所以被美国战舰"宪法"号（Constitution）抓住，正是英国受迫的部署转换所带来的结果。②罗杰斯分舰队出航，迫使英国海军进行集中，出于同样的原因，英国海军护送一支重要的西印度群岛船队向东进入大西洋数百海里。到达目的地之后，英国人认为形势已经安全了，因此派"勇士"号驶往哈利法克斯（Halifax）③，途中与"宪法"号相遇。

我从达夫吕伊的著作中引述数段如下：

无论从何种观点来看，在海上实施防御只会陷于不利之地。只能不

---

① 译者注：达夫吕伊，法国著名海军战略学家，著有《海军作战思想》（1902）和《海军战略研究》（1905）。提出海上胜利的主要途径不是劫掠战，而是要有一个进攻战略，通过决定性的作战消灭敌人。上述著作为法国海权理论的形成做出了重要贡献。

② 译者注："宪法"号，别名"老铁壳"，是美国现役的木壳三桅风帆巡航舰，根据 1794 年美国海军法案建造的六艘新型巡航舰中的第三艘，于 1797 年入役至今，目前停泊于波士顿海军基地。舰长 62.2 米，宽 13.6 米，满载排水量 2200 吨，装备 28 门 24 磅和 10 门 12 磅火炮，先后作战 40 余次，无一败绩，被视为美国海军拼搏和胜利的象征。1812 年 8 月 19 日下午，"宪法"号与"勇士"号在波士顿外海 600 海里处开战，前者重创后者，致其最终沉没。2012 年 8 月 19 日，"宪法"号在波士顿外海进行巡航，以纪念此战 200 周年。

③ 译者注：哈利法克斯，加拿大新斯科舍省的首府，是加拿大大西洋地区最大的城市和经济中心。位于新斯科舍半岛东南岸中部，战略位置重要，有"北方卫士"之称。港口入口处水深 26 米，航道最浅处也有 15 米。

得已而为之，绝不可主动为之。不论我们是交战双方的哪一方，都要选择进攻；也就是说，要寻找敌人，打败他们。但双方的做法可能各不相同。

强势一方要抓紧与敌人的各个分舰队交战，目的是要在它们来不及造成损害之前消灭之。弱势一方——我称之为防御方——首先要设法摆脱敌人，让敌人无法确定威胁在哪儿，从而迫使敌人转换部署，并引发意外情况的出现；然后，应当努力把敌人吸引到一个能够充分发挥自己劣势兵力优长的有利战场。只要这个阶段一直持续，直到一次决战使得胜负天平明显向我倾斜，否则战争的直接目的都必须让位于有利条件下对敌的首次交战。在这个角逐过程中，更加主动、更加机敏、更加坚毅，装备更加精良的一方，终将赢得胜利。

特别是在战争开始之初，攻击方将取得决定性战果。如果通过猛烈进攻能够成功地判明敌人的作战计划，那么总体作战就有了预定的方向。这将塑造出一种态势，能够打破敌人的所有企图，使之陷于瘫痪，除非敌人能够赢得一次足以扭转困境的大胜利。迫使敌人处于一种计划外的态势，这个事实本身就置敌人于劣势之中，而且要阻止敌人恢复正常状态，在此期间你自身的兵力就能得到更好的运用。

日俄战争中，由于日本海军对俄国海军首次突袭成功，因而取得了惊人的战果。

攻势的特点，是发动攻击而不是遭受攻击。历史证明，几乎所有的海军胜利都是在敌方海岸取得的。

假如在战争中，双方所有方面的力量都是对等的，那当然不会有什么结果。与之相反，如果存在不对等，那么弱者必然屈服于强者。战争科学（the science of war），更确切地说，战争艺术（the art of war），它的作用就是在特定的战场情境之中改变不对等，或者变劣势为优势。战争艺术的基石，即我们坚信由伟大军事家们归纳的那些原则，数量并不多，且极为简洁；这些原则又被凝练为一条最重要的原则，即在决定性地点对敌形成优势，而无论双方整体力量的对比如何。例如，俄国海军在总体上比日本海军拥有明显优势，但因为兵力分散部署，在实际战场上的兵力却弱于敌人；而且这个在决定性地点上的劣势，又因为日本海军在开战之初发动的突袭而进一步恶化。

当正确的普遍性原则运用于战争具体问题时会面临一些困难，原则本就寥寥无几，战场情况却千变万化，具体的细节更是数不胜数。这里还牵涉到经验（experience）——经验，如要换个名词的话，即实验（experiments），乃是一切科学的基础。在没有实战的情况下，如何才能获得经验呢？即使处于连绵的战争之中，任何一个个人，具体来说，一名陆军中尉或者一名海军上校，又怎能亲身体验所有的或大部分的无数的可能和必能发生的情况呢？没有人会回答说，他能体会到；假如有无知者足够无畏，敢断言他能的话，我就把那些伟大将领的名言甩给他看。查理大公写道：

一个人只有具备了研究的热情和长期的经验之后，才可能成为一名伟大的将领。唯有个人的见解是不够的。因为一个人的一生无论经历了多少事，都难以获得足够多的经验；而又有谁能在担任重要职务之前，就有机会体验到为将之道的艰难呢？因此，要善于利用他人的知识来充实自己，对前人的总结进行剖析，把战争史提供给我们的那些辉煌军事成就和取得伟大战果的战例，进行认真的对比，这样才能举重若轻。

拿破仑一世也有类似的表述：

要像亚历山大、汉尼拔、恺撒、古斯塔夫·阿道尔夫（Gustavus Adolphus）①、蒂雷纳（Turenne）②、尤金亲王（Prince Eugene）、腓特烈大帝（Frederick the Great）③那样进行攻势作战；反复研讨他们 83 次会战的历史，以他们为榜样：这是成为一名伟大将领和掌握战争艺术奥秘的不二法门。你的思想将得到启迪，你将抛弃那些与这些名将格言相矛盾的东西。……把这 83 次会战的历史详细地论述出来，就是一部完整的战争艺

---

① 译者注：古斯塔夫·阿道尔夫（1594—1632），瓦萨王朝的瑞典国王，军事改革家，杰出的军事统帅，被后世称为"现代军事之父"。以善用炮兵著称，富于骑士精神，无数次冲锋陷阵，多次负重伤，是唯一被瑞典国会尊为"大帝"的国王。1611 年即位，为谋求瑞典在波罗的海的霸权，先后与丹麦、俄罗斯和波兰进行战争，都取得了胜利。1630 年 7 月，瑞典登陆波美拉尼亚（古地名，在德国和波兰北部，波罗的海南岸），参与三十年战争（1618—1648，一场由日耳曼各邦国的内战演变成的欧洲大混战），多次打败神圣罗马帝国。1632 年 11 月 6 日，指挥吕岑会战已经取得了优势，但他却在冲锋的混战中阵亡。
② 译者注：蒂雷纳（1611—1675），也有译为杜伦尼，法国历史上六大元帅之一，是法国路易十四时期著名的法军将领。
③ 译者注：腓特烈大帝（1712—1786），霍亨索伦王朝的第三位普鲁士国王，著名军事家、政治家、作家和作曲家。在位期间发动多次战争，扩张领土，使普鲁士迅速成为欧洲大国之一。

术教科书。攻势战争和守势战争必须遵循的原则都在其中，汩汩如泉涌不断。

他还指出：

> 战术、位置转换（evolutions）、工程学和炮兵学的知识，都可以从教材中学到，就像学习几何学一样；但大规模战争的知识，只能从经验中获取，从学习战争历史和名将的战例中获取。

建议人们研究著名将领们的会战，还有另一个更深层次的考虑。这种研究，不仅仅是把他们的所作所为编成一个范例一览表，当具体问题发生时，可以从中查询记载的资料，进而做出决策。这种机械地照搬照抄的做法，当然也有优点，便于撰写论文，便于向那些没有其他途径学习的人们进行讲授。但是，除此之外更为重要的是勤奋地钻研，拿破仑命令他的军官们要与这些名将心心相通，不仅要汲取他们那些枯燥的实践经验，还要汲取他们身上充满的精神意志和理解能力，用这些来充实自己、引导自己。也就是说，既要获得伟大良师的格言名句，又要从伟大良师那里激发自己的精气神。作为学生，的确应当具备与老师精神相通的某种东西，才能获得灵感——一种学习的悟性；然而，除了极个别的天才之外，这种悟性只有与战火不断地碰撞，才能迸发出耀眼的光芒。

毫无疑问，上述这些正是由拿破仑概括并被广为传颂的内容，是介于战争艺术的基础部分——战术、位置转换等——与大规模作战指导之间的内容，他认为大规模作战的指导只能从切身经验和历史研究中才能够获得。他还曾经警告，不要教条地对待这类问题：

> 这类问题，即使请教蒂雷纳（Turenne）和维拉尔（Villars）①，或者请教欧根亲王、亚历山大、汉尼拔和恺撒，也会让他们感到难以回答。把没有实践基础的东西奉为教条，这是无知者的特权；这就好比你企图用二阶方程来解算超级几何问题，即使是拉格朗日（Lagrange）②或拉普

---

① 译者注：维拉尔（1653—1734），法国历史上六大元帅之一，是法国路易十四时期著名的法军将领，在大同盟战争和西班牙王位继承战争中屡立战功，与奥地利的欧根亲王、英国的约翰·丘吉尔并称为18世纪前期最优秀的将领。

② 译者注：约瑟夫·路易斯·拉格朗日（1736—1813），法国著名数学家和物理学家。

拉斯（Laplace）① 这样的大师也会被难倒。

若米尼完全赞同这两位军事统帅关于历史研究的观点，他也表述了相同的看法：成功指挥一场战争，不是一门科学，而是一门艺术。科学在未经证实之前不足为信；虽然如此，但科学的目标在于找到绝对的确实性——学说——通过无数的实验，科学始终向着这一目标前进。科学真理一旦确立，就是稳定的、严谨的、刚性的，因果关系是规则，而不是原则；规则是无法改变的刚性框架，而不是有生命力的种子。科学发现真理并传播真理，但却无力改变真理；艺术，从可以发现的素材中涌现，以无尽的变化创造全新的形态。艺术不是自然界的无生命体，只要机械地复制就可以得到相似的结果，艺术融入人类的自由思想并扎根其中。艺术认可原则，甚至规则；但它们不是强制艺术正确行动的桎梏，而是在艺术行为发生错误时发出警告的指南。从这个生动比喻可以看出，指导战争是一门艺术，它源自人们的思想，可以应对各种情况，认可确定的原则；然而，除此之外，依照艺术家的天赋及其面对的素材的特点，艺术具有多种多样的表现形式。进行这方面的努力，教条式的照搬照抄显然不合适；即使是最好的规则，在应用时也不能生搬硬套，而必须灵活发挥，这就是原则与单纯的规则之间的区别。

因此，战争准则（maxims of war）并非明确的规则，而是对一些基本原则的发展和运用。这些原则，与其说像迫使幼苗弯曲无法自由生长的坚硬框架，倒不如说像生机勃勃的种子发出的幼芽，虽有着千般变化，却初心依旧。但不能因此而认为，此类准则并不存在，或者说它们没有确定性或者多少价值。若米尼说得好：

> 当善战之将运用某一规则，并据此规则进行机动，赢得了上百次的胜利之后，他们的偶尔失利，可以成为全盘否定规则价值的理由吗？可以成为不相信战争艺术研究效果的理由吗？如果一个理论只有四分之三的内容得到认可，那么可以宣布它是荒谬的吗？

当然不能这样。准则（maxim）本身植根于原则（principle），确切地阐

---

① 译者注：皮尔·西蒙·德·拉普拉斯（侯爵，1749—1827），法国著名的天文学家、数学家和法国科学院院士。是天体力学的奠基者，概率论的创始人。

述了在一定条件下基本正确的一条规则（rule）；但是，为师者必须承认，每种情况都有其自身特点——正如千人千面——这些特点将会修订这条规则的应用，有时甚至会使规则完全不能适用。在每一种情况下都能够正确地运用这些原则和规则，正是战争艺术家们高超技能的体现。

因此，我们必须认真审视我们面前的所有战争规则。如果一个老师在没有对规则进行大量的实践检验之前，就敢将其作为教义进行传授的话，那就意味着把自己放在了拿破仑的严厉批判之下。然而恰恰相反，那些蓄意拖延直至行动之日才提出自己见解的人们，那些幻想着依靠瞬间的灵感爆发就能取得那些只有经年思索后才能获得的成果的人们，那些对于制胜规则一无所知却空想胜利的人们，他们比傻瓜还要愚蠢，因为他们无视了人类过去所有的经验。

我引用查理大公一段贴切之言作为本章的小结：

一名将领通常是直至必须马上采取必要措施之时，才会掌握那些决策所必需的情况。于是，他不得不迅速地做出判断、定下决心、采取行动，速度之快，要求他必须具有在一眼之间就能完成这三个动作的习惯，就能够洞察不同作战方针可能带来的结果，同时能够选出最佳的行动方案。然而，这种一眼之间就能穿透一切的洞察力，只有那些通过深度学习准确把握了战争本质的人，只有那些掌握了战争规则精髓的人，也就是说，只有那些自身已经等同于科学的人，才能够具备。当机立断和坚定不移的才能，只有那些根据切身经历验证过已有准则的正确性并已经掌握了应用方法的人，才能够具备。一言概之，谁能够在积极的学习中预先发现自己判断的精准力，谁就能够独自拥有这些能力。伟大的成就，只有通过伟大的努力才能拥有。

伟大的拿破仑说："战场上最闪光的灵感，通常只是一次回忆而已。"

第八章

筹划海军兵力部署的思考

众所周知，军事天才拿破仑曾经说过，"战争，即位置之争"（war is a business of positions）；这个定义不仅包括确定要占领的某个位置的原因或必要性，也包括对几个位置进行占领所需要的兵力分配。整个行动用一个简单术语来概括，即"海军兵力部署"（the distribution of the fleet）。因此，用这些术语来表述时，必然意味着国家在面临可能的战争时，应当事先充分知晓政治、商业和军事的需求；和平时期的兵力部署应当与战争的突发事件密切相关。这三个要素构成了决策思考的主要内容，因为每一个都是国计民生所必需的要素之一。政治的、商业的和军事的需求，尽管在逻辑上有所区分，但在实践中却是紧密联系相互作用的，进而变成了一个问题。将军们在战场上经常说，不需要考虑政治因素，这句话虽有一定道理，但却最具误导性。一些陆军或海军将领因为对这句话缺乏辨别力，在指挥时甚至会犯错误；但政治家们在思考陆上或海上行动的时候，心里非常清楚，政治因素与军事因素都一定会影响，有时是左右，甚至是逆转最后的决策。

选择位置，是展开军事行动的基础。选择位置时主要应考虑地理位置、军事实力和自然资源能否满足较长时期的需要，一个永久位置应当有充足的防御建设费用来支持。陆军或海军的机动兵力部署，因环境变化而需要更多的调整。然而在任何时候，不论是和平时期还是战争时期，关于这个问题都需要一个正确、坚定的决策，即使比较概略，但也绝不意味着可以模棱两可。这个决策，应当在对国家可能面临的危险，以及对所有——政治的、经济和军事的——影响国家利益的因素进行充分权衡之后做出。兵力部署方案应当能够促进若干次的调整与组合，是应对这个或那个可能敌人挑起的各种战争的最佳方案。在一段时期内进行的调整安排，应当依据理性分析进行预先筹划并发布。这种决定称得上是"战略"决策，因为它是在综合考虑所有的长期性、确定性因素之后做出的；还因为它被自觉地或有意地视为可能的重大战争行动的起点，无论是当前面临的战争，还是未来可预见的战争。

在此后不时出现的具体案例当中，战争爆发本身就是其中之一，各种意外情况、各种突发事件，立即涌现出来。这是战争中一个不可避免的伴随事件。通过适当地调整计划来满足这些新的情况，这些相应调整当然都是临时性的，也许每天都有新的变化；但是通常可以发现，之前的战略研究进行的越全面客观，依据预判实施的基本兵力部署——兵力配置——就会越合理，结果就越有利于从容地应对狡猾的敌人。这些行动与总体部署的关系，就如战术必须服从战略一样。有时候在这些因素当中，一两个在研究之初被反复权衡过的主要因素，也许要立即服从于要求更加紧迫的第三个因素。在战争中，一般的或正常的军事危机都会被重点评估；但是，保证重要护卫目标或战略性商业中心的安全，在特定时间里可能比取得某个战果更为重要。因此，有时会认为政治考量要优于军事决策，或者能够左右军事行动。这是真实情况，不要忘了，战争是一种政治行为（war is a political action）。老话所说的"大炮是国王的最后宣言"，现在可以解读为"战争是外交的最后宣言"。如果和平手段都失效了，战争的目的就是实现政治目标。毫无疑问，战争应当按照已有的艺术原则进行，但是战争作为实现目标的一种手段，必须能够迅速调整，能够适应思路清晰的人们的观点，即手段绝不是目标，且必须服从于目标。

　　军事因素与政治因素之间的关系是一种动态平衡，它随着环境和时间的变化而变化。至于经济因素，历史上从未像今天那样与政治因素纠缠在一起。在最近一百年的相对和平时期里，随着欧洲和美洲人口的增长、舒适性消费习惯的养成，各国必需品和奢侈品的相互依赖程度呈现爆发式上升趋势，尽管曾经一度被战争打断，但由于战争持续的时间较短，对商业联系并没有造成严重的影响。未受干扰的商业发展进程反过来又促进了商业自身的快速发展，在本世纪的大多数时间里，一个在大国中盛行的纯粹的经济概念进一步促成了这个结果。随着交通速度的迅速提高，上述现象在加倍发展，并进一步强化了各国之间的利益联系，直至现在，整个世界已经变成了一个有机整体，不仅规模宏大，而且活动多样，但又极度敏感，这一点与此前的任何时代都不一样。国家的神经不断地被脆弱的经济形势刺痛，国家抵御困难的能力被一代又一代人侵蚀，人们总是认为战争只会发生在战场上，却不知道贫穷和困境已经持续多年，已经深入了社会的每个阶层。保持商业和金融利益现在是政治考量的第一要务，要维护和平、遏止战争。有些人把保护海上私人财产作为冠冕堂皇的借口，试图在海上作战行动中豁免海上的商业贸易，这个动向非常值得我们关注。海上的船只及其运输的货物属于私人财产，这仅仅是一家之言，而且非常狭隘。国际社会普遍认为，船只和货物是国家财富的再生产和再增值，可以增强国家的实力，而且是最有效的增长方式；因为海运能够减轻国家的粮食负担，让整个外部世界为本国提供支持。因此，海上航线是最有价值的攻击目标；相比杀戮人员而言，攻击航线更人性，更易于实现战争的目标。关于战争问题的最佳审视，应当是能够确保国家的海上贸易、国计民生的命脉、国家的信誉和国民的幸福生活，免遭战争的威胁。

还有一点更应当注意，贸易一方面会遏制战争；另一方面也会引发矛盾，助长野心和纠纷，从而导致武装冲突。因此，贸易与海权的发展始终密切相关。17世纪英国与荷兰之间的战争就是一个典型的例子。除了单纯的政府动机之外，英荷两国之间的矛盾还存在多种诱因，其中贸易上的相互嫉恨，对新世界开放市场的竞争，以及全球贸易物资运输的争夺，是引发激烈斗争的最根本原因。两国间的海战频发，血流成河；战争沉重地打击了荷兰的海上贸易，阿姆斯特丹的繁华不再，大街上长满了青草，荷兰不得不屈服。英国也是用这个方法极大地削弱了拿破仑帝国的实力，尽管拿破仑从已经征服的欧洲国家掠夺了巨额财富，但仍然无济于事。海上贸易养活了孩子，繁盛了人口，但现在却反过来了，"贸易"这个母亲正在为缺少面包而哭泣。"现在的市场太小了，请给我们一个能够卖出更多东西的地方。"为不断增长的人口提供产品，为产品贸易提供市场，是当代政治的主要难题之一。解决之道包括商业和政治两方面的措施，但这些措施本质上都是攻击性或防御性的好勇斗狠，军事行动终将成为事态发展的唯一的、直接的后果；虽然不是对连续性的本质破坏，但在形式上或许如此。在当今的文明世界里，贸易和金融相互作用成为一体，由此而引发了新兴市场和传统市场的控制权之争，这种斗争的样式多种多样。现在每个国家都是只顾自己，每个大国都把实现理想目标的目光投向了海外，正如历史上英国和荷兰为争夺香料群岛（Spice Islands）①和其他出现的新大陆一样。在海外，就像现在这样，有许多人烟稀少的地区可以建立社区，形成供给需求；而在其他一些人口稠密的地区，可

---

① 译者注：香料群岛，即东印度群岛，是15世纪前后欧洲国家对东南亚盛产香料的岛屿的泛称。欧洲对于东方香料的渴求，是推动大航海时代的一个直接原因。

以引导或控制他们，让他们见识那些闻所未闻的必需品，通过更好地开发本地资源为他们提供更多的产品，从而鼓励他们自己开发，或者更合适的方法，让外国人来开发。

然而，我们现在还仅仅是处在这个明显趋势的肇始阶段，在最近 20 年里我们做了很多瓜分和占有的事情。有些地区——主要是非洲——被欧洲强国达成协议之后瓜分；如果达不成协议，就得在开发自然资源和随后的人口增长，以及在遥远未来的商品生产和消费增加的缓慢过程中耐心等待了。这种发展的程度和速度肯定取决于当地权贵们的具体态度，以及他们的需要是否迫切。因此，大国肯定都把目光投向那些人口已然繁盛的地方，那里不仅可以立即提供大量的买家和卖家，而且还有大批的原始劳动力，只要管理适当、外国资本充足，现有的产量就能够成倍增长。没有多少理由认为，应当打击现有的政权以进一步促进商业活动；只有在这个政权阻碍了外来国家的商业，或者有可能是纯粹的军事或政治抱负时，他们才会尝试建立一个新的政权取而代之。工商企业只有在本国的国旗之下，才能享有充分的安全和自由；当本地权贵由于个性原因蓄意阻挠商业时，通过展示武力而不是通过政治行动来解决问题的冲动很容易导致局势失控。所有事实的真相都是龌龊与肮脏；无须多疑，世界其他几个地区被侵略的事件，仅仅是被一个强权公开的或被理解的政策所阻止，而不是被现有政权的实力所阻止。这是新英日协定（Anglo‐Japanese Agreement）① 的重要意义所在，也是更古老的美国门罗主义的重要意义所在，尽管它被用在了另外一个地方。这些政策的一方都对另一方的成功与否非常关心。

很明显，贸易是当今世界最有吸引力、最重要的利益，因此，海外贸易、海外政治利益和海上贸易航线是当代各国对外政策的主要目标。大国海军，

---

① 译者注：此处的英日协定，是指第一次英日同盟。20 世纪初，英国和日本为维护各自在中国和朝鲜的利益而结成的军事同盟，旨在反对俄国在远东的扩张。第一次同盟条约于 1902 年 1 月 30 日在伦敦签订。共计 6 条，主要内容为：针对俄国的扩张，双方承认中国和朝鲜的独立，如果双方在中国或朝鲜的利益受到他国侵略或因内乱而受损时，任何一方均可采取必要措施；如果一方与其他国家发生战争时，另一方必须严守中立；如果一方同两个或两个以上国家作战时，另一方必须给予军事援助，媾和时也必须同盟国协商；双方还保障英国在中国、日本在中国和朝鲜的非法利益。第二次、第三次条约分别于 1905、1911 年签订，完全是一个针对俄国的军事协议。1921 年华盛顿会议期间，迫于美国的压力，英日同盟宣告终止，代之以英、法、美、日签订的《四国公约》。

是维护与这些目标直接相关的国家政策的手段；无论我们的态度对于道德观念有多大影响，我都不希望低估它的价值，可以肯定的是，尽管权力要依靠道德获得认可，但权力更依赖力量以获得足够的威严，对抗那些数不胜数的个人或团体，他们这些人要么无视道德的约束，要么为自己的错误找理由。

进一步来说，很显然现在南美和非洲都不是实现远大商业抱负的理想之地，这些商业抱负通常为政治行动所左右。无论未来如何看待这些地方，在当前一段时期不断发生的冲突都把它们降为了次要的利益所在。人们的注意力普遍集中于太平洋，特别是中国的未来发展之上。目前的海军兵力部署也说明了这一点。因为兵力部署在相当程度上是一个传统或者惯例，尽管兵力分配依据政治环境变化而逐步调整，但它反映了一个国家理性的或无意识的认识，这是完全不同的。现在位于地中海的优势法国舰队并没有什么重要意义，但它一旦进入大西洋港口，则情况就立即变化了；回顾 20 多年前，英国海军减少了在美国东西海岸部署的兵力，而俄罗斯增加了在中国海（China seas）的战舰，了解这段历史有助于更为深刻地理解其中的真相和重要意义。

远东地区这些新的利益中心都是通过贸易航线直接联系起来的，无论是实践上还是政策上，都无法将其分开。欧洲的贸易航线和海军的机动航线，都要经地中海和苏伊士运河通往远东。这是一条连接利益目标的交通线。所有政治的或军事的行动基础——目前为止这两种行动是分别进行的——都在本土。决定海军兵力部署的最终因素是基地、目标和交通线。三者之中最重要的因素显然是目标与基地之间的交通线，然而，机动兵力所必需的明确的休整地点或海域，却并不一定是相同的。兵力分配必须依据可能的部署调整而定，因为战争形势总是在不断变化。

每场战争都包含进攻和防御两个方面问题，每一方面都有与之相关的行动因素。进攻，将有所获；防御，将有所失。但有些人，尤其是那些无知的人，更乐于、更希望听到后者的声音，即防御将有所失。这种声音迎合了在富人阶层中占主流的保守派人士，也迎合了那些胆子普遍较小，在面对可能的但不确定的收益需要冒点风险时犹豫不决的人们。这种观点本身完全值得尊重，当它的力量可用于反对那些纯粹为了金钱——最恶的动机，而破坏和平时，更值得尊重。但是对这种观点的局限性一定要有准确认识。一个健全的防御体系，是支撑国家武装力量的基础，是国家准备战争的基础；但是又有谁不会在基础之上搞上层建筑（superstructure）呢？战争中的进攻因素就是上层建筑，这是防御之所以存在的目的和意义，除此之外，战争的所有目标都毫无意义。当战争被认为是不可避免时，胜利就意味着成功；而胜利必须从进攻中才能获得，也只有进攻才能够确保胜利。"不断地进攻，并承受进攻的代价，敌人才可能真正了解你。（Being in，bear it，that the opposer may be ware of thee.）"单纯的防御态势或防御行动，无法实现上述目标。无论采取哪一种特定的进攻行动，无论是直接的军事打击，还是通过切断敌人获取国计民生资源的通道来消耗敌人，进攻、打击和削弱敌人，在必要时歼灭敌人，都必然是战争的指导原则。谁能够迫使对手处于防御位置且无法摆脱，谁肯定就能够获得成功。

因此，进攻第一，但这不是绝对的。必要的防御仍然是必须的，尽管它是次要的。两者是互补的关系。只有在主次颠倒时，防御才会被赋予第一重要的地位，此时距离最终失败也就不远了。尽管进攻和防御在观念上针锋相对，在行动方式上各不相同，但战场环境有时会允许在一个会战总体计划中，将两者结合起来，即在进攻的同时实施防御。"菲茨詹姆斯①的利刃既是宝剑，也是盾牌。（FitzJames's blade was sword and shield.）"英国海军在拿破仑战争中充当了封锁兵力的角色，就是一例明证。英国军舰炮口直指法国港口，沿着法国海岸线，为本国的商船提供掩护与防卫，战舰在每一个海域巡航。与此同时，英国舰队保持高度戒备，一旦法国军舰脱离了军港的掩护，要抓住这样的战机，随时准备展开攻击；而法国舰队分散在各处港口，为扭转这一不利局面法军多次试图把兵力集中起来，但这些努力最终都失败了。这些行动都是防御性的；但这些行动切断了敌人的海上贸易，加大了敌海外殖民地的损失，从而摧毁了敌国实力的命脉。这两种手段都是进攻性手段；再补充一点，这两者都直接作用于国家的交通命脉、国家福祉的源泉。手段只有一个，但效果却堪称一箭双雕。

---

① 译者注：菲茨詹姆斯，应是第一代贝里克公爵詹姆斯·菲茨詹姆斯（1670—1734）。路易十四时期杰出的军事家，先后为英国和法国效力。

众所周知，进攻行动能否顺利展开，取决于提供各类资源的几个保障地点的安全与否。这些地点的正确称谓是"基地"，因为它们是基础——也许更确切的称谓应当是"根基"——是军队战斗力从产生到消失的基础。因此，无论是本土全境、国家权力的中心，还是相对狭小的集中战争物资的某个特定区域，基地都需要得到保护，它代表着任何一场会战中独特的防御要素。在任何风险之下都必须确保基地的安全；尽管如此，同时还要清醒地意识到，基地作为一种资源手段，它应当尽可能减少对进攻要素——陆军或海军的机动兵力——机动性的制约。另一方面，基地在客观上代表了进攻性要素，至少在独有性上是等同的；基地至少应当在我军数量占优，且尚无类似基地的地区，依靠武力建立起来。从基地到目标的努力本身就是一种进攻性活动，但是在陆地上两者具有更为复杂的特点。在基地，在交通线上，进攻与防御纠缠在一起。预有准备的一方拥有防御性要素，能够保证适当的永备地点的安全，通过配置合理规模的机动兵力（这是进攻性要素），建立起压倒对手的充分优势，并在一定程度上保持实现终极目标所需的行动自由和作战力量；因为它控制着本国不可或缺的交通干线，通过这些生命线将国家与海外舰队连接在一起，同时，还能够切断敌人的这些命脉。这时进攻和防御再次相遇，借助一个正确的选择实现方法和效果的统一，这个选择包括战场的选择，以及需要尽力保卫的交通线段点的选择。

在单纯的陆上战争中，交战双方相对力量的强弱，主要表现为各自所能控制的交通线长度。这个长度，就是一方从基地出发，顶着风险向对方推进的距离。在交战点确立优势，这一重要目标可通过两种方式实现，或者是拥有真正的数量优势，或者是把劣势兵力集结于有利的地点。每一方的初始力量都会影响能够前进的距离，因为保护身后的交通线必然需要分散一部分兵力，而前方兵力依赖于这条交通线提供日常所需。因此，弱势一方能够前进的距离最小，有时甚至被迫限制在国境线之内——这是一种完完全全的防御——另一方则彻底掌握了进攻行动所具有的士气和物质优势。

海上战争的情况与之类似，但通常会依据海上的特点进行修正。在海上，交战双方并不总是处在一个共同目标的对立面上——尽管有时是这样——但他们在向目标前进时基本上是同向而行，或者有所交叉，有时甚至是同一条轨迹。法国和英国是一衣带水的邻邦，两国之间爆发了多次海上战争；但也有例外，比如直布罗陀海峡和梅诺卡岛，或者当苏伊士运河的控制权存在争议时，基本情况是战场距离两国都非常遥远，两国抵达战场的航线是完全相同的航线。当抵达既定的海战场时，舰队所需的少部分补给可以依靠当地的基地完成，但主要的补给还是依赖于本土供应，国内物质源源不断地补充本地储备，前送物资的船队经常沿着与舰队相同的航线行进。因此，这些"海上公路"（sea - roads）的安全尤为重要，舰队依靠这些航线获得各种补给——优质的燃煤——并由此产生了特定形式的陆上交通问题。两国不得不为了对各自都性命攸关的同一条航线展开争夺。因此，这条航线本身就变成了目标，而且是重中之重，因为保证军事交通线安全与保证国家贸易航线安全的手段完全相同。一般来讲，海上交通线就是海洋本身，是一个开放的平坦水域，不受关键航道的局限，比如在陆地上，运输通道不得不避开某些障碍，而且在相当程度上不具备能够获得沿海战场支持的有利位置。到目前为止，控制仅仅取决于数量优势，实力相当就可以取得控制的历史记载与实际情况差别太大。当航线靠近海岸线时，如果军舰能够得到港口的庇护和补给的话，它们执行打击和掩护任务的困难就会有所减轻。在一年时间内，如果一艘军舰只需航行 50 海里就可以抵达任务海域，那么其效果相当于几艘需要航行 500 海里才到达任务海域的军舰。因此，加强位于正确地点的海军基地，特别是位于战略位置或者战场附近的基地，能够成倍地增加兵力的数量，进而弥补兵力的不足。

一个狭窄海域或者一个被陆地包围的海域，如果构成了一条重要海上航线中不可或缺一环的话，它所特有的战略价值或商业价值就会成倍增加。一条条四通八达的航线犁开了平静的海面；但两个港口之间最短的那条航线，才是军事上的交通线。所以，在这种情况下交战双方的军力对比，不仅取决于实际的兵力数量，还取决于对特定交通线的控制，只有这样才能保持住优势。与对手的兵力或位置相比，如果己方有任何一项不利的条件，即兵力数量不足或战斗力贫弱，那么最糟糕的结果就是无法继续维持战场优势。

考虑当前的世界交通和国际政策等情况，地中海的重要性无人可比。从商业视角来看，地中海是连接欧洲和远东之间最短的、最主要的海上航线。

目前很清楚，英国有 1/3 的进出口贸易在地中海内或经过地中海进行；仅仅是马赛（Marseille）一个港口，就完成了法国海上贸易总量的 1/3。从军事视角来看，地中海的航程最短，加上区域内国家数量众多且斗争激烈，这些现实情况导致地中海成为最重要、最关键的连接国际社会最为关注的两个地区的内线。其中之一是欧洲，那里是国内统治的根基，为欧洲各个强国所瞩目；另一个是当今所有强国主要海外利益的所在——远东和大西洋地区，最近那里发生了一系列非常巧合的事件，进一步加剧了国际社会的焦虑。

因此，地中海成为欧洲海军实施战略部署所必然围绕的中心。事实上，和平时期的兵力部署并不是战争时期兵力部署的翻版；但平时部署必须要考虑战时部署的需求，并充分理解战时部署。防备战争的关键性行动必须得到充分重视，并进行相应的准备；不仅要在恰当的位置建立基地，这是海军和平时期战争的内容，而且要明确舰船的数量与分布在战时和平时之间的关系。地中海要么处在单一的优势控制之下，由一个国家掌控；要么变成一个永久的战场。此时在机动兵力与强化基地的共同作用下，进攻和防御将相互交织，融为一体。但在其他地方，进攻和防御则各自拥有用武之地。本土海域及其通道，是国防领域里最绝对、最排他的地方；但它却是防御存在的根本，在此基础之上才是争夺或控制地中海。在远东地区，无论哪里发生了冲突，都代表着，那里都将成为进攻领域的问题；但是最终的结果，如果战争旷日持久的话，将取决于对地中海的控制。这在一定程度上检验的是防御的可靠性是否充分，进攻的效率是否足够。

进攻因素和防御因素融为一体的地中海代表着类似于岛国的军事环境，如英国和日本，这些国家的国防问题几乎等同于进攻问题。安全是国防的最终目标，依赖于国家对于海洋的控制，只有通过海军的进攻行动才能获得这种控制。战胜敌人的法宝是剑与盾。在研究关于军队建设和兵力部署问题的国家政策时，要尽可能进行简化和统一，这将是一个非常大的优势。如果一个大陆性国家拥有两条交通线，就像一张弓的两根弦，陆上和海上的边界防卫任务将会加倍，在制定政策时就要考虑更多的补偿方案；因为两条边界意味着双倍的暴露和双倍的功用。这就需要双重的防御行动，也就意味着在两个不同目标之间分散国家的资源，最终将反过来伤害这两个目标本身。

一个岛屿国家的战争问题可以被视为单纯的海上问题，因为它可以集中双倍的政策来加强它此前的有利位置；进攻与防御密切相连，能量如果被正确运用的话，将集中用于增强海军力量，狭义类型的陆军将明显处于从属地位。在这种情况下，必须最大限度地避免在进攻目标和防御目标之间分散力量，通过更快更多地发展舰队，拥有一支更大规模的随时可用兵力，从而在战场的某些特定海域建立起机动优势。实现这种在关键地点的决定性局部优势，是军事艺术的核心目标，在战术上和战略上都是如此。因此很清楚，一个岛国如果注意到了那些左右政策的条件之后，必将谋求建立机动兵力的优势，这种机动性使得该国能够非常轻松地向世界上更远的地方投送兵力，也能够无比迅速、随心所欲地调整兵锋的指向。

所有欧洲大国都在放眼欧洲大陆之外，在为拓展国家影响力和权力而向海洋扩张时，它们都要优先考虑这些问题；但每个国家根据不同条件而采取行动的实际效果，必然不尽相同。比如，海上防御问题，主要与保护各处的国家商业密切相关，特别是本土的港口附近；对海岸，或者对港口本身的大规模攻击，是次要的考虑因素，因为一个国家几乎不可能把力量充分地延伸到遥远的海域，以保护自己的商船。从这个观点来看，德国的位置马上就显得非常尴尬了，世界如此之大，可德国却只拥有一条海岸线。它所有的海上贸易都必须从这条海岸出发并返回；或者通过英吉利海峡，300海里宽的海峡一边是法国一边是英国；或者向北经过奥克尼群岛（Orkney Islands）①，这是一条最不便捷的航线，但这条偏远的航线却可以得到不太完美的掩护。荷兰在与英国的早期战争中，当两者的兵力数量相当时，尽管荷兰的军舰数量并不比对手少，却遭遇了错误位置所导致的惨痛经历。距离是一个等同于一定数量军舰的因素，关于这个真理还有另外一个例证。就德国的海上防御而言，为了避免与法国或英国的战争，就必须拥有至少在北海海域的海上优势；但即使这样也不足够，除非德国海军能够穿越英吉利海峡，且英国同意其进入大西洋。德国海军一开始就遇到了位置的劣势，只有拥有足够的数量优势才

---

① 译者注：奥克尼群岛在英格兰以北32千米处，由梅恩兰、霍伊等70多个岛屿组成，总面积975平方千米，首府柯克沃尔。

能够克服这一劣势；在确保自己的波罗的海航线安全，并能够封锁该海域不让敌人使用时，德国的这一劣势也很难得到补偿。事实上，北海贸易只占到英国对外贸易的 1/4，英国相对于德国的位置，就像爱尔兰相对于英国的位置，处在通过大西洋的两条航线的侧翼；但是完善的海岸线、众多的港口和足够的内部交通，加强了英国的海上防御要素，并形成了大量的进入庇护港的通道。

波罗的海国家构成了德国东部全部的海洋国家，在商业上存在不足的奥克尼航线，仅比汉堡（Hamburg）和不来梅（Bremen）① 航线稍短了一点，因为波罗的海的出海口距离英国南北两端几乎相等，然而经过英吉利海峡的航线仍然相当漫长。德国海军的先天劣势一点也没有减少。对于多佛尔海峡（Strait of Dover）② 以东的所有国家而言，在战争中除非绝对掌握北海的制海权，否则国家的商业将会瘫痪，最终结果必然是国家实力受到极大损害，这就是现实。在此情况下，北部通道可以提供相应的商业安全；但这仅仅是一种防御性策略。在全球任何地方实施进攻都需要保留一支预备队，若要控制北海，海军预备队要足够强大，要能够扩展并保持在不列颠岛以西的海域。如果与两个海峡强国（channel powers）中之一开战的话，因为夹在两个对手之间，这意味着东边的交战国处在一个偏远位置上，不得不去防卫一条长长的交通线，而它的敌人却占据着中央位置，拥有内线作战优势，能够随时打击敌前伸战线的两翼。英吉利海峡与旁边的爱尔兰海（Irish Sea）③ 的关系，就像北海与大西洋的关系——是一个内线位置——地中海与大西洋、印度洋的关系也是如此。在环绕苏格兰的航线中，把上述关系类推到好望角（Cape of Good Hope）也不算什么不可思议的幻想。这是一个微缩的复制品。条件是相似的，只是规模不同。一个是发生在北欧的战争，另一个是欧洲强国在东

---

① 译者注：不来梅，德国不来梅州的州府，第二大海港城市，第五大工业城市。不来梅民间有一句谚语：汉堡是通往世界的大门，不来梅是这扇门的钥匙。

② 译者注：多佛尔海峡，是英吉利海峡中最狭窄的部分，连接大西洋和北海。英国的多佛尔和法国的加来隔海相离，故法国称之为加来海峡。海峡宽 30～40 千米，深 35～55 米，长期以来一直是世界上最繁忙的海上航道之一，历史上许多著名的海战都在此进行。

③ 译者注：爱尔兰海，位于爱尔兰岛和不列颠岛之间，南北长 210 千米，东西宽 240 千米，面积约 10 万平方千米，平均水深 61 米，海中有马恩、安格尔西岛。北有北海峡，南经圣乔治海峡与大西洋相通。

亚的战争。

对于处于不利位置的一方来说，这种状态的延续对于金钱和士气来说，都是无法忍受的。这促使我们要真正理解所有海战的基本原理，即进攻是最好的防御（defence is insured only by offence），进攻的最主要目标是敌人的有生力量，是他的战列舰舰队。因此，在与某个海峡强国爆发战争时，一个或多个在海峡东侧的国家，必须立即夺取北海的制海权。因为对于东侧国家来说，商业的自我保护显然是迫切而必要的。对于西侧国家来说，进攻同样必要；但对英国来说，防御也是必需的。大英帝国既然已经建成了一支强大的海军，那么经济上就无法允许它像其他欧洲国家那样，再建立一支同样强大的陆军。因此，抵抗外敌入侵的重任就落在了海军的肩头。更多的海外利益被置于次要地位，英国必须集中力量在海峡内建立起不可战胜的优势。然而在面对任何一个强国时，英国都不应该在一开始时就在海峡内形成数量优势，这是难以想象的，因为这些兵力还需要有效地保卫那些遥远的海外殖民地。英国只有在经济衰退时，这将损害它在列强中的地位，才会被迫放弃最初的优势，在这种情况下进攻和防御将会融合成一个因素，即制海权。历史已经充分证明，一个即使只有一条陆上防线的大陆国家，在与人口和资源较少的岛国进行海军竞赛时，也难以胜出。一个国家联盟的确可以改变上述平衡。但是请记住这条规则：一个国家在对抗一个联盟时，它占据着内线位置，兵力更为集中；虽然在进行战争筹划时应当考虑各种可能，但也不应过于发挥想象力。海峡东侧的国家可能会联合起来，阻止英国把北海作为商业航运的安全通道吗？即使如此，英国也不会失去全部的贸易，其中的大部分损失纯粹由战争造成。对英国实施进攻是不可能的，除非英国舰队彻底从海上消失了。从地理位置来看，英国仍然掌握着自己通往世界的大门，在和平时期那里保持着英国 3/4 的对外贸易。

然而，当英国把注意力从北海和波罗的海移开的时候，客观来说在英国与世界的联系之中该区域应当被称为后院，它发现自己面临着与那些东侧邻国相似的位置限制条件。但这里还需要进行一下比较。北海很小，海岸线蜿蜒曲折，进入波罗的海的通道是一条纯粹的海峡。海军的数量优势一旦建立起来，海上运输特别是近岸的运输线，很容易被监视。毫无疑问，从大西洋通往不列颠岛的通道，如果很少受到地理环境限制的话，将被限定为一条根本的、必需的通道；但英国通过在西南方向上保持一支优势舰队，在海峡的延长线上，不仅可以保护巡航区域内本国商船的安全，还可以通过延伸军舰巡航的范围，在一个更大区域内向各个方向扩展安全保护。一支在当地海域具有优势的英国舰队，将迫使他的可能敌人——法国——从本国最近的港口出发，经过一段很远的航程才能到达岛屿的北方通道附近，军舰到达时或多或少都会缺乏燃煤，而且面临着在邻近的苏格兰或爱尔兰港口内以逸待劳的英国军舰的巨大威胁。在这里，位置的优势再次抵消了数量的优势。很明显，其他国家的军舰，无论是南边的或者东边的，都处在一个更为不利的境地。

所有从大西洋和地中海而来的贸易航线都交汇在英吉利海峡，因此那里必须是，也始终是，英国海军最重要的目标。在总体方案中，防御是非常必要的。防御保护了经济发展，提高了国家的承受力，进而保护了战争力量的根本，但是一定要精心勾画防御的范围。过高的期望和过度的恐惧一样，都必须极力避免；因为这两种倾向都会夸大事实，导致以损害进攻力量建设为代价过度发展防御力量。不能期盼整个海外贸易毫发无损，也不能希望一次意外的重大损失就会迫使人们从恐慌性妥协，转变为冷静理性的拒绝。困难和伤害早在意料之中，也必须承受，目的是牢牢地握住战争的关键节点，丝毫不要放松。敌人的出现自然会加剧人们对于海峡安全的忧虑，这时是将兵力保持原地不动，还是转移至其他更合适的地方？对于英国而言，无论是从海军规模还是从地理位置来看，法国都是一个最可怕的海上对手，因此必须对英国海军的兵力部署进行检验；但这种威胁只发生在战争之中，现在是和平时期，法国必须把大部分舰队部署在地中海。自拿破仑时代之后，法国就已经失去了获得非洲和苏伊士地区的机会。保持在地中海的地位，对于法国来说不仅仅是一个民族感情问题，长久以来的确一直如此，而且是一个重要的军事问题，这个重要程度要比科西嘉岛完全归法国所有时大得多。如果现在布雷斯特和瑟堡合并为一个城市，将获得与100年前布雷斯特单独存在时的同等重要地位，但这种情况最不可能发生。

综上所述，除非有联盟出现，我认为英国海峡舰队的战舰不需要在数量上超过法国在附近海域的战舰，就足以在海上实际保持与法国相同的兵力规模。也就是说，富裕的兵力可以进行轮换，这将形成一种后备优势。明显的数量优势需要更多的巡航舰，它们在行动中由战列舰提供掩护；在充分的侦察系统支持下，战列舰的作用纯粹是为了防止巡航舰受到骚扰。两类巡航舰是必须的，各自承担不同的任务：一类具有较强的火力和续航力，为商船护航；一类伴随战列舰行动，提供侦察预警信息。显然，对敌方港口进行近距离监视是一项严格意义上的战术行动，但战场条件与过去相比已经发生了重大变化。能够在大洋之中，在任何气象条件下、在任何航线上航行，具备鱼雷攻击能力，尽管这些能力在预期中被夸大了，但这仍然是两个最重要的新的能力因素。还要考虑到岸炮射程的增加，这使得监视舰船与海岸之间的距离也要比以前远得多，而且现在也不可能从桅杆和风帆上判断出船只的航行意图。

另一方面，监视舰船拥有动力之后可以随意机动，加上最近出现的无线电技术，都极大地增强了监视效果。如果有大量的高速舰船，就可以对任意一个港口的周边海域进行彻底扫描，敌舰偷偷溜走的可能性微乎其微，同时还可以传递关键的情报——敌军的兵力和行动方向——比以前通过侦察而来的情报更为确凿。过去，当敌舰乘着清劲风（fresh fair breeze）① 向南疾驶时，我方的监视战舰却要向北逆风航行百里与舰队汇合，但今天这种情况不会再出现了；监视舰船甚至都不需要启动主发动机，它可以用电报发出情报，并与敌舰保持视距接触，在无线电的通信范围内召唤己方舰船集合到自己附近，共同执行这个任务。诚然，敌人可能会掉头，最后也可能会逃脱；但对于军事洞察力和判断力的考验，现在并不比以前更严苛。情况中包含的数据不同，但问题的本质却完全一样。敌舰去哪儿才能大有所获呢？发动一次突袭吗？好吧，突袭，尤其是一次海上突袭，仅仅是一次突袭而已；如果你愿意承受，最大的伤害不过是一次鼻青脸肿罢了，肯定不是被子弹射中心脏，或者是被打断了一条腿。去加入另一个舰队吗？这才是正确的目标，而且需要马上行

---

① 译者注：风力共分13级。0级是风速为每秒 0~0.2 米，特征是静风，烟直上；1级是风速 0.3~1.5 米，特征是软风，烟能指向；2级风是风速 1.6~3.3 米，特征是轻风，树枝微响；3级风是风速 3.4~5.4 米，特征是微风，旌旗展开；4级风是风速 5.5~7.9 米，特征是和风，地面尘土吹起；5级风是风速 8~10.7 米，特征是清劲风，小树摇动，水有波纹；6级风是风速 10.8~13.8 米，特征是强风，大树摇动，电线呼呼响。

动；但是英国的战列舰舰队立即就会发现，并很可能得到更多的信息，它们不会落后敌人太远。今天人们面对的所有情况下的困难，都不会比前辈们战胜敌人时曾经遇到的困难更多。在同一条航线，以同样的方式，现代海军能够更有效地向海上扩展安全罩的掩护范围，一艘商船只要进入了安全罩内的任意一点，都能得到充分的安全保护，直至抵达本土港口。

战列舰舰队是两个侦察系统所依赖的战术中心。当前，对港口实施近距离监视，要求执行监视的舰船必须比港内的敌战列舰更加灵活，比敌巡航舰的火力更加强大。敌人的战列舰既追不上监视舰船，也无法摆脱它们；敌人的巡航舰也许能够追上监视舰船，却无法将其驱离，由于火力的劣势也难以打赢。除了上述质量优势之外，再加上充足的舰船数量，夜间可以被监视港口为中心，以 5 海里为半径形成一条监视弧，在圆弧上部署若干巡航舰，这样就可以非常有效地杜绝敌舰偷偷溜走。距敌最近的军舰都是分散部署的小型舰船，就算是被鱼雷击沉损失也很小；而且，不可能所有的鱼雷舰船都有这样的机会。战列舰舰队部署在后面大约 100 或 200 海里的地方，每晚都会更换位置，精心挑选的阵位能够完全避开鱼雷的可能攻击。在监视舰船和战列舰之间还有担负内部警戒的装甲巡航舰，它比敌战列舰的航速更快，比敌巡航舰的火力更猛。这些战术安排今天依然有效；本质上说，这种做法是复制了 100 年前从布雷斯特到圣文森特海战，以及纳尔逊在加的斯附近部署一个中队战舰的传统做法。"一个中队的巡航舰和快速帆船（cutters）在海湾①出口处往来穿梭；5 艘风帆战列舰锚泊在大约 10 海里之外；再向外，是 3 艘扬帆游弋的战列舰。"战列舰是那个时代的海战主力，部署在 25～40 海里之外，与现在不少于 100 海里的距离同等效果。

应以战列舰为核心对这些海域实施连续监视，只有这样才能更好地理解海峡舰队的职责和功能，要围绕战列舰进行监视兵力部署，不仅要监视敌方的港口，还要监视港外的大片海域，在那里巡航可以有效地保护商船安全。以战列舰为中心，以 200 海里为半径，由此形成了一个边长为 600 海里的半圆形，半圆内的所有点都在马可尼电报的有效通信范围之内。战列舰绝不能

---

① 译者注：原文此处用的是 Goulet，法语的本义是瓶颈，应指的是加的斯湾。

分散部署。在半圆的弧线上是灵活的轻型巡航舰；如果敌人突然出现，轻巡航舰可能难以抵抗，但逃跑却是它的拿手好戏，即使偶尔损失一艘也问题不大，就如在港口附近进行监视的巡航舰一样。在轻巡航舰和战列舰之间是重型巡航舰，在某种程度上部署得相当分散，但相互保持联系，按照中队编制进行组织，并制订兵力集中计划，以防在运气不好时被敌编队偷袭其中的一艘。假设，在这种危急情况下重巡航舰距离圆心的战列舰有 100 海里，战列舰航速 12 节，巡航舰航速 15 节，那么在 4 个小时之内，除了轻巡航舰以外，舰队的全部兵力可以实现集中。与任何时代一样，这些轻巡航舰都必须在相当程度上自己照顾自己，而且它们可以做得很好。

依据这个假设的要求，我方战列舰的数量应与敌人相当，巡航舰的数量要有明显优势——这对于一个岛国来说并非过分的要求——在我看来，这是实现基本防御功能所必需的合理的、系统的、有效的兵力安排。它可以提供一个边长 600 海里的半圆形保护罩，进入保护罩内任意一点的商船在返回本土的后续航程中都非常安全。如果这个半圆能够保持下去，那么国家的防线将大大向前拓展，商船队最有可能暴露的危险区域也将大大缩小。此外，与以往完全相同的巡航行动，却能够提供更大范围的保护，尽管安全度有所降低，但效果也相当可观。为此，我从历史经验中得出结论：单艘巡航舰的分散行动，没有巡航舰中队的集体行动的效率高，让·巴特（Jean Bart）① 和佩洛的战例可以充分证明这一观点。如果这样部署，6 艘强大的巡航舰在菲尼斯特雷（Finisterre）② 以西，另外 6 艘在苏格兰以东，每个分舰队都由一个得到充分授权的优秀指挥官统领，可以超出舰队司令的任务辖区，在一个非常辽阔的海域自由机动，这将迫使敌人敬而远之，保持在比英军实际控制范围远得多的地方；不要忘了，敌人关于危险的想象力与我们自己的一样丰富。

① 译者注：让·巴特（1650—1702），出生于法国的敦刻尔克，是 17 世纪中期活跃于荷兰、法国海域的著名海盗。在法荷战争以及九年战争中，他指挥私掠船俘获了大量荷兰、英国商船，最后却将这些财富都分给了巴黎的灾民。因此，他被认为是法国海盗的一个骄傲。法国在二战中建造的"黎塞留"级战列舰的二号舰，以其名字命名。
② 译者注：菲尼斯特雷，位于西班牙加利西亚大区西海岸，距离圣地亚哥约 90 千米。Finisterre 在拉丁语中是大地的尽头，古罗马人在统治伊比利亚半岛时，认为菲尼斯特雷就是欧洲的最西端，因此在这里建立了太阳神庙，称之为"天涯海角"。

从概念上讲，这个方案是一个纯粹的防御性方案。顺便说一句，如果有机会能够打击敌人，当然应该抓住机会，但要实现海上控制，就意味着要通过重创敌人的舰队来解除其对本土商业的威胁。为了这个目标，需要精心计算兵力的数量和实力的强弱。这项工作完成后，下一步要从明确和合理的军事视角来审视地中海，它是一个且唯一的中央位置，控制了地中海，就获得了从欧洲西海岸到亚洲东部海域的作战内线。除了以此为手段采取进一步行动，否则本土海域及沿岸地区的安全就无法保证；因为，基础不牢地动山摇，而有了基础却不能进一步搞好建设，一切也是白搭，这就是对单纯的防御性部署考虑不周的例子。在本土积蓄和储备的兵力，必须源源不断地输送到远方的一线战场，这里可以假定在既有国际政治条件下，如果把兵力投向西太平洋，在不同的现地指挥官率领下，这些兵力将席卷远东的海岸。

前已有过论述，地中海是这条漫长的海上交通线的关键一环，进攻与防御在此融为一体。而且，控制地中海就掌握了向东西任意方向输送援兵和补给的最快通道，由此可知，战列舰的数量优势在远东地区非常重要，当那里发生战争时，作战行动将是进攻性行动，因此在地中海保持战列舰数量优势更显必要。事实上，部署在东方海域（eastern seas）的进攻性舰队和在海峡的防御性舰队，是一条长长战线的两翼或侧翼，两者的根本安全取决于对中央位置的控制是否有效。因此，地中海舰队必须能够同时支援两翼的作战，甚至可能是仓促分兵去支援某一方向的作战，此类海上交通线一般都兼容防御和进攻特点于一身。

如果能够基本认可这个论点的话，那么对永久条件的简要思考将进一步支持该论点；法国与俄国，英国与日本，把这些既有联盟作为目前的暂时性因素，很有必要与该论点联系起来。在我们确信将要恢复的三国联盟之中，不要考虑那些直接受到地中海制海权影响的任何国家。如果一个联盟成员单独参与了当地的战争，它将成为一个不受此前协议约束的独立力量。

历史传统和自然地理构成了地中海独特的战略条件。从历史上看，现有的控制区域和海军基地具有不同的内在价值，曾经被不同地区的几个国家控制，但力度和稳定程度各不相同。仔细考查这些情况，分析其各自价值，并以此作为战略影响的一个要素，这对于从一个开放的综合性观点来审视自己或敌人，对于拟制具体的海军作战方案，对于正确地部署海军兵力，确实非常关键；但是一份关于总体情况的报告，可能会把这些细致的思考留给那些直接相关者。在这条伟大的贸易航线上，马耳他是其中非常重要的中央位置，直布罗陀的位置非常独特，土伦的位置相对偏离了中心，对此一定要有充分的理解。从结构上来看，地中海除了一个人工运河以外——最脆弱、最让人不安的环节——至少还有三个最具决定意义的海峡，因为那里没有其他可替代的通道供舰船航行，或者从一处驶往另一处。加勒比海，可以称得上是另类的地中海，那里有众多的岛屿和通道，减轻了相互之间的矛盾，甚至连最重要的岛屿和通道的作用也显著下降；但在地中海，达达尼尔海峡、直布罗陀海峡，以及从非洲的邦角半岛（Cape Bon）到意大利"脚趾"① 之间的狭长海域，构成了三个无法回避的航运关节点。的确，在最后一种情况下，西西里岛的两侧都可以通行船只；但周边的地理条件决定了，当对手恰当地部署了监视兵力之后，几乎没有一个舰队可以在不被觉察的情况下通过此处海域。这些自然特点，加上特定的位置，是地中海的永久特征，这些特征支撑和左右着地中海诸国所有的战略计划，当然也包括俄罗斯在内。

从地理上看，英国属于地中海地区的域外国家。英国在本地区的领土存在，完全是一种军事上的特殊存在。这一点也可以从其具体主权的特点上得到证明。在自主拓展和自力更生方面，海权的生命力表现得无与伦比。历史上海权为国家带来的收获，为海权的当前地位增添了力量；但是，现在也和历史一样，海权本身必须继续保持它所能带来的收获。为以防万一，英国战列舰在地中海的常态部署，必须能够对任何可能的敌人联盟形成决定性优势。这种优势不仅要考虑到地中海内外所有对手的兵力总和，还要考虑到一个或多个对手从其他战场机动过来的兵力。挫败敌人的企图并非易事，问题的关键不在于兵力数量，而是位置、可用的基地和兵力部署。军事上的主导性优势，不仅意味着对敌人整体上的优势，而且还意味着在任何地方，在敌人完

---

① 译者注：意大利的国土形状很像一只伸入地中海的人脚，在最西南端，也就是对应的脚趾那部分是西西里岛。横贯北非的亚特拉斯山脉伸入地中海的末端，形成了位于突尼斯东北部的邦角半岛，也叫卡本半岛，其东北方向隔西西里海峡与意大利的西西里岛相望。从布匿战争到第二次世界大战，在这里发生过多次海战。

成集中、形成局部优势之前打败他的能力。这是一个位置的问题，而不是数量的问题。在地中海这个伟大的中央位置，上述两个因素必须相互协调，以保证能够超越敌人在这方面的努力。如果一个因素出现缺陷，那么就必须要加强另一个因素。如果一个国家在某个海域之外且距离遥远，而可能的对手，如俄罗斯和法国，却与之相邻时，这种需求将更加明确；因为在紧急情况下，你不能指望俄罗斯黑海舰队（Russian Black Sea fleet）不会经达达尼尔海峡出兵进入地中海。

很显然，近期也不可能指望日本能够在地中海为英国提供直接的支持。相反，俄法联合声明已经明示，如果战争爆发，日本在远东地区必须有盟友的支持才能够应对这个联盟，唯一不确定的因素是，法国能从其零散暴露的殖民地中抽出多少兵力投入远东方向。俄罗斯没有这种干扰，其目光专一，效率很高，目前波罗的海舰队的大部分兵力已经部署在中国海域。俄海军的数量和实力基本与日军持平，但俄军的位置非常不利，战场远离国家权力中心，类似于英国在地中海的状况。此外，俄军的基地布局也不太理想，需要依赖当地的资源和国内的运输，但是最短的那条交通线的安全却很难确定。在这种情况下，俄国决定采取果断措施，出兵增援其东方舰队（Eastern Navy），这一决定的政治目标是寻找进入东亚不冻海域的理想通道，这个通道更适于进入地中海或波斯湾。考虑到当地的困难和其他地区的利益冲突，必然会得出这样的结论；但该结论被大家坦然接受，这的确应当引起人们的注意。

对于英国来说，这个结果再好不过；同时，它也引起了有识之士的进一步深思，即英日同盟到底对俄罗斯产生了怎样的效果，是一种刺激，还是一种威慑？如果英日同盟加强了俄国利用现有优势的决心，比如旅顺港和西伯利亚铁路，那么它成为英国一个形成正确决策的直通车。因为它合理地满足了俄国在一个地区无可争议的需求，这个地区远离英国的重大利益，而俄国的这个企图将会激发许多竞争者的主动抵制，它们必然下决心维护自己同样无可争议的权力。即使眼神再不好，也能够看清在中国海岸聚集的这些鹰隼。然而，这个同盟也可能将俄罗斯推向完全相反的另外一个方向，如果向东不行，那么俄国对海洋难以抑制的渴望必定会投向另外的地区——黎凡特或波斯——这对英国显然更为不利，在那个地区，至少在最新的名单里英国找不到一个天然的盟友，因为各国的利益诉求都是一样的。把俄罗斯舰队在远东的集结，与当地事态的总体发展趋势放在一起分析，各国未来政策的走向已然非常清楚。

日本和俄罗斯的兵力数量基本相同，这已被证实，法国把苏伊士以外地区的军队重新整编为一个司令部并分配了相应兵力，把这两个情况联系起来看，就形成了具有某种政治意义的最新动态。不能武断地认为，法国采取的新部署没有考虑英日协定所代表的新同盟的影响。这甚至可能就是新同盟产生的直接后果。法国这个庞大的东方司令部与其地中海舰队的相对实力，直接反映了法国对于总体海上态势，以及能用多少兵力来支持公认盟友的官方认识；在东方的行动是直接支持，在地中海施加的军事影响是间接支持。另一方面，假定英国对通向法国本土港口的航线实施了防御性控制，法国将怎样、法国能怎样确保它和它的盟友在远东的联合优势，那里是一个进攻性战场，以及法国自身在地中海的单独优势？连接两者的主要纽带是海上交通线。制订作战计划和实行兵力机动时，要认真思考这两个复杂因素，它们首先是进攻性要素，而不是防御性要素。对于法国和英国而言，作为同盟的一方，这个问题同样紧迫，"我能走多远？我能从地中海抽调多少兵力投向远东？在支持远东的盟友时，除非我能够为其建立优势，或者至少保持势均力敌，否则我就是在浪费实力，对盟友也毫无实际意义。如果我在地中海遭到重创，只能保持守势的话，那么我在远东的兵力实际上就被分隔了。如果是地中海的防守兵力被围，它还可以坚守直至援兵到来；但如果被分隔的状况持续恶化下去，灾难可能就迫在眉睫了"。

研究此类性质的军事问题时，首先必须让所有人都摒弃一个错误的认识，即可以设计出一个能够规避所有风险的方案和部署。这种绝对的安全非常具有诱惑力，如果能够实现，将消除所有的战争风险。英国当前的兵力部署，仅仅是最适合于地中海的情况，也许存在一支敌舰队溜入大西洋的风险，如果这样的话，敌人将与布雷斯特和瑟堡的兵力汇合形成优势兵力，共同对抗英国海峡舰队。这个情况是真实存在的，所以作战计划必须在两个方向都有效。敌人也许能够溜出地中海，但将被直布罗陀的英军发现，并用电报通知伦敦，舰队及时得到警报并开始动员兵力，这样可以确保对任何企图汇合的敌两支分舰队中之一形成优势，按照之前建议的方案实施监视，可为英国舰队赢得 2 个小时的宝贵时间，这个时间是在一支敌分舰队出现之前击败其另外一支所必需的时间。这些可能情况敌人当然知道，也一定会影响敌人的行动，就像个人风险会影响个人行为一样。让我们来听听纳尔逊关于意外事件的说法吧。"如果法国的费罗尔（Ferrol）舰队与土伦舰队汇合的话，他们的战舰数量将远远超过我们，在这种情况下我绝不会让他们逃出视野，佩卢（来自费罗尔的当面）舰队很快将会赶到。"在意识到这样需要大量的监视兵力时，正如当前的情况，纳尔逊补充到，"这时，我需要 10 艘巡航舰（frig-ate）或单桅快速帆船（sloop），以确保费罗尔舰队或土伦舰队中没有一个能逃出我的眼睛"。由此我认为，纳尔逊兼顾了两个方向作战的明确阐述是，首先截击最早出现的敌人，打破敌人的汇合企图，然后再彻底歼灭他们。如果不能阻止敌人汇合，那么佩卢将会及时赶到，补充纳尔逊此前的损失，从而恢复兵力均势。现代条件下的新变化，将对现代"佩卢"更为有利，而不是对敌人更有利。

因此，必须理性地看待这些政治上的可能干扰。也许整个欧洲不仅仅是不待见英国，而且愿意结成联盟共同摧毁英国的军事实力；而且，如果战争爆发，这种联盟很可能成为现实。也许如此；但有一点至少是肯定的，是利益，而不是好恶，最终决定这些重大事件。评估最终的结局、国家的开支、收益与损失，以及一个构想成功之后带来的国家的相对优势，我倾向于认为，建立一个帝国联邦（Imperial Federation）的难度要远远小于建立一个欧洲联盟的难度。如果两个明显相互对立的联盟开战的话，德国也许认为与俄罗斯和法国结盟更符合本国利益；但在我看来，也许让俄法两国相互消耗，从而减轻东西两线的压力，将给德国带来更多的利益，因此很难相信德国会认识不到这一点。这是一个周全的考虑。德国无能为力，但却希望英国立场的变化能够减轻对本国海上航运的实际压迫，关于这个问题此前已有过论述。因为地理位置无法改变，所以唯一的可能变化就是减少英国的战舰，从而削弱英国的实力。然而，承认了这种联盟可以实现目标，然后呢？英吉利海峡不再由英国控制，而是在法国人手中；而如果要是与英国结盟的话，英吉利海峡几乎就会像基尔运河①那样安全。如果这个观点是正确的，它也只是说明了通过人为联盟来改变永久条件时面临的选择困难。事实上，在欧洲国家中，只有俄罗斯能够独自面对当前力量平衡中的任何一方被实际除掉后的严重后果。辽阔的国土和众多的人口，的确为俄罗斯在目前国际格局中提供了巨大的国防安全。

在任何把欧洲和远东作为主要利益因素的战略方案中，地中海都具有独特的、突出的决定性特点，在前面所列举的那些位置，加上舰队实力的对比，构成了最初的战略形势。假设这个局部的或总体的压倒性优势，这是任何一方都渴望得到的东西，实际上并不存在，那么每一方都必定会试图在战争博弈中达成数量优势；通过施加压力或采取战略性行动，在某个局部获得暂时的明显优势，并正确地运用这个优势，对敌人造成杀伤，进而建立起长期的、决定性优势。这是科学的——或者更好的表述是，艺术的——战争目标。开战时海军实力更强的国家应当主动采取进攻性行动，目的是迫使敌人应战。除非敌人在某个地点已经拥有了足够强的兵力，或者已经把分散的兵力集结起来，并在某一点实现了兵力集中，否则敌人都不会应战。为集中而进行的必要机动给进攻作战创造了机会，在敌人向集结点机动以求形成局部优势之前，打击运动的分散之敌。这就是技巧；战略大师告诉我们，这也是战争中难以区分的时机、意外和风险，既充满了众多机遇，也暗藏了许多危险。

优势舰队怎样才能实现所需要的压迫呢？除非是在没有防护的可航行河流之中，否则军舰不能攻击内陆的目标。因此，强大的海军不能在海岸以内进行纵深作战，那里是敌人的心脏，除非国家能够在控制海洋之外，还能够输送一支优势的陆军上岸。德兰士瓦战争（Transvaal war）② 就是一个例证。这可能就是一个大陆性国家的海军击败英国舰队的一个相似例子吧；然而当

---

① 译者注：基尔运河，又名北海－波罗的海运河，位于德国北部，西南起于易北河口的布伦斯比特尔科克港，东北至基尔湾的霍尔特瑙港，是沟通北海和波罗的海的重要水道，比绕道厄勒海峡—卡特加特海峡—斯卡格拉克海峡减少了 370 海里航程。运河全长 98.7 千米，平均水深 11 米，河面宽 111 米。

② 译者注：德兰士瓦共和国是 1852—1877 和 1881—1902 年间，由布尔人（主要是荷兰人后裔）在现在的南非境内北部建立的共和国，首都比勒陀利亚。英国为占领该地，先后与布尔人爆发了两次战争，也称为布尔战争。1902 年 5 月，英国在付出了惨重代价之后，最终将包括德兰士瓦共和国在内的布尔人控制区全部变成了殖民地。

英国的舰队因此被削弱时，大不列颠将会发现这个情况并作为当务之急，它将运用强大的海军打击敌人。在这种情况下，任何敌人都没有必要去登陆英国本土。对英国六个主要港口进行贸易封锁也会起到相同的效果，尽管不是直接起效。与之类似，只要英国海军一如既往地破坏敌人的海上贸易，不仅在海上遍布巡航舰，而且系统地、持续不断地封锁敌人的港口和海岸，包括本土的和殖民地的，就一定会给敌方造成巨大的困难和损失，从而迫使敌方舰队出战；如果敌人仍然拒不出战，那么整个国家的元气和潜力就会在持续的苦痛磨难中被消耗殆尽。

为实现这一效果，需要建立一支优势的战列舰舰队，能够随时对挑战自己的敌人形成整体优势，至少战列舰要保持充足数量能够进行持续的轮换。战列舰舰队是整个兵力投送系统的核心。通过这个系统投送出的巡航舰，保证了贸易封锁在技术上是可行的，且在实践上也同样有效。例如，如果与法国开战，对其阿弗尔（Havre）① 或马赛等主要商港的封锁，可由巡航舰在现地高效地实施；但巡航舰的安全以及后续的持续封锁，则依赖于附近的战列舰舰队，它将防止法国在瑟堡、布雷斯特，或土伦的分舰队攻击英国巡航舰，除非法国人甘愿冒着巨大的风险与英国舰队决一死战，而这恰中了英国人的下怀。"封锁并非我愿，决战才是我的目标，"纳尔逊说，"孤零零地漂泊在海上，我们希望能够实现国家的希望与期待。"在任意战场上的一次成功的决战，都可以让整个形势变得明朗；也就是说，实现你所期望的结果。这种品质应当牢牢地扎根于每个渴望胜利的海军将领心中；他对于国家的基本贡献应当与他所拥有的特权利益相一致。或多或少的战舰将从此前的任务中释放出来，可用于加强需要确保优势的战场。据我分析，这个战场就是地中海。

历史反复证明，在一个辽阔的海岸线上，正确的兵力部署将对敌人构成相当巨大的压迫力。当被封锁的港内驻泊着一支强大，但弱于对手的舰队时，战列舰舰队的位置选择和兵力管理对于双方而言，都是一个至关重要的军事问题。巡航舰的任务虽然艰苦，但也很单纯；在指定的港口周边坚守，或抗

---

① 译者注：即勒阿弗尔（Le Havre），是法国第二大海港（仅次于马赛），北部诺曼底地区最大的城市，位于塞纳河河口北岸，濒临英吉利海峡，以"巴黎外港"而著称。

击同类型敌舰的攻击，或从优势的敌军手中逃脱。战列舰舰队必须被部署在能够为巡航舰提供有效掩护的位置，同时还要避免过度地暴露自己，最重要的是防止敌人的鱼雷攻击。战列舰必须随时待命，不仅要能战斗，能抓住战机，还要能够形成战略性机动，也许在一段较长时间里，也许就在一瞬间。战争是位置之争。在合理的位置部署战列舰，既能支援巡航舰部队，又能保护国家商业航线，还能够同时维持商业封锁和严密监视敌军港口。我们都知道，商业封锁是一个进攻性方案，目的是打击敌人，迫使其应战，而执行其他具体任务的舰船则是防御性的。因此，我们再次在一个部署中同时融合了攻防两个目标。

在未来一段时期，典型的欧洲国家都必须依赖于地中海，作为通往远东地区的主要军事通道。在现有条件下，俄罗斯分享了西伯利亚铁路的许多便利。在其他国家无论如何都找不到陆路通道时，这条铁路的问题却如此之多，实在无法成为海运的一个有效替代方案。而且，无论当地积累了多少中等体积的物资——煤炭、给养、弹药和其他补给品——都只能通过增援的船只，或者在使用中或战斗中受损舰船的轮换舰船，从海上运输。超过一定口径的大炮的运输，也属于此列。每一种需求都加强了地中海的重要性。对于地中海来说，红海只能算是一个附属品，因为红海在军事上的价值取决于更重要的陆上邻国的态势，某种程度上取决于对埃及和亚丁（Aden）① 的控制程度。

在苏伊士地峡的另一边，整个在东方海域展开的海军行动，都依赖于与地中海之间的军事联系，并通过地中海与国内建立联系从而保持持续的活力。在风帆时代，马耳他对于印度的重要意义得到了纳尔逊及同时代人们的重视，四面八方的战舰都汇集于此，进一步证实了马耳他是海军最重要的位置。不论沿海国家派遣的援军是向西运动还是向东运动，每条航线的终点都尽在控制内线国家的掌握之中。

关于在东方海域的具体兵力部署，包括从苏伊士到日本的全部海域，都由同样的两个因素——数量和位置——决定。如果存在中央位置的话，一定

---

① 译者注：亚丁，也门亚丁省省会，位于阿拉伯半岛西南端，南临亚丁湾，扼守红海通往印度洋的门户，是欧亚非三洲海上交通要冲。

要向那里派遣足够的兵力以立刻形成优势，目的是控制商业航线，与兵力和位置都已大致明确的敌人作战。谋划此类兵力部署时，必须要考虑到能够获得来自地中海的兵力增援，以及向中国方向分兵的情况。比如，锡兰（Cey-lon）①，如果没有更合适的位置的话，基本处在苏伊士到香港的航线中间，距两地大约都是 3000 海里。这样的位置，非常适合部署一支战列舰中队作为地中海的前置兵力，在苏伊士运河出现短暂中断时可以向远东地区派出支援兵力。恰当的位置，应同时具有距离近和资源丰富两种功能；在拿破仑对于军事形势的分析中，没有什么比"位置"更重要的了。这类例子不胜枚举。占据了正确位置，拿破仑就能够把现有的力量倍增；但他始终牢记，位置的倍增作用要顺其自然。事半功倍，这是中央位置的特权。

研究东方海域的问题，自然要考虑那些大的自治殖民地能够发挥什么作用，不仅要考虑它们的自身安全及其对外贸易，还要考虑到英国海军的总体作战方案，与能够让它们从某个单纯的局部行动中看到更多的安全保证相一致。海军首先要考虑的是，海峡舰队能够确保不列颠岛的商业和海岸安全，地中海舰队能够确保海上贸易和增援行动不会中断。只要这些能力有效且可持续，大英帝国的领土就不会面临什么危险；除了单艘敌巡航舰的可能威胁之外，英国的海上贸易也几乎没有风险，这类巡航舰的生存率很不确定，无法与有大型基地保障的其他舰船相比。然而，澳大拉西亚（Australasia）② 无疑可以提供一个非常重要的因素，它可以辐射到英国在远东的所有位置。作为一个大陆，澳大利亚拥有旺盛的人口，明确为整体海军事业而奉献的意愿，应允许澳大利亚按照正确方法在自我评估的基础上规划自己的方案，包括海军的和帝国的两个层次方案。在海军层次上，允许澳大利亚适当加强战列舰兵力；在帝国层次上，应着眼于整体，要认识到加强地区防务并不总是实现地区安全的最好办法。军事上有句行话，谁的命要没了就应当谁去救（he

---

　　① 译者注：锡兰，即斯里兰卡民主社会主义共和国，热带岛国，首都为科伦坡（Colombo），国土面积 6.5 万平方千米。西北隔保克海峡（Strait of Palk）与印度半岛相望。保克海峡东北与孟加拉湾相连，西南与马纳尔湾相通，全长 137 千米，宽 64～137 千米，平均水深 2～3 米，最深处仅 9 米。
　　② 译者注：一个不明确的地理名词，一般指澳大利亚、新西兰及附近的南太平洋诸岛，有时也泛指大洋洲和太平洋岛屿。

who loses his life shall save it），这是一个真理。

在东方海域，澳大利亚和中国是两条长长航线的终点，交叉点在印度附近；依我来看，如果更具体一点，交叉点就是锡兰。这两条航线就像一条主枝分出的两个枝杈，在当前条件下树根是英吉利海峡，树干是地中海。现在它们是暴露在外的肢体。就像我们的手、脚和耳朵，在军事术语上被称为突出部；尽管在这几个事例中本地防御具有自身价值，但是作为一个有机整体，整体的活力和营养才是真正的依靠。让我们来打个比方：对我来说，苏伊士以东的海域应当被看作一个军事整体，与苏伊士以西的军事系统有着重要联系，但是运河容易出现暂时中断的情况，因此要有预防措施以免出现意外。由此可以立即得出结论，平时对于运河和地中海的依赖，与必须紧急情况时能够保持独立存在，两者相辅相成。从本质上讲，在运河以东必须保持一个强大的舰队；它在那里被暂时切断的危害，要比被拦阻在运河以西的危害更小，因为地中海舰队要绕过好望角才能到达战场。由于同样的原因，地中海和马耳他在战略上极其重要（就像英吉利海峡对于北海和大西洋一样），它们才是东方海域永久的战略性中央位置，中国不是，澳大利亚也不是。锡兰作为一个点的话，它与中国和澳大利亚的距离大致相同，与地中海和远东的距离也大致相同。我所说的永久性位置，并不表示当舰队发现了自己的中央位置时，还必须离开并长时间保持在以中央位置为圆心的某个远点，而是因为从中央位置向若干方向中的任意方向启航时，距离都是最短的。从自然地理（maps）和商业回报的角度来看，这个中央位置都可为整体商业利益提供最好的保护，这一点显而易见。

苏伊士以东海域的海军行动，包括澳大利亚、中国和印度，是否有必要由一个总司令部统一指挥，总司令部下设各个本地指挥机构，这不仅是一个管理问题，也是一个战略问题。作为一项军事决策，统一指挥当然具有好的一面；因为之前的独立指挥官并不总是心甘情愿地接受上级的干涉，因为战争中充满了各种突发情况。指挥官的军事敏锐性不应被谨慎过度排除在作战计划之外。特别是在公众的认识当中，军事筹划的必要统一是有益的，统一筹划将主导舰队的兵力部署。非专业人士——甚至是军人——都应当养成习惯，要在真实的联系与比例中，思考局部和整体的利益关系。除非真的存在这样的正确判断，否则很难平息那些要求保证某个地区绝对安全的呼声，这种安全明显是不真实的，因为它的实现基础是必须对兵力进行拆分，这与正确的军事原则相矛盾。澳大拉西亚需要的不是英国海军的一些小鱼小虾，比如一支永久驻泊的小舰队，而是能够牢牢掌控整个海上态势的组织完备的海军部队。只有这样，才可以让危险远离我们；如果危险来临，我们有足够的兵力确保能够及时击退危险。当然，为保障舰队的作战行动，客观上要求当地的港口设施和其他资源的开发，能够在需要时保持足够的效率。

其他殖民地应当共同遵守这个基本原则。问题的实质是，本地安全并不一定，也不总是依赖于在当地始终保持一艘战舰，或者一支分舰队作为保护神，而是依赖于总体的海军部署。正如罗德尼所说，"除非人们都像你那样选择了这条伟大的航线（take the great line），并且认为整个王国都在控制之中，否则敌人一定会发现我们在某个地方完全没有准备。不可能在每个地方都部署一个强大的舰队"。

这当然不可能；也根本没有必要，假设这就是英国正在追求的总体优势。关于兵力部署问题，我们把三个不同的要素归入永久性因素之中，放在"位置"这个总条目之下。这些都是对中央位置、对内线（简单来说，就是更短的航线）的认识，以及对最大限度地提供丰富的当地港口设施的认识。这就是关于兵力部署的大概的安排框架。也就是说，这些定性的分析结果构成了整个方案的基础。再加上对若干地区的重大利益、近期风险和优势位置的定量评估，即可得出需要分配的兵力数量，就好比把干枯的骨骼与充满能量的血肉在一个健康的身体里联结起来；在身体里，每个部分都可以得到良好的保障，依靠的不是当地聚集的力量，而是中枢组织的活力，由它来协调输送各个部分所需的营养。

第九章

波斯湾与国际关系

　　华盛顿①比所有的美国民众都更加崇尚荣誉，现在来看要比 100 年前看得更加清楚，他的睿智和忘我的爱国主义不断地增强，当他离开公众视野时，他提醒当时的民众要反对"针对特定国家的根深蒂固的反感"（permanent inveterate antipathies against particular nations）。在这个告诫中，华盛顿加上了他的肯定推论，因为偏见和同情与反感一样会影响行动，从苦涩的为官经历中他洞悉了美国的实际情况，不论是历史的还是现在的。到底是同情英国和法国，还是反对他们，美国民众在观念和言论上已经发生了分化，而且还在进一步分化。热烈的情感和激情的演讲产生了极坏影响，在人与人之间，甚至一定程度上在部门与部门之间造成了矛盾，至少在这些问题之上已经不是单纯的美国利益问题了。这种感情的错配在任何时候都是非常有害的，特别是现在，在 1789 年宪法②之下，各联邦还没有足够的时间来消除殖民地的思维惯性，"美国"这个共同称谓的接受度和认可度，还远远不如各州的名称。这引起华盛顿的更大忧虑，他用自己的语言"轻声"告诫那些山头主义和分裂主义分子，尽管这些人还没有被定义为政治团体，但如果他们后面形成了组织就会带来极大危害。

　　华盛顿的口头告诫，不仅仅是针对当前根深蒂固的国家反感的实例。这些实例仅仅是他的直接例证而已。正如正确的建议必须有合理的基础一样，华盛顿的忠告是基于永恒的普遍原则提出的。他认为，国际关系不是，也不应当是由感情来决定的，而是由正义和利益来决定的。公正是第一要义。不论多么困难，多么勉强，"让既有协定能够得到真正的遵守"。除此之外，"还要牢记在心，在一个国家内寻找来自其他国家的公正无私，是一个非常愚蠢的想法。一个国家必须在任何可以接受的条件下，让渡出一部分主权；还要能够接受，协议也许只是提供了名义上的优惠，对于没有提供更多优惠的背

---

　　① 译者注：乔治·华盛顿（1732—1799），美国政治家、军事家、革命家、首任总统。出身弗吉尼亚一个富有家庭，曾加入英军参加法国印第安人战争（后成为七年战争的北美部分），1759—1774 年为弗吉尼亚下议院议员，带头反对英国统治。1775—1783 年在美国独立战争期间任大陆军总司令。1787 年主持制宪会议，制定《美国宪法》。1789—1797 年连任美国总统。任期结束后自愿放弃权力，不再谋求第三个任期。

　　② 译者注：文中所指是《美利坚合众国宪法》，是美国在 1787 年制定并于 1789 年批准生效的联邦宪法，也是世界上第一部比较完整的资产阶级成文宪法。该宪法强调加强国家权力，在权力结构中突出"分权制衡"原则，奠定了美国政治制度的法律基础，不仅对美国的政治经济发展具有促进作用，而且对当今世界其他国家的民主与法制建设也具有借鉴意义。

信弃义做法，也无须承担责任"。

美国与法国暧昧的联盟关系，是偏见对于国际关系产生干扰的一个例证，这里我们再次引用它。法国确实在美国的独立战争中给予了帮助；虽然我们假设存在这种影响，但这种恩惠也纯粹是名义上的。然而，这种恩惠建立在过度宣扬的基础之上，不仅是为了博得美国人的同情，也是为了在法国大革命初期换取美国人的积极支持。事实真相是，不论对作为个体的法国人的行为如何漠不关心，但法国政府还是正确地认识了国家利益，把殖民地起义作为在有利条件下与英国继续进行斗争的一种新方法。许多美国人对于英国最近几次怀有敌意的事件高度重视，并进行了激烈的回应；另外有许多美国人，对于法国在共和体制上的出格作为感到担心，却在英国政治中发现了真正的理想的自由，因此他们坚决主张疏远法国。在每一个因政治分歧而考虑权宜之计的时刻，由于国内民众生活压力增大，政府不得不通过削减臃肿机构，将主要力量集中于加强内部团结和发展之上，此时过激和偏见的巨大力量就会被激活，导致国家将资源投向了错误的方向，这样不仅造成了浪费，而且腐蚀了联邦政府的基础。一方面，理想的国家责任和政策被以他国人民的名义扰乱，导致敌对的痛苦在一代不成熟的人们身上延续，影响了国家的团结；新的分歧不断出现表明国内凝聚力在不断弱化，外界影响持续减弱，直到它最终湮没在内战的巨大痛苦之中。

毫无疑问，公平正义之下的合理利益是国家政策真正的控制器，这是当代社会的普遍共识。也许吧，但实际情况是否如此呢？如果一个国家没有失去理性或和谐，军队也没有被削弱，那么民众的同情或反感，不论其合理与否，在干扰国家的国际行为时一定没有作用吗？山头主义的生长，不仅会对国家判断力产生恶劣影响，在与外国关系亲近或疏远时也会出现。对于长期稳固的政治集团来说，迅速瓦解之祸并非迫在眉睫，但却会对美国构成威胁；然而，即便是在稳固的政治集团之中，偏见也会纵容对他国人民的支持或反对意见，这将导致国家的健康机体受到损害，组织效率降低。政府的功能缺失，预见能力减弱，犹豫不决或方向错误的行动，也许这两个问题都会出现。现在出现了一种倾向，寻找那些人为的、有时非常复杂的国际安排中的难题，然后在一个含糊的未来期限内思考解决办法，而不是用一个简捷的政府流程来满足每种新情况的发展，用一个稳定的国家总体政策来控制每种新情况的发展。后一种方法，有时可能会因为不可避免地必须对紧急意外情况采取特别措施而招致各种指责；但是，它仍然可能与一些显而易见的主要条件保持稳定的、最真实的一致性，这些条件是实现永久解决办法所必需的。华盛顿的个人智慧来自对实践工作的观察，他向同胞们这样表达，"求教于事物的本质规律，而不是强迫它（Consulting the natural course of things, forcing nothing）"，这句话此前也曾经引用过；或者参考一位在政治斗争中历经风雨的美国人曾经对我说过的那句话，"永远不要去策划一个机会（Never contrive an opportunity）"。

没有什么比用虚构的方法替代自然规律，更能在世人中产生更多的不诚信（bad faith）了。实践经验表明，国家利益会被煞费苦心地牺牲掉，因为理解不准确或者是完全误解，以及公众的反感情绪，最终都会对决策者产生影响，这种影响程度与事态的紧迫程度成正比。但并不能从中得到这样的结论，一个国家会具备有预谋的不诚信或故意去接受这些不诚信。尽管个别政治家会玩世不恭，但国家不会这样。不必试图去证明违反协议的做法是正确的；更大的错误在于，那些造成了不可能永远存在的情况的人们，并没有认识到这个问题是一个非常片面的观点，因为这与事物的本质规律相矛盾。此类行动应当被视为一种警告，即国际安排只有在符合基本条件，至少也要符合相对长期的条件时，才能被认为是恰当的。如果这个警告能够得到遵守，经过长时间检验的国家政策也许可以真正成为不朽的国家特性。尽管在压力之下国家经常不稳定，但国家特性是持久的。也许国家政策才是真正连续的，虽然有时也会摇摆不定，甚至踟蹰不前；但是国家政策一定要与事物的本质规律相一致，求教（consulting）——而不是抵制（resisting）——事物的发展过程。

如果这个政策被认为是基本政策，那么此后出现的一系列问题都应当认为与基本政策有关，这个基本政策能够在当时政府制定的一个宽泛的框架之下被自觉地理解，这是必要的前提假定。在两三个世界大国博弈下的伊朗和波斯湾地区，其局势的未来发展就属于这一类问题。在大国思考这一问题，以及以该问题为中心的各种利益和行动时，它们能被事态本来的发展趋势引领多远？它们被野心所驱使，在试图插入人为安排的道路上能走多远？从这种观点来看，在那些行动建议、各种各样的行动理论和政治妥协之中，能够发现他们的认识源头。随着"全球政治"（world politics）这个术语越多地成为当今世界政治发展的代表，更有必要认真考虑国家利益的每一个核心要素，因为这些要素与整体密切相关，而不是独立存在；这些要素应与基本制度的稳定相适应，能够顺应制度发展的本质规律，而不是与之相矛盾。

在世界整体经济布局当中，不考虑当前和可能的政治任期，波斯湾将成为未来可能的跨洋铁路的终点站之一。从地理条件来看，这条路线将成为历史上某一段时期内，东西方贸易通道的主体部分。尽管这条通道是人工开设的，但到目前为止它遵循了事物的本质规律，因此过去它赢得了国家快速公路的美誉。这条铁路将成为东西方交通线路中的一环，波斯湾是另一环，这条通道同时也是经过苏伊士运河和红海的海上通道的备选航线。这条新的交通线具有巨大的优势，由于始终在水上行进，所以速度很快。所以，这条线路非常适合人员、邮件和较轻的物品。另一方面，对于大宗货物的运输，不论是重量或尺寸较大的单件物品，还是在一定时间内的运输总量，在同等距离内海运相比陆运具有巨大的、不可比拟的优势。之所以这样，直接原因在于铁路的容量太小。即使拥有四条轨道，一次也只能允许两列火车同向开行；而天然水道实际上对于航行船只数量没有什么限制，一艘船的运输能力要比一列火车大得多。可以这么说，海上运输具有无数条航线。基于上述原因，以及对建立航线初始费用的考虑，在可以预见的未来，海运永远都要比陆运划算得多。如果是大量物资运输的话，海运的速度更快；尽管一列满载的火车比一艘船的移动速度要快，但在短时间内，特别是同一时间内可以运行的列车数量是有限的，但船只的可用数量近乎无限，所以总的运输量要比陆路大得多得多。

因此从商业角度来看，把波斯湾作为终点站的这个铁路系统或它的分支系统，与苏伊士航线相比，在开始时非常不利，苏伊士航线被认为是连接两个大洋或两个大洲，欧洲和亚洲之间的一条商业通道。然而，这只是与国际政治相关的诸多影响因素中的一个，总体结果并不很清楚。众所周知，建设一条铁路将给途经国家的发展带来帮助。这意味着铁路将增加国家在当地的既有利益，并将创造出新的利益。铁路的所有者，借助铁路成为这些利益的培育和控制中心。由于这种效果，铁路具有了对当地商业的显著影响；这种商业影响力，特别是在那些政府软弱或昏庸的地区和时期，很容易变成政治影响力。这种商业影响在一定程度上会变成政治行动，以保护本国的种种利益。铁路不仅可以为商业活动服务，也可以用于输送军队。因此铁路具有与商业价值和政治价值同样重要的军事价值。这是司空见惯的现象，不必坚持认为它是所有铁路的固有优点，因此也无须对某一条铁路费尽心机。最后，不论是海上的还是陆上的商业通道，所有的组成部分都具有一定价值，但最主要的价值集中在它的终点站或起点站。在那里，商业活动——收货、发货或转运——将成倍增长。商业集中使得这些地区成为暴力行动的显著目标，随之其在海上或陆上的军事价值也会显著增加，这由其位置而定。目前波斯湾与国际政治具有某种特别的联系。这个情况与旅顺港非常类似，旅顺港的重要性在不久前完全丧失了，这是一件非常令人惋惜的事情。控制铁路的两头就可以左右铁路的自身功能，不论是铁路作为运输通道的功能，还是为本地工业提供更大市场的维护功能。不仅仅铁路本身的繁荣岌岌可危，依赖于铁路的商业利益，那些需要火车提供快速供给的沿线国家，以及其他作为生产者和消费者的国家，都与波斯湾的政治和军事地位纠缠不清。

　　那么谁的事情具有固有的重要性呢？不是全世界，尽管大家都会或多或少、直接或间接地关注全球事态的变化，但这绝不是每个人都要承担的特别责任。依据现有的规则和法律，决定权基本属于当事国，即实际拥有主权的国家。不幸的是，波斯湾地区的伊朗、土耳其，以及一些小的阿拉伯国家，它们没有实力为本地区提供必要的商业安全和军事安全。如果没有更强大国家的支持，仅仅依靠自身实力无法维持地区稳定，甚至保持均势的或优势的稳定都做不到。在这种环境里，当问题出现时，地区责任自然就会从治理失败的国家，转移到它的近亲，即距离最近或利益最攸关的国家身上。如果它们也都失败了，就会有距离更远的国家提出相关要求和责任。无论是哪个国家来接手该地区的责任，维护全世界的基本繁荣和特定集团的福利，都是最优先考虑的问题，无论这种授权是来自政府当局，还是来源于继承，或是仅仅源自邻居（neighbor）关系，这里赋予"邻居"这个词以神圣的联系，因为邻居之间最为熟悉，尽管我们非常狭隘地理解了邻居之间权利与义务的范围。

从这些类似情况中很容易发现，由于地理上比较接近，或者拥有大量的直接政治利益，在当前形势下英国和俄罗斯这两个大国的利益牵扯最现实、最深入；经过对数种情况的认真分析和恰当评估，我并不怀疑英国会首先承认失败，不论是推卸责任，还是让他国承担责任。这里要把前面提到过的，关于事物的本质规律的警告再次重申，以免我在处理此类问题时会倾向于不必要或不成熟的干预行动，这既不明智也不公正。也许今天的无所作为是正确的，但明天却变成了义不容辞。尊重事物的自然规则，不强求，至少意味着超强的耐心和毫不松懈的警惕；警惕包括必要的准备，因为人只有在清醒的情况下才能认真进行准备。

我曾经说过，环境分析表明，在土耳其和伊朗已经明显失败的情况下，英国将是第一个，也是最关注该地区局势的国家。英国之所以如此，不仅是为了国家和人民的声誉，还由于对广大政治上无助的附属国所具有更多的宗主国义务；对印度及其庞大的人口来说，也同样如此。在实际控制地区建立和保持秩序，既是英国自身的权利，也是其责任，然而英国对于波斯湾地区的责任已经放弃几十年了。毫无疑问，埃及的情况也是同样，现在重建工作已经展开，英国也许会发现，还有别的国家自愿为其减轻地区维持的负担；但是关于这个转换，依据惯例的话，接受与否则是由目前的拥有者决定的。对英国来说这个问题不只是利益，更是责任，它产生于当前条件之中，并与当前条件密切相关，就像一棵参天大树，盘根错节，深深地根植于历史的泥土之中。

这些条件无疑是多种多样的，但最近研究表明可以将其归纳为三条：第一，波斯湾政治控制权的不利变化，将对英国在印度的安全造成重大影响；第二，这条通往印度和远东地区的商业与军事航线的安全极为重要，尽管运输量的明显下降需要国家给予足够的重视，但英国仍然是这条航线上的主要运输者；第三，印度经济和商业的繁荣，在政治上只有通过英国才能实现，这种依赖性进一步增强了英国所肩负的责任。如果一个具有强大海军潜力的其他国家控制了波斯湾，在那里建立了一个大型军港，并部署了一支"存在舰队"，这将复制加的斯、直布罗陀、马耳他与地中海的关系。它位于所有通往远东、印度和澳大利亚航线的侧翼，后两者实际上是大英帝国的内政，被认为是英国政治体系的组成部分；毫无疑问，英国目前通过分遣舰队就能够应对他国部署的舰队，但需要分遣舰队拥有足够的兵力规模，这将对英国海军的整体部署产生严重影响。另一方面，撇开英国的整体利益不谈，印度也有自身的特定需求，确保与伊拉克和伊朗正常交往的要求完全正当合理。印度还可以对过境的陆上交通的相应利益提出合理要求，并通过政治谋划得以保证，进而在未来谈判中处于有利地位。比如许多国家，特别是俄罗斯，采取了针对外国工业的高度自我保护政策或排斥性政策，这种做法非常恶劣。如果把这个政策应用于现在的伊朗将直接伤害到印度，即便是在当前不断退步的人员和交通条件下，对印贸易仍然占了伊朗外贸的相当部分，因此两个邻国很自然地希望贸易能够继续。毫无疑问，印度与伊拉克的贸易也同样如此，尽管缺乏可靠的海关阻碍了两国进一步的贸易结算。为确保印度享有上述那些正当权利，英国海军完全控制了波斯湾，没有受到可能存在敌意的外国海军基地的影响，这是一个具有相当政治影响力的因素；但这种做法与其他国家建立军事基地的做法是相矛盾的。

进一步来说，单纯的海军控制并不是实现这一目标的完美手段，除非海上行动能够得到陆上的支持与增援。因此，通过拓展和巩固商业联系把民众的个体利益凝聚为共同利益，这一点非常必要，不断提高共同利益也随之成为政府的奋斗目标。获取领土是一回事，这个目标也许会因为失策而遭到失败；在并非至关重要时，这个目标肯定也是非正义的。通过互利互惠确保公众的信心与支持，则是另外一回事。无论自由贸易体系的优点是什么，它可以适应这些或那些国家的情况，但却会导致人们对政府在贸易问题上的种种努力过于漠然，这可能是它的一个固有缺陷吧。没有干涉，放任自流，很容易从保守主义退化为心态上的怠惰，进而成为政治上的堕落。领事服务的普遍存在和特点证明了贸易与政府之间的密切关系，这种关系至少在某种程度上是相互依存的。一个可预见的未来，一个消除阻碍的方法，一个机会的把握——这与创造机会完全不同——一个在纷繁复杂的事务中迅速抓住其本质过程的认识，这些都是一个称职的领事机构的天然功能。通过人员交流的手段建立国际关系，这种方法甚至在欧洲文明国家的公共事务上，在那些政治家之中都非常有效，政治家的作用就是能够超越普通人而洞悉真相，发现那些岌岌可危的重大的长期性问题。在那些政治才能主要表现为个人兴趣和倾向的人群当中，这种方法所带来的结果必然是目光短浅和反复无常；在那些争取本地信任和声望是政策延续主导因素的地方，这种方法的影响力要大得多。如果在一个组织健全的领事服务机构之中，国旗也许代表着贸易的先导和必要的补充。

当前，伊朗对外贸易主要分为两部分：一是与英国和印度之间的贸易，二是与俄罗斯之间的贸易。这是地理上的相对位置产生作用的结果，伊朗北部受俄罗斯的影响最大，南部则受到亚洲国家的影响较大。因此，前者必需的是陆上贸易，后者则是海上贸易。依据各自不同的特点，前者自然而然地要求政府改善交通设施，对陆上反复出现的各种棘手的麻烦进行干预。后者发现安全和开放的海洋是一条真正的快速路，前提条件是大臣们是天然的保守主义者，并掌握了不干涉主义的原理，这是英国的一大特色。因为万物皆在发展，所以上述两个贸易板块也在不断地接近。真正接触上的时间也许遥遥无期，但是迎接它们到来的环境已经形成；当这一时刻到来时，对抗将难以避免，最终结果取决于政治形势有利于这一方还是另一方。在可能的竞争背景下，俄罗斯自然会关注本国不断增长的领土和人口，以确保本国长期的优势地位和最终的排他性影响力。这也许会发生，但在不超出我们可以预见的时间范围内，并非会必然发生，因为在未来和现在之间存在着太多的未知变化。如果遇上的是一个稳固的政治体系，它紧紧地依赖于商业利益，在殖民地和印度的支持下，最终依靠英国的海军和陆军控制了波斯湾，在这种情况下，北方若要克服所有阻力必定需要花费很长的时间。陆上通道的诸多地理障碍相对于海上航线的平坦，铁路的狭窄相对于海上航线的宽广，距离较短和貌似连续的优点远远无法弥补陆上运输存在的上述不足。俄罗斯如果想这么做，一些必要的前期准备工作必定会持续消耗它的资源，其中一项极其重要的前期工作就是建立和巩固陆上通道，经过西伯利亚和满洲通往中国北部海域和太平洋，那里是当时世界重要的利益中心之一。因此，没有必要在事物自然发展过程中加速行事，同样也没有理由忽视或拔高它们；再次引用华盛顿的名言，"用温和的手段去扩展并促进商业流动的多样化"，这样做将逐步引导未来生活走向欣欣向荣。

伊朗和中国正在毫无抵抗地被卷入世界发展的洪流之中，此前这两个国家已经孤立得太久。未来两国都会有不确定的重大事件发生，但在中国发生的时间显然要迫近得多。这就是当前事物发展的自然过程。伊朗仍然还有时间可以等待。不知是出于自觉还是出于直觉，有迹象表明俄罗斯对当前形势也是如此解读的。或许是经过富于远见的判断，或许是不断地服从于当时的领导人，俄罗斯现在已经付出了巨大的努力，目的是保持与远东开放海域的通道畅通。俄罗斯希望通过西伯利亚铁路来加强出海通道的安全，这条铁路完全在其传统的疆土之内；最近几十年来俄罗斯不断向南拓展，在中亚地区稳步推进，为进一步确保通道安全做好了准备。在这些地区建立起有序的政权可以有效地降低铁路沿线被劫掠的风险，目前土耳其政府的虚弱无力仍然是在幼发拉底河谷（Euphrates Valley）修建铁路的困难因素之一。西伯利亚铁路全程都不受任何外部国家的影响，终点站位于距离海岸非常近的地方。因此铁路的军事安全有绝对保障，这对于保持俄罗斯在远东地区的地位非常关键，保持和发展铁路运力也仅仅只是一个资金问题。然而，必要的资金需求将是巨大的，一定会延误铁路向南或向西的有效拓展，为此，需要发展稳定可靠的交通系统。这些建设都极其烧钱，因此正确的决策应当是避免在两个方向同时进行大规模建设；除非资金和人力都足够充裕，允许分散在两个方向使用。但臭名昭著的西伯利亚铁路不是一个能够让我们信服的案例。

通过自己的海港与外部世界建立海上联系，这是俄罗斯目前最大的心愿。就这个目标而言，与中国海域相比，俄罗斯能够从波斯湾获取多大程度的商业利益？不考虑中国本身，在更靠近太平洋的港口之中满洲具有更为优良的位置，这一点毋庸置疑，俄罗斯在那里更接近美洲和整个太平洋。澳大利亚距离波斯湾和旅顺的航程相同，综合权衡的话后者更为有利。只有南亚和非洲可以说离波斯湾更近。现在从俄罗斯到达欧洲和大西洋沿岸的美洲地区比较经济的航线，也是以前唯一的航线，是经过黑海或波罗的海。从军事优势的观点出发，俄罗斯海军分兵于波斯湾，尽管肯定可以威胁到从苏伊士运河通往东方的航线，但那里完全偏离了俄罗斯的所有重大利益。基于这些原因我曾经在其他地方讲过，俄罗斯不会要求英国允许它在波斯湾获得一个据点，这对于俄国及其附庸国的利益都非常有害。

波斯湾的问题，以及与之相关的伊朗南部的问题，尽管没有迫在眉睫，但在不远的将来已经清晰可见了。因此，它成为目前该地区的一个棘手问题，相应的指导原则应该与印度相联系，与远东地区相联系。这个问题再次被纳入目前讨论的战略考量之中，高效持续的机动需要稳定连贯的通道保障。俄罗斯的陆上通道尽管还不是很完善，但在军事上却是安全的。在整个通道周边，敌人没有占据可以一举切断交通的任何据点。这个重要性只有在与加拿大太平洋铁路（the Canadian Pacific）① 对比之后才会被充分理解，它是另一条在军事上暴露的横贯大陆的重要交通线。与俄罗斯相似，英国在远东也占据了一个前进基地，主要是商业性的，但有时也具有军事价值，通过海路与基地保持联系。这些通道可能没有任何可以与西伯利亚铁路相媲美的军事安全保障，也许永远也不会有。它们的安全依赖于可靠的机动部队来提供，部队驻扎在相对安全的军事基地内，随时准备展开行动。没必要再纠结于这种位置的困难，对此已经做过大量的详细论述。但是，如果现在已经因此而困难重重，那么就不应当有任何理由来加重负担，在任何协议的条款中都不应当允许任何违反事物本质规律的举措发生，这些举措将会产生一个新的危险源头，类似于那些已经存在于加的斯、土伦、达达尼尔等地区的情况。不论是否签署了明确、正式的协定，在波斯湾的特权，或因忽略本地商业利益而引发的政治和军事控制，都将威胁到英国在远东地区的海上态势，在印度的政治地位，在两地的商业利益，以及本国与澳大利亚之间的帝国联系。

综上所述我认为，当前发展趋势非常清晰地表明，应当高度重视经苏伊士运河通往远东的这段航线，它介于亚丁湾和新加坡之间，至少也要做好理解其重视性的准备。在这段航线中，波斯湾是一个至关重要的考虑因素。在物质上立即做好先发制人的准备似乎也并无必要；但从思想上做好充分准备确有必要，我们称之为认识或理解，未雨绸缪并不需要花费国家财政一分钱，在应对意外发生时却可以节约大量的经费。预有准备可以避免不恰当的让步，

---

① 译者注：加拿大太平洋铁路是加拿大的一级铁路，连接西部的温哥华与东部的蒙特利尔，并设有跨境线路通往美国的芝加哥、纽约等城市。1881—1885 年兴建，是加拿大首条越洲铁路，现在主要通行货车。

对真相的无知或者错误地理解各事件的相互关系，会导致这种玩忽职守。在南非战争（South African War）① 爆发前 20 年，就有相关警报出现。处理外交事务与军事事务一样，都需要各自的总参谋部。除了对苏伊士航线产生影响之外，波斯湾还拥有与幼发拉底河谷之间的某种特别联系，所有从黎凡特（Levant）地区过来的陆上通道都要穿过那条河谷；南波斯（South Persia）可以享有这个联系，这是它控制波斯湾所带来的政治效果。因此，波斯湾对两条通道都会产生商业与政治影响，它们是从地中海到印度，以及远东地区的陆上和海上通道。从事物的本质规律来看，英国不论是妥协还是被迫，都不可能与其他国家分享其现在所拥有的海湾控制权；但为了保持这种控制，英国不仅需要与地头蛇们保持好已有的关系，还需要进一步拓展和增强在南波斯以及毗邻的美索不达米亚地区的商业利益和政治声誉。这不仅仅意味着需要大大增加货物贸易量，这并不是主要任务。这意味着公开或私下参与建设交通系统，建立共识，甚至在必要时，在一定程度上实现迪斯雷利（Disrae-li）② 式购买苏伊士运河股份的操作。美国对待巴拿马运河的态度，为思考此类问题提供了建设性参考。英国要向远东拓展，南波斯实际上是除了埃及之外比较合理的第二选项；尽管两者的相关关系并不完全一样。与商业和政治拓展密切相关的是，海军在需要时在当地的相关行动。中东总有一天会需要马耳他，以及直布罗陀；这与波斯湾的两种情况都不一样。海军具有机动的特性，这允许海军在现场的"短暂缺席"；但为了保障海军能够履行各种作战行动，需要事先建立能够提供维修、补给、防风以及安全防卫的基地。英国海军应具有在亚丁湾、印度洋和波斯湾实施兵力集中所需的各类设施，以应对可能的意外情况。

---

① 译者注：南非战争（1899—1902），也称为第二次布尔战争，是英国同荷兰移民后裔布尔人（布尔在荷兰语中意为"农民"）建立的德兰士瓦共和国和奥兰治自由邦，为争夺南非领土和资源而进行的一场战争。最终英国在巨大的战争代价和国际舆论压力下，与布尔人签订和约，结束战争。英国先后投入近 45 万人参战，阵亡了 2.2 余人。布尔人总计参战 8.8 万人，阵亡 3700 余人。这场战争促进了南非联邦的形成，也推动了全民战争和游击战争在军事领域的应用。

② 译者注：迪斯雷利·本杰明（1804—1881），第一代比肯斯菲尔德伯爵，英国保守党领袖，三届财政大臣，两度出任英国首相（1868 年和 1874—1880 年）。在把托利党改造成保守党的过程中发挥了重大作用。在首相任期内，大力推行对外侵略和殖民扩张政策。其主要功绩是引入了第二部选举法修正法案（1867），确保英国买下苏伊士运河的控股权（1875），并使维多利亚女王成为印度女皇。此外，他还是一名小说家，代表作是 1880 年完成的政治小说《恩迪米昂》。

总之，远东对于欧洲而言，是一个进行国际活动的前沿基地，具有重大的现实意义；但从军事角度来看，该地区的商业安全必须要考虑周全，通信问题、航线问题，以及其他的相关问题都应给予高度重视。俄罗斯拥有自己的陆上通道，也不会与其他国家共享此通道。如果从远东去往欧洲和俄罗斯，经过苏伊士运河的航线是目前已有的海路通道，这条航线是且将继续是其他所有国家最重要的航线。未来，该航线的某些部分无疑会被铁路所代替。然而考虑到海上运输的费用更为低廉，完全可以肯定，海上航线仍将是在两个海洋之间——地中海和印度洋——进行某些特定的商业物资快速运输的主要通道。在这个方面，这些航线仅仅是一条快速的货物运输通道。在陆上通道与海上航线之间、在自然条件与人工条件之间将长期存在矛盾，胜利的天平可能会一如既往地倾向于天然的通道——海洋。然而，无论怎么比较这两条通道，起点与终点，海上与陆上，结果都完全相同：黎凡特海（the Levant Sea）、曼德海峡（Bāb el Mandeb）和波斯湾。国际社会认为，让欧洲接受同一个国家对两条通道终点地区的垄断控制，是非常过分的要求，尤其是目前没有国家明确提出主张的情况下，比如对土耳其地区的控制；但同样道理，如果某个国家能够长期提供有益的行动、主导性影响，以及在重要问题上被当地认可的政治优势的话，就像英国那样，那么就没有理由希望它放弃这些既有优势，除非是战争带来的结果，如果对手认为这样做合算的话。

从事物的本质规律来看，没有任何证据或趋势能够表明英国有可能迫于压力而屈服，不论这个压力是现实存在的还是被威胁将要施加的，并非自愿地让渡既有的权力绝非明智之举。基于这个假想的即将出现的可能性而提出的建议安排或妥协方案，我认为必然非常离谱，它完全忽视了内在条件。两个或更多国家通过某种奇妙的思维偏好而结成联盟，这是一个必要的假设，如果面对这样的敌对联盟，英国没有可能形成均势。但事实是在当前的领土问题上，除了英国与俄罗斯之外，在波斯湾地区并不存在真正的、持久的对立。也没有任何一个第三国有兴趣在两国之间斡旋，或者干扰——更不用说破坏——当地的存在于两国之间并可能长期存在的实力平衡。考虑到具体利益，第三国卷入争端时的自由不是变多了，而是变少了，平衡将在争端中的某一方占据压倒性优势时被改变。如果平衡被打破，没有哪个第三国可以取代被打倒的那个国家而重新恢复平衡。唯一需要认真思考的是，俄罗斯和英国所掌握的本地控制权的稳定性、作用范围和持续性，以及俄国的陆权和英国海权的实力情况，从而发现哪一方可能会失去自己的势力范围。这两个实力体系都不是僵化的机械，而是活的有机体；不仅仅是建立在，而是深深地根植于历史和现实条件之中。世界所需要的和世界政治所要求的东西都在这里，正如东亚地区一样，需要的是政治和军事上的均势，而不是单方的主导性优势。其他国家的利益集中在经济方面，自由的交通运输，开放的门户。现在各国最头痛的问题是，如何在黎凡特地区和中国建立——只有建立之后才涉及如何保持——通往波斯湾的陆路通道。

因此，第三国根本没有必要在这些地方浪费力量。这些力量用在别处可能效果更好。如果已经形成了稳定的均势，稍加影响将可能引发任何一方的关注，从而避免出现明显优势，或单方独霸，这需要全面地展示国家实力。许多英国人，当然也包括美国人，相信这个第三国很可能就是德国，这是一个令人不安的国家，不仅经济实力和海上实力发展迅速，除了经济手段之外其他都无法衡量，而且对于在世界各地扩张领土具有强烈的自信，在波斯湾地区更为明显。允许德国资本进入铁路建设领域，现在终点位于科尼亚（Konieh）①的铁路，未来将穿过幼发拉底河谷抵达巴格达（Bagdad）②。这条铁路的终点必然是波斯湾。当把这种让步放在国际关系框架里来认识时，尽管铁路归私人所有，但它同时还承载着国家的投资、国家的经济利益，以及不可避免的政治利益。铁路修建得到了相关国家（如土耳其）政府的公开支持，个人权利只有在国家力量的支持下才能得到保护。这正是已经在波斯湾拥有相当政治利益的英国，为什么还要鼓励英国资本家深入伊朗和美索不达

---

① 译者注：科尼亚，土耳其城市，科尼亚省省会，现英文名称为 Konya。1896 年从君士坦丁堡至科尼亚的铁路通车后，该地逐渐发展成为科尼亚盆地最大的城市。

② 译者注：巴格达铁路，是从君士坦丁堡经巴格达至波斯湾的铁路。19 世纪 80 年代末，德国推行东进政策，力图通过修建一条连接柏林和波斯湾的铁路，把势力扩张到中东地区。由于此举严重威胁了既有大国的利益，遭到俄、法，特别是英国的强烈反对。1889 年，德国从奥斯曼帝国取得了修建由伊斯坦布尔到科尼亚的铁路租让权，于 1896 年建成铁路。1903 年，德国又获得了向前延伸经巴格达到达波斯湾的铁路租让权，但遭到英法的坚决反对。经过艰难谈判，1914 年英德达成协定，德国承诺铁路以巴士拉为终点，不再延伸到波斯湾，英国不再阻挠铁路建设。但不久之后一战爆发，两国未能正式签约。1934—1944 年，英、法、土三国最终分段建成了该铁路，但已不再具有大战前的政治意义了。

米亚（Mesopotamia）地区①修建道路的原因，并且不断强化其政治主张以应
对和排除可能的对手。德国铁路的终点将出现在英国铁路系统之中，这在国
际关系中非常罕见。德国企业希望德国能够在小亚细亚（Asia Minor）的美索
不达米亚地区立起政治掌控力。随着目标的实现，德国将获得在当地的政治
地位和影响力；在得到与东方国家交往规则的认可之后，德国将有权在许多
当地事务中发出自己的声音，以影响参与当地建设的国民利益。

　　与俄罗斯和英国相比，这些情况将怎样影响德国的政治和军事地位？两
国的国民普遍与商业密切相关，这些人也会对政治感兴趣吗？在这种条件下，
德国距离面临政治压力地区最近的海港在北海，比俄罗斯的距离还远，而且
德国海上通道面对的是比自己要强大得多的英国海军。但没有什么能够阻止
德国主张正当的权力，对此无需有丝毫怀疑——距离太远；而且也没有什么
威胁。在这个尚未解决的问题中德国又引入了一个新的因素，即土耳其帝国
（Turkish Empire）② 在小亚细亚、叙利亚和美索不达米亚地区若干个省的最终
政治态度。正如我在别处所说，我相信德国的出现是迈向最终正确解决方案
的重要一步；要从德英两国在苏伊士运河到远东地区的共同利益出发，因为
两国的商业都依赖于该地区的安全，所以两国必须共同努力确保当地的政治
稳定，这也将巩固各自在黎凡特地区的海军地位。

　　在我看来这绝对是一个需要长期关注的情况，英德两国的现状肯定会导
致长期的摩擦，伴随着一定程度的相互猜忌和政治上的口诛笔伐，以及无限
的商业竞争，但无论如何，事实上的合作还是最终的选择。俄罗斯的资源如
此丰富，其野心昭然若揭，在俄罗斯距离苏伊士运河如此之近的情况下，运
河航线的安全必须得到精确保护，就像俄罗斯通过调整南方各省规划来确保
西伯利亚铁路的安全一样。无论当地政府最终采取怎样的措施，一定要让德

---

　　① 译者注：美索不达米亚，意为两河之间的土地，是古希腊对于幼发拉底河和底格里斯河两河流域的称
谓。在这里产生了世界最早的文字、学校、史诗、图书馆、法典、数学、天文等人类文明，四大文明古国之
一的古巴比伦就建立于此。
　　② 译者注：土耳其帝国，即奥斯曼帝国（1299—1922），是土耳其人建立的多民族国家，因创立者是奥
斯曼一世而得名。极盛时地跨亚非欧三洲，包括巴尔干半岛、中东和北非大部，西达直布罗陀海峡，东抵里
海和波斯湾，北到今之奥地利和斯洛文尼亚，南及今之苏丹和也门。土耳其帝国地处东西方文明交汇处，掌
握东西方陆上交通长达 6 个世纪，促进了伊斯兰教在世界的第三次大传播。18 世纪后期开始衰落，一战战败
后国家陷入分裂。1922 年凯末尔领导起义，成立土耳其共和国。

国政府看到，它通往东方的海上航线没有受到侧方他国海军基地的威胁，不论是在黎凡特还是波斯湾都是如此。因为距离本土过于遥远，只有海军堪用，德国必须倾向于在土耳其的亚洲地区和南伊朗地区建立政治上的先期影响。因此，德国在修建美索不达米亚铁路时，也在同时修建延伸到小亚细亚的铁路线，都是出于同样的考虑。俄罗斯识破了德国人的小算盘，对形势的未来发展也感到不爽，有意或无意地对德国提出了抗议。

这些问题对我来说，当然也都是需要长期关注的情况。面对德国的这些举动，不少英国人感到很焦虑，这将是未来欧洲政治生态的一种常态。美国人普遍感觉，我之前也有所论述，有多种原因造成了英国正在失去它在经济和商业事务中的优势。无论这种现象是暂时的，还是事态进一步恶化的前兆，时间终将证明一切。如果情况持续下去，同时德国继续保持多年来的传统做法的话，那么英德两国的相对海权地位将会发生重大变化。这个危险的苗头似乎已经出现；如果是这样的话，英国新闻界的仁人志士们就应当大声疾呼，以唤醒社会各界人士充分认识到这个重大危险。提醒英国在军事上采取预防措施，以及准备军事预防所依赖的其他社会条件，是撰写本文的主要目的。尽管这些情况在当时的确具有无比的重要性，但在政治家和职业人士看来，现在已是时过境迁了。战争不再是自然的或正常的国家手段，军事选项被认为是附属或从属于更重要的利益——经济的和商业的利益，政治家们对此深信不疑，并且正在身体力行。本文所讨论的军事问题，其起点和基点都是保护商业安全的必要性，是在政治手段引导下使用陆军，或海军，或其他力量。对于任何一个国家来说，这三个要素的重要性排序是：商业，政治，军事。

很显然，这些基本问题尽管构成了论文研究的基础，但研究范围并非仅限于此。其他一些因素，比如英德两国的总体军事实力，在特定海域的海军实力等，都无法抵消英国作为一个岛国所拥有的固有优势。德国即使把势力扩展到了地中海，也必须清醒地认识到自己的终极目标仍然是成为一个大陆性国家，在这个过程中它始终要面对一个强劲的对手。以史为鉴，从来没有哪个国家在这样的社会条件下能够建立起一支超级海军。法国就是历史上的一个例证。另一方面，撇开对手不谈，仅考虑自身因素，德国也无法通过加强内部努力，实现政治稳定和经济发展与同等的外部扩张相协调，美国也一样做不到。在美国和英国的例子中，一方因素可能会胜过另一方因素，原因在于，18 世纪的成功扩张源自和依赖于 17 世纪的统一行动；除非国内达成了共识，否则外部扩张无法取得应有进展。一方因素也能够削弱另一方因素。尽管两方面因素有联系，但不是必然的联系。

德国的目标是发展舰队以确保北海商业航线的安全，这是整个国家海上防卫的第一线，为了实现这个国家抱负德国人投入了全部的热情。除了英国，其他所有国家的态度都在合理的预期之中。至于英国，在当前经济形势下不可能接受德国海军的强大，因为英国作为一个岛国，必须持续保持相对其他国家的优势海军，这是它的立国之本，正如我在最近的一篇论文中所述，由于地理位置的原因，德国每一条通向外部的海上航线的全部或侧翼都绕不开英国。这种状况将长期存在下去，除非英德成为友好国家或者英国实力出现了崩塌。在这两种可能之中，成为友好邻邦的成本更低，效果更好；不仅是本土海域如此，在那些我们所讨论的遥远海域也是如此。英国的海军实力，是未来德国思考远东地区所有问题时必须认真对待的一个真实因素，美国在考虑对外政策时也必须认识到这一点。这一类兵力应当由其他国家来支付经费，而且必须能够保持供给，它们的每一项利益都会促使它们按照符合我方利益的基本方式来运用兵力，这是一项政治考量，它的持久性非常重要。兵力运用必须符合事物的本质规律。就经济竞争而言，应当运用经济手段来应对，避免使用武力。

在讨论这些事情的时候，我似乎忽略了最近三年来德国人对于大英帝国公开的，甚至是无法克制的愤怒。我并没有忘记这些。这是人类的本性，这类情况对于国际关系产生的危险后果不可否认。这种情绪的表露非常糟糕，也不会有什么好的结果，如果持续下去将会阻碍三个日耳曼国家（Teutonic States）① 之间的合作，但对德国的影响最大；美国、英国——加上日本——在各自的外部利益中存在许多共同利益，而利益冲突却很少，因此三国之间的潜在合作是必然之事，尽管是非正式的。

---

① 译者注：由日耳曼民族构成的国家都可称为日耳曼国家，广义的日耳曼国家包括很多欧洲国家，主要有英国、德国、法国、西班牙等。本文所说的三个日耳曼国家应为英德法三国。

　　这种敌意构成了政治环境的一个要素，应当引起注意并密切关注。然而，前面归纳的那些永久条件，在我们可预见的未来时间内，将使得德国所能维持的海军数量规模次于英国，包括海军的机动兵力和必需的基地，这些都是英国通过 200 年海上活动慢慢积累而来的。依据这些条件的内在逻辑，最终应当可以克服那种没有合理的存在基础、违背国家利益的观点。但如果这种状况持续下去，到木已成舟时就难以避免对国家利益造成损害。在等待的过程中，英国人也许不会在没有放松警惕或无视事实的情况下，接受华盛顿的那句警告"针对特定国家的根深蒂固的反感"，至少我们美国人绝不应该因时间推移而忘却这句话。他们有理由愤怒，但愤怒的情绪会干扰判断力，我认为在某种程度上关于这个问题即是如此。持有这种特定反感情绪的人很幼稚，很难成熟起来。未来一段时间，国家和政客们关于外部事务的注意力将集中于这些重大政治问题，俄罗斯的自然诉求，无论合理的还是不合理的，都与德国的愿望背道而驰，当然也与英国相矛盾。就俄国利益而言，与德英等国的关系将继续保持疏远。这些条件一方面会促进各方努力地进行平衡与和谐的调整；另一方面，如果与我设想一致的话，这些条件的必要持久性应当得到认可，这种认可应当表现为剔除所有非理性的情绪之后，在基本事实的坚实基础上，而不是在任何违背这些事实的人为协定的不确定基础上，实现国家目标。

第十章

海军战争学院

在军事领域中关于武装力量的运用问题，是每个国家都要面对的最重要问题，是死生之地、存亡之道的问题。进行实战是整个过程的最终阶段，它的起始阶段是操场和工厂，新兵在操场成长为训练有素的战士，矿石在工厂变成了武器。实战意味着组织和装备的连贯过程；在这个过程中，一个个男子被一步步编组成为庞大的作战单位，陆军和陆军军团、海军和战舰，集体行动如同单人行动一样整齐划一。因此，如果基本问题是军事行动以外的问题，假定决策机构已不考虑这方面的问题，那么主要问题就是如何运用好这些已有的组织和装备等物质力量了。我提请读者注意，这里也有一个类似的注意力集中问题，要排除对战争物质因素的思考，不考虑海军或陆军如何建成的前序问题；要认可它们其中之一或两个都已经准备完毕，那么这时就只剩下一个问题了：它们两个，或其中一个，如何在战争中发挥出最大的效用？

达成理想目标的方法通常包括三个方面，按照时间顺序分别是：运动、战略和战术（movement，strategy，and tactics）。运动不仅仅是移动（motion），它包括行军和补给品运输的所有部署，这使得陆军兵力在陆路的前进或撤退成为可能。关于输送兵力的功能和相应的车辆，有一个专门术语叫后勤（logistics）。关于这个术语的起源有多种说法，现在普遍认可的观点是，它起源于希腊语，本义是"计算"（calculation）。没有必要进一步详述各种细节的困难，包括数量巨大的人员以及运输相应装备的车辆，都需要一步步地进行计算；要计算每一天的行军和扎营，每一天的伙食，不论道路多么崎岖狭窄。所有这些问题都要设定或想象出来。但应当注意到，这个层次行动的特征是运动，单纯又简单。毫无疑问，运动的组织实施在许多方面都非常复杂，因此是一个真正的军事艺术；但是，运动仍然无法与战略和战术行动相提并论，属于下一个层次，运动只对自身领域产生作用。简而言之，在后勤领域机动非常重要，但在战略和战术领域，它仅仅是一个因素。

在海战中也有类似的后勤，但却用了一个简单得多、很有海上特色的概念——机动（mobility）。补给船也具有与舰队一样的机动性。即使是最好的公路，也只能沿着一个狭长的路线行军，与在辽阔大海上的航行根本无法相比。海洋上没有天然的障碍，也几乎没有什么阻碍。每艘带有舱室的船都可以在海上航行数周之久，夜间也不会停航，也不需要等待食品补给。在精神抖擞的船员操纵下，船只径直航向目标。补给船、修理船、运煤船等必需的后勤船只，都跟舰队一样具备机动能力。但是海上后勤面临着一个矛盾：在一场海战中，持续机动能力和维持能力如何才能平衡？舰队越来越多地在远海执行任务，导致补给船也不得不航渡遥远的距离，这条补给线的大部分都是暴露的，只有在接近战区时才会有掩护兵力部署在补给船与敌人之间。表述这种掩护行动的术语是"保护交通线"（covering the communications）。在这种情况下，陆上交通线将会受到意外的、短暂的突袭。因为陆上机动性的固有缺陷，这种突袭行动受到时间和空间的限制，而海上机动性的优势使得海上交通线受到突袭的可能性，要比陆上大得多。

因此，燃煤和军需物品的补给地点的选择，航线的保护，以及让整个舰队保持补给和燃料充足，让若干军舰保持最好的锅炉状态，这些都是一个重大的管理和协调问题。这是海上后勤的一个实例，因为它直接影响到舰队的行动力。纳尔逊，一个勤奋且警觉的人，总是在重大会战中让军舰储备好三个月的各类物资，有时是五个月的。也就是说，不论他想去哪儿，军舰都可以确保在此期间的机动力。当时有人给纳尔逊写信道：

> 你拓展了人类的行动力。经过在里昂湾①长达两年的不懈巡航，从未停靠过港口，从里昂湾继续航行到亚历山大港（埃及港口），又从亚历山大航行到西印度群岛，而后再次回到直布罗陀；军旗猎猎，风帆耸立，水手们健康而精神，这种情况在以前从未出现过。你已经保护了我们长达两年之久，你只用了几天时间就拯救了西印度群岛。

这是海上后勤的伟大成就，因为指挥官卓越的预见性，军舰的机动是连续的，没有损伤。其间没有海战发生，直至特拉法尔加海战打响。

特拉法尔加海战完全不同，它展示的是战术：在海战打响之前的半年多时间里，英国与敌方舰队的机动存在着诸多区别，在整个过程中有许多带有特定目标、航向特定地点的机动，范围覆盖了大西洋和地中海的广阔海域。关于特定目标的基本概念被认为属于战略；军舰的机动性在战略里仅仅是一

---

① 译者注：里昂湾是地中海西北部的一处宽阔海湾，以法国和西班牙交界处与土伦港连线为湾口，沿岸主要城市有马赛和土伦。马赛是法国第二大城市、第一大港，年货运量约 1 亿吨。土伦港是法国地中海最大的军港。

个有利因素，其作用是把舰队带到行动海域。在海战中军舰的机动也仅仅是一个有利因素，有助于实现进攻方法中的某些战术概念。

从上述关于后勤的概要描述中可以清楚地看到，后勤是一个复杂而宏大的管理工作，包含许多细节问题，需要许多系统参与，也需要相当的预见性，这些都恰恰证明了后勤来源于"计算"。从管理角度讲，后勤需要深思熟虑，负责后勤的人员应当服从那些掌握战略和战术等宏观军事概念的人。后勤工作是第一位的，因为每天吃饭就如日常工作一样，对于军事胜利至关重要，尽管吃饭并不是工作。在本书中，强调的是工作。后勤与组织和装备一样，构成了成功的基础；尽管后勤比其他两项工作更靠近战场，而且与战场行动同时同步发生，但它还不算是在作战线上，也就是说，它与决定成功和胜利的机动方向并无联系。

很明显，管理这么一个复杂的机动和补给系统，对于工作经验的要求很高，此前的专业训练和专业指导也很重要，可以减少经验获取的难度。与之类似，训练和经验是战争艺术的高级阶段——战略和战术的必需品。训练和指导的目标并不仅仅是塑造个人，还要把个人培养为统一的类型，不仅要行动统一，而且在决定行动的思想和道德上也要统一。因此从更广的范围来看，同一所军校里走出来的军官，在思维和信念上肯定具有一定的同质性，在任何给定的条件下，他们会产生类似的想法和反应。在特定环境下，做出正确选择时相似的思维方式和坚定信念，将极大地增强协作的力量，这是军事行动绝对必需的重要因素。合同（combination）和集中，是战争中两种不同的指导思想和目标，但二者在许多方面都要求协调工作——合作（co‐operation）——所产生的一致的力量。

很明显，这种协调在纯粹的机械式管理中并不是最好的选择，因为机械式思维面对意外情况时很容易发生混乱。当意外发生时，最好的情况是大家产生了共同的认知和共同的理解，将思想引导到适应新环境的轨道上来，最终形成共同的目标。如果这个情况得到了充分体现，那么司令官的思想就会在整个司令部遍地开花；再意外的问题也将由属下依据他的思想进行正确处理，正如他亲临现场指挥一样。对这种情况的评估再高也不为过。一艘战列舰的舰长，陆军的军级指挥官，都有能力实现或毁掉司令官的意图；不是因为不忠诚，而是因为缺乏真正的理解。因为罗德尼的行动比原定计划提前了，豪勋爵在1794年的整个作战计划就这样被他给毁掉了，这种无能可以通过预先训练得以避免。在普法战争中，两场紧密相关的陆上会战——格拉维洛特和圣·普里瓦（Gravelotte and St. Privat）① 会战表明，只要司令官有一个部下真正理解了他的意图，虽然在此后行动中未必能够完全执行他的计划，但当机会出现时，这个部下甚至会打得比预想的还好；与之相反，错误的理解只会带来困惑和混乱，不会有什么好结果。

战争学院正是为了培养这种共同的理解和共同的思想而建立的。那些让学员们获得共同思维模式的知识，后来被命名为"学说"（doctrine）。关于这个术语有种学究式的建议，可以促成运用这些知识的正当理由。军事作战学说，即使还没有命名，但在实践中早已有之。在尼罗河海战的三个月前，当纳尔逊第一次获得独立指挥权时，他经常在自己的旗舰上召集舰长们开会，向他们阐述他在多种可能情况下的作战方法。这就是纳尔逊的学说。当战斗打响时，每一名舰长都很清楚自己应当干什么，以及别人应当干什么；命令并非被僵化地执行，而是在一个适用于所有可能情况的共同思想的指导下进行。"如果不熟悉我的部下，我绝对不敢发起进攻，但是我确信他们每个人都会抓住战机扩大战果。"每名舰长都充分领会了纳尔逊的精神和思想。

纳尔逊在特拉法尔加战斗之前也是如法炮制，他最为得意的"纳尔逊秘诀"（Nelson touch）② 实际上就是纳尔逊的学说，他或集体或分别向舰长们灌输这一思想，并得到了他们的衷心认同。"我欣喜地发现，我的思想不仅得到了普遍认可，而且得到了充分的理解。"当纳尔逊在海战中发出最后一个指挥

---

① 译者注：1870年8月18日，老毛奇率领的普鲁士军队，计划在格拉维洛特包围巴赞率领的法国主力，把法国赶回梅斯包围起来，困死他们，或向北赶入卢森堡，从而迫使他们放下武器。但德国老将军斯坦梅茨依仗国王的关爱，擅自发起进攻，导致普军损失惨重。经过苦战，形势开始向预想的方向发展，但意外又出现了。普鲁士近卫军冯腾堡将军命令所有部队从正面向法军进攻，在不到半小时的时间里，伤亡人数就相当于四年前整个普奥战争的伤亡人数。最终在伤亡2万多人之后普军艰难取胜，法军再无能力集中，巴黎大门洞开。

② 译者注：纳尔逊秘诀，即穿插分隔敌方舰队，打破其阵形，而后集中兵力各个击破。

信号时，科林伍德（Collingwood）① 非常不耐烦地说道："我希望纳尔逊不要再发信号了，因为我们全都知道我们应当干什么。"这是"学说"被充分理解的一个极好证明。罗德尼的学说却没有被那个舰长充分理解，而他的那艘军舰恰恰是整个海战的关键，结果导致法军上将的逃脱，罗德尼认为这本是他此生中最大的一次机会。他随后的言论反映出对于学说缺乏的愤怒：

> 我公开声明，我希望发出的每一个信号都能得到绝对执行。我盯着舰长们的目光，甚至比敌人的炮火还要可怕，因为舰长们都知道这目光可能是要命的。我要教会他们，让他们不由自主地成长为前所未有的军官。

将军的目光应当洞察一切，因为在军官当中没有他可以信赖的学说的精神。

法语单词"doctrinaire"被英语完全采用，它提醒人们要警惕学说中的危险；这个危险就是，所有有用的概念都存在倾向性。这个危险过于夸大了字面内容，超越了精神层面，从而变成了僵化的教条而不是灵活的判断。这个危险是固有的，特别是——实际上是不可分割的——在企图扩大定义范围和提高精准度时，更是如此。这个企图，是想把下属变成一个固定流水线上的机器，而不是一个有智力的、熟知作战原则，不仅能够理解本职，还能够理解他所参与的整个行动普遍特点的人。因此，优秀的军官应当具备根据环境正确地调整作战行动的能力。豪将军的一名前辈写道："当我告诉豪去干什么的时候，他从来不问应当怎么干，而是去干而且完成它。"这说明了上级与下属的正确关系。这不仅是信任，更是睿智。因此，战争学院教学的最大重点应当放在服从命令的培养方面；在人手一册的指南里要特别强调，向下属传达总体作战目标和本部具体任务时必须明白无误，因为这些是理解形势所必需的相关因素。他应当被告知做什么，而不是被命令中的"怎么做"束缚住；因为"怎么做"可能并不符合他所面对的环境，更严重的是会抹杀他所拥有

---

① 译者注：卡斯伯特·科林伍德（1748—1810），英国海军上将，男爵。12 岁加入皇家海军，在特拉法尔加海战中任纳尔逊舰队副司令。作为旗舰舰长，参加过豪将军指挥的六月一日海战，1799 年晋升少将，1804 年晋升中将。在 1805 年 10 月 21 日特拉法尔加海战中，科林伍德率领分舰队第一个突破法西联合舰队防线，在纳尔逊阵亡后接替其指挥舰队。1810 年在海上执勤时病逝，葬于圣保罗教堂纳尔逊的墓旁。

的独立的主动性，这恰恰是军事素质中最宝贵的部分。

水手们并不怀疑学说的理论性，但是特别担心它的实用性。学说早已存在的奇妙证据是 200 多年前的英国战斗条令（British fighting instructions），关于作战序列条令中明确：准备发起进攻的舰队必须首先排成与敌人平行的一列纵队，然后所有军舰一起转舵压向敌人；前卫舰队攻击敌人的前卫，中央对中央，后卫对后卫。这是一个非常愚蠢的学说，尤其是它剥夺了每艘军舰的自由行动权。唯一的好处——并没有被表述出来——是参战舰船的行动始终可以得到证明。与此形成鲜明对照的是纳尔逊在圣文森特角海战①中的表现。纳尔逊的确没有接到过海军传达的学说，但他有类似的东西——他完全领会了上级的作战计划；于是在发现英军即将失败时，他冲出了队列，打破了敌人的企图。卓越之人才能取得如此辉煌，但普通人也应该具备相应的理解能力，从而取得相同的结果。科林伍德就是一个普通人的杰出代表，他因机缘巧合战斗在纳尔逊身边，拥有了模仿他的最好机会；但他本人并没有形成能够超出信号通信范畴的学说。

如前所述，一个学说如果能够在某个特定的理论领域，有效地实现树立共同信念和培养个人主动力的目标，那么这个学说不仅应当包含一个或一系列基本原则，还必须从无数史例中充分吸取经验教训，这似乎是不证自明的道理。换句话说，学说必须基于历史的经验。总结的原则，无论看起来有多好，其本身都因为太抽象而难以保持信服力。质疑这些原则，或者在具体事例中证明这些原则，都是原则能够深入人心、形成意志的必要过程。从这个角度来说，研究军事历史是形成所有正确的军事理论与实践的基础。因此，历史是建立一个战争学院的基石。对史例进行分析和批判性研究，应当成为课程的主要内容，通过这些课程训练那些杰出的舰长们与生俱来的能力，使

---

① 译者注：圣文森特角海战是美国独立战争期间英国与西班牙之间的一次海战。1797 年 2 月 14 日，约翰·杰维斯中将率领的英国地中海舰队（15 艘战舰），在葡萄牙圣文森特角附近与西班牙舰队（24 艘战舰）遭遇。杰维斯发出"穿过敌编队"的命令，结果西班牙舰队被分成两个部分，17 艘在上风位置，其余在下风位置。当杰维斯发出"依次抢风转向"的信号后，每一艘英舰要驶到首舰的转向点才能转向，这样不仅挡住了己方的部分炮火，也给了西舰队主力部分逃跑并与下风分队会合的机会。位于英舰队后卫倒数第三号舰的纳尔逊准将，看到西班牙舰队准备在英舰队北侧会合时，当机立断率舰冲出编队，阻敌会合。由于纳尔逊的果断英勇，英国转败为胜，战后他本人也没有因为破坏队形而受到惩罚，反而被晋升为少将。该战加速了传统的战列线战术的瓦解。

之能够胜任最高等级的指挥岗位。史例相当于那些包含和阐述原则的法案与范例，它们左右着法庭上的辩论过程和最终判决，左右着斗争与胜利。

从历史中归纳出来的军事范例体现了作战原则，显然极具价值，从中得出的结论能够应用于各种不同的环境之中。这不仅仅是简单的模仿。几乎没有哪两场战斗是在同一个地点发生，即使是在同一地点，敌军的兵力构成和数量也不会一样。因此，战争学院教学的主要特征，必然是关于新案例、新情况、新问题和新的可能想定的条令，在这些条令之中应用了从军事历史中总结而来的那些作战原则。实践系统（applicatory system），恰当的名称是上层建设（superstructure），根植于历史经验的总结。尽管这个系统是人工的，但却可以逼真地再现在实际战争中进行军事决策的各种条件。在会战中出现的每个情形都是新情况，指挥官要能够运用切身经验或从历史中学来的经验加以应对。尽管拿破仑曾经说过，战斗中最让人兴奋的奇思妙想，常常不过是回忆罢了，但这并不代表作战领域的应用过程，始终是记忆的自觉作用过程。一个训练有素的大脑在发挥作用时都是本能反应，正如拿破仑所引用的那些决策例证一样，都是完全的个人行为。奥地利著名将领查理大公指出：

> 一个将军在做决定时经常是直到必须采取必要行动的最后时刻，才能搞清楚他所面对的环境。于是，他不得不迅速地进行判断、做出决定，并采取行动。养成在眨眼间就能搞定这三件事的习惯非常必要，但是只有那些深入学习并掌握了战争本质规律的人，才能够深刻地洞察目光所及的所有问题；也就是说，他把自己与科学紧紧地连在了一起。

这是对军事人员进行理性训练的颂扬。这种训练是实践系统的特定目标——通过处理大量不同情况的持续练习，把思想和行为习惯与战争艺术联系在一起；重复的过程必然会产生效果，习惯总是建立在行为和性格之上。这种影响对每个人来说都是如此。众所周知，在相同环境下不断地重复相同的动作，就会形成必然的、无意识的一个习惯，通常被称为"第二本能"（second nature）。当这种结果在许许多多共同行动的人们中产生时，由于它已经确保了共同的理解和行为习惯，于是共同的目标和共同的理解就会扩展到整个部队，从而最大限度地确保联合的效果。因此，由著名的约翰·摩尔爵士亲手建立的在半岛战争①中声名鹊起的著名的轻步兵旅，据说其"效率的秘密就存在于，向团级指挥官灌输正确的指挥习惯"。

纪律、命令和指挥系统在聪明的、充满激情的尉官们身上形成，他们有能力执行作战计划，并且预料到上级的意图；他们不仅能够服从纸面的命令，还具备坚强的主动性。约翰·摩尔手下军官们的最大特点，是当他们独立指挥时始终能够做出正确的选择。他们在履行职责时毫不迟疑。他们不仅能够指挥一个团或一个连，如果必要的话，还可以指挥一个独立分队；而且他们在相互支援时能够始终如一地运用这些伟大的原则。

因为是不久前发生的，所以很方便引用这个真实的战例，也许是由某个教授精心设计的，从中可以全面地观察日本和俄罗斯的陆军与海军面对战争时所处的环境条件。日本当局面对的是，部署在满洲的俄陆军主力，加强防御的旅顺港，真实或估计的野战与守备兵力，旅顺港内的主力舰队，强大的符拉迪沃斯托克分舰队，以及俄罗斯在远东各点的其他舰船；也许在仁川（Chemulpo）还有两三艘军舰，如果他们在某一时刻分散开来，这将是一个非常明确的不严谨的信号，主力舰队无疑将暴露在鱼雷攻击之下。注意到这种不严谨，本身就是军事决策中一个很有价值的因素。用一种简洁、有序的方式陈述了各种已知的事实，以及相应的日本方面的因素，这就确切地形成了一个战争学院的想定。陈述的主要内容如下：评估形势，决定行动过程，以及向部属下达命令。向每名部属下达的命令要讲清楚当前的战场形势和他所担负的任务，并尽可能多地通报其他参战部队的信息，这将（或也许）使他的行动更加聪明。部属要完成什么——他的任务——一定要讲清楚。怎么去做应当由他自行决定，次要原因是因为他行动时可能面临的情况难以预知，主要原因是要让他感受到信任，人们在追求共同目标时将会正确地行事。

在战争学院设有一门关于上述问题的课程，由学识和经验俱佳的专家进行讲授。每名军官在指导下要完成两份报告：一是环境评估，从所有的影响因素中进行分析推导，最后形成行动方案，这个过程谓之决策（decision）；

①译者注：半岛战争（1808—1814），是在拿破仑战争期间发生在伊比利亚半岛的一系列战事，从1808年3月法国占领西班牙开始，到1814年第六次反法同盟打败拿破仑结束，交战双方是英国、西班牙和葡萄牙联军与法国。

二是下达命令，一个或一系列命令，将决策转化为行动。环境评估的内容之一，是形成恰当的既定战略目标；行动结束时的最终成果被称为任务（mission），不论其是现实可见还是未来可期。在这两个问题之下，考虑敌军兵力的数量和部署，以及己方的兵力与部署，进而修订迅速完成任务的可能性。因此，任务决定结局；决策，是可行的第一步。假如有人反对使用类似于任务和决策——或者学说——之类的术语，那么所有的专业性回应都应当是，术语非常必要；一旦术语被理解，马上就能减少讨论的难度，交谈中的外来词语也会被准确理解。

为执行决策，命令被传达到在协同行动中承担不同任务的每一名部属。指导教官此时要用批判和建议的眼光，对评估和命令进行审查。最终，在全体大会上进行集体研讨。除了可以听到若干人在深思熟虑之后对共同意见的阐述，讨论还会对所有参与者产生影响。研讨也可以修正错误；但最大的好处是，通过越来越多的反复讨论，原则和实例将印入学员的脑海，不仅在单一案例不同阶段的研讨中如此，在许多案例的多轮研讨中也是如此。因为一个原则如果是正确的，它必然会反复发挥作用，从而稳定地促进深化理解。同样，反复研讨某个兵力部署的失败案例，重点在于警醒，并针对共性的错误给出安全建议。

让我们想象一下，如果俄罗斯参谋部在战争爆发前一年针对日本进行过此类研讨的话，研讨的价值将会得到更多认可。这说明国家政策和军事战备之间存在着重要的联系。战争学院非常重视这个问题，在课程中也最恰当地体现了这个问题。国际政策是课程之一。美国人民明显没有意识到和平与战备的密切关系。除了一部分海军部的军官之外，公众关于海军发展的观点之中根本没有对我们在国际上裸奔窘境的了解。如果俄国军官能够考虑到他们本应考虑的日本陆海军战备情况，他们就会在战争前一年掌握以下数据：日本陆军的规模、构成和部署情况，日本舰队的数量和特点，日本可能的运输手段。因为存在严重分歧，所以这些数据变成了以下问题的各个要素：如何在服从国家政策的前提下保持和平？海上运输是日本后勤的主力，而西伯利亚铁路（Siberian Railroad）是俄国后勤的中坚。前面提到的数据，加上俄国陆海军的数量与部署情况，构成了问题的各个要素；单个和所有的指定要素都应当进行简洁清晰的阐述。同样的要求还包括：形势评估，阐述本人关于确保和平或应对战争的举措（在这个案例中这两个问题是相同的），发布执行举措所必需的相关命令。如果军官运用了一个顶用的学说来进行形势评估，那么决策一定是加强远东的舰队；不是仅仅派出支援舰船——实际也是这么做的——而是应当尽最大可能派出波罗的海舰队的最强兵力。通过形势评估可以发现，尽管俄海军在总体数量上占据优势，但其远东舰队并未强大到足以确保海上安全。整个海军被分散部署，绝非明智之举；采取正确的战略性措施重新集结舰队，乃第一要务，把舰船一艘一艘地派出当然不是恰当之举。坚决反对把战列舰舰队分散到太平洋和大西洋两端，这是美国海军最盛行的坚强信念，这个信念源自战争学院的兵棋推演（war game），通过兵棋推演来检验分散部署将会导致的战略形势。

兵棋推演在战争学院已经运用了许多年，针对的正是前述的"形势评估"和应对措施等相同层次的问题。在推演中，负责"评估"等工作的人们与对手展开斗争。相似的数据推送给每一方：一个与上级所知内容相同的情况报告——我方的兵力部署，经合理假定的敌方可查明的兵力数量，但必须比全部兵力要少一些。每一方都会收到本国政府下达的总体指令，阐述统率部所期望的目标。这就是他的"任务"：应当做什么，而不是怎么去做。国际象棋或西洋双陆棋的棋盘被一张巨大的作战地图取代，上面有预先放置的可移动棋子，代表着双方的位置、兵力数量，以及不同兵力的连续地部署调整。推演开始后，双方交替移动棋子。参演双方在各自独立的房间内工作，第三个房间里是裁判，他会大声喊出双方所走的每一步；从推演经验来看，这是合理的，也是允许的。在一定范围内裁判依据自己的判断和积累的经验给出裁决，其他情况则依据固定的规则和量值，赋予不同的兵力以及不同的形势。在特定条件下有争议的问题通过掷骰子来裁决；正如纳尔逊所说，一定要给运气发点红包；拿破仑也曾经说过，没有冒险就没有战争。兵棋可以模拟一场会战的所有行动，从基地启航到舰队对决。因此，推演从战略开始，包含整个战场；之后逐渐缩小，直至双方舰队能够感觉到对方的存在，这个为获得战场优势而进行机动的阶段，被称为战术策略；最终，双方相互发现，在战斗中机动，这个术语叫战术。最后阶段，在棋盘上控制"量值"的规则，完全依据 1911 年 4 月舰队作战演习的方案而定；这个推演环境表明了舰队与学院之间的相互联系，希望这种联系能够不断得到加强。

如果一个国家拥有海外军事基地，则意味着在实际的战争中，在战争学院的假定情境中，都会出现使用陆上和海上力量的情况。这些增加的条件将会变成一个极为复杂的问题；但是处置方法，无论是书面的评估还是随后的研讨，或者是兵棋推演，都是相同的。因为数据越多，情况就会越复杂；但解决方法却是类似的。

这种情况在每所战争学院里都将发生——许多国家都拥有自己的战争学院——选择一个假定的情境进行研讨和解决，将成为研究国家总体政策，或者特定国际关系，或者决策最可行的陆军或海军行动的基本方法。无论在哪里发生，战例对于指导战争，对于说明或证明军事行动的普遍规律，都具有极高的价值；但是应用这些原则，第一步要确定的是国家在哪里将采取行动。

故意偏离主题似乎很流行，解决方案是研讨要包含后勤、战略、战术和国家政策等多方面问题，多多少少代表了这些主题的特点，它们与海军战争学院（Naval War College）的目标之间的关系，以及研讨的方法；专题研讨的重点是在所有海军军官当中形成一个共同的思维模式，一个对正确军事行动的共同理解。当然还有其他一些专题需要研讨，比如国际法。在一个到处都是律师和政治家的国度里，有总统，有国务卿，以及一大堆大使和外交官，你也许会奇怪为什么海军军官要花时间学国际法。答案在于，在这个公务人员的分支体制里，海军上将和上校都是临时的；而在国际法里，在战略和战术里，他必须了解国家的学说。当然在紧急情况下，这种情况并不少见，他必须在没有收到命令的情况下，以上级所期望的精神和方式采取行动。如果是在战争中，涉及中立国权力的军事行动所引发的危险的国际非议，会让战争变得更加复杂；或者，从另一方面来看，一个中立的错误观点也许能被国家的劣势所容忍。在和平时期，不明智的行动可能导致敌对行动；或者，不明智的不作为，可能会侵犯美国公民的人身或财产权利。因此，国际法的研究应与更加具体的军事专题一样，需要在一个胜任的教师和合理的课程体系当中，在全体会议上进行讨论，不论是问题的提出，学员的解决方案，还是教师的表扬或批评，都应当如此。

英国海军与德国海军

德国海军在过去的十年里取得了巨大的发展，可以相信，在未来几年里德国仍然能够保持目前每年两千万英镑的军费开支，这是整个国际社会的一件大事。我此前在美国通讯社（American Press）的其他刊物上，以另外的方式指出过，当前我们马上面临的问题不是德国将如何使用这支力量，它已经是仅次于英国的第二大海军，且一定会继续扩张。对于每一个关心国家未来的民众和政治家来说，真正能够代表他们主要关切的是目前简单的生活方式，这是一个新的国际因素，应当在所有威胁国家利益的可能因素中有所体现。

从这一点来看，关于德国是否有进攻英国或者肢解英国的远期计划，并不那么重要；德国在与大洋彼岸的未来外交中是否不再遵守门罗主义，也并不重要，目前美国对于德国遵守协议的情况比较满意。在对德国的友好政策给予充分信任的时期，美国不得不意识到，只要我们继续参加国际海军组织，德国将来在门罗主义问题上一定会任意行事，因为德国发展海军的意愿要比我们所认为的更加强烈，我们在进行军事考量时忽视了这个情况，正如我们当初忽视了加拿大对于英国的意义一样。

一、 英国的正确态度

同样，英国人不应该依据对德国进攻意愿的理解，来评估本国海军的价值并引发关注。通过这类虚假刺激来解决问题，就像喝酒带来的兴奋一样，很容易导致行为失控、方向错误和最终的精力枯竭。应当准确客观地分析这些现象，针对未来可能出现的紧急情况，在能力范围内制定符合国家政策的、深思熟虑的应对措施。这是勇敢者的方式，既不盲目自信，也不惶恐不安，最重要的是不能焦虑。在这些果决措施之中，及时的预防措施是最关键的因素。预防措施不到位，当出现紧急情况时一定会发生恐慌。两个世纪前一名杰出的英国海军将领曾经指出："现在感到害怕，比明年夏天法国舰队出现在英吉利海峡时感到害怕，要好得多。"

在组织这种典型的预防行动时，以英国为代表的民主国家与类似德国的国家相比，处于严重的劣势，因为后者很容易形成一个强势政府。一名德国学者①最近指出：在德国我们拥有一个强势的强力政府，在国会的支持下可以形成更好的规划，而执政党频繁更迭的英国通常难以做到。这种情况在英国詹姆士一世（James Ⅰ）②和查理一世（Charles Ⅰ）③时期表现得非常充分，我们很清楚是什么原因。对于在一个有能力的政府掌握下的军队组织，规划是非常高效的，譬如到目前为止德国政府的表现，因为在议会制国家里民众——选民——往往比较坦率，他们不喜欢思考国际政治领域或军事领域的麻烦事。然而，正是这些人组成了或解散了政府，正是他们组成了现在的一个政党、现在的其他一些组织；政府在筹划国际事务安排时，总是会受到选民意愿的约束。相对而言，经常忽视民众意愿的强势政府出现这种情况的概率就少得多了。但没有哪个政府，哪怕是最专制的政府敢于完全无视民众的感情，这却是千真万确。问题是这种情况是多还是少；比较德英两国政府，尽管在民众的自由与约束下德国政府的进步不大，但其行动效率却比英国高得多。

二、 海军的关注度下降

当今英国民主政府首要考虑的问题是国家安全，经济发展包括民众的衣食住行都依赖于此；它们不得不面对着一个人口比英国多四分之一，以强化武力为国策的德国。因为这样的政府在规范国民生活时更加高效，与一个和

---

① Hans Delbrück, *Contemporary Review*, October 1909, P. 406.
② 译者注：詹姆士·斯图亚特（1566—1625），苏格兰女王玛丽之子，一岁时加冕苏格兰王位，1603 年在英国女王伊丽莎白一世去世之后，继位英国国王，史称詹姆士一世。
③ 译者注：查理一世（1600—1649），是詹姆士一世的第二个儿子，斯图亚特王朝第十位苏格兰国王，第二位苏格兰及爱尔兰国王。是英国历史上唯一、欧洲史上第一个被公开处死的国王。

谐但不稳定的、主流意愿经常发生变化的政府相比，它们在追求目标的过程中能够，而且的确更有连贯性。幸运的是，英国需要一支强大的海军，这个主流传统仍然在相当程度上为海军提供了支持，而且目前海军也具备坚强的领导。但在若干年后，当一个人在遥远的地区参与英国军事行动时，他的这种信仰肯定会受到削弱，他的忠诚也会被打折，并掺杂更多的争议。然而，一旦国家因为战备不足而遭受挫败，民主制度和选民都应为此负责，当然，选民要承受相应的代价。

欧洲已经维持了30多年的表面和平，代价是普通民众根本认识不到外部的危险。持续和平减少了民众对战争可能性的现实疑虑，这种疑虑不久将会导致实际上的行动或者无行动。然而，善于观察的人们都很清楚，在这个所谓的和平时期至少发生了三场战争；战争没有减少，因为手段没有发生变化，武力仍然是解决问题的决定性手段。对此类问题的通常认识是"战争的风险已被避免"。这种观点是一种非常危险的误导，因为它在分析时假定，所有的控制因素都已经尽在老练政治家们的掌控之中，但实际上却是军队的存在与实力才是真正起决定作用的因素。衡量一支军队，不仅要考察其物质方面，而且要考虑其组织严密的陆军和海军准备好（或没准备好）机动的战备水平。美国陆军上将谢尔曼写道："我原来认为美国内战是由国家武装力量进行的，但在最近一次律师界的宴会上我了解到，内战是在法庭上进行的。"

三、　岛国民众的弱点

此类误解特别容易在岛屿型国家中出现，比如英国，或者远离世界大国中心的美国。外敌进攻岛屿国家时首先要面对的就是海洋的阻碍，这种自然条件——莎士比亚所谓的"水墙护卫的堡垒"（the water - walled bulwark）——非常适合内部的自由发展，民主可能是最有效率的手段。但是这种安全意识，削除了幸福感不强的民众们的压力，对外部的威胁产生了一种过度乐观的心态，将导致国家对战争的准备不足，并减少对有组织的政府的依赖。其他民族也具有同样的特点，欧洲大陆的边缘国家致力于建立一个能够高效地实施对外行动的政府。众所周知，罗马民主制就是通过建立独裁来应对紧急状况的，这可以证明这个事实。

因为岛屿民主对于战争准备是松散的，效率不高的，其结果自然是面临代价高昂的持久战争。但未来战争不会是持久战，尽管代价依然高昂；除了战争当时的耗费之外，还有很多昂贵的代价，胜者的战争损失和败者的战争赔偿，也都是天文数字。因此，民主国家再也无法承受忽视战备的高昂代价，庆幸的是，民主国家的忍耐力和恢复力可能比非民主国家要强一些。国家恢复的时间不再取决于一个善战的将军和一个被击败的敌人。在现代条件下唯一能够为国家恢复提供时间的只有备战的时间。

民主制的英国不必像德国那样保持一支强大的陆军，根本原因是什么？唯一的解释是英国不愿这样做。一个国家的财富越多，也就意味着国家拥有越强的实力和越多的利益，尽管如此，国家却并不一定会因此而加强战备。许多英国的精英人士都主张采取措施加强战备，让国家武装起来；但我怀疑在不列颠之外有没有人希望看到这些。

舰队继续保留；岛国可以在海岸要塞之后默默地壮大舰队，占据数量优势，同时拥有其内在价值，这是岛国民主的特权。但要注意一点，一个在军事上有特权的政府，本质上与一个雇用外国陆军士兵的政府是类似的。唯一的区别是水手都是本国公民，应当承认这是一个很大的差别，但这并不能抹杀一个事实，需要许多人才能够供养得起一个水手去作战。那些能够自觉为国家安全及时、足额地付出金钱，以确保海军运行效率的民众的最少数量，决定了国家所能够维持的海军规模。正如法国人所言，如果他们不能给予"人力支持"，那么他们就应当给予资金支持。但是，只有及时的付款才是唯一充分的付款——为了战备。

在不同时期民主国家面临着不同的问题，但没有哪个问题像英国目前所面临的那样困难。按照目前情况，大英帝国的疆域是从历史上继承而来，并非通过民主手段获得，全世界都在饶有兴趣地观察，现今的英国领导人能否配得上他们的好运气。当然也有一些好的迹象，我现在可以看到的最好的一个是：执政澳大利亚的工党决定，本国海军在战时绝对服从英国海军部的调遣。这种观点，以及与之相应的行动，是非常有效的帝国民主主义（imperial democracy）。但我却没有发现英国工党在国内做出与之对应的决策；相反，我似乎感觉到，他们低估了哪怕只是在欧洲海域保持一支优势海军的必要性。

大英帝国的安全应当作为一个整体加以考虑，不列颠本岛的安全是第一位的，是整个帝国安全的基石，其次才是海外领地的安全。这充分表明，英国必须能够控制不列颠与海外领地之间的海上交通线，即使没有兵力控制也要通过影响力施加控制。这个必要关系，和军事基地与一线部队的关系完全一致。

四、　新的集团

德国舰队不断发展壮大，鉴于当前的欧洲形势，英国必须把 4/5 的主力舰队集中在本土周边。但此举会刺激德国立即采取针对性行动。我的意思并不是说，这将暴露德国的意图，而只是简述了没有做过动机分析的军事和国际关系的事实。目前德英两个大国的地理关系，准确地重现了克伦威尔（Cromwell）[①] 时代早期英国与荷兰的关系。荷兰并不是直到战争爆发才开始衰弱，其受到的贸易萧条的影响比受到海上战争的影响更大，而北海压力的减轻使得英国能够在海外展开更多的行动。50 年后，冲突状态画上了一个完美的句号，两国因为共同面对一个强大的威胁而结盟。但这个没有经历斗争检验的联盟能否靠得住，尚存疑虑。在战争初期，英国海军放弃地中海以便把兵力集中于本土海域，这次集中，加上英国本岛针对麦丹贸易航线的指挥位置的调整，最终扫除了上述疑虑。

---

① 译者注：克伦威尔（1599—1658），英国政治家、军事家和宗教领袖。17 世纪英国资产阶级革命的代表人物，逼迫查理一世退位，解散国会，建立资产阶级执政的英吉利共和国，1653—1658 年出任护国公，成为事实上的军事独裁者。

今天，英国海军为了集中兵力，也在很大程度上放弃了地中海。超过 4/5 的主力舰队部署在本土和大西洋方向。地中海舰队的战列舰数量不断减少，从 1899 年的 11 艘减少到 1910 年的 6 艘，而且都是老旧型号。大概 300 年前地中海是多么繁荣，目前的情况表明了什么？位置的本质发生了新的变化，因为 200 多年前英国在地中海的数量优势是一个重要的国际因素。在域外国家看来，英国政府认为这种部署的重要意义在于，在当前战备条件下为确保本土安全，帝国需要一个弱化的，甚至是可以放弃的海上交通系统，尽管这些交通线非常必要，但却最为脆弱。

当时把海军兵力集中在本土是完全正确的，既可以充分利用在贸易航线上英国相对德国的巨大地理优势，又可作为一个有力的安全防御手段；此外，正如英国现在所为——控制英国周边海域，能够有效地切断德国本土与海外殖民地的联系。未来最险恶的情况是，到本世纪后半叶时，我们新成长起来的不情愿的和懈怠的选民们，将要面对信念坚定、技术出色、组织能力明显更强的德国人。

五、 未来的巨大隐患

对当前和未来可能的欧洲国际关系进行评估，结果显然无法与我们的地位相匹配。作为一个旁观者，我认真研究了上述情况和议会辩论记录的内容，我认为，德国精神力量增长所带来的威胁，致使英国在国家意志方面，以及未来很可能面临的意外情况准备不足。必须严肃地对待这些问题，这与人们此前形成的印象完全不同，要让这个认识成为国民的共识，唯有如此，英国才能证明国家与好运足以相配。

最近，一名据说是德皇密友的德国作家，在美国杂志上①指出："弱者不能相信法律，关于和平梦想的吹捧，什么都不是，就是一个白日梦。"英国在本土集中战列舰舰队是正确的，为此目标而相应地放弃地中海，如果仅仅是暂时的，当然也是正确的，尤其在"大西洋"舰队被作为一支中坚力量、一支预备队时，它能够在需要时向东或向南机动作战，更是如此；然而，明显非常勉强地批准当前的海军发展需求，将会成为地中海在未来某天可能脱离以不列颠岛为中心的英国势力范围的不祥之兆。即使没有马上出现这种情况，但也意味着大英帝国的衰退，因为在地中海地区的一个敌对力量不仅控制了内部航线——比如岬角航线（the Cape route）——而且也控制了内线位置，从此出发可以有效地应对大西洋舰队和东方舰队。

在大英帝国坚不可摧的印象之下，很难夸大这些问题的效果，因为地中海是海洋世界的一个重要的中央位置。东方国家不断觉醒的这场历史大剧正在上演，英国到目前为止所能够扮演的角色既不是主力又不是盟国，它在地中海地区的弱势兵力就是征兆；埃及、印度、澳大利亚和新西兰都是这部历史大剧的主角（the dramatis personae）。

---

① Theodor Schiemann, "The United State and the War Cloud in Europe," McClure's Magazine, June 1910, P. 223.

巴拿马运河与舰队兵力部署

　　对于拥有巨大海外利益的国家来说，正确地进行海军兵力部署不仅是一个非常重要的问题，也是一个需要经常面对的难题。尤其是当这些海外利益分布广泛，且类别较多时，更是如此。大英帝国过去两个世纪的发展历程已经证明：在拥有广泛的商业和相对分散的不可或缺的殖民地之后，即使舰队非常庞大，英国在兵力部署时也依然感到棘手。一个法国海军上将一针见血地指出："被财富包围的英国，已经感受到了兵力不足的窘迫。"一位负责联络英国海军部的军官给罗德尼写信道："不可能在所有战场上都保持一支优势的舰队。"由此可以得出以下结论：根据战局的变化，舰队必须做好准备，从一个战场机动到另一个战场；只有保持兵力集中，才能真正确保这种戒备状态。总之，困难在于无法彻底解决这个难题，因为那些诱因始终存在。然而，从历史经验中总结而来、能够在实践中稳定恰当地发挥作用的那些原则，可以很好地应对这个难题。

　　这些原则的基础是"集中"（concentration）。如果只用一个词语来概括整个军事艺术的话，那就是集中，因为它包含了在所有行动中胜利达成目标的秘密。当然，集中是一个基本原则，如何运用则取决于每次作战的具体环境。在诸多环境因素中，位置（position）是最具有决定性的因素。拿破仑曾经说过：战争即位置之争。集中的地点，以及在那里集中的必要性，都必须认真考虑。集中本身就应当被视为位置的一种，因为它决定了舰队在哪里应当合兵一处，而不是分散兵力。

　　这里，应当有意识地把这些理论运用于巴拿马运河①通航之后的美国海军。第一条必须要注意的是，确定任何一个总体部署都必须直接与战争状态相符，在实际上要尽可能与开战时的要求相适应。当国家间的政治关系紧张之时（可能是一方的政府或人民给另一方造成的感觉所致，本应通过外交活动来尽力避免这种情况），除了加速战争动员的安排之外，还有一个非常重要的需要认真考虑的问题，就是兵力部署的变化。如上所述，俄国持续地进行动员，尽管是在国内且没有任何敌意行动，但德国仍然根据自己的判断对俄宣战。不仅需要军事上保持战备，也需要恰当的国内政策，才能共同保证和

---

　　① 译者注：作者在文中皆用 Canal 特指巴拿马运河。因此以下所述"运河"，亦是特指巴拿马运河。

平时期的兵力部署能够满足战争的需求。

美国海军分布在大西洋和太平洋两岸，海上相距迢迢万里，但这种情况绝非空前绝后，只是其他国家相隔的距离没有美国这么远罢了。西班牙，甚至法国都面临着这种距离上的不便，都曾经经历过在大西洋和地中海之间调整海军兵力部署所带来的梦魇。因为在两个海岸都存在利益，在作战保障上必须要有军港，每一个海岸都可能是重要的战场，因此舰队不得不分散部署两处。随后为兵力集中而展开的行动，无论是向国内的还是海外的港口进行集中，都有失败的可能，有时甚至是灾难性的后果。特拉法尔加海战是此类空前灾难的例证之一，海战爆发前法国和西班牙的舰队分散在两个方向（地中海和大西洋），把数个分舰队集中起来的一系列失败的努力，成为这场灾难的前奏。

类似的例子是不久前发生的日俄战争，这个发生在当代的战例让我们倍感震撼。俄国对于集中的轻视成为一个致命的错误，导致分散在波罗的海和远东地区的俄舰队没有利用和平尚存的宝贵时间进行集中。在战争爆发前两年，波罗的海舰队的大部分兵力已经部署于远东，在实力上与日本舰队不相上下。俄海军本可以通过集中形成兵力优势；请注意整个战争进程，增援远东分舰队的行动使得日本能够在关键时刻，即增援舰队很可能成为左右胜利天平的砝码时，对俄宣战。然而增援行动无法继续，因为日本舰队封锁了海上要道，实力相同的俄军远东舰队最终无法形成优势。在不恰当地点的集中，而不是在国内海域先汇合而后行动，更让敌人警觉，敌人能够且必定在我方会师前实施打击。一名谙熟战争艺术的大师，在评论一百年前类似的战争态势时写道："当完美的集中遥不可及时，在敌人面前实施集中是多么令人痛苦。"

毫无疑问，实现集中必须具备一定的条件。例如，现在英国正在被迫进行一场在本土海域实施集中的战争，面临的压力比250年前英格兰面对荷兰时的压力更大。原因是相同的，不同的是对手从荷兰换成了德意志帝国。但在面对德国人时，英国主力舰队需要控制的位置，都在靠近英国海岸的大西洋海域。英国无法相同程度地防卫地中海的航线，无论是为了保护商业运输，还是保护在埃及和印度的政治利益。这些航线是暴露的，而且必须得到保护。

英国很大一部分贸易来自黎凡特和黑海地区，但更大部分来自远东地区，需要经过苏伊士运河和直布罗陀海峡。利用自身力量或者盟国的支援，英国必须控制地中海，要对抗德国在地中海盟友（奥地利和意大利）的可能破坏行动，以确保地中海航线的安全。

当两类都必不可少，但距离相去甚远的利益都面临威胁时，有两个防御策略可选：一个是在两个战场都保持优势；另一个是分散部署，当危险迫近时，能够在敌人采取行动之前集中兵力于关键海域，形成数量优势。然而，面对近在咫尺虎视眈眈的德国，分散部署的做法显然行不通，因为这将削弱英国在本土相对德国的海军优势。英国被迫选择第一种策略——在两个战场都保持优势，或者依靠自己的力量，或者依靠盟国的力量。

德国与英国如此之近，德国在地中海的盟国与英国的核心利益如此之近，两方面因素共同作用，构成了一个特殊的险恶环境，这种情况令人印象深刻。如果大不列颠距离两个对手差不多远，那么它将获得一个中央位置（central position），也许有机会先击败一个对手，然后再面对第二个对手。当然，如果战争在两个方向同时打响，这种机会就微乎其微了，条件也将进一步发生变化。但不论哪种情况，在交战海域形成一定的兵力优势，都是必要的。这种集中，应当是和平时期进行兵力部署的一个主导因素——应当成为一种常态，这不仅是现代战争节奏加快的要求，也是政治斗争的要求，当国际关系紧张时，重大兵力行动可能会激化对方的敌意。

无论未来国际关系将会发生怎样的变化，现在都要预有准备。现在的观点都认为美国不太可能在大西洋和太平洋同时面临威胁，正如悬在英国人头上的本土与地中海双重威胁那样。如果巴拿马运河通行安全的话，没有哪个海军能够同时威胁我们的两个海岸，而自身却可以避免重大或过度的风险。大西洋国家的海军与太平洋国家的海军，为了共同目标而协调行动，这种可能性不存在。从英国与日本的联盟条约中可以看到这一点；在门罗主义的基本原则（principle）中关于欧洲海军强国的那部分内容中，可以发现更多的明显属于惯例（acquiescence）的内容。尽管没有确切说明，但这种惯例在实践中不止一次地出现，特别是在尚未解决的墨西哥问题上。实际上，欧洲在巴尔干（Balkans）、亚洲和非洲地区都存在重要利益，因而反对任何一个国家引入门罗主义政策。

　　然而，这些都不会影响集中的原则：在任何规定的时间，无论舰队在哪里，都应当在集中点对可能对手形成优势。俄国海军如果集中兵力的话就会对日本形成优势，至于是在波罗的海还是在远东地区集中，并不重要；最关键的是要集中，而不是分散。作为一条普遍原则，集中所揭示的内涵，显然比一条单纯的战略要求所涵盖的内容更多。这个原则同样应用于国家的海军政策：依法建立的海军，应当足够强大，以确保形成足够的优势。海军政策是外交政策中最根本、最重要的内容。

　　形成优势依赖于对国际关系的正确评估，美国战列舰舰队实现集中，要比集中的精确位置更加重要。当然，这不是意味着位置不重要。俄罗斯舰队部署在远东，要比在波罗的海的作用更大，这已经被事实所证明。但是，如果俄舰队已经集中的话，从波罗的海到远东的遥远距离并不必然导致那场致命的灾难，灾难还是因为兵力分散所致。评估欧洲的总体形势，包括本国隐匿其中的秘密意图，是俄罗斯决策层的责任；然后，面对战争威胁，国家应迅速集中战列舰舰队。如果战争来临，应当把舰队派遣到最需要的海域；但是，绝不分散兵力。

　　关于距离，在巴拿马运河开通之前，波罗的海与远东的困境，与我们在大西洋和太平洋所处的困境很像。运河开通且得到了充分安全保障之后，我们将获得一个中央位置，这个情况与前面提到的英国对于德国和地中海的情况类似。但在运河开通之前，尽管把舰队从一个大洋机动到另一个大洋会遇到距离遥远和管理困难，特别是燃煤和军需补给困难的情况，但正确的决策仍然是实施兵力集中，而不是把舰队一分为二。原因很简单，因为我们相对于敌人的优势并没有大到可以分散兵力的程度。舰队一分为二之后，在每一个大洋我方兵力都处于劣势。如果不对舰队进行均分的话，可以在一个方向保持勉强的优势，那么在另一个方向的分舰队将因兵力严重不足而无所作为，除非是为了安抚海岸上那些不寒而栗的老弱妇孺。在美西战争中，因为担心西班牙军舰可能会炮击不设防的海岸，长岛南岸的房租都下降了。但是，如果分舰队加入主力舰队，这种增援有可能形成决定性的优势，从而阻止战争的爆发。有名无实的兵力集中，在实际战争的压力下几乎都无法实现，这一点应当牢记。军队在战场上"存在的责任"（present for duty），经常由于疾病、分散和其他意外遭到相当程度的削弱。在海上也是如此，任务交接、意外事故、因维修装备或人员休整带来的分散，这些情况所引发的兵力缺额事先都应当充分考虑到。

运河的修建改变了先前的态势，最大限度地减少了兵力机动的困难，但没有改变集中的要求。如果巴拿马运河是一个像直布罗陀海峡那样的天然水道，如果敌方兵力原本没有集中的话，敌人通过武力占领运河，就能够获得把兵力分散于两个大洋的便利条件。但是一条建有船闸的人工运河，坐落在类似巴拿马的地区，总是面临被切断的风险。事故、意外、背叛、战局多变，这些都可能造成这条关键航线的长时间堵塞。无论运河什么时候发生堵塞，都可能使得敌人占据决定性的战场优势，从而获得战略性机会。这种情况也许在关键时刻发生在运河的一边；此时如果全部兵力都在运河一边，肯定比只有一半兵力在一边的情况要好。因为机动总比汇合更易于操作，一半兵力可能会被敌人全歼，而全部兵力集中在一起却不会。

在太平洋沿岸的美国人民经常会对主力舰队的缺位表现得比较敏感，他们更缺乏安全感，因为位置过于偏远，还因为相对大西洋沿岸的人们来说，他们的人口总数也太少。事实的确如此。在这种情况下，他们要求美国在太平洋海域部署相应规模的主力舰队，但这样会导致兵力分散，而且过于暴露。与之相反，大西洋沿岸的民众人数更多，他们的呼声代表了大多数人的意见；而且，政府高层必然更关心拥有更多商业、制造业和其他利益的地方，这些因素都进一步增强了大西洋民众的话语权。人们很难改变对一些新情况的认识：在不久的未来，美国是在太平洋而不是在大西洋面临挑战；欧洲国家与大西洋沿岸的美洲国家，不论相互之间还是地区内部，都已经相对稳定，这些国家都在向外发展，一个向东，一个向西，向着亚洲方向。而且，迄今为止常态化部署在大西洋的舰船，其管理、补给和维修的难度都随着军港设施的快速发展而下降。当地人的感觉是人类的天性使然。他们的地域偏见变成了政府面对的一个难题，因为民主政府不得不顾虑选票的影响力。对此问题完美的答复或解决之道，就是坚持这是一个军事问题。类似于所有的技术问题应当在技术领域内解决，这个军事问题当然要在军事领域内解决。

就海军而言，国家关系构成了军事问题的一部分；尽管这些问题不会影响集中的相关要求，但它们的确对位置的选择和舰队的必要数量产生了影响。因此，每一个尊重自我、尊重自己职业的军官，都应当具备良好的国际关系知识，否则在需要时将无法做出正确的军事判断，或者提供恰当的决策建议。但是，关于位置的决策通常由政府机构的执行部门负责，它们不仅领导着各个军种部，还单独掌握着军事行动所必需的情报信息，并对行动负最终责任。这些信息中最重要的部分，是谈判中每一时刻的真实状态，政府的态度和民众的意愿，这些情况决定了舰队应当采取何种行动策略，从而向对方传递不信任或攻击性的意图。所有的责任都是民事或行政部门的，军事人员只负责提供军事建议，决策权不归他们。决策最终取决于民意。

从上述分析之中通常可以得出与战争爆发时要求一致的比较理想的部署状态，但部署的持久性在特定时刻并没有特别的重要意义。英国政府对德国皇帝发给克鲁格（Kruger）的电报①的答复，就是一个与之相反的事例。英国增派了一支分舰队去执行任务，这是一个完美的外交宣言。在一个具体的紧急事件中所采取的正确行动，放在另一个事件中也许就是错误的，但又是国家安全所必需的。应当采取预先措施以避免这种左右为难的困境。

一个持久的解决办法，也许是让主力舰队按计划经常性地从一边海岸调动到另一边海岸。回望 1907 年，当战列舰舰队经过麦哲伦海峡（Magellan）航向太平洋，最终目标是完成环球航行时，②我就建议海军应当进行舰队的定期轮换。此类活动不仅可以提高行动效率，也有助于提高管理人员的水平。

---

① 译者注：即国际关系史上著名的克鲁格电报事件。1896 年 1 月，英国人詹森带领 600 名雇佣兵远征德兰士瓦共和国（布尔人在今天南非北部地区建立的一个小国），结果全军覆灭。德皇威廉二世听到此消息后，为英国受挫开心不已，向总统克鲁格发去贺电："你和你的人民在没有任何友好力量的帮助下，独力击退入侵的破坏和平的武装分子，本人表示最诚挚的祝贺。"英国人通过控制的海底电缆截获了这封电报，认为这无疑是在向英国示威，向德兰士瓦示好，暗示德国在必要时会援助后者。英国上下极为恼怒，《泰晤士报》刊文称，"英国永远不会在威胁面前后退，永远不会对侮辱屈服！"英国国内随即出现激烈的"排德"行为。威廉二世迫不得已向维多利亚女王写信辩解，"我从未想过用这封电报来反对英国或您的政府"。此后，英国一改对德国的妥协姿态，转而在全球采取对抗措施。德国的针锋相对进一步激化了两国的矛盾，双方陷入了造舰竞赛的恶性循环，最终走向了第一次世界大战。

② 译者注：在美国总统西奥多·罗斯福的推动下，海军组织主力战列舰编队，于 1907 年 12 月—1909 年 2 月完成了环球航行。主要目的是震慑远东的日本不要企图挑战美国的利益，同时向国际社会展示美国海军的强大。为了更加引人注目，战舰被涂成了白色，亦被称为"大白色舰队"。此次环球航行，通常被认为是美国崛起，特别是美国海权走向强大的一个标志。

我认为，加勒比海和巴拿马运河共同构成了一个重要的中央位置，是美国军事行动范围内最重要的位置，这应当成为一个实践性常识，且与英国的设想一致。这个任务可以由指定兵力实施，如加勒比海舰队；或者舰队以此区域为中心来回机动，通过惯例的兵力存在来实施。不论是由一个舰队执行，还是由两个舰队轮换执行，都将增强海军在加勒比海和太平洋地区发展修船厂的维护和补给能力的必要性。目前从军事角度来看，船厂还不能满足要求。这样做的另一个好处是，港口设施将得到加强，以支持舰队从一个大洋机动到另一个大洋。尽管巴拿马运河始终控制在运河兵力（Canal force）的手中，但作为一项军事手段，不断地重复操作也许会改进舰队的管理方法，有助于提高兵力行动的速度和安全。整个舰队在通过运河时不会被商船打乱秩序的正确方法，应当得到有效保证。

更重要的是，作为一个政治手段，舰队轮换能够平息不同地区间的相互妒羡；把运河和加勒比海作为舰队常态化活动区域的设想，将促进军官们深入理解真实的国际环境，进而在军事筹划中形成正确的思维习惯，这可能比那些并非基于缜密判断而是靠撞大运获得正确决策的做法，重要得多。

仅仅从单纯防御的角度，从国家本土安全的角度来思考舰队部署，对于这个问题已经讨论得非常深入了。我们要铭记于心的是，应当在更大或者更宽广的视角下思考这一行动的作用。即使是从加强防御的目的来看，把舰队机动到海外殖民地的观点也非常必要，比如夏威夷和菲律宾。在某些特定条件下，进攻被认为是最好的防御方式；对此类行动，明智的计划和有力的执行，能够将敌舰队保持在我方兵力所在的位置，从而远离我们的海岸。纳尔逊在 1801 年写道："有迹象表明，丹麦舰队将利用我们北上海峡①的时机逃往法国。但我本人并不这样认为，在他们的首都和本土海岸受到威胁时，丹麦海军的主力将会逃之夭夭。"几百年前，在那些英国对西班牙真的充满畏惧的

---

① 译者注：马汉在这里没有指明是哪个海峡。查阅相关资料后译者揣测，纳尔逊所说的海峡，应是哥本哈根会战中涉及的海峡。1801 年英国在游说丹麦加入同盟失败后，担心其加入法国阵营，于是对丹麦发动了先发制人的战争。海军的主要行动是在当年 7 月 14 日派出 21～22 艘军舰前往卡特加特海峡监视丹麦海军行动，并在必要时做出"迅速且猛烈的行动"。在 8 月 15 日，50 余艘英国军舰集结于厄勒海峡，逼近丹麦交出舰队，但遭到拒绝。英国随即发动了哥本哈根会战。经过英勇战斗，9 月 7 日丹麦投降。

年代，英国海军就提出攻击加的斯，或西班牙心脏地区附近的城市，是确保英国海岸安全的最可靠方法。他们的口号是，"烧光西班牙国王的胡子"（Singeing the King of Spain's beard）。

这不过是军事艺术的一个常识罢了，军事艺术是建立在战争经验的基础之上。1812 年，拿破仑在思考法国在西班牙的重要要塞——巴达霍斯防御作战时，给要塞司令马尔蒙写信道："将你的兵力集中于萨拉曼卡（在巴达霍斯以北 150 英里）周边，随时待命。在那里你可以掌控威灵顿的所有行动。如果威灵顿向萨拉曼卡进军，不用理他。你应率军直扑阿尔梅达（英国最重要的要塞，在萨拉曼卡以西 70 英里），你要确信，威灵顿很快就会折返回来。但威灵顿精于指挥，在你的位置能够威胁阿尔梅达时，他不会犯这样的低级错误（试图发起这种进攻）。" 1898 年美西战争期间，当塞韦拉①的舰队在圣地亚哥仍然完好无损时，一支西班牙的分队在卡马拉（Cámara）的率领下从加的斯向苏伊士运河急进②，明显是为了应对在菲律宾的杜威③舰队。在塞韦拉离开圣地亚哥的前两天，卡马拉通过了苏伊士运河。美国应当给出的回应是，派出强大的舰队去攻击西班牙本土。美国海军没有这么做，但公众的舆论要求阻止卡马拉舰队的前行；不久之后塞韦拉舰队的覆灭，把整个美国海军从实施类似行动的窘境中解救出来。按照西班牙的基本兵力部署，被分散开来的卡马拉和塞韦拉此后无法实现集中，这是从中得出的最重要的教训。

因此，在需要保卫的地点立即部署防御兵力，并非都能够获得安全，也不是实现安全的最可靠的方法。经常出现的情况是，这个目标可能通过其他地方的作战行动得到了更好的实现。当然，这种意外事件必须在和平时期海军兵力部署时就要认真考虑。一般来说，由于单纯的数量刺激和更广范围内

---

① 译者注：托配特·塞韦拉（1839—1909），1892 年晋升西班牙海军少将，1898 年指挥一支由 4 艘巡航舰和 2 艘驱逐舰组成的分舰队，在圣地亚哥与美国海军作战，惨败后被俘。战后经西班牙陆海军最高军事法庭审判，被宣告无罪。1902 年任海军参谋长，1903 年成为终身参议员。

② 译者注：1898 年 6 月 15 日，卡马拉率领西班牙新组建的舰队航向马尼拉，以支援在菲律宾地区的对美作战。7 月 3 日，在塞韦拉舰队全军覆灭后，已经到达红海的卡马拉舰队被迫返航，以保护本土海岸安全。

③ 译者注：乔治·杜威（George Dewey），时任美国亚洲舰队司令，准将军衔。1898 年 5 月 1 日，杜威率领以 4 艘巡航舰为主力的亚洲舰队，在马尼拉湾全歼西班牙的亚洲舰队，美方无一人阵亡。5 月 16 日，国会授予杜威少将军衔。之后，杜威配合陆军于 8 月 13 日，攻占马尼拉。此战宣告了西班牙在亚洲殖民统治的结束，同时也宣告了一个新兴列强的诞生。

相互竞争的减少，以大规模舰船集中为标志的兵力集中，意味着更高的效率，集中在某一海岸的舰队相比分散部署的舰队，能够更快地做好战斗准备，从而占有先机，兵力机动也更为高效。集中远比分散要困难得多，所有的控制流程都要加速运行。毫无疑问，分散在各处的舰船可以加速海岸设施的准备过程；如果在战争来临之际还没有做好准备，那么这种分散将非常必要。然而，集中并不表示把所有作战兵力始终集结在一起，这是一个军事常识。正如上文所述，拿破仑在给马尔蒙的指令中要求，萨拉曼卡是机动的中心，几个军团从此地出发时要分两路开进，这是为了实现既定目标的集中。因为按照这种方式分散之后，只要机动的速度够快，真正的集中就能够充分有效。"补给距离"（supporting distance）是一个专业术语。如果海岸保障设施是可靠的，如果在敌方集结兵力到来之前我方能够迅速实现集中，那么舰队分散于各个海军基地则是安全的。总而言之，所有这些准备都应当在战争爆发前全部完成。但是，如果没有做好这些准备，在舰队已经集中的情况下再完成这些准备，也要比舰队分散部署在太平洋和大西洋的情况下要更快。既然如此分散部署不可能有好的结果，那么军方显然不应该出现在和平时期保持集中的反对意见。

总之，"集中"一词道尽了运河对于美国海军的真正的军事意义，也同样适用于海军之于运河的军事意义。某些筹划舰队部署的人员，并不能够始终理解和思考这个问题。据说他们会经常抱怨：在没有运河时，东西海岸都需要防御是需要更强大舰队的主要理由；在运河开通时，确保运河安全则反过来成为加强海军的一个理由。多年以前，一些知名人士曾经向国会提交议案，反对在运河区域修建防御设施，因为"即使建好了所有可能的岸防设施，战争期间在运河两端部署战列舰以实施警卫，显然是绝对必需的；而在这些警卫力量之下的岸防设施，显然是不必要的"。关于这些愚蠢的技术性问题的危害，要寻找其中更极端的例子并不容易。

运河对于海军的意义在于，它开辟了一条联系大西洋与太平洋两岸的捷径，因此它能够使既定数量的舰船——一支既定力量的舰队，有能力完成比原先多得多的任务。因为通过运河往来于东西海岸所需的时间，比从麦哲伦海峡（the Strait of Magellan）绕行花费的时间要少得多。这个优势意味着我们需要更少的舰船和更少的时间。你可以设想东西海岸同时遭到了攻击，但这种情况不太可能发生。如果没有运河，需要两支舰队来实施两岸防御，也就是说，每支舰队都必须兵力充足。有了运河之后，舰队不仅机动更快，也更容易（当然这是一个管理问题），而且舰队的规模也会比两个舰队的总和要小一些，但仍然对任何对手都具有决定性优势。舰队有机会在一个方向击败敌人之后，再移师到另一个方向作战，正如日本海军先消灭了俄罗斯的旅顺舰队，然后才是罗杰斯特文斯基的舰队①。运河所提供的时间要素的价值，显而易见。

从当前来看，尽管在兵力筹划时必须考虑到这种极端情形，但两伙敌人联合进攻我们是不可能的。即使只有一个敌人，如果舰队需要从一边海岸机动到另一边进行集中的话，运河也能够让我们大大节省时间。万一我方作战受挫时，运河可为我们提供一条退路；在得到适当增援之后，我们还可以通过运河迅速地杀回来。简而言之，运河就是一个中央位置，从这里出发可以向任意两个方向发起行动，同时它也是我国最重要的海上交通线中至关重要的一环。在以往欧洲战争所涉及的那些海上交通线之中，基尔运河（Kiel Canal）的重要性也许可与巴拿马运河相比。

既然运河如此重要，那么一定要加强防御，确保在没有军舰支援的情况下也能够独立地抵御攻击。舰队对于运河的关系，就像所有舰队对于无法提供直接补给的港口的关系一样，因为补给物资需要从国内运来。比如，英国舰队对于直布罗陀海峡的关系。舰队通过控制海洋保持海上交通线畅通。我怀疑，在直布罗陀三年的围攻战期间②，英国舰队在港口防御战中是否真得开过一炮；在这个漫长的时间里，舰队极少能够从那里获得补给。被困在旅顺港内的俄罗斯舰队，对于防御作战也是同样毫无用处。派出分舰队——分散

---

① 译者注：在日俄战争中，为解救被日本联合舰队围困的旅顺舰队，俄罗斯从波罗的海舰队抽调兵力组成了第二太平洋舰队，由罗杰斯特文斯基中将率领，1904 年 10 月 15 日从里堡基地出发，沿非洲海岸线南下，经好望角进入印度洋、太平洋，航程超过 3 万千米，1905 年 5 月 27 日，俄舰队到达对马海峡，被东乡平八郎率领的日本联合舰队全歼。

② 译者注：直布罗陀，原属西班牙，1704 年被英国占领至今，是英国本土之外最小的一个领地，面积只有 6.8 平方千米。西班牙先后发动过几次围困，企图夺回直布罗陀。美国独立战争爆发之后，西班牙想趁英国在北美作战无暇他顾之时，在 1779 年 9 月联合法国攻占直布罗陀，围困一直持续到 1783 年 2 月，以英国最后获胜而结束，这次是历史上持续时间最长的一次围困，也被称为 "大围困"（Great Siege of Gibraltar）。

兵力——目的在于支援运河防御，这不仅容易招致与分兵东西海岸相同的反对意见，而且更大的问题是，这是一项本质上对于实现既定目标毫无意义的措施。

因此，运河的作用是保障舰队交通，从这一点来看，它应当被视为一条快速路，是一个运输的媒介。舰队要保障通往运河及其要塞的交通线安全，这个交通线也是补给线，从这一点来看，运河及其要塞就是一个前沿基地（advanced base）。这些作用是相互的，但却泾渭分明。巴拿马将拥有两扇大门的独特优势，每一扇大门面向一个大洋，护卫着两条不同方向的补给线，这两条补给线对于舰队而言是相互独立的，这一点很重要；不论哪一条补给线，在什么时间受到了阻碍，另一条的安全仍然有保障。作为一个单纯的战术问题，在防御问题上舰队与运河之间没有必然的联系。运河的防御应当加强，使之能够独立抵御短时间的攻击，无论舰队此时是在港内还是在千里之外。

附 录

海军战略语录

在 1885—1914 年著书期间，马汉在研究具体历史事件以及评论当代战略时，会反复论及某些概念。以下集中摘录了马汉在海军战略理论中一些重要的论述原文，希望能够有助于读者进一步理解马汉的系统思想。

海岸防御（Coast Defence）

海港应该具备自卫能力；舰队的活动空间在远海，其目标是进攻而非防御，舰队的目标始终都是敌方的舰船，无论它们何时出现。

在海上战争中，海岸防御是防御性要素，而海军是进攻性要素。海岸防御要足够充分，要确保海军统帅不再为作战基地——码头和燃煤仓库——的安全担忧。海岸防御也可以减轻海军和政府对主要商业中心的防御压力，从而给予进攻性力量更加充分的自由。

交通线（Communications）

交通线，主导战争胜负；通常认为，交通线是战略、政治或军事的最重要因素之一。

就此而言，海军本质上是一支轻型军队；它维护着己方港口之间的交通畅通，并破坏敌方的海上交通；它纵横四海，但目的是为陆上服务，它控制着这颗宜居星球上人类赖以生存与繁荣的广袤空间。

集中（Concentration）

与陆地一样，海洋作为一个军事空间，也存在重要的中央位置。不管兵力构成如何，都无法通过在整个战场平均分配兵力来实现海上控制，就像在面包上抹匀黄油那样，要通过集中——舰队或陆军——从各个方向大量集中兵力，占领中央位置。这个战争常识是必须遵循的首要原则。之所以称为集中，是因为兵力没有被分散开，而是集结在中央位置，这个位置对于当时的战局至关重要。

控制（Control）

对海域的控制主要由海军来保证；其次，是通过精心挑选且分布合理的一些海军基地来保证，由这些位置出发能够充分发挥海军的力量。

制海权（Command of the Sea）

在太平洋、大西洋和加勒比海地区，对于波多黎各、关塔那摩、巴拿马运河区以及夏威夷等要点的有效控制，都依赖于制海权，制海权通过海军实现，战舰和要点是相互依存的两个因素。简而言之，制海权问题，是一个每年加强海军的问题。这个问题，从严格意义上来说并非"海军"的字面含义。它是一个关乎国家政策、国家安全和国家责任的重大问题。

防御与进攻（Defensive Versus Offensive）

一个健全的防御体系，是支撑国家实力的根本，是战争赖以存在的基础；但谁会只打基础而不寻求上层建筑呢？进攻要素即是战争的上层建筑，它是防御存在的最终目标，除此目标之外，防御对于所有的战争目标都有害无益。当战争被认为必要时，成功只意味着胜利；而胜利必须通过进攻手段才能获取，只有进攻才能确保胜利。

在战争中，防御的存在价值，主要是为了保证进攻能够更加自由。在海战中，海军的任务就是进攻；如果海军把自己设定为防御者（守卫基地），那只会把部分训练有素的水手粗暴地束缚在守备任务之中，而这项任务完全可以由那些并不具备水手特殊技能的陆军部队担负。

即使战争的主要目标是防御，进攻也是实现防御的最好方式。

战争的主导因素不是速度，而是进攻的力量。陆上兵力的决定性因素始终是步兵，无须多言，步兵的速度最慢。

威慑（Deterrence）

强大到足以让对手不敢进攻是一回事；开战后能够击败对手，则是另外一回事。

事实上，武力只有在人们认识到它确实存在，而非虚张声势时才真正有效。

舰队（Fleet）

一个国家能够，或者愿意，为作战舰队支付巨额费用。经费的多少代表着舰队吨位的大小。该如何分配这些吨位？尤其是装甲战舰的总吨位应如何分配？是只要少量的大型战舰，还是要更多的中型战舰？

在舰船的总数量和单艘舰船的尺寸上如何折中？除非经费无限，否则无法两者兼顾。

在海军的实体力量中，舰队既是最强大的力量，又是机动性最差的力量；然而，它们是海战中唯一真正的决定性因素。

存在舰队（Fleet In Being）

事实上，在海上交通线面临的众多威胁之中，存在舰队是最难对付的主要威胁。

存在舰队的概念崇尚防守，这种理解完全错误。

存在舰队既具有精神层面的作用，也有物质层面的作用。

力量（Force）

作战舰队的最终目标……不是为了追击敌人，也不是为了行动如飞，而是为了控制海洋……攻击的力量，而非速度，才是战争的主导因素……力量的存在不是为了机动，但机动是为了形成力量。首先到达战场没有什么意义，除非在敌人依次到达时，你已经拥有了最多的兵力和更强的力量。

不要忽略这样一个事实，即所有的有组织力量都在一定程度上参与了战争，在这种力量的基础之上，迄今为止世界已经取得了巨大进步，且仍然在不断进步。国家不断拓展的防线依赖于有组织的力量，在防线之内和平活动悄然发展；有组织的战争力量仅仅是维护和平的最后手段。

政府（Government）

政府通过制定政策，促进民族工业的自然发展，引导民众到海上探险并从中获益。如果这类工业和这种走向海洋的倾向并没有自然存在，政府能够努力推动它们；另一方面，政府也可能因错误决策而阻碍和束缚民众的主动行为。通过以上任何一种方式，政府都可以产生实际的影响力，从而在和平贸易中建立或削弱国家的海权；只有在和平贸易的基础上才能建立起一支真正强大的海军，对此再三强调也不为过。

历史（History）

在历史中充满了伟大导师的智慧，同时也蕴藏着伟大导师的至理名言。作为历史的学生，我们应当具备这名导师的某些天性，从而获得灵感—— 一种学习的才能；但是这种才能，除了极少数伟大的天才之外，必须与实践的火花相接触，才可能被点燃。

机动（Mobility）

毫无疑问，海军实力包括占据某些战略要点，但其中最重要的因素是一支机动的舰队。

国家政策（National Policy）

客观来说，军事问题是国家政治的一个方面，因此它与每一个关注政府治理的个人息息相关。军事问题是一个紧密联系的整体的组成部分；不谈单纯的专业细节，这些细节大多与实际的武装冲突有关——这属于战术范畴——军事上的预先准备应该主要由广泛的政治考量来决定，这些考量将影响国与国之间的关系，或者一国内部与国防相关的若干部门之间的关系。

鉴于军事力量仅仅是辅助解决政治危机，因此应当由政治家负责决策，并向军事统帅明确必须保护的国家利益要害，同时也要明确是摧毁还是破坏对敌人造成致命伤害的目标。军事力量达成上述目标的方法包括——兵力数量、兵力构成、武器装备，及其作战管理。这是专业问题，政治家应将这些问题交给陆军或海军的专业人士解决。如果由政治家来发号施令，那将是越俎代庖，往往会招来灾难性后果。

海军是唯一的国际性军种。正是这一点，将海军与政治家紧密地联系在一起。

海军战略 （Naval Strategy）

不论是平时还是战时，海军战略的目标都是为了建立、支援和增强国家的海权。

目标和战争目标 （Objectives and the Objective in Warfare）

这当然导致我们直接回到所有海上战争的基本原则，即只有进攻才能实现防御，进攻的决定性目标之一，就是敌人组织有序的战列舰舰队。

众所周知，对商业的严重干扰将给国家带来混乱和灾难。毫无疑问，袭商战是海上战争中最重要的次要手段，不到战争结束就不太可能停止；然而，袭商战作为一种主要的、基本的手段，足以粉碎敌人，当它以一种成本低廉的迷人表象呈现在公众面前时，很可能是一种幻觉，一种最危险的幻觉。

认为海上的船只及其运载的货物属于私人财产，这种观点是片面的，也是最狭隘的。国际上普遍认为，它们是参与再生产和自我增值的国家财富，能够以最有效的方式加强国家的海权；它们可以减轻一个国家养活人民的压力，使整个外部世界都可为其提供支持。因此，航运是最适合的攻击目标；这种方法比杀伤人员更仁慈，更有助于实现战争目标。

文明战争的真正标准，是以最小的伤亡实现战争目标；但战争目标不应当迷失在这种人性的光环之中。

位置 （Position）

通过机动兵力的位置运用来决定战争的结局，就像棋子的作用取决于自身价值和相对位置一样。因此，融合力量和位置这两种因素，力量的内在价值更大，但位置的巨大优势通常可能会压倒力量上的微弱优势，就像 1 + 5 大于 2 + 3 一样。

对于以足够力量占领海洋的海军而言，海洋已经成为一个纽带、一座桥梁、一条快速路、一个中心位置。占领海洋意味着拥有了内线、中央位置，以及军事上有保障的交通线；然而要保持这种占领，就必须拥有海外基地和要塞，就是我们始终强调的这类东西。

在海战中，舰队本身就是全局的关键位置。

战备（Preparedness）

无论平时还是战时，海军战略都同样必要。

对美国面临的任何军事威胁，最佳的抗击区域是在美国本土之外——在海上。为海上战争做好准备——既准备抗击海上的攻击，也准备发起海上的进攻——为任何可能发生的情况做好准备。

报复（Retaliation）

所有的报复行动都是一个严重错误，特别在战况激烈时，因为双方几乎不可能在相同的标准下收手，报复几乎总是被过度使用，从而招致对方更加激烈的报复。这个过程将无休无止。

如果只能对直接肇事方实施报复，这在国家事务中几乎没人有异议，从逻辑上讲，应该首先对敌首都发动攻击，因为那里集中了国家的利益和荣耀。如果有哪个地方可以为战争负责的话，那就是首都，因为它代表了国家和政府的行政权和执法权，所有公开的行动都被假定是从那里得到的指令。

风险（Risk）

有些事情必须听天由命；海上航行，没有什么事是确定无疑的。

只有法拉格特或格兰特这样具有坚韧品格的人——战争天才，或者得益于历史知识的人——才能够完全置身于巨大的风险之中，才能够充分认识到，谨小慎微的行动可能会导致最大的风险。

海权（Sea Power）

有人可能会问，对于任何国家的伟大或富强，海权是唯一的因素吗？当然不是。正确地利用和控制海洋，仅仅是积累财富的贸易链条上的一个环节而已；但它是其中最重要的一环，谁掌握了这个环节，就可以让其他国家为其利益服务，而且历史似乎已经证明，它肯定可以把财富都聚集于自身。

正如众人所云，如果海军是为了保护商业而存在，那么它在战争中必然以剥夺敌人的主要商业资源为目的；很难想象，在海军提供的广泛的军事功能之中，还有什么能够与保护和破坏贸易相提并论。

我对定义海军与贸易的关系不是很感兴趣。有商船的地方，在逻辑上往往有发展保护手段的倾向，这种手段被称为海军，这种说法貌似合情合理；但从某些具体事例当中可以非常清楚地看到，即使没有航运，海军也可能非常必要。今天的俄罗斯和美国就是典型代表。情况越来越明晰，无论在具体事例中海军功能的历史起源是什么，它都具有明确的军事性和国际性特点。

海权在切断敌人资源的同时保障自己的资源，不在战场现身或者仅在背景中出现也能够支持战争，能够几乎不间断地重击敌人。这些行动所施加的压力不动声色、连绵不绝、让人抓狂，尽管不为大多数人所知，但细心的读者会从这场战争（西班牙王位继承战争，1702—1714）以及此后50年战争中认识到，这个压力才是重点。

海权对历史的影响从未表现得如此令人印象深刻。那些从未被大陆军见识过的舰船不远万里而来，它们在海上历经狂风暴雨的洗礼，此刻横亘在大陆军与世界的主宰之间。

然而，海权只是为扩张服务，它是扩张的促成者和保护者；海权本身不是扩张，鼓吹扩张的人们也没有预见到太平洋以外可供进取的空间。

速度（Speed）

战争的真正速度不是一蹴而就，而是抓紧时间的不懈努力。

战略（Strategy）

海上战争与其他战争一样，存在两大基本要素：一是合适的前沿基地，这里指发起行动的海岸；二是有生的军事力量，这里指规模和质量足以匹配任务的舰队。如果战争像美国独立战争那样蔓延至全球，那么每一个遥远的地区都需要安全港口作为辅助或应急基地，为本地作战提供海上运输。在这些重要的辅助基地之间，或其与本土基地之间恰当的交通安全必须得到保证，这将取决于对相关海域的军事控制。海上控制必须由海军实施，海军或者通过清扫各个方向的敌巡航舰以确保本国船只安全通过，或者为保障远海行动的每一批运输船队提供伴随护航。

研究（Study）

那些蓄意拖延直至行动之日才提出自己见解的人们，那些幻想着依靠瞬间的灵感爆发就能取得那些只有经年思索后才能获得的成果的人们，那些对于制胜规则一无所知却空想胜利的人们，他们是有罪之人，比傻瓜还要愚蠢，因为他们无视了人类过去所有的经验。伟大的拿破仑说过："战场上最闪光的灵感，通常只是一次回忆而已。"

潜艇（Submarines）

潜艇作为迄今为止最先进的武器，只有在所属舰队尚未暴露行踪时才具有特殊价值，因为当它进入开阔海域时会遭遇敌方潜艇。潜艇自身作为一项新的发明——尽管意义重大——但终究不过是鱼雷战发展进程中的一步而已。

贸易（Trade）

英国人和荷兰人对金钱的渴望并不亚于南欧的人民。英国和荷兰先后被称为"店长之国"，但这种挪揄是公正的评价，是对他们智慧和正直的赞扬……他们更有耐心，因为他们是通过劳动而不是刀剑来追求财富，其实这就是那个绰号的含义；他们就是这样走过了最长的致富之路，而不是走的捷径。

不确定性和战机（Uncertainty and Chance）

拿破仑曾经说过，战争的艺术在于以有利的方式取得最大的时机。

战争（War）

战争意味着暴力、受伤和死亡。要避免不必要的流血；但在今天，更应该反对那种为保护生命而牺牲战争目标的观点。

从约米尼那里我得以耳濡目染，并对这个轻易为公众所接受的名言也表示怀疑：政治家和将军属于各不相关的两个领域。我提出自己的观点以削除这个误解：战争不过是一场暴力的政治运动。从约米尼的这句话中，"仅仅为了打赢而战斗，这种荣耀毫无意义"，我得出了一个军人很容易忽视的结论：战争不是打仗，而是生意。①

战舰（Warships）

你不可能得到所有。如果你试图这样做，你终将一无所有。在总吨位一定的情况下……不可能拥有最快的速度、最厚的装甲、最大的火炮和最久的续航力。

---

① 译者注：这两句话的原文分别是 "The sterile glory of fighting battles merely to win them"，"War is not fighting, but business"。